Über dieses Buch

Der vorliegende Band bringt Alfred Adlers Hauptwerk. Die Aussagen der Individualpsychologie über die neurotische und »normale« Psyche werden hier umfassend und zusammenhängend dargestellt.
Die Grunderkenntnis der Individualpsychologie beschreibt Adler mit folgenden Worten: »Dem kindlichen Minderwertigkeitsgefühl entsprießt ein gereiztes Streben nach Macht, das an den Forderungen der Gemeinschaft und an den Mahnungen des physiologisch und sozial begründeten Gemeinschaftsgefühls seine Schranken findet und in die Irre geht.« Aus der Hilflosigkeit des Kindes entwickelt sich der »Lebensplan« des Individuums, der vor allem daraus besteht, soziale Anerkennung zu erreichen und Minderwertigkeitskomplexe auszugleichen. Der entsprechende Lebensaufbau geschieht unbewußt, aber planmäßig. In diesem Bestreben entwikkeln sich die Charaktermerkmale und auch die neurotischen Erscheinungen. Im letzteren Fall kann der »Lebensplan« als falsch bezeichnet werden, d. h. die Kompensationsvorgänge und die Entwicklung des Gemeinschaftsgefühls sind gestört.
Adlers Untersuchungen am neurotischen Charakter zeigen besonders deutlich seine ganzheitliche Anschauung von der menschlichen Seele: Erst die Kenntnis des jeweiligen »Lebensplans« als eines zentralen Steuerungsmechanismus ermöglicht ein Verständnis der einzelnen Individuen.

Der Autor

Alfred Adler wurde 1870 in Wien geboren. Er entschied sich früh für den Arztberuf, den er dann lange Jahre in Wien ausübte. Sigmund Freud forderte ihn 1902 auf, seiner Studiengruppe beizutreten; im Laufe der gemeinsamen Arbeit entwickelte Adler aber seine eigenen Ansichten, so daß es 1911 zu einem offenen Bruch zwischen den beiden kam. Adler begründete nun seine eigene Auffassung der Individualpsychologie, mit einer eigenen Schule und einer eigenen Zeitschrift. Ab 1925 reiste er häufig nach Amerika, wo er sich 1935 endgültig niederließ. Hier fand seine Psychologie große Beachtung und Anerkennung bis in die Gegenwart. Während einer Vortragsreise starb Alfred Adler 1937 in Aberdeen.
Von Alfred Adler erschienen außerdem im Fischer Taschenbuch Verlag: *Menschenkenntnis* (Bd. 6080), *Der Sinn des Lebens* (Bd. 6179), *Individualpsychologie in der Schule* (Bd. 6199), *Heilen und Bilden* (Bd. 6220), *Praxis und Theorie der Individualpsychologie* (Bd. 6236), *Die Technik der Individualpsychologie* I: ›Die Kunst, eine Lebens- und Krankengeschichte zu lesen‹ (Bd. 6260), II: ›Die Seele des schwererziehbaren Schulkindes‹ (Bd. 6261), *Religion und Individualpsychologie* (Bd. 6283), *Kindererziehung* (Bd. 6311), *Das Problem der Homosexualität und sexueller Perversionen* (Bd. 6337), *Studie über Minderwertigkeit von Organen* (Bd. 6349), *Lebenskenntnis* (Bd. 6392), *Das Leben gestalten.* Vom Umgang mit Sorgenkindern (Bd. 6393), *Wozu leben wir?* (Bd. 6708).
Vergleiche auch: Manès Sperber, *Alfred Adler oder das Elend der Psychologie* (Bd. 6139) sowie Henry Jacoby, *Alfred Adlers Individualpsychologie und dialektische Charakterkunde* (Bd. 6230).

Alfred Adler

Über den nervösen Charakter

Grundzüge einer
vergleichenden Individual-Psychologie
und Psychotherapie

Mit einer Einführung von
Prof. Dr. Wolfgang Metzger

Fischer
Taschenbuch
Verlag

Fischer Taschenbuch Verlag
1.–25. Tausend: Oktober 1972
26.–35. Tausend: Oktober 1973
36.–40. Tausend: Juli 1975
41.–45. Tausend: Juni 1976
46.–52. Tausend: Mai 1977
53.–57. Tausend: März 1980
Ungekürzte Ausgabe

Umschlagentwurf: Jan Buchholz / Reni Hinsch

Fischer Taschenbuch Verlag GmbH, Frankfurt am Main
Lizenzausgabe nach der 4. Auflage von 1928
mit freundlicher Genehmigung
des Estate of Alfred Adler, New York

Gesamtherstellung: Hanseatische Druckanstalt GmbH, Hamburg
Printed in Germany
680-ISBN-3-596-26174-0

Inhalt

Einführung

Nach einer geläufigen Vorstellung von der Geschichte der neueren Lehre vom Menschen ist Alfred Adler ein Schüler Freuds, und zwar der erste, der – im Jahre 1911 – abtrünnig wurde, indem er an der Schlüsselstellung der Sexualtriebe im Aufbau der Person Zweifel anmeldete. Damit traf er tatsächlich den Freudschen Ansatz in einem entscheidenden Punkt. Es liegt nahe, seine Trennung von Freud als einen Rückfall in die Denkweise des 19. Jahrhunderts, also als einen Verzicht auf Selbsterkenntnis, einen Verrat am psychologischen Fortschritt, zu verstehen; wie es zweifellos auch Freud getan hat. Tatsächlich hatte es schon viel früher tiefgreifende Abweichungen zwischen den beiden Denkern gegeben; ein wenig bekanntes äußeres Anzeichen ist die Tatsache, daß Adler schon 1904 die Absicht geäußert hatte, sich aus dem Kreise Freuds zurückzuziehen. Wenn Adlers Biographen recht berichten, hat ihn damals Freud überredet zu verbleiben.
Was hatte die beiden eigentlich zusammengeführt? – In einem Gespräch mit Arthur Ernst, von dem das *Neue Wiener Tagblatt* am 1. Juli 1928 unter dem Titel ›Besuch bei Dr. Alfred Adler‹ berichtete, erzählte er von seinem ersten Zusammentreffen mit Freud im Jahr 1899: »Damals wurden nervöse Störungen... einfach symptomatisch behandelt, durch Kaltwasserkuren und dergleichen. ... Alle diese Methoden, zu denen auch die Hypnose gehört, schienen mir nicht an die Wurzel der Störung zu gehen und im Grund nichts weiter als Wunderkuren zu sein. ... Ermutigt durch die Schriften von Charcot und Janet, versuchte ich tiefer und tiefer einzudringen, um den psychologischen Zusammenhängen auf den Grund zu kommen. Da besuchte ich 1899 eine Vorlesung von Dr. Freud, der, wie ich, die psychologischen Zusammenhänge der verschiedenen Neurosen zu finden versuchte. ... In den Jahren 1901 und 1902 wurde ich von Freud zu den Diskussionen über das Problem der Neurose eingeladen, die er regelmäßig mit einigen seiner Schüler führte.«[1] Wie Freud dazu kam, Adler einzuladen, ist nicht überliefert. Doch trifft mit hoher Wahrscheinlichkeit die Überlieferung zu, nach welcher

1 Da mir die fragliche Nummer des *Neuen Wiener Tagblatts* nicht zugänglich war, ist die obige Wiedergabe der Äußerung Adlers eine Rückübersetzung aus dem Englischen, und zwar aus H. L. und R. R. Ansbacher, *Superiority and social Interest*. Evanston, Illinois 1964, S. 336, Fußnote 8. – W. M.

Adler wiederholt, auch öffentlich, die Lehre Freuds gegen die verständnislosen und boshaften Angriffe verteidigte, denen sie damals in einem Maße ausgesetzt war, von dem wir uns heute kaum noch eine Vorstellung machen können. Adler nahm zehn Jahre lang regelmäßig an diesen Sitzungen teil. Beim ersten Zusammentreffen war Freud 43, er selbst 29 Jahre alt.

Welches war die Gemeinsamkeit im Denken der beiden Ärzte? – War es die Sexualtheorie? War es die Lehre von den »Triebschicksalen«, den Metamorphosen der Libido auf dem Weg vom Neugeborenen zum Erwachsenen? War es die psychische Deformation des Menschen durch das System der Tabuierungen der Sexualität und der Leiblichkeit überhaupt, das sich gegen Ende des 19. Jahrhunderts bis ins Absurde vervollkommnet hatte? (R. Dreikurs [2] bestreitet zwar, daß die Sexualmoral in Wien um die Jahrhundertwende viktorianisch gewesen sei. Wie es in Wien wirklich war, das heißt, welche Züge jener Moral auch dort herrschten, schildert Manès Sperber [3]). Übrigens herrscht sie noch heute in den meisten unserer Familien, mindestens *als Moral für die Kinder.*

Zweifellos enthielt die Libidotheorie Freuds auch für Adler bedeutsame Erkenntnisse. In dem ersten von Adler überlieferten Text, in dem sich, wie wir noch sehen werden, sein eigenes Menschenbild schon unmißverständlich ankündigt, dem Vortrag über den ›Arzt als Erzieher‹ aus dem Jahr 1904, steht es auch für ihn fest, »daß die Sexualität in frühester Kindheit bereits vorhanden ist« und daß daraus erzieherische Folgerungen gezogen werden müssen (ob und wieweit diese sich mit denjenigen von Freud deckten, kann hier nicht weiter verfolgt werden). In seinem Aufsatz von 1908 über ›Das Zärtlichkeitsbedürfnis des Kindes‹ betont er — unter anderem – wieder »den großen Anteil des Sexualtriebs und seiner Umwandlungen an den persönlichen Beziehungen und an der Kultur des Kindes«. Aber die Kürze und Beiläufigkeit dieser Bemerkungen läßt erkennen, daß er die für die Persönlichkeitsentwicklung entscheidenden Faktoren ganz woanders vermutete, und daß seine Übereinstimmung mit seinem großen Vorgänger sich nicht auf dessen inhaltliche Annahmen bezog, sondern auf seine völlig neue und umstürzende allgemeine Auffassung von der Struktur und der Dynamik der Person. Er äußert sich darüber ausdrücklich in der Einleitung zu seinem hier erneut vorgelegten Hauptwerk.

Josef Breuer, der 1896 zusammen mit Freud die für die Psychoanalyse bahnbrechende Untersuchung veröffentlichte, schreibt

2 R. Dreikurs, *Grundbegriffe der Individualpsychologie.* Stuttgart 1969.
3 Manès Sperber, *Alfred Adler oder Das Elend der Psychologie.* Wien 1970. Frankfurt am Main 1971 (Fischer Taschenbuch Bd. 6139).

er die erleuchtende Vermutung zu, daß die neurotischen Störungen einen »Sinn« haben; daß sie nicht umschriebene, örtlich begrenzte, und vor allem *nicht zufällige* Abweichungen von der psychischen Norm seien, sondern streng determinierte Auswirkungen einer Störung des Gesamtsystems der Antriebe, deren Symptome sie sind.

Adler muß sofort verstanden haben, daß damit in der Auffassung vom Menschen ein entscheidender Schritt nach vorn getan war: Der Übergang von dem Verständnis des Menschen als eines Aggregats von Gewohnheiten [4] zu seinem Verständnis als eines dynamischen Systems, in welchem alles mit allem zusammenhängt. Dieser Schritt war, wie gesagt, nicht möglich, ohne daß man zugleich dazu überging, jedes Verhalten, auch das absonderlichste und scheinbar belangloseste, zugleich als streng determiniert und in irgendeinem Sinne bedeutsam zu betrachten. Eine der im ersten Augenblick überraschendsten und umstrittensten Folgerungen war, daß der Mensch die Beweggründe seines Handelns vielfach nicht kennt; daß das, was er dafür hält, oft *Scheingründe* (»Rationalisierungen«) sind, die nicht nur dazu dienen, vor den anderen das Gesicht zu wahren, sondern auch das eigene Gewissen zu beruhigen – wodurch sie sich von jeder Simulation klar unterscheiden –, während ihm die eigentlichen Gründe unbewußt bleiben. Dabei ist die Unbewußtheit dieser Sachverhalte nicht mit der von Kenntnissen zu vergleichen, die man seinem Gedächtnis anvertraut hat, um sie im Bedarfsfall wieder daraus hervorzuholen. Denn sie sind – weil peinlich – »*verdrängt*«, der Zutritt zum Bewußtsein wird ihnen *aktiv verwehrt*. Da es sich aber in der Regel um lebenswichtige und dringende Anliegen handelt, gelingt es ihnen immer wieder, sich verkleidet, aber für den Fachmann erkennbar, entweder ins Handeln einzuschleichen, wie in den von Freud so genannten Fehlhandlungen (dem Sich-Versprechen oder -Verschreiben, Verlesen, Vergessen, Verwechseln, dem Mitnehmen dessen, was man dalassen wollte, dem Dalassen dessen, was man mitnehmen wollte usw.), oder auch ins eigene Bewußtsein, wie vor allem in den Träumen – oder mindestens in zahlreichen Fällen davon. Auch die Ersatzbildungen und die Konversion gehören hierher.[5] Bis an diesen Punkt geht die Zustimmung Adlers, die er nie widerrufen hat, und die sich auch aus seinen Analysen bis zuletzt leicht herauslesen läßt. Zwar schreibt er gelegentlich »Verdrängung« mit Anführungszeichen und bezweifelt die Zweck-

4 Ein Verständnis, das inzwischen von der amerikanischen Lerntheorie wieder ausgegraben worden ist und ausgegraben werden *konnte*, weil der Mensch *auch* Gewohnheiten hat.

5 Alfred Adler, *Studie über Minderwertigkeit von Organen*. München 1907, S. 71. Unveränderter reprographischer Nachdruck der Ausgabe München 1927: Darmstadt 1965 (künftig einfach als *Studie* angeführt).

mäßigkeit von Einzelannahmen, die durchaus in dieses Gesamtbild passen, wie die der »Projektion« oder der »Regression«. Aber im großen ganzen läßt sich sagen, daß Übereinstimmung besteht hinsichtlich der allgemeinen strukturellen und funktionalen Eigentümlichkeiten des Systems Mensch, wobei es noch offen bleibt, welches die eigentlich treibenden Kräfte und die zugehörigen Energiequellen sind.
Zu den Zeiten, als Freud und Adler noch im Gespräch standen, betrachtete Freud die Libido als einzige wirklich bedeutsame Energiequelle im seelischen Haushalt des Menschen. Und gegen diese *spezielle*, wenn auch für Freud grundlegende Annahme richteten sich Adlers Bedenken. Dabei macht er auch in der allgemeinen strukturellen Auffassung vom Menschen einen Schritt über Freud hinaus, der in dessen Ansatz angelegt ist: Hatte Freud – zum Beispiel in der Traumdeutung – an zahlreichen Einzelfällen nachgewiesen, daß zweifellos sexuelle Tatbestände im Bewußtsein in nicht-sexueller Sprache abgebildet sein können, so weist nun Adler darauf hin, daß es ebenso in der Konsequenz des *allgemeinen* Freudschen Ansatzes liegt, daß möglicherweise in ausgesprochen sexuellen Bildern sich auch nicht-sexuelle Sachverhalte im Bewußtsein darstellen können.[6] Das bedeutet aber mit anderen Worten, daß auch nicht-sexuelle Sachverhalte verdrängt werden können.
Zwischen 1908 und 1911 war Adler soweit, daß er die Punkte, in denen er von der Freudschen Sexualtheorie abrückte, klar zum Ausdruck bringen konnte:

1. Jedes Organ hat seinen eigenen Trieb und seine eigene Lust. Sexuelle Lust ist den Geschlechtsorganen – und ursprünglich nur ihnen – zugeordnet.[7]
2. Daß das Kind polymorph pervers sei, ist ein »Hysteron-Proteron«, das heißt die Verkennung eines abgeleiteten Zustandes als ursprünglichen;[8] denn
3. die Sexualisierung der Triebe *jedes* Organs, dessen Verwandlung in eine »erogene Zone«, ist durch »Triebverschränkung« möglich, die auf bestimmten Erlebnissen beruht. Beispiel: Die Sensibilisierung der Darmschleimhäute bei der Stuhlentleerung durch den Kampf um sie. Daraus folgt, daß
4. aller Wahrscheinlichkeit nach die von Freud angenommenen

6 Vgl. hierzu besonders den Vortrag von 1911 über ›Verdrängung und männlicher Protest, ihre Rolle und Bedeutung für die neurotische Dynamik‹. Es ist der zweite der beiden Vorträge zur Neurosenlehre, die Freud zur Verabschiedung Adlers veranlaßten; abgedruckt in dem Sammelband: *Heilen und Bilden*, 1. Aufl. München 1914, 4. Aufl. 1928, Frankfurt a. M. 1973 (Fischer Taschenbuch Bd. 6220) wie auch alle weiteren hier genannten Abhandlungen vor 1912.
7 Alfred Adler, ›Der Aggressionstrieb im Leben und in der Neurose‹. In: *Fortschritte der Medizin* 26, 1908.
8 Alfred Adler, *Die Rolle der Sexualität in der Neurose* (1911).

Phasen der frühen Triebentwicklung kein autochthoner Ablauf sind, sondern ein erzieherisches Artefakt.[9]

5. Die (sexuelle) Libido ist in der Neurose nicht die treibende Kraft.
6. Die Störungen des Sexualverhaltens und -erlebens, die beim Neurotiker so gut wie ausnahmslos vorzufinden sind, können ebensogut wie als Ursachen auch als Folgen der neurotischen Störung verstanden werden. Mit anderen Worten, der sexuelle Ursprung der Neurose ist möglicherweise nur Schein. Die sexuellen Komponenten der Neurose wären dann als »Gleichnisse« einer ganz andersartigen Persönlichkeitsstörung zu verstehen.
7. Solch ein Gleichnis ist möglicherweise unter anderem der Zwang infantiler Wünsche, wie etwa des Inzestwunsches beim erwachsenen Neurotiker. Was wie ein solcher aussieht, kann bei einer weiblichen Neurotikerin etwa das Streben nach *Sicherheit* (beim Vater) und nach Überlegenheit (unter anderem über die Mutter) zum Ausdruck bringen.

Angesichts dieser umfassenden Kritik an der Freudschen Sexualtheorie der Neurosen liegt es nahe, zu fragen, ob es in der Entwicklung der Adlerschen Auffassung eine Phase gibt, in der er sich nicht nur die allgemeinen strukturellen Einsichten Freuds (s. o.), sondern auch seine Sexualtheorie zu eigen gemacht hatte.

Leider fehlt es an Urkunden, die darüber unmittelbar Auskunft geben. Adlers erste Veröffentlichungen stammen zwar aus den Jahren der ersten Bekanntschaft mit Freud, aber sie haben nichts mit ihr zu tun. Es sind das – unauffindbare – kleine *Gesundheitsbuch für das Schneidergewerbe* von 1898 und drei Aufsätze in der »*Ärztlichen Standeszeitung*«, von denen wenigstens der erste, über ›Das Eindringen sozialer Triebkräfte in die Medizin‹ von 1902, offenbar H. L. Ansbacher vorgelegen hat[10] und in dem er aus den damals neu gewonnenen Erkenntnissen der Bakteriologie sozialhygienische Folgerungen zieht.

Die erste Veröffentlichung, der man etwas über Adlers *Psychologie* entnehmen kann, ist der Aufsatz ›Der Arzt als Erzieher‹ von 1904, mit dem später die Sammlung *Heilen und Bilden* beginnt, der demnach auch von ihm selbst zweifellos als grundlegend betrachtet wurde. Adler schildert darin im voraus dasjenige, was für die Erziehung aus den psychologischen Grundannahmen folgt, die er erst Jahre später, von 1908 ab, aus-

9 Das ist inzwischen bestätigt durch den Befund von E. Jones, daß nämlich die Merkmale der Freudschen Phasen ohne erkennbare Reihenfolge über die ganze Zeit bis ins 6. Lebensjahr hinein streuen. Ernest Jones, ›Was ist Psychoanalyse?‹, In: *Psychoanalytische Bewegung*, Bd. 5, 1933, S. 230–237.

10 H. L. und R. R. Ansbacher, *Superiority and social Interest.* Evanston 1964, S. 311 f.

drücklich entwickelt und dargestellt hat. Ich versuche eine kurze Übersicht zu geben:[11]

1. Daß die Eltern ihr Kind lieben müssen, um es erziehen zu können, ist ein alter Gemeinplatz. Adler ergänzt ihn durch den Hinweis, daß Erziehung nur unter Assistenz der Liebe und Zuneigung des *Kindes* geleistet werden kann; sie seien das wichtigste Unterpfand der Erziehungsmöglichkeit.
2. »Das *Selbstvertrauen* des Kindes, sein *persönlicher Mut* ist sein größtes Glück.« »*Mutige* Kinder werden auch später ihr Schicksal nicht von außen erwarten, sondern von ihrer eigenen Kraft.« – Eigensinn in früher Kindheit bedeutet nichts weiter als den *Drang zur Selbständigkeit*, ist also eigentlich ein erfreuliches Symptom. – Adler empfiehlt körperliche Übungen, denn sie »verleihen dem Kind *Selbstvertrauen*, und später sind es wieder solche Äußerungen *persönlichen Muts* und *persönlicher Kraft*, die ... das Kind vor Entartungen hüten«. – »Schwächliche und kränkliche Kinder verlieren leicht die beste Stütze ihres geistigen Fortschritts: *das Vertrauen in die eigene Kraft*« (A). – Den Ernst dieser Thesen und Forderungen unterstreicht Adler durch die Bemerkung, die schlechtesten Aussichten für die künftige Entwicklung, schlechtere als der unbändigste Rüpel, habe das feige, verängstigte und eingeschüchterte Kind. Und das bedeutet weiter:
3. Die *Freiheit der Entschließung* muß dem Kind möglichst gewahrt werden. – *Gehorsam* beim Kind darf *nicht erzwungen werden*, sondern muß sich als selbständiger Effekt der Erziehung ergeben. – *Folgsamkeit* stütze man auf das *Verständnis* des Kinds. Deshalb muß jeder unverständliche Befehl, jedes ungerecht erscheinende Verlangen vermieden werden. *Sie erschüttern das Zutrauen.*
4. »*Unter keinen Umständen* sollte das Kind vor seinem Erzieher *Furcht* empfinden.« – »*Unter gar keinen Umständen*, auch bei sexuellen Vergehungen nicht, ist es gestattet, dem Kind *Schrecken einzujagen*; man *nimmt ihm das Selbstvertrauen* und stürzt es in ungeheuere Verwirrung.« – »... unnütze, unausführbare und häufige *Androhungen* (*sind*) *zu unterlassen*.« (Besonders scharf geht Adler mit den seinerzeit gebräuchlichen Drohungen mit Strafen »Gottes« oder »des Himmels« ins Gericht; durch sie sei »die Entwicklung seiner Selbständigkeit bedroht.« – Aus all dem folgt unter anderem:
5. »Seit die Prügel aus der Justiz verschwunden sind, *muß es als Barbarei angesehen werden, Kinder zu schlagen*. Wer da

11 In der folgenden Aufzählung sind alle außer zwei – mit (A) gekennzeichneten – Hervorhebungen von mir. – W. M.

glaubt, nicht ohne Schläge in der Erziehung auskommen zu können, gesteht seine Unfähigkeit ein und sollte lieber die Hände von den Kindern lassen.« – »Abschließung an einem einsamen Ort halten wir für ebenso barbarisch wie Schläge und können uns des Verdachts nicht erwehren, daß diese Strafe dem Charakter ebenso verhängnisvoll werden kann wie die erste Gefängnishaft dem jugendlichen Verbrecher.« – »Aber auch leichtere Strafen, wenn sie zu häufig erfolgen, *schädigen das Ehrgefühl.*« – Aus diesem Grund heißt sein besonderer Rat zur Bekämpfung des Lügens: keine Konfrontation, keine Inquisition, kein Zwang zur Abbitte. Man bekämpfe nicht das Lügen, sondern beseitige seine Motive, und diese sind – neben Eitelkeit und Selbstsucht – vor allem *Furcht und Verlegenheit.* »*Je mutiger das Kind ist,* um so weniger wird es lügen.« Gelegentliche Strafen hielt damals auch Adler für unentbehrlich. Er empfiehlt etwas zögernd, »kleine unschädliche Entziehungen«. Es wäre zuviel verlangt, in der Entwicklung der Gedanken über das Strafen in der Erziehung, die Adler angeregt hat, schon 1904 den Stand zu erwarten, wie er etwa bei Dreikurs und Grey in *Logical Consequences, A new way to discipline,* 1968, erreicht ist. Immerhin stellt Adler schon selbst — andeutungsweise – die Weichen zu dieser Entwicklung, wenn er sagt, der Eigensinn größerer Kinder lasse »eigentlich nur eine Art der Bekämpfung zu: »*Vorhersagen einer möglichen Schädigung und ruhiger Hinweis auf den Eintritt derselben*« (von A. selbst hervorgehoben). – In der höheren Bewertung von Lob und Belohnung hat er, im Jahr der ersten Veröffentlichung Pawlows über den bedingten Reflex, den Stand der neueren amerikanischen Lerntheorie erreicht – und ihn, durch den Hinweis auf die Grenzen auch dieser freundlicheren Maßnahmen, bereits hinter sich gelassen.

Die gehäuften Hinweise auf die Bedeutung des Mutes, des Selbstvertrauens, des Ehrgefühls, der Freiheit der Entschließung und der Selbständigkeit werden abgeschlossen mit einer im Vorbeigehen hingeworfenen Bemerkung über den »*zum Berater gewordenen*« Erzieher des Pubertierenden, offenbar für ihn 1904 eine Selbstverständlichkeit, aber 1972 in unserem Land noch ein weithin unerfüllter Wunsch. Das Ganze ist, wie man sieht, ein umfassender Angriff auf »die landläufige Erziehung zur Feigheit« (vgl. dieses Buch, S. 220).

Wenn daneben den Problemen der Geschlechtserziehung 23 Zeilen gewidmet werden, wird nochmals deutlich, daß Adler die Entscheidungen über die Entwicklung der Persönlichkeit schon damals nicht in den »Triebschicksalen« gesucht hat, wie Freud sie verstand.

Auf die Rolle von Mut und Feigheit im Aufbau der Person

kommt Adler erst vier Jahre später zurück. Die Entwicklung seiner Gedanken schlägt zunächst einen Umweg ein, der ihn in dem Augenblick, wo er zur Begründung seiner eigenen Psychologie ausholt, nochmals ganz in die Nähe Freuds führt: Die (1907 erschienene) *Studie über Minderwertigkeit von Organen* enthält nach seiner eigenen Überzeugung einen der Grundpfeiler seiner Lehre: Die Entdeckung des Dranges zur *Kompensation* (und Überkompensation) von »Minderwertigkeiten«, und zwar zunächst von Schwächen, Anfälligkeiten, Unvollkommenheiten, Funktionsstörungen an irgendeiner Stelle der *organischen Ausstattung*. Der Drang zum Ausgleich dieser Störungen äußert sich auf verschiedene Weisen. Die nächstliegende ist der Ausgleich »am Ort«; also das (vielfach zu beobachtende) verbissene Üben der gestörten Funktion, durch welches unter Umständen aus dem »minderwertigen« Organ ein »überwertiges« wird. Ihm ist übergeordnet die »zentrale Kompensation« durch Ausbildung von Ersatzfunktionen der verschiedensten Art, oder wie Adler es ausdrückt, durch die Ausbildung einer »Überwertigkeit des psychomotorischen Überbaues«, die Ersatz bietet für den bei der Betätigung des gestörten Organs ausfallenden Lustgewinn. Bei vollkommener kompensatorischer Überwertigkeit wird »die ganze Psyche befruchtet, aber auch charakterisiert«: Adlers Theorie der überragenden, der genialen Leistung, deren Tragfähigkeit er freilich, wie wir heute wissen, überschätzte.

Wie aber entsteht nach der Auffassung der »Studie« die Neurose? Woher stammen ihre Symptome? Sie sind – davon ist Adler auf dieser Stufe seiner Gedankenentwicklung überzeugt – sämtlich darauf zurückzuführen, daß die (zentrale) Kompensation entweder von vornherein nicht ganz gelingt, oder daß eine schon gelungene Kompensation nachträglich gestört wird. Sein Gedankengang dabei ist folgender: Dem *gestörten* Organ doch *normale* Leistungen abzufordern – dies ist ja der Sinn der Kompensation – erfordert »Mehrarbeit«, die dem übrigen Organismus, beispielsweise anderen Regionen des Zentralnervensystems, entzogen werden muß. Dabei gibt es folgende vier Möglichkeiten:

1. Verfügt das Zentralnervensystem über *überschüssige* Energie, so ist alles gut, und es kann die produktive Überkompensation zustande kommen.
2. Wird sie Energievorräten entzogen, die schon zuvor knapp sind, so geschieht dies auf Kosten anderer Funktionen, was sich unter Umständen in Zuständen *allgemeiner Schwäche* oder Anfälligkeit äußern kann – wie bei den schwächlichen und blassen Kindern ohne sonstige Auffälligkeiten.
3. Reicht die verfügbare Energie zu einer vollständigen Kompensation nicht aus, so zeigen sich die sogenannten »Kinder-

fehler« (das verspätete Lutschen und Bettnässen, das Nägelkauen, das Stottern und manches andere). Sie sind *Signale*, die anzeigen, daß die Bewältigung peripherer und zentraler Minderwertigkeiten nicht ganz geglückt ist.

4. Die Kompensation gelingt noch eben; aber da die Ausgleichsenergien knapp sind, ergibt sich (einleuchtenderweise) *ein ständiger Zustand hoher Spannung*. Wird das Zentralnervensystem nun durch ungewöhnliche Ereignisse (Angst, Schreck, Ärger, Aufregung, zum Beispiel bei Prüfungen) *zusätzlich belastet*, so werden diese Belastungsspitzen nicht mehr bewältigt, und es treten *Kompensationsstörungen* auf – wie längst abgelegte Kinderfehler, scheinbar unmotiviertes Lachen oder Weinen, Harn- oder Stuhlabgang und dergleichen mehr. Je nach Umständen stellen sich diese Kompensationsstörungen als Neurasthenie oder »Nervosität«, als (Angst- oder Zwangs-)Neurose oder als Hysterie (mit Konversionen) dar[12].

Aufgabe des Arztes wäre es danach, die hinter diesen Störungen versteckten primären Organschäden zu entdecken und gezielte Kompensationshilfen zu geben.

Wieso bedeutet diese Theorie eine Annäherung an Freud? – Man beachte, daß von *Persönlichkeits*-Eigenschaften wie Mut, Ehrgefühl, Selbstvertrauen usw. nicht mehr die Rede ist und daß auch die zwischenmenschlichen Beziehungen völlig unerwähnt bleiben. Getreu dem Freudschen Vorbild ist die gesamte leiblich-seelische Dynamik rein inner-organismisch gesehen. Die Störungsherde sind *bestimmte Stellen* am Organismus, und auf diese Störungen reagiert zwar der Organismus *als ganzer*, aber die Beseitigung des Ungleichgewichts spielt sich völlig in seinem Inneren ab. Insofern entspricht, allgemein strukturell gesehen, Adlers Auffassung im Jahre 1907 noch genau der allgemeinen Trieblehre von Freud, nach welcher der Trieb aus *Reizquellen im Inneren des Körpers* stammt: Die *Reizquelle* ist ein *Erregungszustand im Körperlichen*, das *Ziel* die *Aufhebung dieser Erregung;* auf dem Wege von der Quelle zum Ziel wird der Trieb – als Lustspender – psychisch wirksam. »Wir stellen ihn vor als einen gewissen Energiebetrag, der nach einer bestimmten Richtung drängt. Das Ziel kann am eigenen Körper erreicht werden. In der Regel ist ein äußeres Objekt eingeschoben, an dem der Trieb sein äußeres Ziel erreicht; sein inneres bleibt jedesmal *die als Befriedigung empfundene Körperveränderung*.« Diese Dynamik, wie sie Freud in seinen Vorlesungen[13] beschreibt, ist durch zweierlei gekennzeichnet:

12 *Studie*, S. 62–69.
13 Vgl. S. Freud, *Gesammelte Werke*, Bd. XV, Frankfurt am Main 1961, S. 102 f.; Hervorhebungen von mir. – W. M.

a) Die räumliche Umschriebenheit des Systems und
b) die zeitliche Enge und Trivialität der Dynamik.

Zu a): *Die Grenzen des reagierenden Systems fallen zusammen mit den Grenzen des Organismus.* Die Dynamik ist rein inner-organismisch (visceral würde der Engländer sagen). Das Subjekt ist dabei mit seinen Organen allein. Andere Menschen treten nicht als solche, sondern nur als »(Trieb-)Objekte« auf, das heißt als Instrumente, vermittels derer der Abbau der örtlichen Erregung mit einem höheren Lustgewinn vollzogen werden kann.

Adlers Ansatz in der *Studie* unterscheidet sich von demjenigen Freuds in *einem* wesentlichen Punkt: Im Kern seines Ansatzes steht nicht mehr, wie bei Freud, das Organ, das aus irgendwelchen Gründen in einen Erregungszustand versetzt ist und nach dessen lustbringender Aufhebung verlangt, sondern das kranke, verletzte, unterentwickelte Organ, das dem Subjekt *den Dienst versagt* und es dadurch in seiner Handlungsfreiheit beeinträchtigt und in Verlegenheit bringt. Auch bei ihm ist es möglich, eine Art Lust zu gewinnen, wenn auch nicht so leicht und schnell: in dem Erlebnis der zunehmenden Leistungsfähigkeit beim fortgesetzten Üben. Adler hat übrigens selbst schon versucht, zwischen der »erogenen« und der »minderwertigen« Zone unmittelbare Beziehungen zu finden, ohne dabei zu überzeugenden Ergebnissen zu gelangen – was auch nicht nötig war. Wichtiger ist, daß zwischen dem »erogenen« und dem »minderwertigen« Organ auch ein *struktureller* Unterschied besteht, sofern von Minderwertigkeit nur im Hinblick auf die Funktion des fraglichen Organs für den Gesamtorganismus die Rede sein kann.

Trotzdem gilt auch für den Ansatz der *Studie,* daß darin das Subjekt mit seinen Organen allein ist. Er ist, wie der Freudsche, ein solipsistischer, ein sozial-atomistischer Ansatz, ein Ansatz, der den Menschen beschreibt, ohne einen Blick auf die Tatsache zu werfen, daß seine Existenz »ihrem innersten Wesen nach das Leben mit und für den Mitmenschen ist« (Harvey Cox).[14]

Zu b): Zur zeitlichen Charakteristik der seelischen Dynamik. – Nach einer geläufigen Auffassung kennt Freud keine Zielbestimmtheit der organischen Vorgänge. Diese Auffassung ist falsch.[15] Man lese seine oben angeführte Bemerkung genau: »Das Ziel« jedes Triebs, so heißt es dort, ist die Aufhebung eines in einem bestimmten Organ bestehenden Erregungszustandes, mit anderen Worten, die Wiederherstellung der Ruhe,

14 Vgl. Ronald Laing, *Phänomenologie der Erfahrung.* Frankfurt a. M. 1969, S. 42; angeführt in: W. Metzger, *Psychologie in der Erziehung.* Bochum 1971, S. 28.

15 Als erster hat hierauf wohl Otto Rank hingewiesen in: *Erziehung und Weltanschauung.* München 1933.

in etwas anderen Bildern: die Entspannung, der Übergang von einem organischen Ungleichgewicht zum Gleichgewicht. Ziele sind also zweifellos da: Lust, Ruhe, Entspannung, Gleichgewicht. Aber es sind außerordentlich triviale, primitive, kurzfristige Ziele. Es sind Ziele von der normalen Art der organischen Regulationen, wie etwa der Wiederherstellung der Körperwärme oder des Blutzuckerspiegels. Diese Ziele sind von anderem Gewicht als das, was man im Leben gewöhnlich Ziel nennt; also beispielsweise für den Arzt das Ziel, eine gefährliche Krankheit zu heilen; für den Musiker das Ziel, eine Symphonie zu schreiben oder ein Violinkonzert vollendet wiedergeben zu können. Freud hat selbst die Kluft zwischen diesen und den quasihomöostatischen »Triebzielen« gesehen. Sein Versuch, sie durch die Annahme einer »Sublimierung« organischer Triebenergie zu überbrücken, ist aber kaum mehr als eine Benennung des Problems. Das Ziel, das in der »Studie« Adlers an die Stelle des Freudschen »Triebziels« der Ruhe tritt, ist zwar etwas weiter gespannt. Es ist die *Herstellung der vollen Funktionsfähigkeit* des »minderwertigen« Organs oder ihr möglichst vollwertiger Ersatz durch zentrale Entwicklungen und Umstellungen, *ein Vorgang*, der manchmal über dieses Ziel hinausschießt und dabei zur »Überwertigkeit« führt. Es ist ebenfalls die Herstellung der Ordnung im Haushalt des Organismus, wenn auch auf einer etwas höheren Ebene als bei Freud.

In den fünf Jahren zwischen der *Studie* und dem *Nervösen Charakter* findet nun eine Entwicklung statt, an deren Ende die Szene völlig verändert ist.

Es wäre der Sache nicht angemessen, einfach zu sagen, Adler sei eben über die eigentlich treibenden Kräfte im Leben und in der Neurose zu einer anderen Ansicht gelangt als Freud. Statt des Sexualtriebs betrachte er das Streben nach Macht und Geltung als primum movens. In einer solchen Formulierung kommt, so richtig sie an sich ist, das vollkommen Neue, das, worauf es in Adlers neuem Ansatz ganz eigentlich ankommt, überhaupt nicht zum Ausdruck. Ich möchte die Veränderung der Szene, die sich für Adler in jener Zeit vollzogen hat, in kurzen Worten andeuten.

Im Mittelpunkt der Betrachtung standen *früher Organe zwischen anderen Organen* an einer bestimmten Stelle im Organismus und mit einer bestimmten Funktion in ihm.

Jetzt finden wir an deren Stelle *Menschen* zwischen anderen *Menschen*, an einer bestimmten Stelle und mit einer bestimmten Rolle in *Gebilden, die selbst aus lebenden Menschen bestehen*, und mit bestimmten Spannungen und Tendenzen *zwischen ihnen*.

Adler vollzieht diesen Wechsel bewußt und radikal. Die von

Freud eingeführte Art quasi-physikalischer Betrachtungen über »Energie-Beträge«, ihren Überschuß und ihren Mangel, ihre Verschiebungen und Umleitungen, wie sie in der »Studie« (siehe oben S. 14 f.) noch sinnvoll und selbstverständlich waren, spielen keine Rolle mehr. Ja sie werden – in dem zweiten der Vorträge, die die Trennung von Freud besiegelten [16] – ausdrücklich als unangemessen verworfen.[17]

Daß die Elementargebilde dieser neuen Psychologie *die ganzen Menschen sind*, hat Adler in dem Ausdruck »Individualpsychologie« anzudeuten versucht. Noch kennzeichnender scheint mir ein Ausdruck, der erst im drittletzten Satz des vorliegenden Buches auftaucht. Adler bemerkt dort, die Individualpsychologie sei »im tiefsten Sinne ›Positionspsychologie‹«, erläutert aber diesen Ausdruck nicht näher.

Ein arbeitsfähiges Verständnis des Begriffes Position ist am ehesten zu gewinnen, wenn man sich der Lewinschen Begriffe des Lebensraumes und der Lebenslage bedient. Danach befindet und bewegt sich der Mensch in einem psychischen Raum in charakteristischen Beziehungen zu den Mitmenschen und ihren Gruppierungen. Entscheidend ist nun nicht mehr, ob er irgendwie körperlich beeinträchtigt ist oder nicht, sondern zum Beispiel, ob er sich selbst, als ganzer Mensch, in seiner Erlebniswelt »unter«, »zwischen« oder »über« den *anderen* angesiedelt findet. *Daß* er sich den anderen unterlegen empfindet, *kann* in einer *»Organminderwertigkeit«*, die ihn bekümmert, begründet sein, *muß es aber nicht*. Denn einerseits braucht eine organische Schwäche gar nicht krankmachende Unterlegenheitsgefühle zu wecken. Ein gesundes und wohlgeborgenes kleines Kind läßt sich unbekümmert helfen, wo seine Kräfte, sein Geschick oder auch (wie an der Hausklingel) seine Größe nicht ausreichen, in der fröhlichen Zuversicht, demnächst auch »groß zu sein« und es selbst zu können und später noch viel schwierigere Dinge dazu. Andererseits gibt es neben der Schwäche von Organen noch ganz andere Anlässe zu Minderwertigkeits- oder, wie man besser sagen sollte, zu Unterlegenheits- und Erniedrigungserlebnissen [18]: Lieblose Härte in der Erziehung ebenso wie gedankenlose Verhätschelung und jede andere Art der Entmutigung; Häßlichkeit oder Auffälligkeit, die die Spielkameraden zu ständigen Hänseleien veranlassen; Ungerechtigkeiten der Erzieher, die Schwierigkeit, sich neben einem besonders erfolgreichen oder

16 Siehe Alfred Adler, ›Verdrängung und männlicher Protest, ihre Rolle und Bedeutung für die neurotische Dynamik‹, 1911 (wieder abgedruckt in: *Heilen und Bilden*, l.c.).

17 Daß – auf ganz anderen Grundlagen – eine Psychophysik der sozialen Beziehungen durchaus möglich ist, darüber vgl. W. Metzger, *Psychologie in der Erziehung*. Bochum 1971, S. 32–47.

18 Siehe unten S. 44 f.

beliebten Geschwister zu behaupten; endlich aber nicht zuletzt in einer Gesellschaft, die den Mann in jeder Hinsicht bevorzugt, das traurige Schicksal, »nur« ein Mädchen, »nur« eine Frau zu sein[19], aber auch ein *Kind* zu sein in einer Gesellschaft, die, wie die unsrige, von Kindern nichts zur Kenntnis nimmt, als daß sie stören. Auch die körperliche Beeinträchtigung wirkt neuroseerzeugend nur *auf dem Umweg* über ihren Positionseffekt, als Anlaß einer *erlebten* Unterlegenheit *im Vergleich mit den anderen.* Der vermutlich früheste Hinweis darauf steht in der Abhandlung von 1909 ›Über neurotische Dispositionen‹. Dort betont Adler, daß viele Organminderwertigkeiten an sich ohne weiteres überwunden werden könnten, daß dies aber oft durch »Erschwerungen aus dem Familienzusammenhang« verhindert werde. Und er deutet an, daß dies bei den vorherrschenden Erziehungsgrundsätzen (siehe oben S. 13) naheliege.

Die Begriffe Kompensation und Überkompensation bekommen in Adlers neuem Ansatz eine *doppelte* Bedeutung. Sie behalten zwar die Bedeutung der Kräftigung eines gestörten Organs, sie erwerben aber zusätzlich die zweite Bedeutung der Korrektur der Stellung des Subjekts im Verhältnis zu den anderen, die unter unseren gesellschaftlichen Verhältnissen fast nie zu dem wünschenswerten Ausgleich, der Gleichstellung und Eingliederung führt, sondern so gut wie ausnahmslos von vornherein eine Überkompensation, das heißt eine *Überlegenheit über die anderen* in irgendeiner Hinsicht zum – geheimen oder offenen – Ziel hat. Die gedachte Linie zwischen dem Maß und der besonderen Art der Unterlegenheit, die sich dem Menschen meist seit früher Kindheit in die Seele gebrannt hat, und dem Maß und der besonderen Art der Überlegenheit, die ihm bei allem, was er tut, geheimes Nebenziel – und oft genug alle seine sachlichen Anliegen überschattendes Hauptziel – ist, ist das, was Adler die *Leitlinie* seines Lebens nennt[20]; wer sie – als Therapeut – richtig erfaßt, hat das Codewort für alle seine Symptome in der Hand und zugleich den Schlüssel zu seiner Heilung.

Voll verständlich wird dies erst durch die Klärung einer weiteren Bedeutung von »Position«. Sie bedeutet nämlich nicht nur eine bestimmte *Stelle* in einem Koordinatensystem, sondern außerdem die *Zugehörigkeit* oder Nichtzugehörigkeit zu einer Gruppe – und zu den anderen überhaupt –, das Innerhalb- oder Außerhalbsein, das Aufgenommen- oder Isoliertsein. Diesen beiden Positionen sind zwei Verhaltensweisen des Menschen zugeordnet, die man am besten mit einem Aus-

19 Alfred Adler, *Trotz und Gehorsam.* 1910, S. 88–89.
20 Vgl. unten S. 64 und 78 f.

druck der vergleichenden Verhaltensforschung als »Freundverhalten« und »Feindverhalten« bezeichnet. Mit ihnen beschäftigt sich Adler in zwei Aufsätzen, die kaum zufällig beide 1908, ein Jahr nach der *Studie*, erschienen sind: »Der Aggressionstrieb im Leben und in der Neurose« und »Das Zärtlichkeitsbedürfnis des Kindes«, beide für alles weitere gleichermaßen grundlegend, der zweite vor allem, weil er in genügend klaren Andeutungen den Adlerschen Ansatz zur Theorie des nichtneurotischen, nicht-nervösen, kurz des *seelisch gesunden* Menschen enthält.

Die menschliche Möglichkeit des *Feindverhaltens* hat Adler damals einen »Trieb« genannt. Er hat diesen Trieb zunächst, getreu der Denkweise des Freudschen Kreises, genau wie Freud seine sexuellen Partialtriebe, *einem Organ zugeordnet*, und zwar sinngemäß der Motilität oder Muskulatur – als *deren* Betätigungsdrang und mit der besonderen Lust, die K. Bühler »Funktionslust« genannt hat. Diese wertfreie Auslegung des »Aggressions«-Begriffs hat Schultz-Hencke weiter ausgebaut. Adler selbst hat von vornherein den Anteil von *Feindseligkeit*, der zu dem landläufigen Verständnis von Aggression gehört, mit aufgenommen. Er schreibt ihn schon dem ersten Schrei des Neugeborenen zu. Er verfolgt seine Verwandlungen von der einfachen Prügelei bis zu den Schrecken der Weltgeschichte und zurück u. v. a. zu den Tragödien der Dichter und zum sportlichen Wettkampf. Aber er hat die Aggressivität des Menschen von vornherein nicht als »Primärtrieb« aufgefaßt, also nicht als einen Drang, der, wie der Hunger, aus inneren Bedingungen immer wieder aufs neue anwächst und, wenn er kein »Triebobjekt«, das heißt keinen Feind bei der Hand hat, sich einen erfindet, indem er »Händel sucht«. Vielmehr hat er, genau wie zur gleichen Zeit McDougall in seiner Deutung des Zornes[21], die Aggressivität den Primärtrieben als Sekundärtrieb, das heißt als ein Reaktivverhalten gegenübergestellt, als ein Verhalten, das immer dann in Gang kommt, wenn die Befriedigung eines primären Triebs verhindert wird, und dessen Aufgabe es ist, das Hindernis niederzukämpfen und zu beseitigen. Auf die Frage, wie denn dann Bosheit, Gewalttätigkeit und Zerstörungslust in dem bekannten und beängstigenden Maß und Umfang in die Menschheit hineingelangen konnten, gibt Adler seine Antwort in der zweiten erwähnten Abhandlung von 1908: ›Über das Zärtlichkeitsbedürfnis des Kindes‹.

Er beschreibt zunächst die frühen Äußerungen dieses Bedürfnisses. »Die Kinder wollen gehätschelt, geliebkost, gelobt werden, sie haben eine Neigung sich anzuschmiegen, halten sich

21 McDougall, *Introduction to Social Psychology*. 1908.

stets in der Nähe geliebter Personen auf, wollen ins Bett genommen werden usw.« »Sie ... sind glücklich über eine Umarmung, einen Kuß, eine freundliche Miene, ein liebevoll tönendes Wort.« Später richtet sich das Begehren des Kindes auf liebevolle Beziehungen, aus denen Verwandtenliebe, Freundschaft, *Gemeinschaftsgefühle* und Liebe stammen. Adler wiederholt schon in dieser Arbeit verschiedentlich, daß das Zärtlichkeitsbedürfnis die *Vorform* der späteren Gemeinschaftsgefühle sei. Deren Entwicklung könne aber auf zwei entgegengesetzte Weisen verfehlt werden.

Die erste ist die gedankenlose sofortige Erfüllung aller Wünsche, auch der unsinnigen, die Verhätschelung oder Verwöhnung, aus der unselbständige, passive Menschen ohne Selbstzucht und Initiative hervorgehen (die Menschen, die ständig darauf warten, daß ihnen die gebratenen Tauben in den Mund fliegen).

Für unseren Zusammenhang ist aber die zweite Art, die Ausbildung der Gemeinschaftsgefühle zu verfehlen, von größerer Bedeutung: eine Erziehung, die dem Zärtlichkeitsbedürfnis *jede Art von Befriedigung entzieht* und »das Kind mit seiner Sehnsucht nach Liebe allein läßt«. »Von allen Objekten der Zärtlichkeit abgeschnitten, besitzt das Kind nur die eigene Person als Ziel seiner Sehnsucht. *Die Sozialgefühle bleiben rudimentär,* und Befriedigungstendenzen erhalten die Oberhand, die *Eigenliebe in jeder Form* (diese Hervorhebung von Adler) zum Inhalte haben. *Oder das Kind gerät in die Angriffsstellung* (W. M.). Jeder unbefriedigte Trieb richtet den Organismus schließlich derart, daß er sich in Aggression zur Umgebung stellt. Die rauhen Charaktere, die zügellosen, unerziehbaren Kinder können uns darüber belehren, wie der dauernd unbefriedigte Zärtlichkeitstrieb die Aggressionsbahnen in Erregung bringt. Das Verständnis für den jugendlichen Verbrecher wird, meinen wir, durch diese Betrachtung wesentlich gefördert ...«

Es verdient, in dem Bewußtsein der Psychologen, Soziologen und Kriminologen seinen Platz zu finden, daß in diesen Überlegungen Adler im Jahr 1908 die Ergebnisse der neueren Deprivationsforschung an Menschen- und Tierkindern [22] aufs genaueste vorausgesagt hat.

Das bedeutsamste an der zweiten Abhandlung ist aber gar nicht die Theorie der Entstehung des aggressiven Charakters, sondern die grundsätzliche Abkehr von der Freudschen Annahme des Ursolipsismus und der Urasozialität des Men-

22 Z. B. Lotte Schenk-Danzinger, *Latente Reifung*. Die kritische Zeitspanne bei mangelnder Übung. Bericht über den 24. Kongreß der Deutschen Gesellschaft für Psychologie, Wien 1964. Göttingen 1965, S. 112–120. – H. F. Harlow, ›The Nature of Love‹. In: *Amer. Psychologist* 1958, S. 12, 673–685.

schen[23], die Abkehr von der im Freudschen Ansatz unvermeidlichen Annahme, daß dem ursprünglich und seiner Natur nach asozialen Wesen Mensch nachträglich und gegen seinen Widerstand auf dem Weg der instrumentellen Konditionierung durch Belohnung und Bestrafung (Liebesgewährung und Liebesentzug) die sozialen Verhaltensweisen andressiert werden müßten. Hier wird zum erstenmal klar ausgesprochen, daß der Mensch *als soziales Wesen zur Welt kommt*, als ein Wesen, das auf Zusammenleben und Zusammenwirken mit anderen angelegt ist. Welche Merkmale und welche Bedeutung ein gesundes und im Grund normales, wenn auch noch so selten verwirklichtes, Freundverhalten hat, darauf geht Adler erst in *diesem* Buch genauer ein.

Aber für unseren oben (S. 20) abgebrochenen Gedankengang ergibt sich schon so viel: Auch wenn das Kind nicht schon durch frühe Liebesentbehrung zum grundsätzlichen Angreifer wird, so bleiben bei dem in unserer Gesellschaft immer noch vorherrschenden Erziehungsstil nur selten die Erniedrigungserlebnisse aus, die seinen Drang nach Überlegenheit wecken und ständig wach halten.

Grundsätzlich ist es möglich, auch diese Kompensation der eigenen *Stellung* auf sachliche – und die Gemeinschaft nicht störende, also im Sprachgebrauch Adlers »nützliche« – Weise zu erzielen; zum Beispiel durch die Ausbildung von echten Führerqualitäten, die es anderen als erträglich oder sogar wünschenswert erscheinen lassen, dem fraglichen Menschen Führungsaufgaben anzuvertrauen und sich ihm unterzuordnen; aber auch durch *objektive Leistungen*, die den anderen mit Recht Anerkennung und Bewunderung abgewinnen. Aber diese Möglichkeit wird leicht verfehlt, erstens weil es Anstrengungsbereitschaft, Zähigkeit und Geduld erfordert, und zweitens, weil der Mensch auch durch die Absetzung nach *unten* sich von der Gemeinschaft isoliert empfinden und in die Ausgeschlossenheit und das Feindverhalten gegenüber allen anderen geraten kann.

Er kann sich dann alles Zusammenleben und Zusammenwirken im Beruf und in der Ehe nur noch als ständigen Kampf um die Überlegenheit vorstellen, um den fortgesetzten Nachweis, daß *er* der Herr im Hause ist, daß *er* immer Recht hat, daß *er* alles besser weiß und kann; und da es nur auf das Verhältnis, nicht auf das *absolute* Niveau ankommt, ist es noch bequemer, an die Stelle der Selbsterhöhung die Herabsetzung und Demütigung des anderen zu setzen, und wenn auch nur durch »Scherze« und »Wahrheiten«.

23 Vgl. W. Metzger, *Psychologie in der Erziehung*. Bochum 1971. S. 22–32.

Das heißt: Infolge der Isolierung durch die frühen Erniedrigungserlebnisse wird der Mensch leicht in ein ständiges Feindverhalten gedrängt, das unter den Bedingungen des *Zusammenwirkens* das dort allein angemessene Freundverhalten fortgesetzt durchbricht. Es entsteht der »gesunde« »nervöse Charakter«, die Normalfigur unserer Zeit. Er ist »gesund«, sofern er in der Regel keinen Psychotherapeuten aufsucht und, falls der Anteil der Feindverhaltensweisen nicht allzu sehr überhand nimmt, auch in seinem Beruf durchaus erfolgreich sein kann, wenn auch unbeliebt oder belächelt und wegen der ständigen doppelten Beanspruchung von Erschöpfungszuständen bedroht. In der Ehe ist er der typische Scheidungskandidat; und da die meisten unserer Ehen aus *zwei* Scheidungskandidaten bestehen, ist nur *eines* verwunderlich: daß es nicht viel *mehr* Scheidungen gibt. Sind sie keine, so ist auch lebenslängliche Zuneigung kein Problem; das geläufige Bild von der Suppe, die mit der Zeit unvermeidlich kalt wird, ist ein falsches Bild.
Wodurch aber unterscheidet sich die eigentliche *Neurose* mit allen ihren inzwischen auch dem Laien vertrauten Symptomen vom »gesunden« nervösen Charakter? – Beim Lesen individualpsychologischer Schriften, auch der frühen Schriften Adlers, hat man oft das Gefühl, daß es diesen Unterschied gar nicht gibt. Und doch, wenn schon die Grenze nicht messerscharf ist, fehlt es nicht an eindeutigen Unterscheidungsmerkmalen. Die Neurose entsteht dort, wo ein Mensch die Spannung zwischen dem unbefriedigenden *gegenwärtigen* und dem *erwünschten* Zustand *nicht mehr aushält*, wo er die Geduld verliert und statt sich in der rauhen Wirklichkeit mühsam weiter vorzuarbeiten, diese rauhe Wirklichkeit verleugnet und mit offenen Augen zu träumen beginnt, er wäre schon da. Adler spricht in diesem Fall von Fiktionen[24], genauer von Antizipationen, von Vorwegnahmen, gelegentlich auch vom »Willen zum Schein«. Nach einem Bild, das sich immer wieder bewährt hat, baut der Neurotiker statt eines Hauses nur eine *Fassade*, die all die schönen Eigenschaften hat, die er sich wünscht, prächtig geschmückt, wie eine Renaissance-Fassade des 19. Jahrhunderts, hinter der man, wenn man um die Ecke schaut, eine armselige Bretterbude entdeckt. Diese Fassade, nicht das, was dahinter ist, wird nun zum Gegenstand des Selbstbewußtseins. Sie wird in wilder Verzweiflung verteidigt. Daß jemand dahinterschauen könnte, wird als Lebensbedrohung empfunden, und es werden alle möglichen »*Sicherungen*« aufgebaut, um das zu verhindern. Auch nicht die geringfügigste Abweichung von der beanspruch-

24 Ein Wort, das er freilich noch in mehreren anderen Bedeutungen gebraucht.

ten Vollkommenheit darf zugegeben werden. Darum wird jede Kritik mit Entrüstung zurückgewiesen, womöglich der Kritiker bestraft und entlassen[25]. Lagen, in denen die Wirklichkeit – auch eine gar nicht so weit hinter den Ansprüchen zurückbleibende – zutage treten *könnte*, müssen unter allen Umständen vermieden werden. Darum wird der Neurotiker vor der Prüfung (oder vor der Trauung) krank und ahnt nicht, warum: Die Überzeugung, daß er alles gekonnt *hätte*, wenn er nicht leider bettlägerig gewesen *wäre*, läßt sich auf jeden Fall aufrecht erhalten. Adler spricht in diesem Fall von einem *neurotischen Arrangement*, das sich von der einfachen Simulation oder der gesellschaftlichen Notlüge dadurch unterscheidet, daß der Neurotiker nicht nur den anderen, sondern auch sich selber etwas vorspielt. Dies ist nur ein Beispiel. Arrangements kommen auch an anderen Stellen im Positionskampf vor, etwa um einen aufsässigen Vasallen auf unauffällige Weise lahmzulegen, und dergleichen mehr.

Ich breche ab, denn damit ist, wie ich hoffe, der Weg vom ›Arzt als Erzieher‹ bis zum *Nervösen Charakter* einigermaßen zutreffend gezeichnet. Die Zeichnung ist notwendigerweise vereinfacht. Ob sie verzerrt ist oder (außer den Betrachtungen zur Entstehung der Psychosen) Wesentliches vermissen läßt (oder beides), möge der Leser beurteilen, dem hoffentlich bald auch die wichtigsten der frühen Abhandlungen erneut vorgelegt werden können.

Adlersche Texte zu lesen, ist anstrengend. Man spürt, daß seine Gedanken in statu nascendi, »ins Unreine«, hingeworfen sind. Oft muß der Leser logische Zwischenglieder ergänzen, oft wird ein Ausdruck unbekümmert in mehreren Bedeutungen gebraucht; manchmal ist man nicht sicher, ob der Text wörtlich oder nur bildlich zu verstehen ist, und natürlich fehlt auch nicht der im psychotherapeutischen Schrifttum verbreitete Brauch, apodiktisch zu sprechen, wo die Umstände nur eine hypothetische Aussage erlauben, und sich kühn mit *einer* Deutung zu begnügen, wo mehrere möglich sind. Aber das sind Kleinigkeiten angesichts dessen, was Adler zu sagen hat, und was auch heute noch aufregend und bedeutsam genug ist, um endlich der unverdienten Vergessenheit entrissen zu werden.

Herrn Diplompsychologen Siegfried Seeger, Aachen, möchte ich an dieser Stelle für wertvolle Hilfe bei der Vorbereitung dieser Neuausgabe danken.

Bebenhausen, den 12. März 1972 Wolfgang Metzger

25 Daher ist auch der kleine Mann, der hinter keine Fassade schauen kann, der Liebling der totalitären Herrscher, und der Intellektuelle, der das nicht lassen kann, ist für sie ein Staatsfeind.

Vorwort zur ersten Auflage

Nachdem ich in der »Studie über Minderwertigkeit von Organen« (1907) den Versuch gemacht hatte, den Aufbau und die Tektonik der Organe im Zusammenhang mit ihrer genetischen Grundlage, mit ihrer Leistungsfähigkeit und ihrem Schicksal zu betrachten, ging ich – gleichermaßen gestützt auf vorliegende Befunde wie auf meine eigenen Erfahrungen, daran, dieselbe Methode der Betrachtung in der Pathopsychologie durchzuführen. In der vorliegenden Arbeit sind die hauptsächlichsten Ergebnisse meiner *vergleichenden, individualpsychologischen Studien über die Neurosen* niedergelegt.
Wie in der Organminderwertigkeitslehre ist in der *vergleichenden Individualpsychologie* die empirische Grundlage dazu benützt, ein fiktives Maß der Norm aufzustellen, um Grade der Abweichung daran messen und vergleichen zu können. In beiden Wissensgebieten rechnet die vergleichende Forschung mit der Herkunft des Phänomens, mißt daran die Gegenwart und sucht die *Linie* der Zukunft aus ihnen abzuleiten. Diese Betrachtungsweise führt uns dahin, den Zwang der Entwicklung und die pathologische Ausgestaltung als das Ergebnis eines *Kampfes* anzusehen, der im Gebiet des Organischen um die Gleichgewichtserhaltung, um Leistungsfähigkeit und Domestikation entbrennt; die gleiche Kampfbereitschaft in der Psyche steht *unter der Leitung einer fiktiven Persönlichkeitsidee,* deren Wirksamkeit bis zum Aufbau des nervösen Charakters und der nervösen Symptome reicht. Wird so im Organischen »das Individuum eine einheitliche Gemeinschaft, in der alle Teile zu einem gleichartigen Zweck zusammenwirken« *(Virchow)* –– bauen sich die mannigfachen Fähigkeiten und Regungen des Organismus zu einer planvoll gerichteten, einheitlichen Persönlichkeit aus, dann können wir jede einzelne Lebenserscheinung derart erfassen, als ob in ihr Vergangenheit, Gegenwart und Zukunft samt einer übergeordneten, leitenden Idee in Spuren vorhanden wären.
Auf diesem Wege hat sich dem Autor dieses Buch ergeben, daß jeder kleinste Zug des Seelenlebens von einer planvollen Dynamik durchflossen ist. Die vergleichende Individualpsychologie erblickt in jedem psychischen Geschehen den Abdruck, sozusagen ein *Symbol des einheitlich gerichteten Lebensplanes,* der in der Psychologie der Neurosen und Psychosen nur deutlicher zutage tritt.

Die Ergebnisse einer derartigen Untersuchung am neurotischen Charakter sollen Zeugnis ablegen für Wert und Anwendbarkeit unserer Methode der vergleichenden Individualpsychologie bezüglich der Probleme des Seelenlebens.

Wien, im Februar des Jahres 1912 Dr. Alfred Adler

Vorwort zur zweiten Auflage

Die philosophische Gesamtanschauung von der menschlichen Seele, mit der ich den nervösen Charakter durchleuchtete, ist für mich und einen großen Kreis von Bekennern Weltanschauung und Menschenkenntnis geworden, der gegenüber jede andere Betrachtung des seelischen Geschehens unrichtig oder lückenhaft erscheint.
Zwischen den beiden Auflagen dieses Buches liegt der Weltkrieg mit seinen Fortsetzungen, liegt die furchtbarste Massenneurose, zu der sich unsere neurotisch-kranke Kultur, zerfressen von ihrem Machtstreben und ihrer Prestigepolitik, entschlossen hat. Der entsetzliche Gang der Zeitereignisse bestätigt schaurig die schlichten Gedankengänge dieses Buches. Und er entschleiert sich als das dämonische Werk der allgemein entfesselten Herrschsucht, die das unsterbliche Gemeinschaftsgefühl der Menschheit drosselt oder listig mißbraucht.
Unsere Individualpsychologie ist weit über den toten Punkt beschreibender Seelenkunde hinaus. In unserem Sinne einen Menschen schauen und erkennen heißt: ihn den Verirrungen seines wunden, aufgepeitschten, aber ohnmächtigen Gottähnlichkeitsstrebens entreißen und der unerschütterlichen Logik des menschlichen Zusammenlebens geneigt machen, dem *Gemeinschaftsgefühl.*
Der Ausbau meiner Lehre hat einige Klarstellungen und Ergänzungen im vorliegenden Bande nötig gemacht. Aus dem gleichen Grunde soll in kurzer Zeit ein zweiter Band [1] erscheinen, der außer wichtigen Vorarbeiten einige notwendige Ergänzungen und neue Arbeiten enthalten wird.
Ein Rückblick auf die Entwicklung meiner Individualpsychologie ergibt den ununterbrochenen Ausbau einer Seelenforschung auf drei ineinandergreifenden Ebenen: dem kindlichen *Minderwertigkeitsgefühl* entsprießt ein gereiztes *Streben nach Macht*, das an den Forderungen der Gemeinschaft und an den

1 A. Adler, *Praxis und Theorie der Individualpsychologie.* 3. Aufl. München 1927. [Frankfurt a. M. 1974 (Fischer Taschenbuch Bd. 6236).] Ders., *Menschenkenntnis.* Leipzig 1926. [Frankfurt a. M. 1966 (Fischer Taschenbuch Bd. 6080).]

Mahnungen des physiologisch und sozial begründeten *Gemeinschaftsgefühls* seine Schranken findet *und in die Irre geht.* Dem oft sinnlosen Geschwätz von Freibeutern und Geschichtenschreibern ist vielleicht durch diesen leicht faßlichen Hinweis eine hilfreiche Hand geboten.
Der ernste Leser wird, hoffe ich, mit mir bis zu dem Aussichtspunkt gelangen, der uns ermöglicht, jede Menschenseele im einheitlichen Fortschreiten nach einem Ziel der Überlegenheit zu erblicken, so daß Bewegungen, Charakterzüge und Symptome unweigerlich über sich hinausweisen. Die gewonnenen Erkenntnisse werden ihn dann freilich mit einer Lebensaufgabe belasten: *voranzugehen bei dem Abbau des Strebens nach persönlicher Macht und bei der Erziehung zur Gemeinschaft.*

Wien, im Mai 1919 Dr. Alfred Adler

Vorwort zur dritten Auflage

Es ist vielleicht nicht überflüssig, darauf hinzuweisen, daß unsere individualpsychologischen Anschauungen, die in diesem Buche zum ersten Male auseinandergesetzt wurden, eine *zwangsläufige Gebundenheit* an ein organisches Substrat ablehnen.
Unsere Feststellungen lassen vielmehr erkennen, daß die seelische Entwicklung eines Menschen und deren Fehlschläge, auch die Neurosen und Psychosen, aus seiner Stellungnahme zur absoluten Logik des menschlichen Zusammenlebens stammen. Der Grad seiner Verfehlung – die mangelhafte Verwachsenheit mit den kosmischen und sozialen Erfordernissen – liegen allen seelischen Störungen zugrunde und bedingen ihr Ausmaß. Der Nervöse lebt und müht sich ab für eine Welt, die nicht die unsere ist. Sein Widerspruch gegen die absolute Wahrheit ist größer als der unsere.
Zu diesem Widerspruch gelangt er weder durch eine zellulare Struktur seines Gehirnes noch durch humorale Einflüsse, sondern durch ein in einer schwierigen *Position der Kindheit* erworbenes Minderwertigkeitsgefühl. Von da an beeinflußt die größere Neigung für allseits bereitliegende Irrtümer dauernd die seelische Entwicklung. Wir leugnen die organische Disposition zur Neurose, aber wir haben deutlicher wie alle anderen Autoren den *Beitrag der Organminderwertigkeit zur Schaffung einer seelischen Position, die Vorschubleistung körperlicher Schwäche zur Herstellung eines Minderwertigkeitsgefühls* nachgewiesen.

Unsere Individualpsychologie lehrt das menschliche *Seelenleben als versuchte Stellungnahme* zu den Forderungen des sozialen Lebens begreifen. Die Stellungnahme in der Neurose und Psychose ist stark in die Irre gegangen. Die Annahme einer besonderen Form angeborener Sexuallibido als eines zwingenden oder gar ausschließlichen Faktors der seelischen Entwicklung finden wir nirgends bestätigt, die »Erhaltung der psychischen Energie« erscheint uns als ein frommer Wunsch der Autoren, dem wir uns gerne anschließen.
Die kritische Stellungnahme zu den Anschauungen *Freuds* und *Kretschmers*, die in dieser Auflage schärfer zum Ausdruck kommt, erklärt sich aus der großen Bedeutung dieser Autoren für die Entwicklung der Neurosenpsychologie. Soweit ich es vermochte, versuchte ich auch allen anderen Autoren, die Selbständiges schufen, gerecht zu werden.
Die Verpflichtung zur Offenheit bedrängt mich anläßlich der Herausgabe der III. Auflage dieses Buches in quälendster Weise. So will ich denn ein Geständnis machen, das mir sicherlich dauernd die Zuneigung meiner Leser rauben wird. Nach einem eingehenden ablehnenden Gutachten über vorliegendes Buch wurde meine Bewerbung um Habilitierung an der Universität vom Wiener Professorenkollegium abgelehnt.
Durch diesen Ratschluß war ich bisher verhindert, öffentliche Vorlesungen für Studenten und Ärzte abzuhalten. Der Wissende versteht, wie schwierig die heute doch gelungene Verbreitung meiner Anschauungen geworden ist. Vielleicht hat da der folgende Umstand ein wenig mitgeholfen:
Die Anschauungen unserer Individualpsychologie verlangen den bedingungslosen Abbau des Machtstrebens und die Entfaltung des Gemeinschaftsgefühls. Ihre Losung ist der *Mitmensch*, die mitmenschliche Stellungnahme zu den immanenten Forderungen der menschlichen Gesellschaft.
Vielleicht gibt es ehrwürdigere Lehren einer älteren Schulwissenschaft. Vielleicht neuere ausgeklügeltere. Sicherlich aber keine, die der Allgemeinheit größeren Nutzen brächten.

Wien, im März 1922 Dr. Alfred Adler

Vorwort zur vierten Auflage

Ich will in diese Auflage die Keime neuer psychologischer Entwicklungen streuen. Dem Kenner werden sie nicht entgehen. Die andern sollen vorbereitet sein für die Leistungen der Individualpsychologie, die sie an andern Orten finden werden.

Was uns Individualpsychologen jene Sicherheit in der theoretischen Entwicklung unserer Anschauungen und in unserer Praxis gibt, ist unter anderem ein wenig vermerkter Tatbestand: jeder Schritt nach vorwärts hat sich folgerichtig aus unseren Grundanschauungen ergeben. Es war bisher nicht nötig geworden, irgend etwas an unserem Gebäude zu ändern, oder dieses zu stützen mit Anschauungen anderer Art.

Wien, Im Dezember 1927 Dr. Alfred Adler

Theoretischer Teil

Einleitung

> »Omnia ex opinione suspensa sunt; non ambitio tantum ad illam respicit et luxuria et avaritia Ad opinionem dolemus. Tam miser est quisque, quam credidit!«
>
> *Seneca.* Epist. 78, 13.

Die Untersuchung des neurotischen Charakters ist ein wesentlicher Teil der Neurosenpsychologie. Wie alle psychischen Erscheinungen ist er nur im Zusammenhang mit dem ganzen seelischen Leben zu erfassen. Eine flüchtige Kenntnis der Neurose genügt, um das Besondere daran herauszufinden. Und alle Autoren, die dem Problem der Nervosität nachgegangen sind, haben mit besonderem Interesse gewisse Charakterzüge ins Auge gefaßt. Das Urteil war ein allgemeines, daß der Neurotiker eine Reihe scharf hervortretender Charakterzüge bietet, die das Maß des Normalen überschreiten. Die große Empfindlichkeit, die Reizbarkeit, die reizbare Schwäche, die Suggestibilität, der Egoismus, der Hang zum Phantastischen, die Entfremdung von der Wirklichkeit, aber auch speziellere Züge, wie Herrschsucht, Bösartigkeit, opfervolle Güte, kokettes Wesen, Feigheit und Ängstlichkeit, Zerstreutheit figurieren in den meisten Krankengeschichten, und man müßte alle gründlichen Autoren namhaft machen, um ihren Beitrag zu bestätigen. Von den Neueren ist insbesondere *Janet* zu nennen, der die Traditionen der berühmten französischen Schule fortführt und namhafte scharfsinnige Analysen zutage gefördert hat. Insbesondere seine Betonung des »sentiment d'incomplétude« des Neurotikers stimmt so sehr mit den von mir erhobenen Befunden überein, daß ich in meinen Arbeiten eine Erweiterung dieser wichtigsten Grundtatsache aus dem Seelenleben des Neurotikers erblicken darf. Meine Feststellungen über die Einheit der Persönlichkeit bedeuten dazu einen dauernden psychologischen Gewinn, der die Rätsel des double vie, der Polarität, der Ambivalenz (*Bleuler*) gelöst hat.

Wo immer man mit der Analyse psychogener Krankheitszustände einsetzt, drängt sich nach kürzester Beobachtung ein- und dieselbe Erscheinung vor: *daß das ganze Bild der Neurose ebenso wie alle ihre Symptome von einem fingierten Endzweck aus beeinflußt, ja entworfen sind.* Dieser Endzweck hat also eine bildende, richtunggebende, arrangierende Kraft. Er läßt sich auch aus der Richtung und dem »Sinn« der krankhaften Erscheinungen verstehen, und versucht man auf diese Annahme zu verzichten, so bleibt eine verwirrende Fülle von Regungen, Trieben, Komponenten, Schwächen und Anomalien, die das Dunkel der Neurose für die einen so abstoßend gemacht haben, während andere in ihm kühne Entdeckungsfahrten unternahmen. Hält man dagegen an diesem hinter den Erscheinungen wirksamen Endzweck als an einer kausalen Finalität *(W. Stern)* fest, so erhellt sich das sonst dunkle seelische Getriebe, und man liest wie in einem offenen Buche.

Pierre Janet war dieser Auffassung sicherlich nahe, wie aus einzelnen seiner klassischen Schilderungen über den »Geisteszustand der Hysterischen« 1894[1] hervorgeht. Er hat sich aber einer eingehenden Darstellung entschlagen. Er betont ausdrücklich: »Ich habe bis jetzt nur allgemeine und einfache Züge des Charakters beschrieben, die durch ihre Verbindungen und unter dem Einflusse bestimmter äußerer Umstände Haltungen und Handlungen eigentümlicher Art in allen Formen erzeugen können. Es ist hier *unstatthaft*, auf diese Beschreibung näher einzugehen, da dieselbe mit einem *Sittenromane* größere Ähnlichkeit aufweisen würde als mit einer klinischen Arbeit.« Mit dieser Stellungnahme, der er bis zu seinen letzten Werken treu geblieben ist, hat dieser Autor, trotz seines klaren Verständnisses für den Zusammenhang von Neurosenpsychologie und Moralphilosophie, den Weg zur Synthese verfehlt.

Josef Breuer, ein genauer Kenner der deutschen Philosophie, »hat den glitzernden Stein gefunden, der am Wege lag«. Er lenkte die Aufmerksamkeit auf den »Sinn« des Symptoms und wollte Herkunft und Zweck desselben bei dem Einzigen, der darauf antworten konnte, beim Patienten erfragen. Damit hat dieser Autor eine Methode begründet, die historisch und genetisch individualpsychologische Erscheinungen aufklären will, unter Zuhilfenahme einer vorläufigen Voraussetzung, der einer *Determination* psychischer Erscheinungen. Wie diese Methode von *Sigmund Freud* erweitert und ausgebildet wurde, woran sich eine Unzahl von Problemstellungen und versuchten und wieder fallengelassenen Lösungen knüpften, gehört der Gegenwartsgeschichte an und ist ebenso auf Anerkennung wie auf Widerspruch gestoßen. Weniger einer kritischen Neigung folgend, als um den eigenen Standpunkt hervorzuheben, mag es mir gestattet sein, aus den fruchtbaren und wertvollen Leistungen *Freuds* vor allem drei seiner fundamentalen Anschauungen als irrtümlich abzusondern, da sie den Fortschritt im Verständnis der Neurose zu versperren drohen. Der erste

1 Übersetzt von Dr. Max Kahane.

Einwand betrifft die *Auffassung der Libido als treibende Kraft* für das Geschehen in der Neurose. Gerade die Neurose zeigt deutlicher als das normale psychische Verhalten, wie durch die *neurotische Zwecksetzung* das Gefühl der Lust, die Abtönung derselben und ihre Stärke in die Richtung dieses Zweckes gezwungen werden, so daß der Neurotiker eigentlich nur mit seiner sozusagen gesunden psychischen Kraft der Lokkung des Lusterwerbs folgen kann, während für den neurotischen Anteil »höhere« Ziele gelten. Übersetzt man aber »libido« mit dem mehrdeutigen Begriff »Liebe«, dann läßt sich durch eine geschickte Verwaltung und Zerdehnung dieser Worte alles kosmische Geschehen mit ihnen – nicht erklären, aber umschreiben. Durch diese Umschreibung wird bei vielen der Eindruck erweckt, daß es in allen menschlichen Regungen von »libido« wimmelt, während in Wirklichkeit der glückliche Finder nur herauszieht, was er vorher hineingesteckt hat. Die letzten Interpretationen machen den Eindruck, als ob sich die *Freud*sche Libidolehre mit rasender Schnelligkeit auf unseren Standpunkt des Gemeinschaftsgefühls und des Strebens nach einem Persönlichkeitsideal (»Ich-Ideal«) hin bewege, was im Interesse eines wachsenden Verständnisses sehr zu begrüßen wäre.

Als diese neurotische Zwecksetzung hat sich uns *die Erhöhung des Persönlichkeitsgefühls* ergeben, dessen einfachste Formel im übertriebenen »*männlichen Protest*« zu erkennen ist. Diese Formel: »ich will ein ganzer Mann sein!« ist die leitende Fiktion, sozusagen die »fundamentale Apperzeption« *(Jerusalem)* in jeder Neurose, für die sie in höherem Grade als für die normale Psyche Wirklichkeitswerte beansprucht. Und diesem Leitgedanken ordnen sich auch Libido, Sexualtrieb und Perversionsneigung, *wo immer sie hergekommen sein mögen*, ein. *Nietzsches* »Wille zur Macht« und »Wille zum Schein« umfassen vieles von unserer Auffassung, die sich wieder in manchen Punkten mit Anschauungen *Férés* und älterer Autoren berührt, nach welchen das Gefühl der Lust in einem Machtgefühl, die der Unlust in einem Gefühle der Ohnmacht wurzelt. – Ein zweiter Einwand trifft *Freuds* Grundanschauung von der *sexuellen Ätiologie* der Neurosen, einer Anschauung, der sich vorher schon *Pierre Janet* bedenklich nahe befand, als er (l. c.) die Frage aufwarf: »Sollte etwa die Geschlechtsempfindung der Mittelpunkt sein, um welchen herum die anderen psychologischen Synthesen sich aufbauen?« Die Verwendbarkeit des *sexuellen Bildes* täuscht vielen, insbesondere dem Neurotiker, eine Identität vor. Bei Mystikern, so bei *Baader*, finden sich häufig solche irreführende Einkleidungen. Auch die Sprache mit ihrer Neigung zur Bildsamkeit legt dem harmlosen Forscher bedenkliche Fallen. Sie darf den Psychologen nicht täuschen. Der sexuelle Inhalt in den neurotischen Phänomenen stammt vorwiegend aus dem ideellen Gegensatz »Männlich–Weiblich« und ist durch Formenwandel aus dem männlichen Protest entstanden. Der sexuelle Antrieb in der Phantasie und im Leben des Neurotikers richtet sich nach der männlichen Zwecksetzung, ist eigentlich kein Trieb, sondern ein Zwang. Das ganze Bild der Sexualneurose ist ein Gleichnis, in dem sich die Distanz des Patienten von seinem fiktiven männlichen Endziel, und wie er sie zu überwinden oder zu verewigen [2] sucht, spiegelt. Sonderbar, daß *Freud*, ein feiner Kenner des Symbolischen im Leben, nicht imstande war, das Symbolische in der sexuellen Apperzeption aufzulösen, das Sexuelle als Jargon, als *Modus dicendi* zu erkennen. Aber wir können dies verstehen, wenn wir den dritten Grundirrtum ins Auge fassen, seine Annahme, als stünde der Neurotiker unter dem Zwange infantiler Wünsche, vor allem des Inzestwunsches, die allnächtlich (Traumtheorie) aufleben, ebenso auch bei bestimmten Anlässen in der Wirklichkeit. In Wirklichkeit stehen alle infantilen Wünsche selbst schon unter dem Zwange des fiktiven Endziels, tragen meist selbst den Charakter eines leitenden *aber eingeordneten* Gedankens und eignen sich aus denkökonomischen Gründen sehr gut zu Rechnungssymbolen. Ein krankes Mädchen, das sich im *Gefühle besonderer Unsicherheit* während der ganzen Kindheit an den Vater anlehnt, dabei der Mutter überlegen sein will, kann diese psychische Konstellation gelegentlich in das »Inzestgleichnis« fassen, *als ob es* die Frau des Vaters sein wollte. Dabei ist der Endzweck schon gegeben und wirksam: ihre Unsicherheit läßt sich nur bannen, wenn sie beim Vater ist. Ihre wachsende *psychomotorische Intelligenz*, ihr unbewußt wirkendes Gedächtnis beantwortet alle Empfindungen der Unsicherheit mit der gleichen *Aggression*: mit der vorbereitenden Einstellung, zum Vater zu flüchten, *als ob* sie seine Frau wäre. Dort hat sie jenes als Zweck gesetzte höhere Persönlichkeitsgefühl, das sie dem männlichen Ideal der Kindheit entlehnt hat, die Überkompensation ihres Minderwertigkeitsgefühls. Sie handelt dann symbolisch, wenn sie vor einer Liebeswerbung oder vor der Ehe erschrickt, soferne sie mit neuen Herabsetzungen ihres Persönlichkeitsgefühles drohen, soferne sie größere Schwierigkeiten findet als beim Vater, und ihre *Bereitschaftsstellung* richtet sich *zweckmäßig* gegen ein weibliches Schicksal, läßt sie Sicherheit suchen, wo sie diese immer gefunden hat, beim Vater. Sie wendet einen Kunstgriff an, handelt nach einer unsinnigen Fiktion, kann aber damit ihren *Zweck*, der Frauen-

2 Siehe: *Praxis und Theorie der Individualpsychologie*, l. c. im ›Problem der Distanz‹.

rolle auszuweichen, sicher erreichen. Je größer ihr Gefühl der Unsicherheit, um so stärker klammert sich dieses Mädchen an ihre Fiktion, versucht sie fast wörtlich zu nehmen, und da das menschliche Denken der symbolischen Abstraktion hold ist, gelingt es zuweilen der Patientin und mit einiger Mühe immer auch dem Analytiker, das Streben der Neurotiker: *sich zu sichern*, in das symbolische Bild der Inzestregung einzufangen, eine Überlegenheit zu haben wie beim Vater. *Freud* hat in diesem auf einen Zweck gerichteten Vorgang eine Wiederbelebung infantiler Wünsche erblicken müssen, *weil er letztere als treibende Kräfte angesetzt hatte*. Wir erkennen in dieser infantilen Arbeitsweise, in der ausgedehnten Anwendung von sichernden Hilfskonstruktionen, als die wir die neurotische Fiktion anzusehen haben, in dieser allseitigen, weit zurückreichenden motorischen Vorbereitung, in der starken Abstraktions- und Symbolisierungstendenz die zweckmäßigen *Mittel* des Neurotikers, der zu seiner Sicherheit gelangen will, zur Erhöhung seines Persönlichkeitsgefühls, zum männlichen Protest. Die Neurose zeigt uns die Ausführung irrtümlicher Vorsätze. Jedes Denken und Handeln läßt sich nach rückwärts bis zu kindlichen Erfahrungen verfolgen. Im Punkte der *Freud*schen »*Regression*« unterscheidet sich demnach der seelisch Kranke in nichts vom Gesunden. Nur daß er *auf zu weit gehenden Irrtümern aufgebaut* hat, daß er eine schlechte Stellung zum Leben eingenommen hat, ergibt den Unterschied. Die »Regression« aber ist der Normalfall des Denkens und Handelns.

Knüpfen wir an diese kritischen Bemerkungen die Frage an, wie die neurotischen Erscheinungen zustande gekommen sind, warum der Patient ein Mann sein will, und fortwährend Beweise seiner Überlegenheit zu erbringen sucht, woher er das stärkere Bedürfnis nach Persönlichkeitsgefühl hat, warum er solche Aufwendungen macht, um zur Sicherung zu gelangen, kurz die Frage nach dem letzten Grund dieser Kunstgriffe der neurotischen Psyche, so läßt sich erraten, was jede Untersuchung ergibt: *am Anfang der Entwicklung der Neurose steht drohend das Gefühl der Unsicherheit und Minderwertigkeit und verlangt mit Macht eine leitende, sichernde, beruhigende Zwecksetzung, eine Konkretisierung des Zieles der Überlegenheit, um das Leben erträglich zu machen. Was wir das Wesen der Neurose nennen, besteht aus dem vermehrten Aufwand der verfügbaren psychischen Mittel. Unter diesen ragen besonders hervor: Hilfskonstruktionen und Schablonen im Denken, Handeln und Wollen.*

Es ist klar, daß eine derartige, zum Zweck der Persönlichkeitserhöhung in besonderer Anspannung befindliche Psyche sich auch, abgesehen von eindeutigen nervösen Symptomen, durch eine nachweisbare Erschwerung der Einfügung in die Gesellschaft, in den Beruf und in die Liebe auffällig machen wird. Das Gefühl des schwachen Punktes beherrscht den Nervösen so sehr, daß er, ohne es zu merken, den *schützenden Überbau* mit Anspannung aller Kräfte bewerkstelligt. Dabei schärft sich seine *Empfindlichkeit*, er lernt auf Zusammenhänge achten, die anderen noch entgehen, er übertreibt seine *Vorsicht*, fängt am Beginne einer Tat oder eines Erleidens alle möglichen Folgen *vorauszuahnen* an, er versucht weiter zu hören, weiter zu sehen, wird *kleinlich*, *unersättlich*, *sparsam*, sucht die Grenzen seines Einflusses und seiner Macht immer weiter über Zeit und Raum zu spannen – und verliert dabei die Unbefangenheit und Gemütsruhe, die erst die psychische Gesundheit und Tatkraft verbürgen. Immer mehr steigert sich sein *Mißtrauen* gegen sich und gegen die andern, *sein Neid, sein boshaftes Wesen, aggressive und grausame Neigungen* nehmen überhand, die ihm das Übergewicht gegenüber seiner Umgebung verschaffen sollen, oder er versucht durch vermehrten *Gehorsam*, durch *Unterwerfung und Demut*, die nicht selten in *masochistische Züge* ausarten, *den andern zu fesseln, zu erobern;* beides also, erhöhte Aktivität wie vermehrte Passivität, sind Kunstgriffe, die vom fiktiven Zweck der Machterhöhung, des »Obenseinwollens«, des männlichen Protests aus eingeleitet werden. Durch Überbetonung eines Teiles der Lebensprobleme (Unabhängigkeit, Vorsicht, Reinlichkeit etc.) stört er den Lebenszusammenhang und gerät auf die unnützliche Seite, wo wir schwer Erziehbare, Nervöse, Kriminelle, Selbstmörder, Perverse und Prostituierte antreffen.

Kretschmer hat vor kurzem als schizothymen Formenkreis seelische Bilder beschrieben, die vollständig den von mir gezeichneten gleichen, so sehr, daß er selbst an einer Stelle bemerkt, solche Typen seien gelegentlich als Erscheinungen des »nervösen« Charakters geschildert worden. Wer meine hier niedergelegten Befunde über Organminderwertigkeit kennt, wird unschwer in seinen schizothymen Typen das Identische erkennen. Seiner weiteren, insbesondere der physiognomischen Befunde können wir uns nur freuen. Bestätigen sie sich, dann wird man großenteils die angeborene Organminderwertigkeit den Patienten vom Gesicht ablesen können. Der *Kraepelin*sche Pessimismus freilich, der Kretschmer wie die zeitgenössische Psychiatrie lähmt, hindert auch diesen Autor, die Erziehbarkeit der organisch Minderwertigen zu würdigen.

Damit sind wir zu jenen psychischen Erscheinungen vorgedrungen, deren Erörterung den Inhalt dieser Arbeit bilden soll, zum neurotischen Charakter. Es finden sich bei den Nervösen keine vollkommen neuen Charakterzüge, kein einziger Zug, der nicht auch beim Normalen nachzuweisen wäre. Aber der *neurotische Charakter ist auffallend und weiterreichend,* wenngleich er zuweilen erst durch die Analyse dem Arzt und dem Patienten verständlich wird. Er ist ununterbrochen »sensibilisiert«, wie ein Vorposten vorgeschoben und stellt die Fühlung mit der Umgebung, mit der Zukunft her. Die Kenntnis dieser, wie empfindliche Fühler sich weit erstreckenden *psychischen Bereitschaften* ermöglicht erst das Verständnis für den Kampf des Nervösen mit seiner Aufgabe, für seinen gereizten Aggressionstrieb, für seine *Unruhe* und für seine *Ungeduld.* Denn diese Fühler tasten alle Erscheinungen der Umgebung ab und prüfen sie unaufhörlich auf ihre Vor- und Nachteile bezüglich des gesetzten Zweckes. Sie schaffen das verschärfte *Messen* und *Vergleichen,* wecken mittelst der in ihnen tätigen Aufmerksamkeit *Furcht, Hoffnung, Zweifel, Ekel, Haß, Liebe, Erwartung* aller Art und suchen die Psyche vor Überraschungen und vor einer Minderung des Persönlichkeitsgefühls zu sichern. Sie stellen die periphersten motorischen Vorbereitungen vor, immer mobil, immer fertig, einer Herabsetzung der Person vorzubeugen. In ihnen wirken die Kräfte der äußeren und inneren Erfahrung, sie sind mit den Erinnerungsspuren schreckender und tröstender Erlebnisse vollgefüllt und *haben das Gedächtnis an sie in Fertigkeiten umgewandelt, automatisiert.* Kategorische Imperative zweiten Ranges, dienen sie nicht zu ihrer eigenen Durchsetzung, sondern letzter Linie, um die Persönlichkeit zu heben. Und sie versuchen dies, indem sie es ermöglichen, in der Unruhe und Unsicherheit des Lebens Leitlinien zu begründen, das Rechts und Links, das Oben und Unten, das Rechte und Unrechte zu schaffen und zu scheiden. Die verschärften Charakterzüge sind schon deutlich in der neurotischen Disposition der Kinderseele vorzufinden, wo sie zu Ärgernis, zu Sonderbarkeiten und Verschrobenheiten Anlaß geben. Sie treten noch deutlicher hervor, wenn nach einer stärkeren Herabsetzung oder nach einem auftauchenden Widerspruch gegen die eigene Überlegenheit die Sicherungstendenz weiterschreitet und gleichzeitig Symptome als neue wirksame Kunstgriffe ins Leben ruft. Sie sind vielfach nach Mustern und Beispielen gearbeitet und haben die Aufgabe, den Kampf um das Persönlichkeitsgefühl in jeder neuen Lage einzuleiten und siegreich zu gestalten. In ihrem Wirken ist der Anlaß zur Affektsteigerung gelegen und zur Erniedrigung der Reizschwelle gegenüber dem Normalen. Es ist selbstverständlich, daß auch der neurotische Charakter wie der normale sich aus ursprünglich vorhandenem Material, aus psychischen Regungen und Erfahrungen der Organfunktionen aufbaut. Neurotisch werden alle diese an die Außenwelt anknüpfenden psychischen Bereitschaften erst, *wenn die Entscheidung droht*, wenn innere Not die Sicherungstendenz steigert und diese die Charakterzüge wirksamer ausgestaltet und mobilisiert, wenn der fiktive Zweck des Lebens dogmatischer wirkt und die den Charakterzügen entsprechenden sekundären Leitlinien verstärkt. Dann beginnt die *Hypostasierung des Charakters*, seine Umwandlung aus einem Mittel zu einem Zweck führt zu seiner Verselbständigung, und eine Art von *Heiligung* verschafft ihm Unabänderlichkeit und Ewigkeitswert. Der neurotische Charakter ist unfähig, sich der Wirklichkeit anzupassen, denn er arbeitet auf ein unerfüllbares Ideal hin; er ist ein Produkt und Mittel der vorbauenden, von Mißtrauen erfüllten Psyche, die seine Leitlinie verstärkt, um sich eines Minderwertigkeitsgefühls zu entledigen, ein Versuch, der infolge innerer Widersprüche oder an seiner Unwahrheit, an den Schranken der Kultur scheitern muß oder am Rechte der anderen. *Wie die tastende Geste, wie die rückwärts gewandte Pose, wie die körperliche Haltung bei der Aggression, wie die Mimik als Ausdrucksform und Mittel der Mitteilung, so dienen die Charakterzüge, insbesondere die neurotischen, als psychische Mittel und Ausdrucksformen dazu, die Rechnung des Lebens einzuleiten, Stellung zu nehmen, im Schwanken des Seins einen fixen Punkt zu gewinnen, um das sichernde Endziel, das Gefühl der Überwertigkeit, zu erreichen oder nicht scheitern zu lassen.*

Somit haben wir auch den neurotischen Charakter als den *Diener eines fiktiven Zweckes* entlarvt und seine Abhängigkeit von einem Endziel festgestellt. Er ist nicht selbständig aus irgendwelchen biologischen oder konstitutionellen Urkräften emporgeschossen, sondern hat Richtung und Zug durch den kompensierenden Überbau im seelischen Organ und durch seine schematische Leitlinie erhalten. Seine Aufpeitschung geschah unter dem Drucke der Unsicherheit, seine Neigung *sich zu personifizieren* ist der fragwürdige Erfolg der Sicherungstendenz. Die Linie des neurotischen Charakters hat durch die Zwecksetzung die Bestimmung erhalten, in die Überlegenheitslinie einzumünden, und so verrät uns jeder neurotische Charakterzug durch seine Richtung, daß er vom Streben nach Macht durchflossen ist, das aus ihm ein unfehlbares Mittel zu machen sucht, um jede dauernde Erniedrigung aus dem Erleben auszuschalten.

Im praktischen Teil soll an einer Reihe von Fällen gezeigt werden, wie das neurotische Schema besondere psychopathologische Konstellationen hervorruft, und zwar durch das Erfassen der Erlebnisse mittelst des neurotischen Charakters, durch die *neurotische Lebenstechnik*.

I Ursprung und Entwicklung des Gefühls der Minderwertigkeit und dessen Folgen

Die Feststellungen der »Organminderwertigkeitslehre« [1] beschäftigen sich mit den Ursachen, mit dem Verhalten, mit dem Äußeren und der *geänderten Arbeitsweise* der minderwertigen Organe und führten mich unter anderem zu den Anschauungen über *Kompensation durch das Zentralnervensystem*, an die sich Erörterungen über die Psychogenese anschlossen. Es hatte sich eine merkwürdige Beziehung zwischen Organminderwertigkeit und psychischer Überkompensation ergeben, so daß ich eine fundamentale Anschauung gewann: *die Empfindungen der Organminderwertigkeit werden für das Individuum zu einem dauernden Antrieb in der Entwicklung seiner Psyche.* Für die physiologische Betrachtung ergibt sich daraus eine Verstärkung der Nervenbahnen nach Quantität und Qualität, wobei eine gleichzeitige ursprüngliche Minderwertigkeit dieser Bahnen ihre tektonischen und funktionellen Eigenheiten im Gesamtbilde zum Ausdruck bringen kann. Die psychische Seite dieser Kompensation und Überkompensation kann nur durch psychologische Betrachtungen und Analysen erschlossen werden.

Nach den ausführlichen Schilderungen der *Organminderwertigkeit – als einer Ätiologie der Neurose* – in meinen früheren Arbeiten, insbesondere in der »Studie«, im »Aggressionstrieb« [2], im »psychischen Hermaphroditismus« [2], in der »neurotischen Disposition« [2] und in der »psychischen Behandlung der Trigeminusneuralgie« [3], kann ich mich bei der gegenwärtigen Schilderung auf jene Punkte beschränken, die eine weitere Aufschließung der Beziehungen zwischen Organminderwertigkeit und psychischer Kompensation bedeuten und für die Frage des neurotischen Charakters von Belang sind. Zusammenfassend hebe ich hervor, daß die von mir beschriebene Organminderwertigkeit »das Unfertige an dieser Art von Organen, ihre oft nachweisbaren Entwicklungsstillstände, den Mangel an Ausbildung in histologischer oder funktioneller Richtung, das funktionelle Versagen in der postfötalen Zeit, andererseits die Steigerung ihrer Wachstumstendenz bei Kompensations- und Korrelationszwang, die häufige Erzielung funktioneller Mehrleistung sowie den fötalen Charakter von Organen und Organsystemen« in sich faßt. Es läßt sich in jedem Falle – aus der Kinderbeobachtung und aus der Anamnese

1 A. Adler, *Studie über Minderwertigkeit von Organen*. München 1927. [Unveränderter reprografischer Nachdruck, Darmstadt 1965.]
2 A. Adler, C. Furtmüller und E. Wexberg (Hrsg.), *Heilen und Bilden*. 2. Aufl. München 1922 [Frankfurt a. M. 1973 (Fischer Taschenbuch Bd. 6220).]
3 In: *Praxis und Theorie der Individualpsychologie*, l. c.

Erwachsener – leicht erweisen, daß der Besitz deutlich minderwertiger Organe *auf die Psyche des Kindes reflektiert* und geeignet ist, die eigene Einschätzung geringer ausfallen zu lassen, *die psychologische Unsicherheit des Kindes zu steigern;* aber gerade von dieser geringen Wertung aus entspinnt sich der Kampf um die Selbstbehauptung, der ungleich heftigere Formen annimmt, als wir erwarten. Wenn das kompensierte minderwertige Organ quantitativ und qualitativ an Aktionsbreite zunimmt und aus sich selbst sowie aus dem ganzen Organismus Schutzmittel gewinnt, *so holt das disponierte Kind in seinem Minderwertigkeitsgefühl aus seinem psychischen Können die oft auffälligen Mittel zu seiner Wertgefühlsteigerung, unter denen man an hervorragender Stelle die neurotischen und psychotischen zu vermerken hat.*

Ideen über angeborene Minderwertigkeit, über Disposition und konstitutionelle Schwäche finden sich schon in den Anfängen der wissenschaftlichen Medizin. Wenn wir an dieser Stelle von vielen namhaften Leistungen absehen, so geschieht es – trotzdem sie oft grundlegende Gesichtspunkte enthalten – nur aus dem Grunde, weil sie den Zusammenhang mit organischen und mit psychischen Erkrankungen wohl behaupten, keineswegs aber erklären. Hierher gehören alle Anschauungen über Pathologie, die sich auf eine allgemeine Auffassung einer Degeneration stützen. *Stillers* Lehre vom *asthenischen Habitus* geht viel weiter und versucht bereits ätiologische Beziehungen festzuhalten. *Antons* Kompensationslehre beschränkt sich allzusehr auf Korrelationssysteme innerhalb des Zentralnervensystems; doch haben er und sein geistreicher Schüler *Otto Groß* beachtenswerte Versuche unternommen, psychische Zustandsbilder auf dieser Basis dem Verständnis näher zu bringen. – *Bouchards* Bradytrophie, die von *Ponfick, Escherich, Czerny, Moro und Strümpell* beschriebene und als Krankheitsbereitschaft gedeutete exsudative Diathese, *Combys* infantiler Arthritismus, *Kreibichs* angioneurotische Diathese, *Heubners* Lymphatismus, *Paltaufs* Status thymico-lymphaticus, *Escherichs* Spasmophilie und *Heß-Eppingers* Vagotonie sind erfolgreiche Versuche der letzten Dezennien, Zustandsbilder mit angeborenen Minderwertigkeiten im Zusammenhang zu schildern.[4] Allen ist der Hinweis auf Heredität und infantilistische Charaktere gemeinsam. Aber obgleich die schwankenden Grenzen bei den beschriebenen Dispositionen von den Vertretern dieser Lehren selbst hervorgehoben werden, ist der Eindruck nicht von der Hand zu weisen, daß hervorstechende Typen erfaßt sind, die sich einer großen Gruppe, 'der der Minusvarianten, im Laufe der Zeit einordnen werden. Von unge-

4 Ebenso Bauer, Kretschmer u. a.

heurer Wichtigkeit für die Erkenntnis angeborener Minderwertigkeit und Krankheitsbereitschaft waren die Forschungen über die Drüsen mit innerer Sekretion, bei denen sich morphologische oder funktionelle Abweichungen ergaben, so betreffs der Schilddrüse, der Nebenschilddrüsen, der Keimdrüsen, des chromaffinen Systems, der Hypophyse. Von dem Standpunkt dieser Organminderwertigkeiten aus betrachtet ergaben sich die Überblicke auf das Gesamtbild leichter, und die Beziehungen zu Kompensation und Korrelation im Haushalt des ganzen Körpers traten deutlicher zutage.

Unter den übrigen Autoren, die kein *primum movens*, sondern ein Zusammen- und Aufeinanderwirken mehrfacher Organminderwertigkeiten zur Grundlage ihrer Anschauung genommen haben, ist vor allem *Martius* zu nennen. Ebenso erscheint in meiner Darlegung »über Minderwertigkeit von Organen (1907)« die Koordination der gleichzeitigen Minderwertigkeiten in den Vordergrund gerückt. Die Tatsache ist nicht gering zu veranschlagen, »daß die gleichzeitig minderwertigen Organe wie in einem geheimen Bunde zueinander stehen«. Auch *Bartel* hat seine Anschauungen über den *Status thymico-lymphaticus*, die eine erhebliche Bereicherung der Wissenschaft darstellen, bereits so weit ausgedehnt, daß ihre Grenzen die der Systeme anderer Autoren längst überkreuzen. Und *Kyrle* ist auf selbständigen Bahnen unter Anführung völlig neuer pathologischer Befunde zu dem gleichen Ergebnis gelangt wie ich, als ich auf Grund meiner Beobachtungen erklärte, daß die Koordination von Minderwertigkeiten des Sexualapparates und anderer Organe – oft nur wenig ausgeprägt, aber so häufig vorzufinden ist, »daß ich behaupten muß, es gibt keine Organminderwertigkeit ohne begleitende Minderwertigkeit des Sexualapparates«.

Späterer Erörterungen wegen muß ich noch die Anschauung *Freuds* erwähnen, der die Bedeutung einer »sexuellen Konstitution« für die Neurose und Psychose hervorhebt und darunter eine nach Qualität und Quantität verschiedene Anordnung von sexuellen Partialtrieben versteht. Diese Auffassung entspricht bloß einem Postulat seiner sonstigen Anschauungen. Die Ausbildung perverser Triebe und ihre »mißglückte Verdrängung« ins Unbewußte soll das Bild der Neurose ergeben und selbst ein primum movens für die neurotische Psyche darstellen. Es wird sich aus unseren Ausführungen ergeben, daß die Perversion [5], sofern und soweit sie in der Neurose und Psychose zur Ausbildung gelangt, nicht von einer angeborenen Triebkraft, sondern *durch einen fiktiven Endzweck* konstituiert wird, und daß sich die Verdrängung als Nebenprodukt unter

5 Siehe: A. Adler, *Das Problem der Homosexualität*. München 1917.

dem Druck des Persönlichkeitsgefühls ergibt. Was aber biologisch an einem *abnormen sexuellen Verhalten* in Betracht kommt, die größere oder geringere Sensibilität, Erhöhung oder Verminderung der Reflexaktion, die funktionelle Wertigkeit sowie der kompensatorische psychische Überbau, führt direkt, wie ich in der »Studie« gezeigt habe, auf angeborene Minderwertigkeit des Sexualorgans zurück.

Über die Art der Krankheitsbereitschaft bei Organminderwertigkeit herrscht Einigkeit. Der von mir eingenommene Standpunkt (»Studie« l. c.) hebt mehr wie der anderer Autoren *die Sicherung eines Ausgleiches durch Kompensation* hervor. »Mit der Loslösung vom mütterlichen Organismus beginnt für diese minderwertigen Organe und Organsysteme der Kampf mit der Außenwelt, der *notwendigerweise* entbrennen muß und mit größerer Heftigkeit einsetzt als bei normal entwickeltem Apparat. Diesen Kampf begleiten die höheren Krankheits- und Sterbeziffern. Doch verleiht der fötale Charakter zugleich die erhöhte Möglichkeit der Kompensation und Überkompensation, steigert die Anpassungsfähigkeit an gewöhnliche und ungewöhnliche Widerstände und *sichert* die Bildung von neuen und höheren Formen, von neuen und höheren Leistungen. So stellen die minderwertigen Organe das unerschöpfliche Versuchsmaterial dar, durch dessen fortwährende Bearbeitung, Verwerfung, Verbesserung der Organismus mit geänderten Lebensbedingungen in Einklang zu kommen sucht. Ihre (gelegentliche) Überwertigkeit ist tief begründet in dem Zwange eines ständigen Trainings, in der den minderwertigen Organen oftmals anhaftenden Variabilität und größeren Wachstumstendenz und in der durch die innere Aufmerksamkeit und Konzentration erhöhten Ausbildung des zugehörigen nervösen und psychischen Komplexes.«

Die Schäden der konstitutionellen Minderwertigkeit äußern sich in den mannigfachsten Erkrankungen und Krankheitsbereitschaften. Bald treten körperliche oder geistige Schwächezustände hervor, bald Übererregbarkeit der nervösen Bahnen, bald Plumpheit, Ungeschicklichkeit oder Frühreife. Ein Heer von Kinderfehlern kooperiert mit der Krankheitsbereitschaft und schließt sich, wie ich gezeigt habe, eng an die organische oder funktionelle Minderwertigkeit an. Strabismus, Brechungsanomalien des Sehorgans oder Lichtscheu mit ihren Folgen[6], Hörstummheit, Stottern und andere Sprachfehler, Schwerhörigkeit, die organischen und psychischen Nachteile der adenoiden Vegetationen, die entwickelte Aprosexie, die häufigen Erkrankungen der Sinnesorgane, der Luft- und Nahrungs-

6 Siehe Mutschmann, *Der andere Milton*. 1920.

wege, hervorstechende Häßlichkeit und Mißbildungen, periphere Degenerationszeichen und Naevi, die tieferliegende Organminderwertigkeiten verraten können *(Adler, Schmidt)*, Linkshändigkeit, Hydrocephalus, Rachitis, Haltungsanomalien als Skoliose, runder Rücken, Genua vara oder valga, Pes varus oder valgus, länger dauernde Inkontinenz von Stuhl und Urin, Mißbildung der Genitalien, Folgen der Kleinheit der Arterien *(Virchow)* und die zahlreichen weiteren Folgen der Minderwertigkeit von Drüsen mit innerer Sekretion, wie sie von *Wagner-Jauregg, Pineles, Frankl-Hochwart, Chvostek, Bartel, Escherich* und anderen beschrieben wurden, lassen in ihrer ungeheuren Fülle, in der Variation ihrer Zusammenhänge den großen Kreis der Krankheitserscheinungen erkennen, wie er sich durch das Verständnis der Organminderwertigkeit dem Arzte erschlossen hat. Insbesondere waren es Kinderärzte und Pathologen, die zuerst auf diese Zusammenhänge geachtet haben. Aber auch für die Neurologie und Psychiatrie ist die Betrachtung der »Degeneration« von immer größerer Wichtigkeit geworden; von *Morels* Lehre der Degenerationszeichen zieht sich die Fortschrittslinie bis zur Anschauung von den nervösen Erkrankungen auf der Grundlage der minderwertigen Konstitution.

Heben wir bloß die statistische Arbeit *Thiemich-Birks* und die Mitteilungen *Potpeschniggs* (zitiert nach *Gött*) hervor über die Schicksale von Kindern, die als Ein- oder Zweijährige wegen tetanoider Krampfzustände behandelt worden waren. Von diesen Kindern war nur ein spärlicher Bruchteil ganz gesund geworden. Meist ergaben sich später deutliche Zeichen körperlicher und geistiger Minderwertigkeit, psychopathische und neuropathische Züge. Als solche führen diese Autoren an: Infantilismus, Schielen, Schwerhörigkeit, Sprachfehler, Schwachsinn, Sprachstörungen, Pavor noturnus, Somnambulismus, Enuresis, Reflexsteigerungen, Tics, Wutkrämpfe, Wegbleiben, Schreckhaftigkeit, Jähzorn, pathologische Lügenhaftigkeit, triebhaftes Weglaufen. Auch *Gött* und andere Autoren gelangten zu dem Schlusse, daß bei spasmophilen Kindern eine Disposition zu schweren neuro- und psychopathischen Zuständen besteht. *Czerny* und andere heben hervor, daß der gleiche Zusammenhang bei magendarmkranken Kindern nachzuweisen ist. *Bartel* konnte unter den Selbstmördern ein auffallendes Vorwiegen des Status thymico-lymphaticus, speziell Hypoplasie der Sexualorgane beobachten. Bezüglich der jugendlichen Selbstmörder habe ich, *Netolitzky* u. a. den Befund körperlicher Minderwertigkeit hervorgehoben. *Frankl-Hochwart* hat Aufregungszustände, Reizbarkeit, halluzinatorische Verworrenheit bei Tetanie beschrieben. Französische Autoren (zitiert nach *Pfaundler*) schreiben dem pastösen, *tor-*

piden Habitus der Kinder Unlust, Trägheit, Schläfrigkeit, Zerstreutheit, Stumpfsinn, Phlegma zu, dem erethischen Unruhe, Lebhaftigkeit, Reizbarkeit, Frühreife, Stimmungsschwankungen, Affektivität, Unverträglichkeit, sonderbares Wesen und einseitige Begabung (Dégénérées superieurs). *Pfaundler* hebt das Beunruhigende, Lästige und Qualvolle hervor, von dem die konstitutionell minderwertigen Kinder infolge von Hautausschlägen, Koliken, Schlafstörungen und funktionellen Anomalien heimgesucht werden. *Czerny*, der auf den Zusammenhang von Darmstörungen der Kinder mit Neurosen aufmerksam gemacht hat, betont ganz besonders die Bedeutung der Psychotherapie bei Kindern, die im Verlauf konstitutioneller Erkrankungen nervös geworden sind. *Hamburger* hat erst kürzlich den Charakter des Ehrgeizes bei nervösen Kindern hervorgehoben, *Stransky* den Zusammenhang von Myopathie und psychischen Erscheinungen.

Diese kurzen Hinweise geben uns einen Überblick über die Versuche der gegenwärtigen Forschungsrichtung, den Zusammenhang psychischer Anomalien im Kindesalter mit der konstitutionellen Minderwertigkeit zu betonen und festzuhalten. Die erste umfassende Grundanschauung über diesen Zusammenhang habe ich in der »Studie« veröffentlicht, wo ich darauf hinwies, *wie ein besonderes Interesse und eine stete Aufmerksamkeit das minderwertige Organ zu behüten suche.* Ich konnte in dieser und anderen Arbeiten darauf verweisen, wie die Minderwertigkeit eines Organs dauernd die Psyche beeinflußt, im Handeln und Denken, im Träumen, in der Berufswahl, in künstlerischen Neigungen und Fähigkeiten [7]. Der Bestand eines minderwertigen Organs erfordert ein derartiges Training der zugehörigen Nervenbahnen und des psychischen Überbaues, daß letzterer kompensatorisch befruchtet wird, falls die Kompensationsmöglichkeit gegeben ist. Dann aber müssen wir gewisse, dem Organ zugehörige Verknüpfungen mit der Außenwelt auch *im psychischen Überbau verstärkt* vorfinden. Dem ursprünglich minderwertigen Sehorgan entspricht eine verstärkte visuelle Psyche, ein minderwertiger Ernährungsapparat wird die größere psychische Leistungsfähigkeit in allen Ernährungsbeziehungen zur Seite haben, Gourmandise, Erwerbseifer, und – auf dem Wege über das Geldäquivalent – Sparsamkeit und Geiz werden verstärkt hervortreten. Die Leistungsfähigkeit des kompensierenden Zentralnervensystems wird sich durch *qualifizierte Reflexe* (*Adler*) und bedingte Reflexe (*Bickel*) äußern, durch *empfind-*

7 Siehe auch: A. Adler, *Die Theorie der Organminderwertigkeit und ihre Bedeutung für Philosophie und Psychologie.* Vortrag in der Philosophischen Gesellschaft an der Universität zu Wien 1908 [abgedruckt in: Adler, *Heilen und Bilden*, l. c.] und J. Reich, ›Kunst und Auge‹. In: *Österreichische Rundschau* 1908.

liche Reaktionen und verstärkte Empfindungen. Der kompensierende psychische Überbau wird die psychischen Phänomene des Vorausahnens und Vorausdenkens und ihre wirkenden Faktoren wie Gedächtnis, Intuition, Introspektion, Einfühlung, Aufmerksamkeit, Überempfindlichkeit, Interesse, kurz *alle sichernden psychischen Kräfte* in verstärktem Maße entfalten. *Zu diesen Sicherungen gehören auch die Fixierung und Verstärkung der Charakterzüge, die im Chaos des Lebens brauchbare Leitlinien bilden und so die Unsicherheit verringern.*

Der nervöse Mensch kommt aus dieser Sphäre der Unsicherheit und stand in der Kindheit unter dem Drucke seiner konstitutionellen Minderwertigkeit. In den meisten Fällen gelingt dieser Nachweis leicht. In anderen Fällen benimmt sich der Patient so, als ob er minderwertig wäre. *Immer aber baut sich sein Wollen und Denken über der Grundlage eines Gefühls der Minderwertigkeit auf.* Dieses Gefühl ist stets als relativ zu verstehen, ist aus den Beziehungen zu seiner Umgebung erwachsen *oder zu seinen Zielen.* Stets ist ein Messen, ein Vergleichen mit anderen vorausgegangen, erst mit dem Vater, mit dem Stärksten in der Familie, zuweilen mit der Mutter, mit den Geschwistern, später mit jeder Person, die dem Patienten entgegentritt.

Bei näherer Einsicht erkennt man, daß jedes Kind, insbesondere aber das von Natur aus bedrängtere, eine scharfe *Selbsteinschätzung* vorgenommen hat. Das konstitutionell minderwertige Kind, dem wir in seelisch verzögerter geistiger Entwicklung gleichgestellt und zur Neurose gleichermaßen disponiert das *häßliche, das zu streng erzogene, das verhätschelte Kind* an die Seite stellen können, sucht eifriger als ein gesundes Kind den vielen Übeln seiner Tage zu entkommen. Und bald sehnt es sich, auf eine ferne Zukunft hinaus das ihm vorschwebende Schicksal einer Niederlage im Leben zu bannen. Dazu braucht es ein Hilfsmittel, um im Schwanken der Tage in der Unorientiertheit seines Seins ein festes Bild vor Augen zu haben. *Es greift zu einer Hilfskonstruktion.* In seiner Selbsteinschätzung zieht es die Summe aller Übel, stellt sich selbst als unfähig, minderwertig, herabgesetzt, unsicher in Rechnung. Und um eine Leitlinie zu finden, nimmt es als zweiten fixen Punkt Vater oder Mutter, die es nun mit allen Kräften dieser Welt ausstattet. Und indem es für sein Denken und Handeln diese Leitlinie normiert, sich aus seiner Unsicherheit zu dem Range des allmächtigen Vaters zu erheben, diesen zu übertreffen sucht, *hat es sich bereits vom realen Boden mit einem großen Schritt entfernt und hängt in den Maschen der Fiktion.* –

Solche Beobachtungen lassen sich auch bei normalen Kindern in abgeschwächter Form erheben. Auch sie wollen *groß* sein, stark sein, herrschen, »wie der Vater«, und werden durch diesen Endzweck geleitet. Ihr Gebaren, ihre körperliche und geistige Haltung sind alle Augenblicke auf diesen Endzweck gerichtet, so daß man bereits eine imitierende Mimik, eine identische psychische Geste wahrnehmen kann. Das Beispiel wird der Wegweiser zum Ziel. Schließlich wird jedes *Wollen* ein Drang nach Kompensation, ein Ausgleich eines Minderwertigkeitsgefühls.

Auf eine spezielle psychische Leistung des Kindes muß noch hingewiesen werden, die sich vorher und während der Aufstellung der Leitlinie zur Überlegenheit geltend macht. Man kann diese Erscheinung kaum besser erfassen als mit der Annahme, daß die notwendigen Verweigerungen der Organtriebbefriedigungen das Kind schon von der ersten Stunde seines extrauterinen Lebens an in eine feindliche, kämpferische Stellung zur Umgebung drängen. Daraus resultieren Anspannungen und Steigerungen organisch gegebener Fähigkeiten – c'est la guerre! – wie ich sie in der Arbeit über den »Aggressionstrieb« [8] beschrieben habe. In den zeitweiligen Entbehrungen und Unlustempfindungen der ersten Kinderjahre ist der Anstoß zu suchen, der zuerst eine Anzahl allgemeiner *Charakterzüge eines Angreifers entwickelt.* Bald aber lernt das Kind auch in seiner Schwäche und Hilflosigkeit, in seiner Angst und in seinen mannigfachen Unfähigkeiten *Mittel schätzen, die ihm die Hilfe und Unterstützung seiner Angehörigen, ihr Interesse sichern.* In seinem negativistischen Verhalten, in seinem Trotz und in seiner Unerziehbarkeit findet es oft eine Befriedigung seines Machtbewußtseins und ist dadurch des quälenden Gefühls seiner Minderwertigkeit ledig geworden. Mit den Äußerungen seiner Schwäche und seiner Unterwerfung lenkt es die Sorge der Umgebung auf sich. Beide Hauptlinien des kindlichen Verhaltens, *Trotz und Gehorsam* [9], garantieren dem Kinde eine Erhöhung seines Persönlichkeitsgefühls, helfen ihm, den Weg zum Endziel oder, wie wir vorwegnehmend sagen wollen, zu einem Äquivalent desselben tastend einzuschlagen. Bei konstitutionell minderwertigen Kindern wird das erwachende Persönlichkeitsgefühl stets herabgedrückt, ihre Selbsteinschätzung fällt geringer aus, weil ihre Befriedigungsmöglichkeit weitaus dürftiger ist. Man denke an die zahllosen Einschränkungen, Kuren, Schmerzen bei magendarmkranken Kindern, an die Verweichlichung und Verwöhnung der blassen, schwächlichen, an Minderwertigkeit des Atmungsapparates leidenden Kinder, an das Jucken und die Qualen bei Prurigo und anderen Exanthemen, an die vielen erniedrigenden Kin-

8 A. Adler, ›Der Aggressionstrieb im Leben und in der Neurose‹. In: *Heilen und Bilden*, l. c.
9 A. Adler, ›Trotz und Gehorsam‹, ibidem.

desfehler, an die Ansteckungsfurcht der Eltern solcher Kinder, die oft dahin führt, wohin auch die häufigen Störungen in der Erziehung, im Schulfortgang, und die Störrigkeit solcher Kinder öfters führen: zur Isolierung und zur Mißliebigkeit bei Kameraden und innerhalb der Familie. In ähnlicher Weise schädigen das Selbstgefühl die rachitische Plumpheit, angeborene Fettleibigkeit und geringere Grade von geistiger Zurückgebliebenheit. Meist hilft sich das Kind durch die Annahme einer *Zurücksetzung*, die es von den Eltern erfährt, was zuweilen durch die Ungunst seiner Position in der Kindesreihe, als erstes Kind, als zweites, als einziges Mädchen unter Knaben oder umgekehrt, erleichtert wird, wie sie besonders häufig *bei späteren oder dem jüngsten* der Kinder anzutreffen ist, je nach der individuellen Situation.

Die feindliche Aggression, gereizt und verstärkt bei konstitutionell minderwertigen Kindern, fließt mit ihrem Streben, so groß und stark zu werden wie der Stärkste, innig zusammen und kräftigt und hebt jene Regungen hervor, die dem kindlichen *Ehrgeiz* zugrunde liegen. Alle späteren Gedankengänge und Handlungen des Neurotikers zeigen sich von gleichem Aufbau wie seine kindlichen Begehrungsvorstellungen. Die Wiederkehr des Gleichen, das typische Schicksal ist nirgends so gut wie beim Nervösen zu verstehen. Sein Minderwertigkeitsgefühl den Personen und Dingen gegenüber, seine Unsicherheit in der Welt drängen ihn zur Verstärkung der Leitlinien. An diese klammert es sich zeitlebens, um Sicherheit zu gewinnen, um sich in der Welt mittelst seines *Glaubens und Aberglaubens* zu orientieren, um seinem Gefühl der Minderwertigkeit zu entkommen, um sein Persönlichkeitsgefühl zu retten, um einen *Vorwand* zu haben, einer befürchteten Erniedrigung auszuweichen. Nie ist ihm dies alles so gelungen wie in der Kindheit. Seine leitende Fiktion, so zu handeln, als ob er allen überlegen sein müßte, kann deshalb auch die Form annehmen, sich so zu benehmen, *als ob es ein Kind wäre.* So oft deutlich bei Bettnässern, Platzangst, Angstneurosen etc. Die *kindlichen Befriedigungen des Machtstrebens* werden vorbildlich und verstärken die Leitlinie.

Es wäre gefehlt, anzunehmen, daß nur der Neurotiker solche Leitlinien aufweist. Der Gesunde müßte ebenfalls auf die Orientierung in der Welt verzichten, wenn er nicht nach Fiktionen das Weltbild und sein Erleben einordnete. Daß er sie ebenfalls auf Grund alter Erfahrungen (»Regression«) gewonnen hat, wurde bereits gezeigt. *In Stunden der Unsicherheit treten diese Fiktionen deutlicher hervor*, werden zu Imperativen des Glaubens, des Ideals, des freien Willens, sie wirken aber auch sonst im Geheimen, im Unterbewußten, wie alle psychischen Mechanismen, deren Wortbilder sie nur vorstellen.

Logisch genommen sind sie als Abstraktionen zu betrachten, als Simplifikationen, welchen die Aufgabe zufällt, Schwierigkeiten des Lebens *nach Analogie der einfachsten Begebenheiten* zu lösen. Die Urform der einfachsten Begebenheiten, *das tendenziöse Maschenwerk des apperzipierenden Gedächtnisses, haben wir in den kindlichen Versuchen, mit seinen Schwierigkeiten fertig zu werden, gefunden.* Daß wir sie auch beim Wilden, beim Primitiven finden, ist demnach selbstverständlich, da alle menschlichen Fragen im Sinne des Machtstrebens ihre Lösung verlangen. *Jungs und Freuds* phantastische Annahmen einer Phylogenese erweisen sich als überflüssig und irreführend. Jede menschliche Gebärde erzeugt sich in jedem Individuum aufs neue. Im Traum liegt diese Apperzeptionsweise klarer zutage, wir werden uns noch damit beschäftigen.

Der Nervöse trägt das Gefühl der Unsicherheit ständig mit sich. Daher ist sein »analogisches Denken«, sind seine Lösungsversuche nach Analogie älterer Erfahrungen stärker und deutlicher ausgeprägt. Sein *Misoneismus* (Lombroso), seine Furcht vor dem Neuen, vor Entscheidungen und Prüfungen – *die immer vorhanden sind* –, stammen aus dem mangelnden Glauben an sich selbst. Er hat sich so sehr an Leitlinien gekettet, nimmt diese wörtlich und sucht nur sie zu realisieren, daß er, ohne es zu wissen, *darauf verzichtet hat, unbefangen, ohne Vorurteil an die Lösung realer Fragen zu gehen.* Auch die notwendigen Einschränkungen durch die Wirklichkeit, wo sich hart im Raume die Dinge stoßen, drängen ihn gemäß seiner Einstellung nicht zur Beseitigung der vorgefaßten Fiktion, sondern nur zu seiner *Wandlung ins Pessimistische. Noch konsequenter versucht der psychotische Patient die Realisierung seiner Fiktion durchzusetzen. Der Neurotiker zappelt im Realen an seiner selbstgeschaffenen Leitlinie und gelangt dadurch zu einer scheinbaren Spaltung seiner Persönlichkeit, daß er der realen und der imaginären Forderung gerecht werden will, um durch diesen Zweifel zu bremsen und in ihm stecken zu bleiben.*

Form und Inhalt der neurotischen Leitlinie stammen aus den Eindrücken des Kindes, das sich zurückgesetzt fühlt. Diese Eindrücke, die sich aus einem ursprünglichen Gefühl der Minderwertigkeit mit Notwendigkeit herausheben, rufen eine *Aggressionsstellung* ins Leben, deren Zweck die Überwindung einer großen Unsicherheit ist. In dieser Aggressionsstellung finden alle Versuche des Kindes ihren Platz, die eine Erhöhung seines Persönlichkeitsgefühls versprechen, geglückte Versuche, die zur Wiederholung drängen, mißglückte, die als abschreckendes Memento dienen, auf den sichernden Endzweck vorbereitende Tendenzen, die sich aus einem aufdringlichen organischen Mangel oder seelischen Druck ergeben haben und in eine Summe psychischer Bereitschaften ausmünden, und solche, die bei anderen erschaut sind. *Alle Erscheinungen der Neurose stammen aus diesen vorbereitenden Mitteln, die dem Endzweck einer Überlegenheit zustreben.* Sie sind *geistige Bereitschaften,* immer fertig, um den Kampf um das Persönlichkeitsgefühl einzuleiten; sie gehorchen dem Kommando der leitenden Fiktion, die sich mittels dieser aus der Kindheit bereitliegenden Reaktionsweisen durchzusetzen sucht. In der *entwickelten Neurose* peitscht die Fiktion alle diese Bereitschaften auf, die sich nun selbst wie Endzwecke gebärden. *Die Angst,* die vorher sichern sollte, vor dem Alleinsein, vor Herabsetzung, vor dem Gefühl der Kleinheit, wird *hypostasiert, der Zwang,* ursprünglich im Sinne der Fiktion ein Versuch, sich durch Häufung von unsinnigen Schwierigkeiten überlegen zu gebärden, verselbständigt sich, in der Ohnmacht, in den Lähmungen, in den hysterischen Schmerzen und funktionellen Störungen stellt sich symbolisch die pseudo-masochistische Art des Patienten dar, zur Geltung zu kommen oder einer gefürchteten Entscheidung auszuweichen. Die große Bedeutung der Unsicherheit des Neurotikers, wie ich sie erkannt und beschrieben habe, zwingt zu einer derartigen Verstärkung der Bereitschaft und ihrer Folgen, daß ursprünglich geringe Erscheinungen funktioneller Art die wunderbarsten Ausgestaltungen erfahren, sobald die innere Not es erheischt. Immer findet man die *Ausschaltungstendenz* am Werke, die nach erleichterten Situationen trachtet.

Der Blick des Neurotikers richtet sich auch – wegen des Gefühls der Unsicherheit – viel weiter in die Zukunft. Alles gegenwärtige Leben scheint ihm nur Vorbereitung. Auch dieser Umstand trägt viel dazu bei, seine *Phantasietätigkeit* anzuspornen und ihn der realen Welt zu entfremden. Ähnlich wie bei religiösen Menschen ist sein Reich nicht von dieser Welt, und wie diese kommt er von der Gottheit, die er sich geschaffen, Erhöhung seines Persönlichkeitsgefühls, nicht los. Eine Anzahl allgemeiner Charakterzüge entspringen mit Notwendigkeit diesem der Wirklichkeit abgewandten Wesen. So in erster Linie die große Verehrung der Mittel, die seiner Fiktion dienen sollen. Er wird ein sorgfältig abgezirkeltes Benehmen, *Genauigkeit, Pedanterie* an den Tag legen, einerseits, um die »großen Schwierigkeiten des Lebens« nicht zu vermehren, andererseits und hauptsächlich aber, um sich von anderen in der Arbeit, in der Kleidung, in der Moral abzuheben und so ein *Gefühl der Überlegenheit* zu gewinnen. Regelmäßig verschaffen ihm diese Züge das *Gefühl einer immensen Belastung,* die ihm in Verbindung mit seinem Kranksein eine *Helden- und Märtyrerrolle* vorgaukelt. In der Überwindung dieser arrangierten, selbstgeschaffenen Schwierigkeit sucht und findet er noch einmal die Erhöhung seines Persönlichkeitsgefühls. Zu mindestens kann er sich auf den überwältigenden, *unübersteiglichen Berg von Symptomen* berufen, hinter dem er immer steht, wenn der Ruf an ihn ergeht: »Wo warst du denn, als man die Welt verteilet!« Zumeist dient dieser verstärkte Charakterzug auch dazu, ihn mit dem »Feind« in Fühlung zu bringen, jene Situationen heranreifen zu lassen, die ihn mit seiner Umgebung in Konflikt bringen, damit er »berechtigte« Vorwürfe erheben könne. Gleichzeitig dienen diese ewigen Vorwürfe dazu, sein Gefühl, seine Aufmerksamkeit wach zu halten, sich zu beweisen, daß man ihn zurücksetze, nicht mit ihm rechne. Man findet diesen Zug schon in der Kindheit mancher Nervösen, wo er dazu verhilft, irgend jemanden in den Dienst zu stellen, etwa die Mutter, die dann allabendlich längere Zeit die Kleider in streng vorgeschriebener Weise behandeln, immer anwesend sein muß, in der Behandlung der Kinder die *Parität* wahren muß usw. In diesem Falle mündet die neurotische Aktion oft in eine Lebensform, in der der Patient wie eine lebendige Anklage durchs Leben geht, seine Laster zeigt und gleichzeitig das Unrecht der andern. Ähnlich dringt oft *die Angst und die Schüchternheit* auffällig durch, und ich muß allen anderen Erklärungsversuchen gegenüber dabei verharren, daß das psychische Phänomen der Angst aus einer halluzinatorischen Erregung einer Bereitschaft entsteht, die in der Kindheit aus kleinen Anfängen somatisch erwachsen ist, sobald eine körperliche Schädigung drohte, später aber, und insbesondere in der Neurose, durch den Endzweck bedingt ist, sich einer Herabsetzung des Persönlichkeitsgefühls zu entziehen, andere Personen dienstbar zu machen und sich durch eine entsprechende Einfühlung in die ängstliche Stimmung von den Forderungen des Lebens entheben zu lassen. Die Angst stellt eine durchaus intelligente Funktion dar, die wie die ganze Lebensaktion in einem Teil das Streben darstellt, aus einer Phase des Minderwertigkeitsgefühls zur Überlegenheit zu gelangen. – Es ist leicht zu verstehen, daß alle *Begehrungsvorstellungen* einen ungeheuren Grad erreichen können, ebenso wie das Erreichte selten Befriedigung gewährt. Man kann ruhig annehmen, daß jeder Neurotiker »Alles haben will«. Dieses Begehren deckt sich mit seiner leitenden Fiktion, der Stärkste sein zu wollen. Ihm gelten nur die stärksten Beweise seiner Überlegenheit. Wenn er vor Gewinn versprechenden Unternehmungen zurückschreckt, wie meist auch vor Verbrechen und unmoralischen Handlungen, so deshalb, weil er für sein Persönlichkeitsgefühl fürchtet. Aus demselben Grunde scheut er oft vor der Lüge zurück, kann aber, *um sicher zu gehen, und sich vor Abwegen*

zu hüten, in sich das Bedenken nähren, daß er großer Laster und Verbrechen fähig wäre[10]. Ein anknüpfendes Schuldgefühl in der Neurose ist immer auf den gleichen Endzweck der Überlegenheit zugespitzt, ebenso wie überspannte Religiosität. »Gewissenhaft bin ich auch!« Oder es dient zur Ablehnung einer bevorstehenden Aufgabe. »Gewissensbisse sind unanständig«, urteilt *Nietzsche*. Ihm mag dieser Sachverhalt bekannt gewesen sein. – Daß diese starre Verfolgung der Fiktion eine soziale Schädigung bedeutet, liegt auf der Hand. Sie führt durch tendenziöse Übertreibung und sophistische Spitzfindigkeit zur Leistungsunfähigkeit, zur Enthebung.
Der *Egoismus* nervöser Menschen, *ihr Neid, ihr Geiz*, ihnen oft bewußt, *ihre Tendenz, Menschen und Dinge zu entwerten*, stammen aus ihrem Gefühl der Unsicherheit und sind bestimmt, sie zu sichern, zu lenken, anzuspornen, sich zu überheben. – Da sie in Phantasien eingesponnen sind und in der Zukunft leben, ist auch ihre *Zerstreutheit* nicht verwunderlich. – Der *Stimmungswechsel* ist abhängig vom Spiel ihrer Phantasie, die bald peinliche Erinnerungen berührt, bald sich aufschwingt zu Erwartung des Triumphes, analog dem *Schwanken und Zweifeln* des Neurotikers, dem besten Mittel, Entscheidungen auszuweichen. Dabei spielen ihre Empfindlichkeit sowie Pessimismus eine hervorragende Rolle. In gleicher Weise erscheinen spezielle Charakterzüge, die alle der menschlichen Psyche nicht fremd sind, durch den hypnotisierenden Endzweck gerichtet und tendenziös verstärkt. – *Sexuelle Frühreife und Verliebtheit* sind Ausdrucksformen für gesteigerte Tendenz, erobern zu wollen. *Masturbation, Impotenz und perverse Regungen* liegen auf der Richtungslinie der Furcht vor dem Partner, der Furcht vor Entscheidung, wobei der *Sadismus* einen Versuch darstellt, den »wilden Mann« zu spielen, um ein Minderwertigkeitsgefühl zu übertäuben, und wie jede Perversion der Versuch des Zaghaften ist, eine Unart an Stelle der Norm zu setzen. Auch die Homosexualität, die in unseren Tagen im Ansteigen begriffen ist, läßt sich immer als ein unbewußtes Ausweichen verstehen, wenn die Eitelkeit des Nervösen in Gefahr kommt. Diese Feststellung der Individualpsychologie steht derzeit noch im Gegensatz zu den Annahmen aller anderen selbständigen Forscher[11].
Wir haben bisher als leitende Kraft und Endzweck der aus dem Minderwertigkeitsgefühl erwachsenen Neurose die *Erhöhung des Persönlichkeitsgefühls* betrachtet, die sich immer

10 Was durch den Mangel seines Gemeinschaftsgefühls, durch seine Gleichgültigkeit oder durch seinen Haß gegen die Mitmenschen erleichtert wird.
11 A. Adler, *Das Problem der Homosexualität*, l. c.; und: ›Über Homosexualität‹. In: *Praxis und Theorie der Individualpsychologie*, l. c.; und im *Handbuch der normalen und pathologischen Physiologie*, 1926.

mit besonderer Macht durchzusetzen sucht. Dabei ist uns nicht entgangen, daß dies bloß die Ausdrucksform eines Strebens und Begehrens ist, deren Anfänge tief in der menschlichen Natur begründet sind. Die Ausdrucksform selbst und die Vertiefung dieses Leitgedankens, den man auch als *Wille zur Macht* (*Nietzsche*) bezeichnen könnte, belehrt uns, daß sich eine besondere Kraft kompensatorisch im Spiel befindet, die der *allgemein menschlichen inneren Unsicherheit* ein Ende machen will. Durch eine starre Formulierung, die meist an die Oberfläche des Bewußtseins dringt, sucht der Neurotiker den festen Punkt zu gewinnen, um die Welt aus den Angeln zu heben. Es macht keinen großen Unterschied aus, ob viel oder wenig von dieser treibenden Kraft dem Neurotiker bewußt ist. Den Mechanismus kennt er nie, und ebensowenig vermag er es *allein*, sein kindlich analogisches Verhalten und Apperzipieren aufzuklären und zu zerbrechen. Dies gelingt nur dem individualpsychologischen Verfahren, welches uns durch die Mittel der Abstraktion, Reduktion und Simplifikation, durch Feststellung der nahezu inhaltlosen seelischen Bewegung die kindliche Analogie erraten und verstehen läßt. Dabei stellt sich regelmäßig heraus, daß der Neurotiker stets *nach der Analogie eines Gegensatzes apperzipiert*, ja daß er zumeist nur gegensätzliche Beziehungen kennt und gelten läßt. Diese primitive Orientierung in der Welt, den antithetischen Aufstellungen *Aristoteles'* sowie den *pythagoräischen Gegensatztafeln* entsprechend, stammt gleichfalls aus dem Gefühle der Unsicherheit und stellt einen simplen Kunstgriff der Logik vor. Was ich als polare, hermaphroditische Gegensätze[12], *Lombroso* als bipolare, *Bleuler* als Ambivalenz beschrieben haben, führt auf diese nach dem Prinzip des Gegensatzes arbeitende Apperzeptionsweise zurück. Man darf darin nicht, wie es meist geschieht, eine Wesenheit der Dinge erblicken, sondern muß die primitive Arbeitsmethode erkennen, eine Form der Anschauung, die ein Ding, eine Kraft, ein Erlebnis an deren arrangiertem Gegensatz mißt.

Je weiter die Analyse fortschreitet, desto deutlicher wird oft eines der Gegensatzpaare, *deren Urform wir als Minderwertigkeitsgefühl gegenüber der Erhöhung des Persönlichkeitsgefühls festgestellt haben.* Es entspricht nur den primitiven Versuchen des Kindes, sich in der Welt zu orientieren und sich so zu sichern, wenn greifbarere Gegensatzpaare erfaßt werden. Unter diesen habe ich folgende zwei regelmäßig gefunden: 1. *oben – unten;* 2. *männlich – weiblich.* – Man findet dann immer *Gruppierungen* von Erinnerungen, Regungen und Handlungen, die im Sinne des Patienten, nicht immer im Sinne der

12 ›Der psychische Hermaphroditismus‹. In: *Heilen und Bilden*, l. c.

Allgemeinheit nach dem Typus geordnet sind: *minderwertig = unten = weiblich; mächtig = oben = männlich.* Diese Gruppierung ist wichtig; *denn sie ermöglicht, weil sie beliebig gefälscht und protegiert werden kann, die Verzerrung des Weltbildes,* wodurch es dem Neurotiker immer möglich ist, durch Arrangement, durch Unterstreichung und Willkürlichkeiten seinen Standpunkt als den eines zurückgesetzten Menschen festzuhalten. Es liegt in der Natur der Dinge, daß ihm dabei Erlebnisse seiner konstitutionellen Minderwertigkeit zu Hilfe kommen und ebenso die stetig zunehmende Aggression seiner Umgebung, die durch nervöses Betragen des Patienten fortwährend aufgestachelt wird.

Zuweilen fehlt dem Neurotiker das volle Bewußtsein seiner vermeintlichen oder wirklichen Niederlage. Man findet dann immer, daß sein Stolz, sein Persönlichkeitsgefühl deren Anerkennung verweigert. Er handelt nichtsdestoweniger so, *als ob* er die neue Zurücksetzung zur Kenntnis genommen hätte, und das Rätsel eines nervösen Anfalles löst sich oft erst nach der Einsicht in diese Tatsache. Für die Heilung ist mit der Heraushebung solcher »verdrängter« Empfindungen aus dem Unbewußten nicht viel getan, oder nur dann, wenn dabei der Zusammenhang mit dem kindlichen Mechanismus der Anfallsbereitschaft dem Patienten zugänglich wird. Zuweilen erfolgt sogar ein scheinbare Verschlimmerung, die dahin zu verstehen ist, *daß der Patient seine Bereitschaften gegen den Arzt richtet,* weil dieser sein Persönlichkeitsgefühl verletzt hat und ihn auf einen anderen Weg als den des *Wegsehens* zu drängen versucht.

Eine wichtige Frage ist noch zu beantworten. *Worauf bezieht der Neurotiker sein Minderwertigkeitsgefühl?* Da der Patient nur bei Organminderwertigkeiten, die aufdringlich eine Krankheitsbereitschaft herstellen, einen Zusammenhang erfassen kann, ist er stets auf dem Wege der Vermutung. Er wird die Ursache seiner Minderwertigkeit nicht etwa in Störungen der Drüsensekretion suchen, sondern wird in allgemeiner Weise seine Schwächlichkeit, seinen kleinen Wuchs, Verbildungen, Kleinheit oder Anomalien der Genitalien, Fluß, Mangel an vollkommener Männlichkeit, sein weibliches Geschlecht, weibliche Züge körperlicher oder psychischer Art, seine Eltern, die Heredität, zuweilen auch nur Lieblosigkeit, schlechte Erziehung, Mangel in der Kindheit usw., beschuldigen. Und seine Neurose, das heißt in unserem Sinne: *Die Verschärfung seiner Bereitschaften auf analogischer, kindlicher Grundlage, seine symbolisch gewordenen Gedanken, Empfindungs- und Erfolgsbereitschaften werden als Ausdrucksmittel in Aktion treten, sobald der Patient von einer Situation eine Herabsetzung befürchtet oder erfährt und sich zur Flucht wendet.* Er, der sozusagen mit Minderwertigkeitsgefühlen vorgeimpft wurde, zeigt sich anaphylaktisch gegen jede Verringerung seines Persönlichkeitsgefühls und findet im Zaudern, im Schwanken, im Zweifel und in der Herabsetzung von Personen, der Frauen, der Menschheit, ebenso im *Ausbruch einer Neurose oder Psychose noch Zuflucht und Sicherung gegen die große Unlust*, die ihn treffen könnte, gegen die Heraufbeschwörung einer deutlich empfundenen Minderwertigkeit. Dermaßen sind auch die *typischen Veranlassungen* zum Ausbruch der Neurosen und Psychosen leicht zu erraten und nachzuweisen:

I. *Suchen des Geschlechtsunterschiedes*, schwankende Auffassung der eigenen Geschlechtsrolle, Zweifel an der Männlichkeit, ursächlich für die Erregung des Minderwertigkeitsgefühls. Empfindung und Gruppierung weiblich gewerteter Züge, schwankende, zweifelnde, hermaphroditische Apperzeption und hermaphroditische Bereitschaft. Bereitschaft und psychische Geste der weiblichen Rolle bringen stets größere Passivität, ängstliche Erwartung usw. mit sich, rufen aber den männlichen Protest, stärkere Emotionalität (Heymanns) hervor.

II. *Beginn der Menstruation.*
III. *Termin der Menstruation.*
IV. *Zeit des Geschlechtsverkehrs, der Masturbation.*
V. *Heiratsfähigkeit und Ehe.*
VI. *Schwangerschaft.*
VII. *Puerperium und Laktation.*
VIII. *Klimakterium, Abnahme der Potenz, Altern.*
IX. *Prüfungen, Berufswahl.*
X. *Todesgefahr*[13] *und Verlust einer nahestehenden Person.*

Alle diese Termine und Erlebnisse rufen Steigerungen oder Änderungen in den vorbereitenden Einstellungen zum Leben hervor. Das gemeinsame Band, das sie verbindet, ist die *Erwartung neuer, immer sozialer Tatsachen, für die er mangels ausgebildeten Gemeinschaftsgefühls nicht recht vorbereitet ist, die für den Neurotiker immer neuen Kampf, neue Gefahr des Unterliegens bedeuten.* Er schreitet sofort zu intensiven Sicherungen, deren äußerste Grenze durch den Selbstmord gesetzt ist. Ausbrüche von Psychosen und Neurosen stellen Verstärkungen seiner neurotischen Bereitschaft dar, in der regelmäßig auch sichernde, vorgeschobene Charakterzüge zu finden sind wie: Steigerung der Überempfindlichkeit, größere Vorsicht, Jähzorn, Pedanterie, Trotz, Sparsamkeit, Unzufriedenheit, Ungeduld u. a. m. – Da diese Züge leicht nachzu-

13 Hier hatte das Verständnis der Kriegsneurose und Kriegspsychose anzusetzen, in der durchgängigen Furcht des Neurotikers vor Entscheidungen über und gegen ihn und sein Leben. Die militärische Einstellung der Kriegsneurologie mußte zu dem traurigen Ergebnis der elektrischen Folter führen.

weisen sind, eignen sie sich auch ganz besonders zur Feststellung des Bestandes einer psychogenen Erkrankung. Die Enthebung von bevorstehenden Forderungen des Lebens, die Hinausschiebung der Lösung einer Lebensfrage oder die Gewinnung mildernder Bedingungen wird *sekundäres, ideales Ziel,* das auch durch den Egoismus des Patienten, durch das mangelnde Interesse für den anderen erfordert wird.
Wir sind im Vorhergehenden zu dem Schluß gekommen, daß das Gefühl der Unsicherheit es ist, das den Neurotiker zum stärkeren Anschluß an Fiktionen, Leitlinien, Ideale, Prinzipien zwingt. Auch dem Gesunden schweben diese Leitlinien vor. Aber sie sind ihm ein Modus dicendi, ein Kunstgriff, um das Oben von Unten, das Links von Rechts, das Recht vom Unrecht zu unterscheiden, und es mangelt ihm nicht die Unbefangenheit, im Falle des Entschlusses sich von diesen abstrakten Fiktionen zu befreien und die Rechnung mit dem Realen zu machen. Ebensowenig zerfallen ihm die Erscheinungen der Welt in starre Gegensätze; er ist vielmehr jederzeit bestrebt, sein Denken und Handeln von der irrealen Leitlinie loszulösen und mit der Wirklichkeit in Einklang zu bringen. Daß er überhaupt Fiktionen als Mittel zum Zweck benützt, liegt in der Brauchbarkeit der Fiktion, um die Rechnung des Lebens überhaupt ansetzen zu können. Der Neurotiker aber, wie das der Welt noch entrückte unselbständige Kind, wie der primitive Verstand früherer Völker, klammert sich an den Strohhalm der Fiktion, hypostasiert sie, verleiht ihr willkürlich Realitätswert, sucht sie in der Welt zu realisieren. Dazu ist sie untauglich, noch untauglicher, wenn sie wie in der Psychose zum Dogma erhoben, anthropomorphisiert wird. »Handle so, als ob du verloren, als ob du der größte, der angefeindetste wärest.« *Das Symbol als Modus dicendi* beherrscht unsere Sprache und unser Denken. Der Neurotiker nimmt es wörtlich, und in der Psychose wird die Verwirklichung versucht. In meinen Arbeiten zur Neurosenlehre ist dieser Standpunkt stets betont und festgehalten. Ein günstiger Zufall machte mich mit *Vaihingers* genialer »Philosophie des Als Ob« (Berlin 1911) bekannt, ein Werk, in dem ich die mir aus der Neurose vertrauten Gedankengänge als für das wissenschaftliche Denken allgemein gültig hingestellt fand.
Nachdem wir festgestellt haben, daß der fiktive, leitende Zweck des Neurotikers eine grenzenlose Erhöhung des Persönlichkeitsgefühls ist, der geradezu ausartet in den egoistischen »Willen zum Schein« *(Nietzsche),* können wir dazu übergehen, die begriffliche Fassung dieses Lebensproblems einer Betrachtung zu unterziehen. Da beim Suchen des Geschlechtsunterschiedes die Rolle des Mannes fast immer vorgezogen wird, stellt sich in früher Zeit bereits der Formenwandel entsprechend

dem Gegensatz: »Mann – Weib« – ein, und es ergibt sich für den Neurotiker die konkrete Formel: *ich muß so handeln, als ob* ich ein ganzer Mann wäre (oder werden wollte). Das Gefühl der Minderwertigkeit und seine Folgen werden mit dem Gefühl der Weiblichkeit identifiziert, der kompensatorische Zwang drängt im psychischen Überbau auf Sicherungen behufs Festhaltung der männlichen Rolle, und der Sinn der Neurose kleidet sich oft in den gegensätzlichen Grundgedanken: *ich bin (wie) ein Weib und will ein Mann sein.* Dieser leitende Endzweck schafft, in Haltung und Handlung umgesetzt, die nötigen psychischen Gesten und Bereitschaften, drückt sich aber ebenso in körperlichem Ausdruck und Mimik aus. Und mit diesen vorbereiteten Gesten, als deren Vorhut die neurotischen Charakterzüge aufzufassen sind, Ehrgeiz, Empfindlichkeit, Mißtrauen, Feindseligkeit, Eigenliebe, Kampfstellung usw., steht der Neurotiker dem Leben und den Personen gegenüber, mit deutlich erhöhter Spannung lauernd, ob er sich als Mann bewähren werde. Scheingefechte spielen eine große Rolle; sie werden eingeleitet, damit sich der Neurotiker übe, damit er aus anderen oder ähnlichen Verhältnissen Lehren gewinne, um sich *vorsichtiger* zu machen, und *um nach Art eines Beispiels wie im Traume täuschende Argumente an die Hand zu bekommen,* daß er die Hauptschlacht nicht wagen dürfe, daß er den Kampfplatz verlegen müsse. Wieviel er dabei arrangiert, übertreibt und entwertet – was ihm durch eine gewisse Willkür ermöglicht wird –, wie er dabei falsch gruppiert und auf die Durchsetzung seiner Fiktion hinarbeitet, erfordert eine gesonderte Darstellung, wie ich sie im speziellen Teil und in der »Praxis und Theorie der Individualpsychologie« l. c. geliefert habe. Daß aber in dem *männlichen Protest* des Neurotikers der ältere kompensierende Wille zur Macht steckt, der sogar die Empfindungen umwertet und Lust zur Unlust machen kann, geht aus den nicht seltenen Fällen hervor, wo der geradlinige Versuch, sich männlich zu gebärden, auf große Widerstände stößt und sich eines Umweges bedient: die Rolle des Weibes wird höher gewertet, passive Züge werden verstärkt, masochistische, passiv homosexuelle Züge tauchen auf, kraft deren der Patient hofft, Macht über Männer oder Frauen zu gewinnen, kurz: *der männliche Protest bedient sich weiblicher Mittel.* Daß auch dieser Kunstgriff vom Willen zur Macht diktiert ist, geht aus den übrigen neurotischen Zügen hervor, die Herrschaft und Überlegenheit in der stärksten Form erstreben. Diese Apperzeption nach der Schablone Männlich – Weiblich aber bringt den sexuellen Jargon in die Neurose, der als symbolisch aufgefaßt und weiter aufgelöst werden muß, und *drängt die Erotik in eine dem Persönlichkeitskern passende Richtung.* –

Gleichzeitig oder dominierend findet man bei dem Neurotiker die Apperzeptionsweise nach dem räumlichen Gegensatz des »Oben-Unten«. Auch für diesen primitiven Orientierungsversuch, den der Neurotiker verschärft und stark hervorhebt, finden sich Analogien bei primitiven Völkern. Während aber leicht zu verstehen ist, daß das männliche Prinzip mit der Vollwertigkeit identifiziert wird, sind wir bezüglich der Gleichstellung des »Oben« auf Vermutungen angewiesen. Eine gewisse Wahrscheinlichkeit spricht dafür, daß der Wert und die Bedeutung des oben befindlichen Hauptes im Gegensatz zu den Füßen in Betracht kommt. Noch wichtiger erscheint mir, daß die Wertschätzung des »Oben« und seine Gleichstellung mit der Vollwertigkeit aus der Sehnsucht der Menschen stammt, sich zu erheben, zu fliegen, das zu leisten, was man nicht kann. Die universellen Flugträume der Menschheit und ihr gleichgerichtetes Streben sprechen wohl für diese Annahme. Daß im Congressus sexualis das »Oben« mit dem männlichen Prinzip zusammenfließt, ist sicherlich auch von Bedeutung [14].

Die Verstärkung der Fiktion in der Neurose verursacht eine Konzentration der Aufmerksamkeit auf die vom Nervösen als wichtig eingeschätzten Gesichtspunkte. Daraus ergibt sich die *Einengung des Gesichtsfeldes* als motorische und psychische Bereitschaft. Gleichzeitig tritt der verstärkte neurotische Charakter in Kraft, der die Sicherung durchführt, Fühlung mit feindlichen Gewalten nimmt und weit über die Grenzen der Persönlichkeit hinaus, über Zeit und Raum sich ausdehnend, als sekundäre Leitlinie der *Vorsicht* dem Willen zur Macht Vorschub leistet. Der neurotische Anfall endlich, dem Kampf um die Macht vergleichbar, hat die Aufgabe, das Persönlichkeitsgefühl vor Herabsetzungen zu bewahren und die Entscheidung über den persönlichen Wert hinauszuschieben, ins Unerreichbare zu verlegen.

Aus der resultierenden Haltung eines Angreifers oder Angegriffenen erwächst dem Nervösen der Eindruck einer besonderen Feindseligkeit des Lebens. Seine Einfügung in die Gemeinschaft ist fortan gehindert, Beruf, Gesellschaft und Liebe fügen

14 Diese letztere bescheidene Bemerkung, die jeder Psychologe leicht auf ihre Richtigkeit nachprüfen kann, nimmt Freud zum Anlaß, um an sie als an eine vielleicht mündliche Äußerung einige belanglose kritische Worte zu knüpfen. Herr Freud hat mit meinen mündlichen Äußerungen Pech. Von meiner bekannten sozialistischen Weltanschauung berichtet er in schwer verständlicher, polemischer Absicht. Und meine zarte Ablehnung: »es sei kein Vergnügen, in seinem Schatten zu stehen« – d. h. durch die Mitarbeit an der Neurosenpsychologie für alle Ungereimtheiten des Freudismus mitschuldig gemacht zu werden, deutet er flugs als ein Bekenntnis meiner revoltierenden Eitelkeit, um sie ahnungslosen Lesern aufzutischen. Da bisher keiner der Wissenden dieses Pech ihres Lehrers – nicht meines, wie öfters irrtümlich behauptet wird – wahrhaben wollte, bin ich selbst zu einer Zerstörung einer Legendenbildung genötigt.

sich nicht seiner Kämpferstellung, werden meist scheu umgangen oder bilden bestenfalls den Tummelplatz seines ehrgeizigen Machtrausches. Eine tief pessimistische Weltanschauung und sein Menschenhaß bringen ihn um alle Freuden des gebenden Mitspielers. Die Stimmung des Nehmen-Wollens hat ihn ganz erfüllt, vergiftet ihn mit Unzufriedenheit und zwingt ihn, immer an sich und nie an die anderen zu denken.
Aus der konstitutionellen Minderwertigkeit und aus ähnlich wirkenden Positionen der Kindheit erwächst also ein Gefühl der Minderwertigkeit, das eine Kompensation im Sinne der Erhöhung des Persönlichkeitsgefühls verlangt. Dabei kommt der fiktive Endzweck des Machtstrebens zu ungeheurem Einfluß und zieht alle psychischen Kräfte in seine Richtung. Selbst aus der Sicherungstendenz erwachsen, organisiert er psychische Bereitschaften zu Sicherungszwecken, unter denen sich der neurotische Charakter sowie die funktionelle Neurose als hervorstechende Kunstgriffe abheben. Die leitende Fiktion hat ein einfaches, infantiles Schema und beeinflußt die Apperzeption und den Mechanismus des Gedächtnisses. In einer scheinbar feindlichen Welt erstarkt das Interesse für die eigene Person, schwindet das Interesse für die anderen.

II Die psychische Kompensation und ihre Vorbereitung

Unsere Betrachtung hat uns dahingeführt zu verstehen, wie sich aus der absoluten Minderwertigkeit des Kindes, insbesondere des konstitutionell belasteten, eine Selbsteinschätzung entwickelt, die das *Gefühl der Minderwertigkeit* hervorruft. Analog dem δός πoυ στῶ sucht das Kind einen Standpunkt zu gewinnen, um die Distanzen zu den Problemen des Lebens abschätzen zu können. Von diesem Standpunkte einer *niedrigen* Selbsteinschätzung aus, der als ruhender Pol in der Erscheinungen Flucht angenommen wird, spannt die kindliche Psyche Gedankenfäden zu den Zielen seiner Sehnsucht. Auch diese werden von der abstrahierenden Anschauungsform des menschlichen Verstandes als feste Punkte erfaßt und ziemlich konkret interpretiert. Das Ziel: groß zu sein, stark zu sein, ein Mann, oben zu sein, wird in der Person des Vaters, der Mutter, des Lehrers, des Kutschers, des Lokomotivführers usw. symbolisiert, und das Gebaren, die Haltung, identifizierende Gesten, das Spiel der Kinder und ihre Wünsche, Tagträume und Lieblingsmärchen, Gedanken über ihre künftige Berufswahl[1] zeigen uns an, *daß die Kompensationstendenz am*

1 Siehe: *Heilen und Bilden*, l. c. Dieses Werk umfaßt einen großen Teil der erzieherischen Fragen und Schlußfolgerungen aus der Individualpsychologie.

Werke ist und Vorbereitungen für die zukünftige Rolle trifft. Das eigene Gefühl der Minderwertigkeit und Untauglichkeit, die Empfindung der Schwäche, der Kleinheit, der Unsicherheit wird so zur geeigneten Operationsbasis, die aus den anhaftenden Gefühlen der Unlust und Unbefriedigung die inneren Antriebe hergibt, einem fiktiven Endziel näher zu kommen. Das Schema, dessen sich das Kind bedient, um handeln zu können und sich zurecht zu finden, ist *allgemein* und entspricht dem Drängen des menschlichen Verstandes, durch unreale Annahmen, Fiktionen, das Chaotische, Fließende, nie zu Erfassende in feste Formen zu bannen, um es zu berechnen. So handeln wir auch, wenn wir durch Meridiane und Parallelkreise die Erdkugel zerlegen; denn nur so erhalten wir feste Punkte, die wir in Relation setzen können. Bei allen ähnlichen Versuchen, von denen die menschliche Psyche voll ist, handelt es sich um die Eintragung eines unwirklichen abstrakten Schemas in das wirkliche Leben, und ich betrachte als die *Hauptaufgabe dieser Schrift*, diese Erkenntnis, die ich aus der psychologischen Betrachtung der Neurose und Psychose gewonnen habe, und die sich nach den Nachweisen *Vaihingers* in allen wissenschaftlichen Anschauungen wiederfindet, zu fördern. An welchem Punkte immer man die psychische Entwicklung eines Gesunden oder Nervösen untersucht, findet man ihn stets in den Maschen seines Schemas verstrickt, den Neurotiker, der nicht zur Wirklichkeit zurückfindet und an seine Fiktion glaubt, den Gesunden, der es benützt, um ein reales Ziel zu erreichen. Bei Erstgeborenen fand ich oft als durchgreifende Annahme und leitende Fiktion *willige und gesuchte Anerkennung von Größe und Macht* wie in der Vergangenheit, bei Zweitgeborenen tritt stärker die *Überrennung anderer Machteinflüsse* in der Zukunft hervor, für einzige Kinder wird häufig das *Suchen nach einer zentralen Stellung* zur unlösbaren Aufgabe. Was aber zur Benützung und *Überbetonung* des Schemas den brennenden Anlaß gibt, ist stets die Unsicherheit in der Kindheit, die große Distanz von der Machtentfaltung des Mannes, von seinem Vorrang und Privileg, von dem das Kind Ahnungen und Gewißheiten besitzt. Was uns alle, was vor allem das Kind und den Neurotiker zwingt, die näherliegenden Wege der Induktion und Deduktion zu verlassen, sich solcher Kunstgriffe zu bedienen wie der schematischen Fiktion, stammt aus dem Gefühl der Unsicherheit, *ist die Tendenz der Sicherung,* die letzter Linie darauf hinzielt, des Gefühls der Minderwertigkeit ledig zu werden, um sich zur vollen Höhe des Persönlichkeitsgefühls, zur ganzen Männlichkeit, zum Ideal des Obenseins aufzuschwingen. Je größer diese Distanz ist, um so schärfer tritt die leitende Fiktion zutage, so daß das Gefühl des Untenseins in gleicher Weise ausschlaggebend sein kann

wie etwa das überlebensgroß gefaßte Bild eines starken Vaters, einer starken Mutter.
Wir sehen so Anspannungen zutage treten, die weit über das Maß dessen hinausgehen, was bei den angestrengtesten körperlichen Leistungen der Triebe, bei der stärksten Sehnsucht nach Befriedigung organischer Lust zu erwarten wäre. Unter anderen weist auch *Goethe* darauf hin, daß wohl die Wahrnehmung an praktische Bedürfnisbefriedigungen anknüpfe, daß der Mensch aber darüber hinaus ein Leben in Gefühl und Einbildungskraft führe. Damit ist der Zwang zur Erhöhung des Persönlichkeitsgefühls trefflich erfaßt, wie auch aus einem seiner Briefe an *Lavater* hervorgeht, wo *Goethe* bemerkt: »Diese Begierde, die Pyramide meines Daseins, deren Basis mir angegeben und gegründet ist, so hoch als möglich in die Luft zu spitzen, überwiegt alles andere und läßt kaum augenblickliches Vergessen zu.«
Es läßt sich leicht verstehen, daß eine derart angespannte psychische Situation – und jeder Künstler, jedes Genie kämpft den gleichen Kampf gegen sein Gefühl der Unsicherheit, nur mit kulturell wertvollen Mitteln – geeignet ist, eine ganze *Anzahl von Charakterzügen* zu verstärken und hervorzutreiben, welche die Neurose konstituieren helfen. So vor allem den *Ehrgeiz.* Er ist wohl die stärkste von den sekundären Leitlinien, die zum fiktiven Endzweck hinstreben. Und er erzeugt eine Summe von psychischen Bereitschaften, die dem Nervösen den Vorrang in allen Lebenslagen *sichern sollen,* die aber seine Aggression, seine Affektivität stets als gereizt erscheinen lassen. So präsentiert sich der Nervöse meist *als stolz, als rechthaberisch, neidisch und geizig,* will überall Eindruck machen, immer der Erste sein, *zittert aber stets für den Erfolg und schiebt gerne die Entscheidung hinaus.* Daher das Zögernde, das Vorsichtige im Auftreten des Neurotikers, sein Mißtrauen, Schwanken und seine Zweifel. Wie zu einer Art Übung, *im Sinne einer Vorbereitung,* produziert er diese psychischen Bereitschaften im Kleinen, um Anhaltspunkte und weitere sichernde Richtlinien für große Ziele zu gewinnen, die ihn im Banne halten. Der Kranke wird durch seine Sicherungstendenz gezwungen, probeweise, in corpore vili Beweise zu sammeln, die seine zögernde psychische Gesamthaltung rechtfertigen und immer wieder rechtfertigen sollen. In der Regel resultiert die Anschauung: *ich muß vorsichtig sein, wenn ich mein Ziel erreichen will!* Und es ist gar nicht so selten, daß der Patient dreiste *Unvorsichtigkeiten* begeht, um sich im Hauptpunkt seines Männlichkeitsideals durch warnendes Hervorheben seiner Unvorsichtigkeit zu sichern. *Sehr häufig übernehmen Halluzinationen und Träume* bei Neurotikern und Psychotikern die Funktion dieser warnenden Stimme, malen

aus, wie es schon einmal war, wie es bei anderen war, oder wie es kommen könnte – um den Patienten durch Erzeugung einer fälschenden Stimmung bei der sichernden Leitlinie zu halten. Alle Aktionen schließen unvollendet oder versanden zu früh.

Scheinbar anders verläuft der Vorgang bei Neurotikern, die nur in ruhiger Situation, wenn alles gut geht, wenn sie sich wohl fühlen, im Konzert, im Theater sitzend von Depressionen überfallen werden. Solcher Art sind oft Menschen, die in gute Verhältnisse gelangt sind, die aber nun *nach Art des Polykrates* einen Teil opfern wollen. Kurzsichtige Analysen bleiben in solchen Fällen bei der Feststellung einer Neigung zum Opfer oder eines Schuldgefühls stecken. Folgt man den Anschauungen der Individualpsychologie, so stellt sich bald heraus, daß in solchen »Opfern«, in solchem »Schuldgefühl« das lüsterne Triumphgefühl über einen Sieg, über den Neid und die Niederlage der andern steht.

Sonst findet sich, »um die Pyramide des Daseins so hoch als möglich in die Luft zu spitzen«, stark unterstrichene Züge von *Kampflust, Trotz und Aktivität*, vielfach gesichert oder verschärft durch Pedanterie, letztere, um hervorzustechen und in der Richtung zu bleiben. Daß die *Wißbegierde*, als mächtige Förderin zu hohen Zielen, sich ungeheuer anspannt, ist gewiß nicht wunderlich. Ebenso deutlich zeigt sich die *Ungeduld, die Furcht zu spät zu kommen, die Furcht nichts zu erreichen* als besonders heftiger Antrieb, einen Vorteil nicht aus den Augen zu lassen, lieber zu viel als zu wenig für die Erreichung des fiktiven Endzweckes zu tun. Immerhin liegen diese Züge schon ganz im Gebiet der entwickelten Neurose, wo die Sicherungstendenz immer mehr in den Vordergrund tritt und zu den gefährlichen Kunstgriffen treibt: *die Gefühle der Minderwertigkeit zu vertiefen, so zu handeln, als ob man verkürzt, vom Erfolg abgeschnitten, ohne Hoffnungen sei, oder mehr weniger in Passivität zu tauchen, weibliche Züge emporzutreiben, sich masochistisch und pervers zu gebärden, zuletzt seinen Wirkungskreis stark einzuschränken*, um diesen durch die Krankheitssymptome desto gewaltiger zu erschüttern und zu beherrschen. In ähnlicher Weise kommt das Arrangement von *Indolenz, Faulheit, Müdigkeit, Impotenz* jeder Art zustande, die den Vorwand abgeben, vor Entscheidungen zu fliehen, die den Stolz des Nervösen kränken könnten, sich dem Studium, dem Beruf, einer Ehe zu entziehen. Zuweilen endet diese Entwicklungsphase mit *Selbstmord*, der dann immer als gelungene Rache an dem Schicksal, an den Angehörigen, an der Welt voraus empfunden wird, unter einem Training, (ähnlich wie in der Melancholie) sich alles zu verekeln.

Auch *Schuldgefühle* gewinnen an Raum. Damit stehen wir an einem der schwierigsten Punkte des Verständnisses von Neurosen und Psychosen. *Schuldgefühl und Gewissen sind fiktive Leitlinien der Vorsicht, ähnlich wie Religiosität, und dienen der Sicherungstendenz* [2]. Sie haben die Aufgabe, ein Sinken des Persönlichkeitsgefühls zu verhüten, wenn die gereizte Aggression ungestüm zu selbstsüchtigen Taten drängt und das wie der Chor der Eumeniden drohende *Gemeinschaftsgefühl* verletzt. Im Schuldgefühl ist der Blick nach rückwärts gewendet, das Gewissen wirkt durch Voraussicht; beide bleiben in der Neurose unfruchtbar und haben das Handeln zu verhindern. Auch die *Wahrheitsliebe* wird durch die Sicherungstendenz getragen, liegt eigentlich im Rahmen unseres Persönlichkeitsideals, während die *neurotische Lüge* einen schwächlichen Versuch darstellt, den Schein zu wahren und also kompensierend zu wirken. Neurotische Wahrheitsliebe bietet reichlich Anlaß zu fruchtlosen Konflikten zwecks Zeitvertrödelung und Herabsetzung des anderen.
Alle diese Versuche des Höherstrebens, des Willens zur Macht müssen naturgemäß als eine Form des Strebens nach Überlegenheit aufgefaßt werden, von dem der *männliche Protest* einen häufigen Spezialfall darstellt, eine Urform psychischen Geltungsdranges, nach welchem alle Erfahrungen, Wahrnehmungen und Willensrichtungen gruppiert werden. Die Apperzeption wird nach diesem sinnfälligsten Schema geleitet, der Endzweck, zumal beim Neurotiker, ist die Ausgestaltung des männlichen Protestes gegen die niedrige Selbsteinschätzung, und so richten sich auch die *Aufmerksamkeit, die Vorsicht, der Zweifel,* ebenso aber alle anderen Charakterzüge und sonstigen psychischen und körperlichen Bereitschaften, in höchstem Maße vor allem die *Wertung alles Erlebens* nach dem männlichen Endzweck, so daß alle diese Erscheinungen in sich eine Dynamik tragen und dem Kenner verraten, die von unten nach oben, vom Weiblichen zum Männlichen drängt. Die Auslösung aller dieser Kraftlinien, die Fixierung des fernabliegenden Endzweckes, die Hervorhebung und gelegentliche Produktion minderwertiger, weiblicher Züge im Nebensächlichen zwecks besserer Bekämpfung derselben in der Hauptsache durch den männlichen Protest geschieht durch den gleichen Faktor, der auch die organischen Kompensationen schafft, durch den *Zwang zum Ausgleich* [3], durch stetige Versuche, eine schädigende Minderleistung durch Mehrarbeit zu ersetzen,

2 Siehe Furtmüller, *Psychoanalyse und Ethik*. München 1912.
3 Bei Freud erscheint jetzt diese Anschauung in der Form des »Todeswunsches«, der sichtlich nur eine der vielen Möglichkeiten ausmacht, um den Ausgleich, die Parität, herzustellen. Wurde hier und anderwärts in der Psychologie des Selbstmordes oft hervorgehoben. Die Rache, die Entwertungstendenz gegen das Leben ist ja unverkennbar.

was im Psychischen in der *Sicherungstendenz* zum Ausdruck kommt, die das Streben nach Macht, nach Männlichkeit zur Leitlinie macht, um dem Gefühl der Unsicherheit zu entgehen. Diese Anschauung ist später in die Psychoanalyse als »Kastrationskomplex« eingegangen.

Die größte Schwierigkeit für das Verständnis der Neurose bietet die auffällige Produktion minderwertiger, weiblicher Züge und deren Anerkennung durch den Patienten. Hierher gehört das Hervortreten von Krankheitserscheinungen überhaupt, aber auch passiver, masochistischer Züge, weiblicher Charaktere, Homosexualität, Impotenz, Suggestibilität, Zugänglichkeit und Neigung für Hypnose oder endlich das scheinbare Aufgehen in weibisches Wesen und Gebaren. Der Endzweck bleibt immer die Beherrschung anderer, die als männlicher Triumph empfunden und gewertet wird, oder der Stillstand. Niemals auch fehlen in der Charakterologie dieser Patienten die oben geschilderten kompensierenden Züge, wie man sie bei Menschen zu erwarten hat, die das Gefühl der Verkürztheit zur Operationsbasis nehmen und nun auf jede Weise den Ersatz, das zu einem übertriebenen Persönlichkeitsgefühl Fehlende, hereinzubringen trachten. In dieser psychischen Situation gewinnt das Sexuelle als Symbol an Raum, indem solche Patienten häufig nach einem Schema apperzipieren, als ob ihre Sexualität geschädigt wäre, und sie deshalb fortwährend gezwungen wären, einen Ersatz zu suchen. Eine Form dieses Ersatzes finden sie in der Herabsetzung, Verweiblichung [4] aller anderen Personen. Aus dieser *Entwertungstendenz* stammen namhafte Verstärkungen gewisser Charakterzüge, die weitere Bereitschaften vorstellen und bestimmt sind, andere zu beeinträchtigen, wie *Sadismus, Haß, Rechthaberei, Unduldsamkeit, Neid* usw. Auch die aktive Homosexualität, sowie Perversionen, die den Partner herabsetzen, auch Lustmord gehen aus der Entwertungstendenz des Neurotikers hervor, die man sich nicht stark genug vorstellen kann. Sie alle stellen Fleisch gewordene Symbolik des Unterwerfens nach dem Schema: *sexuelle Überlegenheit des Mannes* – vor. Kurz, der Neurotiker kann sein Persönlichkeitsgefühl auch dadurch erhöhen, daß er den anderen herabsetzt, im ernstesten Falle *Herr über Leben und Tod* wird, über sein eigenes Leben oder über das anderer.

Wir haben oben von der Produktion weiblicher Züge zwecks besserer Bekämpfung der eigenen, unhaltbaren Neigung zur Hingabe, behufs besserer Selbstüberwachung in der Neurose gesprochen. Diese Unterstreichungen, dazu die deutliche Ten-

4 Später in simplifizierter Form in der Freudschen Psychoanalyse als Kastrationskomplex beschrieben.

denz, den Willen zur Männlichkeit hervorzuheben, schaffen den Schein eines Klaffens in der Psyche des Nervösen, der den Autoren in der Annahme einer *double vie,* einer *Dissoziation,* ebenso in dem *Stimmungswechsel* der Nervösen, aber auch in der Abfolge von Depression und Manie, von Verfolgungs- und Größenideen in der Psychose geläufig ist. Stets habe ich als inneres Band dieser gegensätzlichen Zustände die Tendenz gefunden, das Persönlichkeitsgefühl zu erhöhen, wobei die »inferiore« Situation an eine Herabsetzung anknüpft, aber als Operationsbasis abgegrenzt und arrangiert wird. Dann setzt der männliche Protest ein, der oft bis zur Gottähnlichkeit oder zu einer Art intimer Verbindung mit Gott fortgeleitet wird. Am klarsten liegt dieser Prozeß in der *Manie* zutage, die immer im Gefolge eines Gefühls der Herabsetzung ausbricht. Die zyklische Manie ergibt sich wohl als die gewohnheitsmäßige Wiederholung dieses Mechanismus, sobald das Gefühl des Sinkens den Patienten überkommt. Für diese scheinbare *»Bewußtseinsspaltung«* ist außerdem noch die *scharfe schematische und stark abstrahierende Apperzeptionsweise* des nervös Disponierten maßgebend, der innere sowie äußere Geschehnisse nach einem streng gegensätzlichen Schema, etwa wie nach dem Soll-Haben in der Buchhaltung, gruppiert und keine Übergänge gelten läßt. Dieser Fehler des neurotischen Denkens, *identisch mit zu weit getriebener Abstraktion,* ist gleichfalls durch die neurotische Sicherungstendenz verschuldet; diese braucht zum Zwecke des Wählens, Ahnens und Handelns scharf umschriebene Richtlinien, Idole, Götzen, Popanze, an die der Nervöse glaubt. Dadurch entfremdet der Mensch sich der konkreten Wirklichkeit. Denn in dieser sich zurechtzufinden, erfordert Elastizität, nicht Starrheit der Psyche, eine Benützung der Abstraktion, nicht eine Anbetung, Zwecksetzung und Vergöttlichung derselben. Es gibt kein Lebensprinzip, das bis zuletzt tragfähig wäre. Und die richtigsten Problemlösungen, zu stark in den Vordergund geschoben, stören den Ablauf des Lebens. So wenn einer Reinlichkeit, Wahrheit etc. zum Zielpunkte alles Strebens macht.

Demgemäß werden wir im Seelenleben des Neurotikers, ganz wie im primitiven Denken, im Mythus, in der Legende, in der Kosmogonie, Theogonie, in der primitiven Kunst, in den Leistungen der Psychose und in den Anfängen der Philosophie die Neigung im ausgesprochensten Maße finden, sich, seine Erlebnisse, die Personen seiner Umgebung zu stilisieren. Dabei müssen nun freilich nicht zusammengehörige Erscheinungen durch abstrahierende Fiktion scharf auseinandergerückt werden. Der Zwang zu dieser Maßnahme geht aus der Sehnsucht nach Orientierung hervor und stammt aus der Sicherungstendenz. Er ist oft so beträchtlich, daß er künstliche

Zerlegung der Einheit, der Kategorie, der Einheit des Ichs in zwei oder mehrere gegensätzliche Teile verlangt.
Von der früher beschriebenen *Selbsteinschätzung* des Kindes, das durch seine Organminderwertigkeit und die daraus stammenden Übel zu besonderen Sicherungen veranlaßt wird, bis zur vollen Entwicklung der neurotischen Technik des Denkens und ihrer Hilfslinie, des neurotischen Charakters, treten eine Anzahl psychischer Phänomene hervor, die im Sinne *Karl Groos'* [5] *als Einübung*, in unserem Sinne als *Vorbereitung für den fiktiven Endzweck* aufzufassen sind. Sie zeigen sich recht frühzeitig, andeutungsweise im Säuglingsalter, und unterliegen ständig den Einwirkungen bewußter und unbewußter Erziehung. Die ganze Art der Entwicklung eines Kindes zeigt, *daß es sich nach einer Idee richtet*, welche sich freilich meist primitiv darstellt, sich regelmäßig auch in Gestalt einer Person *konkretisiert*. Unter diesem Zwange, dessen psychischer Mechanismus zum größeren Teile unbewußt, nur zum kleineren Teile bewußt wirkt, kommt es zu deutlicheren Ausprägungen der sich formenden Seele, und geistiges wie körperliches Leben eines Menschen, an einer bestimmten Stelle seiner Entwicklung gefaßt, ist als Teil einer Antwort zu verstehen, die er auf die Frage des Lebens gibt.
Diese Antwort, recht eigentlich *die Art, das Leben zu nehmen*, ist nach allen Erfahrungen, die wir gewonnen haben, identisch mit dem Versuch, *der Unsicherheit des Lebens, dem Chaos der Eindrücke und Empfindungen ein Ende zu machen, die Griffe anzusetzen, um die Schwierigkeiten zu überwinden*. Schon die Überlegung, Beobachtung, das Denken und Vorausdenken selbst, Bewundern, Gedächtnis, Aufmerksamkeit, Einschätzung und Wertung werden durch die Sicherungstendenz hervorgetrieben. Und da das Gefühl der eigenen Minderwertigkeit ein abstraktes Maß für Ungleichheit unter den Menschen abgibt, wird der Größere, der Stärkere und sein Maß zum fiktiven Endziel gemacht, um dann vor Unsicherheit, vor dem »Gruseln« geborgen zu sein. So kommt es in der Seele des Kindes zu einer Leitlinie, die auf *Erhöhung des Persönlichkeitsgefühls* drängt, um der Unsicherheit zu entgehen, unter heftigerem Drängen beim Nervösen, der die Minderwertigkeit schärfer empfunden hat. Mythen, das Volk, Dichter, Philosophen und Religionsstifter haben aus ihrer Zeit das Material für Umformung der Leitlinien genommen, so daß als Endziele körperliche oder geistige Kraft, Unsterblichkeit, Tugend, Frömmigkeit, Reichtum, Wissen, Herrenmoral, soziales Empfinden oder Selbstherrlichkeit zur Verfügung stehen, und je nach der rezeptorischen Eigenart des nach Vollwertigkeit lüsternen In-

5 Siehe Karl Groos, *Die Spiele der Menschen, Die Spiele der Tiere.*

dividuums ergriffen werden. *Auch der Tod kann eine solche Geborgenheit vorstellen.* An dieser Stelle werden die lebendigen Energiekräfte des Kindes hinübergeleitet in den selbstgeschaffenen Kreis seiner subjektiven Welt, die nunmehr als leitende Fiktion alle Empfindungen und Regungen, Lust, Unlust, den Trieb der Selbsterhaltung sogar zu ihren Gunsten fälscht und umwertet, um sicher zum Ziele zu gelangen, die alles Erfahren und Erleben beim Nervösen in ihrer besonderen Art verwendet, um Bereitschaften herzustellen und den Triumph vorzubereiten. Aus seinen persönlichen Wahrnehmungen und Erfahrungen aber gewinnt das Kind Eindrücke von den *Bedingungen des menschlichen Zusammenlebens,* als dessen erster Träger die Mutter anzusehen ist, und trägt ihnen in der Formung seiner Ideale und Leitlinien bis zu einem bestimmten Grade Rechnung.

Diese vorbereitenden Akte mit ihrer Umwertung der Werte lassen sich am deutlichsten *beim Spiel* des nervösen Kindes, in seinen *Erwägungen über den künftigen Beruf,* und in seiner *körperlichen und psychischen Haltung beobachten.* Von diesen Erscheinungen soll noch im Zusammenhang mit der sie beherrschenden Sicherungstendenz gesprochen werden. Bezüglich des *nervösen Habitus* sei hervorgehoben, daß er in der Regel frühzeitig auffällig wird, daß er eine *pantomimische Darstellung eines Charakterzuges bietet,* sei es als ängstliche, lauernde, mißtrauische, unsichere, vorsichtige, schüchterne, sei es als feindselige, trotzende, selbstsichere, selbstgefällige, vorlaute Attitude. Leicht macht sich Erröten bemerkbar, oder der Blick ist eigentümlich fangend, untergeschlagen oder feindlich. Es gelingt immer, eine dieser Attituden oder Gebärden, einen mimischen Zug etwa, auf das Vorbild zurückzuführen. Oft findet man bei nervösen Kindern schon die Nachahmung des männlichen Prinzips, des Vaters; das Vorbild der Mutter schiebt sich erst durch den Formenwandel der leitenden Fiktion ein, oder wenn von allem Anfang das moralische Übergewicht der Mutter außer Frage steht. Meist sind es geringfügige Erscheinungen, die sonst der ärztlichen Beobachtung nicht unterzogen werden: Kreuzung der Beine, Arme, eine besondere Art auszuschreiten, Vorliebe für gewisse Speisen, Entlehnung von Charakterzügen usw. oder *bei stärker hervortretendem Trotz gegenteilige Ausdrucksformen.* Festgehaltene Kinderfehler wie *Enuresis, Nägelbeißen, Lutschen, Stottern, Augenzwinkern, Masturbation* usw., lassen sich regelmäßig auf diese trotzige Einstellung zurückführen. Sie sind das Mittel des Schwachen, um das Pathos der Distanz zum Starken zu verringern, dadurch aber das Gefühl der eigenen Minderwertigkeit aufzuheben, und zielen in letzter Linie auf die Überwindung einer Autorität, gleichzeitig aber auf die Gewinnung

eines Vorwandes, um der Entscheidung auszuweichen, sie hinauszuschieben. In ihrer Sprache sagen sie uns etwa: »Ich bin noch ein Kind!«
Alle erheblichen Erscheinungen dieser Art sind selbst schon Charakterzüge oder zeigen sich durchflossen vom neurotischen Charakter, *sind wie dieser selbst eine Ausdrucksform der Sicherungstendenz, Vorbereitung und Bereitschaft der kompensierenden Kraft, die durch das Gefühl der Minderwertigkeit ausgelöst wird.*

III Die verstärkte Fiktion als leitende Idee in der Neurose

Die wichtigste Aufgabe des Denkens ist vor allem, der Handlung oder Geschehnissen vorauszueilen, Weg und Ziel zu erfassen und so weit als möglich zu beeinflussen. Durch dieses Vorausdenken ist unser Einfluß über Zeit und Raum hinaus einigermaßen gesichert. Dementsprechend ist unsere Psyche in erster Linie ein *Verteidigungs- und Angriffsorgan,* geboren aus der Not allzuenger Grenzen, wie sie ursprünglich die Triebbefriedigung erschweren. Die rein physiologische Form der Triebbefriedigung hält nur so lange vor, bis der geeignete Weg gefunden ist, um stabilisiert und über die größten Anfechtungen hinaus gesichert zu werden. Gegen Ende der Säuglingszeit, wo das Kind selbständige, zielsichere Handlungen vollbringt, die nicht bloß auf Triebbefriedigung gerichtet sind, wo es seinen Platz in der Familie einnimmt und sich in seiner Umgebung einrichtet, besitzt es bereits Fertigkeiten, psychische Gesten und Bereitschaften. Zudem ist sein Handeln ein einheitliches geworden, und man sieht es auf dem Wege, sich einen Platz in der Welt zu erobern. Ein derartig einheitliches Handeln kann nur verstanden werden, wenn man annimmt, daß das Kind *einen einheitlichen fixen Punkt außerhalb seiner selbst* gefunden hat, dem es mit seinen seelischen Wachstumsenergien nachstrebt. Das Kind muß also eine Leitlinie, *ein Leitbild* gestaltet haben, in der Erwartung, sich so in seiner Umgebung am besten zu orientieren und zur Bedürfnisbefriedigung, zur Vermeidung von Unlust, zur Erzielung von Lust zu gelangen[1]. Aus diesem Leitbild tritt anfangs insbesondere das *Zärtlichkeitsbedürfnis als ein Teil des angeborenen Gemeinschaftsstrebens* hervor, das ursprünglich die *»Bildsamkeit« (Paulsen)* des Kindes fördert. Bald gesellen sich zu dieser Einstellung Bestrebungen, das Wohlgefallen, die Hilfe

1 A. Adler, ›Trotz und Gehorsam‹. In: *Heilen und Bilden,* l. c.

und die Liebe der Eltern zu finden, Regungen der Selbständigkeit, des Trotzes und der Auflehnung. Das Kind hat einen »Sinn des Lebens« gefunden, dem es nachstrebt, dessen noch schwankende Umrisse es formt, von dem aus sein Vorausdenken angezogen wird, das seine Handlungen, seine Gefühlsimpulse lenkt und wertet. Die kindliche Unbeholfenheit, Hilflosigkeit und Unsicherheit erzwingen das Austasten der Möglichkeiten, das Sammeln von Erfahrungen und die Schöpfung des Gedächtnisses, damit die Brücke in die Zukunft geschlagen werden könne, wo Größe, Macht, Befriedigungen aller Art wohnen. Diese Brücke zu schlagen ist die wichtigste Leistung des Kindes, da es sonst in der Fülle der einstürmenden Eindrücke ohne Sammlung, ohne Rat, ohne Führung, ohne Beruhigung stünde. Man kann dieses erste Stadium *der erwachenden subjektiven Welt*, der Ichbildung, kaum recht abgrenzen oder in Worte fassen. Immerhin können wir sagen, das Leitbild des Kindes muß so beschaffen sein, als ob es dem Kinde größere Sicherheit, Orientierung bringen könnte, indem es die Richtung seines Wollens beeinflußt. Sicherheit aber kann es nur gewinnen, wenn es auf einen fixen Punkt hinarbeitet, an dem es sich größer, stärker, von den Mängeln früher Kindlichkeit befreit sieht. Die bildliche, analogische Art unseres Denkens bringt es mit sich, daß dieses zukünftige veränderte Bild der eigenen Person in der Gestalt des Vaters, der Mutter, eines älteren Geschwisters, des Lehrers, einer Berufsperson, eines Helden, einer Tiergestalt, eines Gottes gedacht wird. Allen diesen leitenden Gestalten ist der *Zug der Größe, der Macht, des Wissens und Könnens* gemeinsam, und so stellen sie samt und sonders *Symbole dar für fiktive Abstraktionen*. Und so wie der aus Lehm geschaffene Götze erhalten sie durch menschliche Phantasie Kraft und Leben und wirken zurück auf die Psyche, aus der sie geboren wurden.

Dieser Kunstgriff des Denkens hätte das Gepräge der *Paranoia* und der Dementia praecox, die sich aus den Schwierigkeiten des Lebens »feindliche Gewalten« schaffen zur Sicherung des Persönlichkeitsgefühls, wenn nicht dem Kinde die Möglichkeit gegeben wäre, jederzeit aus dem Banne seiner Fiktion zu entweichen, seine *Projektionen (Kant)* aus der Rechnung zu streichen und bloß den Antrieb zu benützen, der aus dieser Hilfslinie fließt. Seine Unsicherheit reicht hin, um phantastische Ziele zur Orientierung in der Welt aufzustellen, ist aber nicht so groß, um die Realität zu entwerten und das Leitbild zu *dogmatisieren*, wie es in der Psychose geschieht. Immerhin muß auf die Ähnlichkeit der Bedeutung der Unsicherheit und des Kunstgriffes der Fiktion beim Gesunden, Nervösen und Verrückten hingewiesen werden.

Das allgemein Menschliche an diesem Vorgange ist, daß *das*

apperzipierende Gedächtnis unter die Macht der leitenden Fiktion gerät. Damit ist eine einheitliche Weltanschauung für alle innerhalb gewisser Grenzen gegeben. Die Kleinheit und Dürftigkeit des Kindes wird stets nach Erweiterung seiner Grenzen drängen und diese dann nach dem Muster des Stärksten abstecken. Und nun erweist es sich im Laufe der psychischen Entwicklung, daß, was ursprünglich ein an sich imaginierender, nur im Zusammenhang wichtiger und wertvoller Kunstgriff war, *ein Mittel, um Stellung zu nehmen, die Richtung finden, Griffe anbringen zu können, zum Zweck geworden ist,* offenbar weil das Kind nur auf diesem Wege, nicht aber durch direkte Triebbefriedigung die *Sicherheit des Handelns* erlangen kann [2].
Damit ist nun der wirksame Punkt außerhalb der körperlichen Sphäre gefunden, nach dem sich die Psyche richtet, *der Schwerpunkt des menschlichen Denkens, Fühlens und Wollens.* Und der Mechanismus des apperzipierenden Gedächtnisses mit seiner Unsumme von Erfahrungen wandelt sich *aus einem objektiv wirkenden System in ein subjektiv arbeitendes,* durch die Fiktion der zukünftigen Persönlichkeit modifiziertes Schema. Seine Aufgabe wird es, derartige Verbindungen mit der Außenwelt herzustellen, die der Erhöhung des Persönlichkeitsgefühls dienen, den vorbereitenden Handlungen und Gedanken Direktiven, Winke zu geben und sie mit dem ehernen Bestand fertiggestellter Bereitschaften in Verbindung zu bringen. Man erinnere sich nur an das treffliche Wort *Charcots,* der für das wissenschaftliche Forschen hervorgehoben hat, daß man immer nur findet, was man weiß – eine Beobachtung, die, auf das praktische Erleben gerichtet, zu zeigen imstande ist, daß von einer Anzahl fertiger psychischer Mechanismen und Bereitschaften aus, wie es auch *Kants* Lehre von den Anschauungsformen unseres Verstandes zeigt, *unser ganzer Wahrnehmungskreis* beschränkt wird [3]. Ebenso sind *unsere Handlungen* durch diesen – von der leitenden Fiktion aus bestimmten und gewerteten – Erfahrungsinhalt determiniert. *Unsere Werturteile* selbst entsprechen dem Maße des fiktiven Zieles, nicht etwa »realen« Empfindungen oder Lustgefühlen. Und die Handlung erfolgt, wie *James* es ausdrückt, unter einer Art Approbierung – ist an ein Fiat!, an ein Geheiß oder an eine Zustimmung gebunden.
Die leitende Fiktion ist demnach ursprünglich das Mittel, ein Kunstgriff, durch den sich das Kind seines Minderwertigkeitsgefühls zu entledigen sucht. Sie leitet die Kompensation ein

2 Wie aus Karl Groos, *Spiele der Tiere,* zu ersehen ist, ist auch das Verständnis der Tierseele darauf gegründet, daß wir es handeln sehen, *als ob* es einer fiktiven Richtungslinie folgen würde.
3 Auch auf Bergsons fundamentale Lehren muß ich hier verweisen.

und steht im Dienste der Sicherungstendenz[4]. Je größer das Minderwertigkeitsgefühl, um so dringender und stärker wird das Bedürfnis nach einer sichernden Richtungslinie, um so schärfer tritt sie auch hervor, und wie die Kompensation im Organischen ist die Wirksamkeit der psychischen Kompensation an die Leistung einer Mehrarbeit geknüpft und bringt auffallende, oft mehrwertige und neuartige Erscheinungen im Seelenleben mit sich. *Eine ihrer Ausdrucksformen, zur Sicherung des Persönlichkeitsgefühls bestimmt, ist die Neurose und Psychose.*

Das konstitutionell minderwertige Kind, das verzärtelte und das gehaßte Kind mit seinem Heer von Übeln und Unsicherheiten wird seinen fixen Punkt schärfer herausarbeiten und höher ansetzen, wird die Leitlinien deutlicher ziehen und wird sich ängstlicher oder prinzipieller an sie halten. In der Tat ist der Haupteindruck bei Beobachtung eines neurotisch disponierten Kindes der, daß es um vieles *vorsichtiger* zu Werke geht, mit allerlei *Vorurteilen* rechnet, daß ihm die *Unbefangenheit der Wirklichkeit gegenüber mangelt,* ferner daß seine Aggressionsstellung eine aufgepeitschte ist, indem es entweder feindselig oder durch Unterwerfung *zum Ausgleich einer Situation* gelangen will. Meist läßt es sich in der Wahl seiner *Kampfmittel* durch seine *Organminderwertigkeiten* leiten und nützt sie den Angehörigen gegenüber aus oder fixiert sie im Trotz. Oft entlehnt es in *anfänglicher Simulation oder übertreibend Übel aus der Umgebung,* um seine Stellung zu befestigen. Wo die Wirkung derartiger Mittel auf die Umgebung fehlt, wird die Beseitigung des Übels durch *erhöhten Kraftaufwand* versucht, wobei sich häufig, wenn funktionelle Anomalien des Auges, des Ohres, der Sprache, der Muskulatur eine Überkompensation erfahren, qualifizierte und künstlerische Leistungen entwickeln. Auch starke Selbständigkeitsregungen sind damit verbunden. Oder das Heil wird in verstärkter Anlehnung gesucht, zu welchem Zwecke *Angst, Kleinheitsgefühl, Schwäche, Ungeschicklichkeit, Unfähigkeit, Schuldgefühl, Reue, Pessimismus* als Sicherungen fungieren. In gleiche Richtung zielt die Befestigung von Kinderfehlern, die Fixierung eines *psychischen Infantilismus,* der zuweilen wie Dissoziation oder Debilität erscheinen kann, sofern beide nicht ausschließlich oder nebenbei aus der Trotzeinstellung hervorgehen, nicht dem kindlichen *Negativismus* entsprechen. Eine Anzahl von Übeln der neuropathischen Kinder sind sub-

4 W. Stern (siehe dessen *Individualität.* 1918) ist unabhängig von mir zu gleichen Anschauungen gelangt. Dieselbe Unabhängigkeit kann ich leider einigen Neurologen, wie z. B. Lewandofski, nicht zubilligen, der in Auseinandersetzungen über die Kriegsneurosen stillschweigend das Ziel der Sicherung, der Überlegenheit als krankmachend beschrieben hat.

jektiver Art, entsprechen einem ganzen oder halben Fehlurteil, wie es bei den Versuchen der Kinder, ihr Minderwertigkeitsgefühl zu begründen oder zu verstehen, zustande kommt. Oft mischt sich bereits in diese logischen Interpretationen der kompensierende Ehrgeiz oder die Aggression des Kindes gegen die Eltern ein. »Die Eltern, das Schicksal sind schuld«, »weil ich der Jüngste, zu spät gekommen bin«, »weil ich ein Aschenbrödel bin«, »weil ich *vielleicht* nicht das Kind dieser Eltern, dieses Vaters, dieser Mutter bin«, »weil ich zu klein bin, zu schwach, einen kleinen Kopf habe, zu häßlich bin«, »weil ich einen Sprachfehler, einen Fehler des Gehörs habe, schiele, kurzsichtig bin«, »weil ich verbildete Genitalien habe«, *»weil ich nicht männlich, weil ich ein Mädchen bin«*, »weil ich von Natur aus böse, dumm, ungeschickt bin«, *»weil ich masturbiert habe, zu sinnlich, zu begehrlich bin«*, »weil ich von Natur aus pervers bin«, »weil ich mich leicht unterwerfe, unselbständig bin und gehorche«, »weil ich leicht weine und gerührt bin«, *»weil ich ein Verbrecher, Dieb, Brandstifter bin, jemanden ermorden könnte«*, »meine Abstammung, meine Erziehung, die Beschneidung ist schuld«, »weil ich eine lange Nase habe, zu viel, zu wenig behaart bin«, »weil ich ein Krüppel bin«, »weil ich verzärtelt, zurückgesetzt bin«, so und ähnlich lauten die Versuche des Kindes, sich durch den Hinweis auf das *Fatum* – ganz wie in den griechischen Dramen und in der Schicksalstragödie – zu entlasten, sein Selbstgefühl zu retten und die Schuld anderen zuzuschieben. Man begegnet diesen Versuchen in der psychischen Behandlung der Neurose regelmäßig und kann sie immer auf die Relation von Minderwertigkeitsgefühl und dem Ideal zurückführen. Der Wert und die Bedeutung dieser aufgedeckten Gedankengänge, die wie ein Stachel in der Seele des Nervösen sitzen, liegen zudem noch im Gebrauch derselben 1. *zur Aufpeitschung des neurotischen Strebens in der Richtung auf das Ideal* (Typus: *Größenideen)*, 2. *als Zuflucht und Vorwand, wenn einer Entscheidung über das Persönlichkeitsgefühl ausgewichen werden soll* (Typus: *Kleinheitsideen*). Diese zweite Verwendbarkeit und Verwendung tritt bei der Neurose naturgemäß in den Vordergrund, weil das neurotische Ziel mit der Zeit als zu hoch gesteckt erscheint, um auf gerader Linie angestrebt zu werden. Die Möglichkeit einer Plusmacherei liegt aber in der Beimischung von *Aggression, in der Anschuldigung des Schicksals, der Heredität.* Dadurch gewinnt der Nervöse eine dauerhafte Operationsbasis, auf der er in der gleichen feindseligen Absicht gewisse Charakterzüge wie *Trotz, Herrschsucht, nörgelndes Wesen, pedantische Wünsche* entfaltet, vorschiebt und stabilisiert, weil ihm dadurch stets die Beherrschung der Umgebung, des kleineren Familienkreises statt der Welt, meist

unter Berufung auf sein schweres Leiden ermöglicht wird. Alle diese Ressentiments und geschaffenen Bereitschaften, zu denen sich noch festgehaltene, oft erweiterte Kinderfehler und Krankheitssymptome erspähter oder selbstgeschaffener Art gesellen, stehen in innigem Verband, sind voneinander unlösbar und zeigen auch dadurch ihre Abhängigkeit von einem außerhalb ihres Gefüges stehenden Faktor, *von der durch die Sicherungstendenz erschaffenen leitenden Ehrgeiz-Fiktion,* von der Sehnsucht nach Erhöhung des Persönlichkeitsgefühls. In der fiktiven Grundlage derartiger Minderwertigkeitsgefühle, *die immer aus Sicherungsgründen verstärkt gedacht oder empfunden werden, niemals aber unüberwindbar sind,* sehe ich die Hauptchance einer Heilungsmöglichkeit. Dabei spielt die Frage, ob das Gefühl der Minderwertigkeit bewußt oder unbewußt ist, eine untergeordnete Rolle. Zuweilen bringt es der Stolz so weit, »daß das Gedächtnis nachgibt« (*Nietzsche*). Der geschilderte Zusammenhang freilich ist dem Patienten unbekannt. Und darum bleibt er *bis zur Aufdeckung und Richtigstellung des Mechanismus, bis zur Zerstörung seiner Bereitschaften* und seines neurotischen Lebensplanes ein Spielball seiner Empfindungen und Affekte, deren Zusammenspiel noch wesentlich kompliziert wird, weil sich regelmäßig *infolge der bezweckten Aufpeitschung* des neurotischen Strebens jene Bereitschaften und Charakterzüge einmengen, die das Minderwertigkeitsgefühl verneinen, wie *Stolz, Neid, Geiz, Grausamkeit, Mut, Rachsucht, Jähzorn* und andere. Bis sich die *lähmende Rolle des Ehrgeizes* geltend macht, der sich *vor* den Patienten stellt und ihn zurücktreibt.
Die Unterstreichung und der Zwang zur markanten Darstellung der Minderwertigkeit spielt in der Psychologie der Nervösen eine bedeutende Rolle. Der Anschein der Schwäche, des Leidens, der Unfähigkeit und der Unbrauchbarkeit leitet sich vorwiegend aus solchen Darbietungen ab, weil der Nervöse durch diesen Zwangsmechanismus unweigerlich sich so benehmen, derart fühlen muß, *als ob er krank, weiblich, minderwertig, zurückgesetzt, verkürzt, sexuell überreizt, impotent oder pervertiert wäre. Die Vorsicht* im Leben, die diese Regungen stets begleitet, der verstärkte Drang nach oben, die Sucht, den Mann auf diese oder andere Weise zu spielen, allen anderen überlegen zu sein und nur eine fatale Schwierigkeit zur Verschleierung des Minderwertigkeitsgefühls zu benützen, die Sicherheit des Neurotikers, durch solche Arrangements der *Entscheidung und Herabsetzung auf der Hauptlinie* auszuweichen und so eine Verminderung des Persönlichkeitsgefühls zu verhüten, läßt uns den richtigen Sachverhalt erkennen: *die niedrige Selbsteinschätzung ist später selbst nur ein Kunstgriff des Neurotikers, um mit verstärkten Kräften*

die Leitlinie zu gewinnen, die ihn zu einer Erhöhung seines Persönlichkeitsgefühls führt. Handelt er auch unter der Devise: *halb und halb*, indem er bestimmte Kampfpositionen aufgibt und einen Nebenkriegsschauplatz eröffnet, eben das Gebiet der Neurose, so sichert er sich doch dadurch vor einem endgültigen Minderwertigkeitsgefühl und vermag andere besser in seinen Dienst zu stellen.

Daher wird man immer finden, daß der Nervöse – und mit ihm meistens der Arzt und die Umgebung – *daneben schaut*, an der einzig wichtigen Stelle, an seinem ursprünglichen Minderwertigkeitsgefühl vorbeischielt, daß er mit seinen Symptomen derart operiert, als ob ein rein persönliches Leiden vorläge. Nur daß »bei dieser Gelegenheit« das ganze Bezugssystem seines Lebens in Bewegung kommt und seine ehrliche Mitarbeit verhindert.

Durch diese feindselige Stellung zum Leben gelangt der Nervöse regelmäßig in eine *Stimmung der Erwartung*, die von *Kraepelin* richtig erkannt wurde. Sein Blick ist fast ausschließlich auf die eigene Person gerichtet, während er an die andern kaum denkt. Er muß erst mühsam zur Erkenntnis erzogen werden, daß Geben seliger denn Nehmen ist [5].

Der sexuelle Einschlag in der Neurosenpsychologie, der von *Freud* zum Angelpunkt gemacht wurde, erklärt sich so als die Wirkung einer Fiktion. Es gibt kein objektives Maß der »Libido«. Erhöhung und Erniedrigung derselben richten sich stets nach dem fiktiven Endzwecke. Es gelingt jedem Neurotiker leicht, sich eine hohe Sexualspannung durch mehr minder zweckmäßige Arrangements, vor allem *durch Anspannung der entsprechenden Aufmerksamkeitsrichtung* vorzutäuschen, wenn er nach Beweisen hascht, wie sehr die Sexualität seine Sicherheit beeinträchtigt, wie leicht sein Persönlichkeitsgefühl von dieser Seite aus bedroht werden könnte. Die Abschwächungen libidinöser Regungen bis zur psychischen Impotenz sind als bezweckte Aggressionshemmungen zu verstehen, als Störungen natürlicher Bereitschaften, als Konstruktionen eines »Als Ob«, dazu dienlich, sich vor einer Heirat, vor Ablenkungen, vor einer Degradierung dem Partner gegenüber, vor einem Versinken ins Elend oder in Straffälligkeit zu sichern. Verdrängte oder bewußte Perversionsneigungen sind stets als Abbiegungen oder keimende Vorsätze zu solchen zu verstehen, ebenso wie die Pollution und Zwangsmasturbation als *Symbole* eines fiktiven, sichernden Lebensplans. Sie werden durch die leitende Fiktion erzwungen, sobald das Gefühl

5 Seine Lebensfreude ist durch das unausgesetzte »Nehmenwollen« zerstört. Er kommt nie aus der Stimmung der Unzufriedenheit, des Gefühls der Verkürztheit. Anders die Stimmung des Gebenden, der mehr an den andern denkt und über die Ausgeglichenheit des Gemütes verfügt.

der Minderwertigkeit in einer *Furcht vor dem geschlechtlichen Partner*, wie es bei den Anomalien der Sexualität regelmäßig geschieht, zum Ausdruck kommt[6]. Die Fiktion eines Heldentums kann dann auch noch die Perversionsregung ins Unbewußte verlegen oder die Furcht vor dem Partner äußerlich unkenntlich machen oder Feigheit in fruchtlose Aggression oder Arroganz verwandeln, so daß sie nur aus der Situation ersichtlich wird. Sie tut das Erste, indem sie dem Stolz diese Leistung auferlegt, das Letztere dadurch, daß sie aus der Not eine Tugend macht und *den Partner entwertet*. Auch die gelegentlichen Inzestregungen, denen *Freud* eine so überragende Bedeutung für die Entstehung der Neurose und Psychose zuschreibt, entpuppen sich in der Neurosenpsychologie als zweckdienliche, sekundäre Konstruktionen und *Symbole* des Kranken oder des Psychoanalytikers, zu denen die *Kindheitsgeschichte mit ihren Vorbereitungen* das meist harmlose Material abgibt. Die Einsicht in den gelegentlich festgehaltenen »*Ödipuskomplex*« beispielsweise ergibt, daß dieser eine *bildliche, meist asexuell eingekleidete Darstellung* männlichen Kraftbewußtseins, der Überlegenheit über Vater und Mutter gibt, gleichzeitig aber den Anlaß verrät, der zu dieser Demonstration führt: als ob die Mutter die einzige Frau wäre, die man unterwerfen könne, auf die man rechnen könne, oder, als ob das sexuelle Begehren (schon in der Kindheit!) grenzenlos und also gefahrdrohend, immer auch im Kampf gegen Stärkere (Vater, Todesgefahr) durchzusetzen wäre. Wie sich aus dieser Deutung entnehmen läßt, führt uns die Betrachtung der Sexualneurose immer wieder zum Befund einer leitenden Fiktion, die sich sexuell darstellt *oder vom Therapeuten darstellen läßt*, und im Zusammenhang damit zur Aufdeckung einer *nach einem sexuellen Schema arbeitenden Apperzeptionsweise*, der zufolge der Nervöse wie auch der »Normale« oft versuchen, *die Welt und ihre Erscheinungen in einem sexuellen Bild einzufangen und zu verstehen*. Unsere weiteren Untersuchungen lassen erkennen, daß dieses sexuelle Schema, das sich auch in der Sprache, in Sitten und Gebräuchen vielfach durchsetzt, *nur einen Formenwandel des tieferen und weiterreichenden Schemas älterer Abkunft vorstellt, der gegensätzlichen Apperzeptionsweise von »Männlich-Weiblich«, von »Oben-Unten«* [7]. – Auch die später psychisch verankerten Perversionsregungen nehmen ihr Material und ihre Richtung aus

6 Siehe A. Adler, *Das Problem der Homosexualität*, l. c.
7 Siehe den Traum des Hippias, Herodot VI. 107: »er glaubte bei seiner Mutter zu schlafen«. Dies träumte er, als er vorhatte, seine Mutterstadt zu erobern, wie er es schon einmal als Begleiter seines Vaters miterlebt hatte. Also der »Ödipuskomplex« als Symbol des Herrschenwollens. – Auch bei den Römern findet sich der »Beischlaf« als Symbol einer Eroberung, eines Sieges. Vgl. den Doppelsinn von »subigere«.

harmlosen körperlichen Empfindungen und Fehlurteilen der Kindheit, die sie im Bedarfsfalle besonders hoch werten und wegen etwaiger Lustempfindungen *in einem sexuellen Gleichnis* apperzipieren. Dem Psychologen ist es nicht erlaubt, denselben Standpunkt einzunehmen, etwa die gleiche Apperzeptionsweise als endgültig festzuhalten oder reale Sexualkomponenten an Stelle einer Fiktion einzusetzen, wie es der Patient tut. Seine Aufgabe wird vielmehr darin bestehen, diesen Orientierungsversuch des Nervösen als oberflächlich zu entlarven, als fiktiv zu zerstören und das Minderwertigkeitsgefühl abzuschwächen, das krampfhaft nach Richtungslinien treibt, um die *Durchsetzung des männlichen Protestes auf Umwegen* zu erzwingen. *Die Perversion ist immer ein Zeichen, daß ein Mensch der Norm im Bogen ausweicht, aus Furcht, in seiner Eitelkeit verletzt zu werden.* Ähnliche Strukturen findet man bei Masturbationszwang, auffallender Bindung an engere oder weitere Blutsverwandte, bei Paedophilie und Gerontophilie, bei Impotenz, Mangel der Ejakulatio und bei Frigidität, letztere als ein Leiden des Nichtmitgehens.–

Das apperzipierende Gedächtnis, das unser Weltbild so ungeheuer beeinflußt, arbeitet also wie mit einem Schema, *mit einer schematischen Fiktion*, und dieser Fiktion entspricht auch die Auswahl und Modellierung unserer Empfindung, Wahrnehmung und Vorstellung unserer Erfahrung und unseres Gedächtnisses; ebenso auch das Training aller unserer angeborenen Regungen und Fähigkeiten, bis sie in geeignete psychische und technische Fertigkeiten, Automatismen und Bereitschaften umgewandelt sind. Die Arbeitsweise unseres bewußten und unbewußten Gedächtnisses und sein individueller Aufbau gehorchen dem *Persönlichkeitsideal* und seinen Maßen. Von diesem konnten wir zeigen, daß es als leitende Fiktion bestimmt ist, das Lebensproblem zu stellen und anzugeben, sobald das Minderwertigkeits- und Unsicherheitsgefühl zu einer Kompensation drängt. Dieser fixierte Leitpunkt unseres Strebens, *der keinerlei Realität besitzt*, ist für die psychische Entwicklung unbedingt entscheidend, denn er ermöglicht uns, im Chaos der Welt Schritte zu machen, wie das Kind es tut, wenn es gehen lernt und einen Endpunkt fest dabei im Auge behält, ohne ihn erreichen zu müssen. Noch fester faßt der Nervöse seinen Gott, sein Idol, sein Persönlichkeitsideal ins Auge und klammert sich an seine Leitlinie, verliert dabei mit tieferer Absicht die Wirklichkeit aus dem Auge, während der Gesunde stets bereit ist, dieses Hilfsmittel, diese Krücke aufzugeben und unbefangen mit der Realität zu rechnen. Der Neurotiker gleicht in diesem Falle einem Menschen, der zu Gott aufschaut, ihm seine Wege empfiehlt und nun gläubig harrt, wie der Herr es lenken werde; *er ist ans Kreuz seiner Fiktion geschla-*

gen. Auch der Gesunde kann und wird sich seine Gottheit schaffen, sich nach oben gezogen fühlen, wird aber nie die Wirklichkeit aus dem Auge verlieren und mit ihr seine Rechnung machen, sobald es aufs Wirken und Schaffen ankommt. *Der Nervöse steht demnach unter der hypnotischen Wirkung eines fiktiven Lebensplans.*

Daß aber in jedem Falle der außerhalb der Realität gesetzte Punkt des *Persönlichkeitsideals* (ein Ersatz durch das Wort »Ichideal«, wie es Freud versucht, wäre aus mehreren Gründen abzuweisen), wirksam bleibt, geht aus der *Richtung der Aufmerksamkeit, des Interesses, der Tendenz* hervor, die jedesmal die Auswahl nach Gesichtspunkten treffen, die von vornherein gegeben sind. Die Zwecksetzung in unserem psychischen Verhalten und die von ihr geschaffenen Bereitschaften machen es aus, daß Handlungen eingeleitet und in einer bestimmten Distanz abgebrochen werden, daß, wie *Ziehen* hervorhebt, willkürliche wie unwillkürliche Impulse stets nur auf die Erreichung eines bestimmten Effektes gehen, daß wir, wie auch nach *Pawlows* Darlegung, eine durchwegs intelligente Funktion der Organe annehmen müssen. Alle diese Erscheinungen sind von derart zwingendem Eindruck, daß seit jeher Philosophen und Psychologen *als ein Prinzip der Teleologie erfaßten, was ein berechneter Versuch zur Orientierung nach einem als fix angenommenen Punkt war.*

Die Hilfsvorstellung der *natürlichen Auslese* ist ohnmächtig, alle diese bei jeder Gelegenheit neu und anders beanspruchten Folgen zu erklären. Unsere Erfahrung gebietet unweigerlich, alle diese Erscheinungen abhängig zu machen von einer unbewußt wirkenden Fiktion, als deren schwächliche, bewußte Ausstrahlung wir konkrete Endzwecke finden, nach denen sich letzter Linie die Auffassung unseres Erlebens und unser Handeln richten.

Es ist leichter, die Details dieser leitenden Fiktion nachzuweisen, als die Fiktion, den fiktiven Endzweck selbst zu benennen. Die bisherige psychologische Forschung hat verschiedene solcher Endzwecke namhaft gemacht. Für unsere Betrachtung genügt die kritische Behandlung zweier derselben. Die meisten Autoren entschieden sich dahin, alle menschlichen Handlungen und Willensregungen als *von Lust- oder Unlustgefühlen aus* beherrscht anzunehmen. Eine oberflächliche Betrachtung scheint ihnen auch recht zu geben, denn in der Tat ist die menschliche Psyche zum Aufsuchen der Lust, zur Vermeidung der Unlust geneigt. Aber der Boden dieser Theorie schwankt. *Es gibt kein Maß für das lustvolle Empfinden, ja nicht einmal für das Empfinden schlechtweg.* Es gibt ferner keine Wahrnehmung, keine Handlung, die nicht nach Zeit und Ort verschieden, bei dem einen lustvoll, beim anderen Unlust erregend wirken könnte. Und selbst die primitiven Empfindungen der Organbefriedigung erweisen sich als abgestuft und abstufbar je nach dem Sättigungsgrad und im Zusammenhang mit kulturellen Leitlinien, so daß nur große Entbehrungen es vermögen, die Befriedigung zum Zielpunkt zu machen. Ist diese dann eingetreten – sollte wirklich die Psyche dann ihre Richtlinie verlieren? Die Nötigung der Psyche, Orientierung und Sicherheit zu gewinnen, erfordert für den Ausbau und für die Leistungen einen festeren Standpunkt als das schwankende Prinzip der Lusterfahrung und einen stärker fixierten Blickpunkt als das Ziel der Lustgewinnung. Die Unmöglichkeit, sich daran zu orientieren und sein Handeln danach einzurichten, zwingt auch das Kind, derartige Versuche aufzugeben. Endlich ist es ein Mißbrauch einer Abstraktion, wenn aus den verschiedenartig zusammengesetzten psychischen Bewegungen mittelst einer Petitio principii als leitendes Motiv die Suche nach Lust herausgeholt wird, während man vorher schon jede Regung als lustsuchend – libidinös erklärt hat. *Schillers* Scharfblick, der sich an *Kant* geschult hatte, sah viel weiter, als er der »Philosophie« für die Zukunft wenigstens die Lenkung des irdischen Geschehens einräumte, sie derweilen freilich noch von »Hunger und Liebe« abhängig glaubte. Die Lenkung aber, wie *Freud* es tut, der Sexualität, oder was bei ihm dasselbe ist oder war, der Libido, verallgemeinernd der Liebe zuzuschreiben, ist eine Vergewaltigung des logischen Denkens, selbst eine Fiktion schlechter Art, die als Dogma genommen zu großen Widersprüchen und Begriffsverstümmelungen führen mußte, weil sie mit der Wirklichkeit allzusehr kontrastierte. Schließlich ist der Begriff »Liebe« heute noch zu wenig differenziert. Er wird für verschiedene Regungen des Gemeinschaftsgefühls gebraucht, die wesentlich voneinander verschieden sind. Aber es mischen sich ihm leicht bei unkritischem Gebrauch Obertöne bei, die einen ausschließlichen Zusammenhang mit der Sexualität vortäuschen. Aus dieser *sprachlichen Ungenauigkeit* (Elternliebe, Kinderliebe, Gattenliebe, Eigenliebe, Vaterlandsliebe usw.) entstand die irrtümliche Anschauung *Freuds*. Er fand in allen Beziehungen wieder, was er schon vorher unbewußt an erotischen Obertönen in den Begriff »Liebe« (»Libido«) hineingesteckt hatte.

Schwerer erscheint die Depossedierung des Primats des »*Selbsterhaltungstriebs*«, zumal dieses Prinzip von der einen Seite mit ergänzenden teleologischen Hilfskonstruktionen, von der anderen Seite mit der Wucht der *Darwin*schen Selektionslehre biologisch ausgestattet ist. Aber wir können jeden Augenblick wahrnehmen, daß wir Handlungen begehen, die sowohl das Prinzip der Selbsterhaltung als der Erhaltung der Gattung verletzen, ja daß uns eine gewisse Willkür gestattet, ebenso wie bezüglich der Lust, auch bezüglich der Selbsterhaltung unsere Wertung nach oben oder nach unten zu verschieben, daß wir auch oft auf Selbsterhaltung ganz oder teilweise verzichten und bis zum *Todeswunsch* gelangen, sobald Lust oder Unlust ins Spiel kommt, daß wir andererseits die Lustgewinnung häufig aufgeben, sobald unserem Selbst oder unserem Selbstgefühl eine Schädigung droht. In welcher Weise ordnen sich diese beiden, sicherlich wirksamen Anreize der Hauptleitlinie unter, die zur Erhöhung des Persönlichkeitsgefühls antreibt? Die zwei verschiedenen Anschauungen entsprechen zwei Typen von Menschen, denen sich noch andere anreihen lassen, deren einer in seinem Persönlichkeitsgefühl des Beitrages der Lust am wenigsten entraten kann, während der andere einen Einschlag des Lebensgefühls, des Unsterblichkeitsgedankens in erster Linie fordert. Daraus entstehen *modifizierte Apperzeptionsweisen, die ein gegensätzliches Denken im Sinne von »Lust–Unlust«, von »Leben–Tod« bedingen.* Die einen können die Lust nicht, die andern das Leben nicht entwerten. Im Gedanken der Zeugung, die wieder gegensätzlich nach dem Schema *»Männlich-Weiblich«* gedacht wird, nähern sich die beiden Typen und suchen ihren Ausdruck in der Richtung des »männlichen Protests«. Soweit nervöse Menschen dabei in Betracht kommen, hat der eine Typus die Unlustgefühle seiner Organminderwertigkeit zu kompensieren gesucht, der andere ist in der Furcht vor dem Tode, vor frühem Sterben aufgewachsen. Ihre Anschauung der Welt liefert ihnen nur Bruchstücke, ihre Seele ist partiell farbenblind, dabei aber oft scharfsichtiger, wie die Daltonisten in ihrem Farbenverständnis.

Wir schließen diese kritische Betrachtung mit dem Hinweis auf den unbedingten *Primat des Willens zur Macht,* einer leitenden Fiktion, die um so heftiger einsetzt und um so frühzeitiger, oft überstürzt ausgebildet wird, je schärfer das Minderwertigkeitsgefühl des organisch minderwertigen Kindes in den Vordergrund tritt. Das Persönlichkeitsideal ist als Richtungspunkt von der Sicherungstendenz geschaffen und trägt alle Leistungen und Gaben fiktiv in sich, um die sich das disponierte Kind verkürzt *glaubt.* Diese der Norm gegenüber verstärkte Fiktion regelt das Gedächtnis sowie Charakterzüge und Bereitschaften in ihrem Sinne. Die neurotische Apperzeption erfolgt nach einem bildlichen, mit starken Gegensätzen arbeitenden Schema, die Gruppierung der Eindrücke und Empfindungen geschieht mit entsprechend gefälschten und erdichteten Werten, das Streben geht immer nach einer idealen Parität.

Es liegt in dem Wesen der neurotischen Fiktion, des gesteigerten *Persönlichkeitsideals,* daß man sie bald als »abstrakten

Mechanismus«, bald als »konkretes Bild«, als Phantasie, als Idee zu Gesichte bekommt. Man darf im ersteren Falle das Symbolische der Darstellung und ihren Zusammenhang mit kompensierten Minderwertigkeitsgefühlen nicht übersehen, und man muß im zweiten Falle den maßgebenden Anteil der psychischen Dynamik, die nach »oben« drängt, vor allem erfassen. *So lange in der Analyse einer psychogenen Erkrankung dieser leitende Zug nach »oben« nicht zur Ansicht kommt, ist uns das Wesen der Krankheit noch unklar; denn so wertvoll auch die Einblicke* der Psychotherapeuten geworden sind, ohne die Beziehung der sekundären Leitlinien der Lustgewinnung, der Selbsterhaltung, der Affektivität (*Bleuler*) und derer, die sonst aus der Organminderwertigkeit (*Adler*) erwachsen, *auf das Persönlichkeitsideal* ist unsere Einsicht unvollkommen, »fehlt leider nur das geistige Band«.

Es ist auch nicht verwunderlich, daß dem leitenden Persönlichkeitsideal in verschiedenen Fällen verschiedene, meist mehrere dieser Einschläge zugleich zukommen, da sich diese aus verschiedenen, gewöhnlich mehrfachen Organminderwertigkeiten ableiten. Ein vorläufiges, sicherlich unvollkommenes Schema, dem die Korrekturen des Gemeinschaftsgefühls noch fehlen, das der abstrakteren Psyche der Nervösen mehr entspricht als dem Aufbau der gesunden Seele, wäre folgendes:

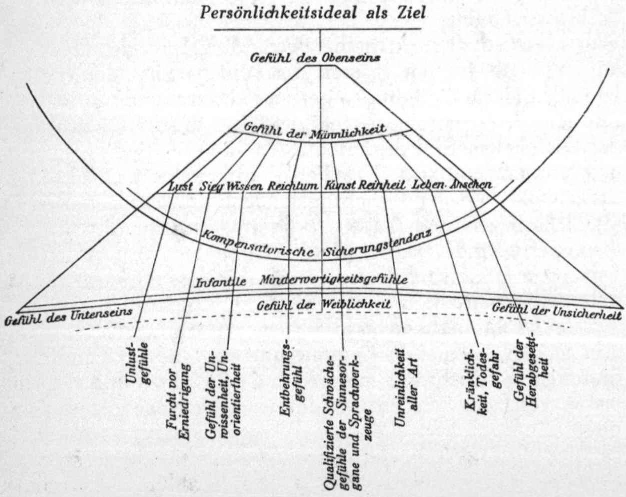

In diesem Schema müssen die mannigfachsten Verbindungen gedacht werden, wenn es seinem Zweck entsprechen soll, als ein zur oberflächlichen Orientierung beigebrachtes Abbild zu gelten. Wir wollen anstatt dieser Verbindungen und vielfacher Eintragungen einige markante Phänomene und ihre Verschleierung durch das Gemeinschaftsgefühl besprechen, die für das Verständnis der Neurose und des neurotischen Charakters wichtig erscheinen.

Jede der abstrakten Leitlinien der Neurose und der ihnen zugrunde liegende psychische Mechanismus kann dem Bewußtsein in einem Erinnerungsbild zugänglich sein oder zugänglich gemacht werden. Dieses Bild kann aus dem Rest eines kindlichen Erlebnisses stammen, ober es ist ein Produkt der *Phantasie, einer Erscheinungsform der Sicherungstendenz.* Es kann ein *Symbol,* gleichsam eine Etikette für eine Reaktionsweise vorstellen und wird zuweilen in einer späteren Zeit erst gebildet oder umgebildet, oft wenn die Neurose bereits entwickelt ist. Offenbar der Effekt einer Art von Denkökonomie, nach dem Prinzip des geringsten Kraftausmaßes (*Avenarius*) gefertigt, *ist es nie als Inhalt bedeutsam,* sondern bloß als abstraktes Schema oder als Rest eines psychischen Geschehens, in dem sich ein Schicksal des Willens zur Macht einstmals erfüllte. *Nie ist diese schematische Fiktion, mag sie sich noch so konkret gebärden, anders als allegorisch aufzufassen.* In ihr spiegelt sich ein realer Bestandteil der Erlebnisse *samt einer »Moral«,* und beide werden behufs Sicherheit des Handelns von der Erinnerung festgehalten, sei es als Memento, um die Leitlinie besser zu halten, sei es als *Vorurteil,* um nicht von ihr abzuweichen, oder weil sie am Wege lagen. *Keines dieser Erinnerungsbilder, Kinderphantasien, hat je pathogen gewirkt,* als psychisches Trauma etwa, sondern erst wenn die Neurose entsteht, wenn das Gefühl starker Herabsetzung des Persönlichkeitsgefühls zum männlichen Protest führt und damit *zum engeren Anschluß an die längst gebildeten kompensatorischen Leitlinien,* die sich schon in dieser Erinnerung zeigen, werden die geeigneten Erinnerungsbilder aus längst vergangenem Material hervorgeholt und kommen wegen ihrer Verwendbarkeit, das neurotische Verhalten teils zu ermöglichen, teils zu interpretieren, also wegen ihrer Verwandtschaft, zur Geltung. Hierher gehören vor allem Schmerz-, Angst- und Affektbereitschaften, denen derartige Erinnerungen zugrunde liegen, *die sich halluzinatorisch erfüllen können* und optischen wie akustischen Halluzinationen gleichzusetzen sind. Begreiflicherweise werden es meist typische Erinnerungen sein, die der Leitlinie möglichst verwandt und nahegerückt sind, weil sie für den an der Leitlinie haftenden Neurotiker die kleinen und großen Umwege repräsentieren oder anregen, die er einzuschlagen hat, um sein Persönlichkeitsgefühl höher zu bringen[8]. *Die neurotische Psyche charakterisiert sich bloß durch stärkeres Haften an der Leitlinie, durch stärkere Einfühlung in dieselbe.* Die Widersprüche mit der Realität erst, die daraus erwachsenden Konflikte und die Nötigung, *soziale* Geltung und Macht zu erlangen, fördern die Symptome zutage. Noch deutlicher wird dies *in der Psychose, wo die Leitlinie haarscharf hervortritt,* und wo nur, sozusagen *zum Beweise der eigenen Unfähigkeit,* Umdeutungen der Wirklichkeit vorgenommen werden und Demonstrationen erfolgen. In beiden Fällen benimmt sich der Kranke so, als ob er den Endzweck stets vor Augen hätte. Im Falle der Neurose übertreibt und bekämpft er die realen Hindernisse der Erhöhung seines Persönlichkeitsgefühls oder *umgeht sie unter Schaffung von Vorwänden.* Der fest an seine Idee (fixe Idee) geheftete Psychotiker versucht zugunsten seines irrealen Standpunktes die Wirklichkeit zu verändern oder zu übersehen. Der um die Aufdeckung der Symbolik in der Neurose und Psychose hochverdiente Forscher *Freud* hat auf die Fülle der Symbole aufmerksam gemacht. Leider ist er bloß bis zur Aufdeckung der in ihnen vorhandenen oder möglichen Sexualformel gelangt oder bis zu deren Insinuation und hat ihre wichtigere Auflösung in das dynamische Geschehen des männlichen Protestes, der Sucht nach oben, nicht verfolgt. So kam es, daß sich für ihn der Sinn der Neurose in der Verwandlung libidinöser Regungen erschöpfte, während in Wirklichkeit der Schein oder der Zwang der Erhöhung des Persönlichkeitsgefühls hinter der Symbolik zu finden ist.

Wir haben das leitende Persönlichkeitsideal als Fiktion beschrieben, somit ihren Realitätswert geleugnet, müssen aber dennoch behaupten, daß es, obwohl unreal, dennoch für den Prozeß des Lebens und der psychischen Entwicklung von größter Bedeutung ist. Über diesen scheinbaren Widerspruch hat sich *Vaihinger* in seiner »Philosophie des Als-Ob« in glänzendster Weise auseinandergesetzt und hat die Fiktion als Widerspruch gegen die Realität, aber als unentbehrlich in der Entwicklung der Wissenschaften erkannt. In der Neurosenpsychologie habe ich zuerst auf diesen sonderbaren Zusammenhang hingewiesen und wurde durch *Vaihingers* Arbeit namhaft gefördert und in meiner Auffassung gestärkt. So bin ich derzeit imstande, von der Fiktion des Persönlichkeitsgefühles noch einiges hervorzuheben, was ihr Wesen und ihre Bedeutung ebenso wie ihre Erscheinungsform in der Psyche in helleres Licht rückt. *Vor allem ist sie Abstraktion und muß*

8 Die Individualpsychologie legt deshalb großen Wert auf das Verständnis ältester Kindheitserinnerungen und hat nachgewiesen, daß sie verräterische Zeichen aus der Zeit des Aufbaus des Lebenstils vorstellen.

an sich schon als Andeutung einer Antizipation gelten. Sie ist sozusagen der Marschallstab im Tornister des kleinen Soldaten [9] und somit eine Abschlagszahlung, welche durch das primitive Gefühl der Unsicherheit erfordert wird. Die Bildung der Fiktion erfolgt unter Beseitigung störender Minderwertigkeiten und hemmender Realitäten in der Idee, wie es jedesmal geschieht, wenn die Psyche in ihrer Bedrängnis einen Ausweg und Sicherheit sucht. Die peinlich empfundene Unsicherheit wird auf ihr kleinstes, aber ursächlich scheinendes Maß reduziert und dieses in sein krasses Gegenteil, in seinen Gegensatz verkehrt, das als fiktives Ziel zum Leitpunkt aller Wünsche, Phantasien und Bestrebungen gemacht wird. Dann muß dieses Ziel der Anschaulichkeit halber konkretisiert werden. Die reale Entbehrung, etwa Nahrungseinschränkung in der Kindheit, wird als abstraktes »Nichts«, als Mangel empfunden, dem gegenüber das Kind nach »Allem«, nach Überfluß verlangt, bis es sich dieses Ziel in der Person des Vaters, in der Gestalt eines sagenhaften Reichen, eines mächtigen Kaisers begrifflich näher bringt. Je intensiver und länger der Mangel empfunden wurde, desto stärker und höher wird das fiktive, abstrakte Ideal eingesetzt, und von ihm aus beginnt die Formung und Gliederung der gegebenen psychischen Kräfte zu vorbereitenden Stellungen, Bereitschaften und Charakterzügen. Die Person trägt dann die durch ihr fiktives Ziel geforderten Charakterzüge, so wie die Charaktermaske – persona – des antiken Schauspielers zum Finale der Tragödie passen mußte. – Regt sich bei einem Knaben der Zweifel an seiner Männlichkeit, wie jedes konstitutionell minderwertige Kind sich den Mädchen verwandt fühlt, so wählt er sein Ziel in einer Art, die ihm die Herrschaft über alle Frauen (meist auch über alle Männer) verspricht. Dadurch wird frühzeitig seine Haltung zu den Frauen bestimmt. Er wird stets Neigung zeigen, seine Überlegenheit über die Frau durchzusetzen, wird das weibliche Geschlecht entwerten und erniedrigen, wird – bildlich gesprochen – die Hand auf die Mutter legen, was sich bei neurotisch disponierten Kindern oft auch in einer Geste oder in ihrer psychischen Attitude zeigt, und wird in spielerischer Weise von der Mutter das Abbild nehmen, um sich diesem gegenüber in die männliche Rolle einzufühlen. *Es ist schon ein neurotischer Zug,* wenn derartige kindliche Bereitschaftsstellungen erstarren, wenn ein pedantisches, prinzipielles Verhalten deutlich wird, und wenn die gereizte Herrschsucht des

9 Für Psychologen von scharfer Witterung merke ich hier an, daß die Häufung von Vergleichen, die aus dem Militärleben genommen sind, von mir mit bewußter Absicht vorgenommen wurde. Bei der Heereserziehung ist Ausgangspunkt und fiktiver Zweck nur näher zusammengerückt, leichter zu überschauen, und jede Bewegung des übenden Soldaten wird zur Bereitschaft, um ein primäres Schwächegefühl in das Gefühl der Überlegenheit umzuwandeln.

Kindes nach ähnlichem Entgegenkommen sucht, nach der gleichen Sicherheit seines Persönlichkeitsgefühls, die es bei der Mutter gefunden hat. Nur von dieser neurotischen Starre des Unsicheren gilt *Nietzsches* Behauptung, daß »jedermann ein Bildnis des Weibes von der Mutter her in sich trägt, von dem er bestimmt wird, die Frau überhaupt zu verehren oder sie gering zu schätzen oder gegen sie im allgemeinen gleichgültig zu sein«. Doch müssen wir zugeben, daß dieser Typus in der Mehrheit ist. Unter ihnen sind viele, *die sogar von der Mutter* verschmäht wurden, seither jeder Frau gegenüber die gleiche Herabsetzung befürchten oder ein *Übermaß von Hingabe* verlangen. Was *Freud* als »Inzestkomplex« zusammenträgt, ist Kunstprodukt. Das Auftreten wirklicher inzestuöser Regungen hängt mit neurotischer Gesellschaftsscheu zusammen, ist ein äußerster Versuch, die menschliche Gesellschaft zu sprengen, die um ihrer selbst willen auf Inzest den Bann gelegt hat, ebenso wie auf Masturbation.
Es gibt im Leben und in der Entwicklung des Menschen nichts, was mit solcher Heimlichkeit ins Werk gesetzt wird wie die Errichtung des Persönlichkeitsideals. Wenn wir nach der Ursache dieser Heimlichkeit fragen, so scheint der wichtigste Grund in dem kämpferischen, um nicht zu sagen feindseligen Charakter dieser Fiktion gelegen zu sein. Unter fortwährendem Abmessen und Abwägen der Vorzüge anderer ist sie entstanden und muß demnach – nach dem ihr zugrunde liegenden Prinzip des Gegensatzes – den Nachteil der anderen bezwecken. Die psychologische Analyse des Nervösen ergibt stets die Anwesenheit der *Entwertungstendenz*, die sich summarisch gegen alle richtet. Die kämpferischen Neigungen [10] treten in der Habsucht, im Neid, in der Sehnsucht nach Überlegenheit regelmäßig hervor. Aber die Fiktion der Überwältigung anderer kann nur benützt werden, in Rechnung kommen, wenn sie die Anknüpfung von Beziehungen nicht von vorneherein stört. Und so muß sie frühzeitig unkenntlich gemacht werden, sich maskieren, da sie sich sonst selbst aufhebt. Diese Verschleierung geschieht durch Aufstellung einer Gegenfiktion, die vor allem das sichtbare Handeln leitet, unter deren Gewicht aber die Annäherung an die Realität und die Anerkennung ihrer wirksamen Kräfte vollzogen wird. Diese Gegenfiktion, *stets gegenwärtige korrigierende Instanzen des Gemeinschaftsgefühls*, bewerkstelligt den Formenwandel der leitenden Fiktion, indem sie ihr Rücksichten aufzwingt, soziale, ethische Zukunftsforderungen mit ihrem realen Gewicht in Anschlag bringt und so die *Vernünftigkeit, das heißt: Allgemeingültig-*

10 Siehe ›Der Aggressionstrieb im Leben und in der Neurose‹. In: *Heilen und Bilden*, l. c.

keit des Denkens und Handelns sichert. Sie ist ein Sicherungskoeffizient der Leitlinie zur Macht, und die Harmonie beider Fiktionen, ihre gegenseitige Verträglichkeit, sind das Zeichen psychischer Gesundheit. In der Gegenfiktion sind die Erfahrungen und Belehrungen, die sozialen und kulturellen Formeln, die Traditionen der Gesellschaft wirksam. In Zeiten der Gehobenheit, der Sicherheit, der Norm, des Friedens ist sie die formgebende Kraft, die eine Sperrung der Kampf- und Affektbereitschaft bewirkt und eine Angleichung der Charakterzüge an das Milieu. Steigt die Unsicherheit, und taucht das Gefühl der Minderwertigkeit auf, dann wird unter steigender Abstraktion von der Realität diese Gegenfiktion entwertet, die Bereitschaften werden mobilisiert, der nervöse, prinzipielle Charakter tritt hervor und mit ihm das übertriebene gesteigerte Persönlichkeitsgefühl. Es gehört mit zu den Triumphen des menschlichen Witzes, in Anpassung an die Gegenfiktion des Gemeinschaftsgefühls der leitenden Machtidee zum Durchbruch zu verhelfen, durch Bescheidenheit zu glänzen, durch Demut und Unterwerfung zu siegen, durch die eigene Tugend andere zu demütigen, durch eigene Passivität andere anzugreifen, durch eigenes Leid anderen Schmerzen zuzufügen, mit weiblichen Mitteln ein männliches Ziel zu verfolgen, sich klein zu machen, um groß zu erscheinen, unter Berufung auf das Gemeinschaftsgefühl den eigenen Vorteil zu sichern. – Solcher Art aber sind die Kunstgriffe der Neurotiker.

Über die Bedeutung der *ursprünglichsten Wahrnehmung und Empfindung der Minderwertigkeit und Unsicherheit als einer Abstraktion* brauche ich keine Worte zu verlieren. Ebenso abstrakt ist die Setzung eines fiktiven Leitpunktes und des nun zwischen diesen zwei Punkten ausgesponnenen *Lebensplanes.* Wir haben bezüglich der nervösen Psyche öfters hervorgehoben, daß die größere Unsicherheit allein dazu zwingt, den Zielpunkt noch mehr der Realität zu entziehen, ihn höher anzubringen, stärkere Beweise der Voll- und Überwertigkeit zu fordern. Dazu kommt noch, daß die minderwertigen Sinnesorgane qualitativ und quantitativ veränderte Empfindungen, die ausführenden Erfolgsorgane veränderte Technizismen, meist im Sinne einer Einschränkung aufweisen, so daß sich die Selbsteinschätzung, das ideelle Leitbild, das Weltbild und der Lebensplan gegenüber der Norm in der Richtung vermehrter Abstraktion, vermehrten Verzichts auf Identität mit der Realität gestalten müssen. Dabei kann die Kompensation und Überkompensation freilich das Weltbild gelegentlich der Wirklichkeitslinie näher bringen, wie bei den großen Leistungen der künstlerischen Psyche [11]. Das überspannte Persönlich-

11 Siehe Robert Freschl, ›Zur Psychologie des Künstlers‹. In: *Der Friede.* Wien 1918.

keitsideal aber, das in starker Fixierung, in *die Nähe einer Gottähnlichkeit gerückt*, dem Wesen und Verhalten der Neurotiker und Psychotiker so oft einen leicht oder ausgesprochen hypomanischen Zug verleiht, wenn nicht die Vorbereitung dazu, die Kleinheits-, die Verfolgungsideen noch den Ausschlag geben, verursacht durch eine Art innerer Gewißheit, ohne welche die Aufstellung des Zielpunktes unmöglich wäre, ein *Prädestinationsgefühl*. In den Phasen größerer Unsicherheit wird dieses namhaft verstärkt, und seine Bedeutung als Antizipation der leitenden Fiktion, als Abschlagszahlung, tritt deutlich hervor.

Den wertvollen Anteil dieser Kompensations- und Sicherungsleistung schildert *Gustav Freytag* in den »Erinnerungen aus meinem Leben« folgendermaßen:

»Aber auch die Treffer an der Scheibe wurden mir nicht leicht. Denn zu *Oels* hatte ich beim Unterricht bemerkt, daß ich sehr kurzsichtig war. Als ich das in den Ferien dem Vater klagte, riet er mir, mich doch ohne Brille durch die Welt zu schlagen, und erzählte mir von der Hilflosigkeit eines Theologen, der ihn einst am Morgen aus dem Bette angefleht hatte, ihm seine Brille zu suchen, damit er die Beinkleider finden könne. – Dem Rat blieb ich folgsam, ich habe nur im Theater und vor Bildern die Gläser gebraucht. Die Beschwerden, welche dieser Mangel in Gesellschaft bereitete, suchte ich zu überwinden und ging arglos an manchem vorüber, was einen schärferen Beobachter beunruhigen konnte. – Die Freude an Blütenpracht und dem Schmuck der Kleider, an merkwürdigen Gesichtern und Frauenschönheit, den strahlenden Blick, den holden Gruß aus der Ferne mußte ich oft entbehren, während andere sich daran freuten. *Aber da die Seele sich behend in Mängel der Sinne einrichtet*, so entwickelte sich schon früh in mir ein gutes Verständnis solcher Lebensäußerungen, die in meine Sehweite kamen, und ein schnelles *Ahnen von Vielem*[12], was mir nicht deutlich wurde; die geringere Zahl der Anschauungen gestattete, die empfangenen ruhiger und vielleicht inniger zu verarbeiten. Jedenfalls war der Verlust größer als der Gewinn. Darin aber hatte der Vater recht, meine Augen bewahrten durch das ganze Leben unverändert den scharfen Blick in der Nähe.«

Denkt man sich die Entwicklung einer derartigen visuellen Phantasie, die immerhin schon bedeutend von der Wirklichkeit abstrahiert, unter dem Druck der Sicherungstendenz aufgestachelt, so ergibt sich zum gleichen Zweck der Sicherung wie im obigen Beispiel die Ausbildung einer *visuell-halluzinatorischen Fähigkeit*, die sich, wenn es sich um die Aufstel-

12 Ist dies nicht einer der Wege zum Künstlertum?

lung eines sichernden Mementos oder eines beruhigenden Selbstzuspruchs handelt, auch außerhalb des Traumzustandes geltend machen kann. Die Abstraktion, aber auch die Antizipation ist dann noch weiter vorgeschritten und kann bei »Telepathen«, Spiritisten oder Kassandranaturen zu den bekannten auffallenden pathologischen Äußerungen führen. Einen ungeheuren Ansporn zu diesem Hinausgreifen über die den Menschen gesteckten Grenzen bietet, wie immer, das peinigende Minderwertigkeitsgefühl, das, auf die Schwäche bezogen, den anderen die größere Fähigkeit des Sehens bis zu dem Grade zumutet, als ob diese etwa Verborgenes sehen, das Innere erforschen könnten. Die Sicherungstendenz des Kindes mit seinen Heimlichkeiten kann frühzeitig gerade diesen Punkt zur eigenen Sicherung aufgreifen und unter der fiktiven Annahme handeln, als ob andere ihm »bis ins Herz« sehen, seine innersten Gedanken erraten könnten, eine Annahme, die als Kunstgriff in der Neurose und Psychose öfters auftritt und gerade so viel wert ist, als etwa vergröberte Schuldgefühle und eine neurotische Gewissenhaftigkeit, dazu bestimmt, einer drohenden Herabsetzung des Persönlichkeitsgefühls, der Schande, der Strafe, dem Spotte[13], der Erniedrigung, der weiblichen Rolle vorzubeugen, und dies so weit, daß dabei alle Aktionstätigkeit verlorengehen kann.
Die stärkere Fähigkeit des Nervösen zur Abstraktion, Einfühlung und Antizipation liegt nicht bloß seinem halluzinatorischen Charakter, seiner Symptombildung, seinen Phantasien und seinen Träumen zugrunde, sondern auch den scheinbaren Überspannungen von Organfunktionen, die er durch tendenziöse Überwertung zu Kampfbereitschaften ausgestaltet. Auch gewinnt die Neurose Raum durch abstrakteres Voraussehen und Vorausdenken, formt aus ihnen die regelmäßig vorzufindende neurotische Vorsicht, mittelst deren der Patient prinzipiell und in scharf gegensätzlicher Gruppierung nach dem Schema: »Triumph-Niederlage« alle Möglichkeiten des Erlebens dauernd in Evidenz hält. Oder er setzt durch Steigerung seiner Organempfindlichkeiten, einer Vorstufe der Halluzinationen, durch Empfindlichkeit gegen Gerüche, Geräusche, Berührungen, Temperaturen, durch Geschmacks- und Schmerzempfindlichkeit, durch Ekel seine Umgebung in Bann und bringt stets auch seine Unternehmungen dadurch in Einklang mit seiner fiktiven männlichen Leitlinie, *daß er mit anderem Maß gemessen sein will.* Torheiten und Aberglauben, arrangierte Überzeugungen von einem unheilvollen Fatum, der festwurzelnde Glaube an das eigene Pech dienen der gleichen

13 Siehe ›Über neurotische Disposition‹ und ›Die Lehre von der Organminderwertigkeit in der Philosophie und Psychologie‹. In: *Heilen und Bilden,* l. c.

Sicherungstendenz, die sich den Beweis konstruiert, daß die Persönlichkeit unverantwortlich und daß Vorsicht nötig sei. In derselben Richtung wirkt *die halluzinatorische Erweckung der Angst*, von der der Nervöse einen ausgiebigen Gebrauch als Waffe und Sicherung macht.

Daß die Charakterzüge ebenso wie die Affektbereitschaften im Dienste der leitenden Fiktion stehen, dafür sucht dieses Buch in weitestem Ausmaße Beweise zu erbringen. Die steil aufwärts führende Leitlinie des Nervösen erzwingt eben besondere Mittel und Lebensformen, die unter dem wenig einheitlichen Begriff des neurotischen Symptoms zusammengefaßt werden. Bald finden wir unter ihnen Sicherungen an entfernten Orten, *die das neurotische Bezugssystem exakt in Bewegung setzen*, unverständliche Sperrvorrichtungen und Deckungsgefechte, die den zentralen Impuls, den Willen zur Macht siegreich gestalten, dann wieder sind es – oft schwer verständliche – Umwege, Schleichwegen vergleichbar, um die Leitlinie nicht zu verlieren, wenn der gradlinige Weg zum männlichen Triumph verlegt scheint. Oft findet man einen Wechsel von nervösen Erscheinungen, die einem Ausproben gleichen, bis das schwerere Symptom den Einklang mit der leitenden Idee verbürgt. Auch diese Erscheinungen und ihre Psychogenese glaube ich in vorliegender Arbeit im Zusammenhange und in genügender Breite dargestellt zu haben. Sie fußen allesamt auf lange geübten und vorbereiteten Fähigkeiten, deren Überwertigkeit durch das Mittel der neurotischen Apperzeption gestützt wird und in ihrer Eignung für den Kampf um das ideelle Persönlichkeitsgefühl begründet ist. Die Vorbereitungen selbst fallen in den Beginn der Neurose, begleiten den Aufbau der Persönlichkeitsidee und passen sich ihr an. Sie lassen sich am klarsten in den aufbewahrten Kindheitserinnerungen, in den oft wiederkehrenden Träumen, in der Mimik und im Habitus, im Spiel der Kinder und in ihren Phantasien über künftige Berufe, über die Zukunft erkennen.

Es liegt im Wesen einer hochangesetzten Leitidee, daß sie ihren Träger, den Nervösen, der Wirklichkeit entfremdet. Nicht selten macht sich dieser Zustand in einem »Fremdheitsgefühl« geltend, das aber wieder überwertet und tendenziös verwendet wird, um in einer unsicheren Situation einen vorsichtigen Rückzug zu empfehlen. Diesem »Zurück!« scheinbar entgegengesetzt, tritt zuweilen das unberechtigte Gefühl der Vertrautheit mit einer Situation, das Gefühl des *»déjà vu«* hervor, oft um im Bilde einer versteckten Analogie zu warnen oder zu ermutigen [14]. Bei neurotischen Schülern habe ich zuweilen be-

14 Fremdheitsgefühl und Gefühl der Vertrautheit in der Neurose sind analog den Spiegelungen der Warnung und des Zuspruchs einer inneren Stimme im Traum, in der Halluzination und in der Psychose. Ersteres weist demonstrativ

obachten können, wie sie sich unter dem Gefühl ihrer Prädestination in einer gänzlich unbekannten Frage zu Worte meldeten und völlig versagten. Solche Erlebnisse können dem Neurotiker sein etwa auftauchendes, unterstrichenes Gefühl der »Vertrautheit« als höchst suspekt, wie wenn ihm dauernd ein saurer Nachgeschmack verblieben wäre, empfinden lassen. Die Sicherung durch die übertriebene Persönlichkeitsidee und das Haften an ihr bedingen oft auch das Gefühl oder sogar die Tatsache einer gewissen Weltfremdheit, die freilich meist tendenziös übertrieben wird. Furcht vor allem Neuen, Schwerbeweglichkeit, Ungeschicklichkeit, Schüchternheit und Verschlossenheit begleiten den der Wirklichkeit und der Gesellschaft abholden Neurotiker und zeigen immer sein Bestreben, die Realität umzudeuten, umzudichten, umzukonstruieren und als feindselig und nichtig zu empfinden, zeigen zugleich den Mangel seines Gemeinschaftsgefühls. Auch dieser Mangel sucht seine Kompensation und findet sie in leichteren Fällen in der zur Realität leitenden *Gegenfiktion,* die wieder in abstrakter, meist aufdringlicher Form *die Bedeutung der Realität zu überschätzen sucht,* um aus übertriebener Furcht vor dem Irrtum und vor Niederlagen für alle Fälle Bereitschaften herzustellen. Das Schwanken zwischen Ideal und Wirklichkeit kommt in der neurotischen Psyche übertrieben zum Ausdruck, wobei die *Zweifelsucht als Paradigma einer Bremsvorrichtung* das Suchen nach der »einzigen Wahrheit« vorbereitet, nach dem Endzweck des Neurotikers. Oder es werden die äußeren Formen pedantisch, wie ein Fetisch festgehalten und überschätzt, als ob sie Sicherheit verbürgten. Aus *Hebbels* Briefen[15] scheint mir folgende Stelle diesen Zug anzudeuten: »Man kann äußere Formen, die man in der Jugend so leichtsinnig bespöttelt, nie genug verehren, denn sie sind in der regellosen, rastlos bewegten Welt die einzigen Hilfslinien für die notwendige Unterscheidung.« – Im Kleinen wie im Großen, immer zeigt sich die Sehnsucht, Sicherheit zu gewinnen; und immer sucht sie der Mensch nach Analogien und auf abstrakten, prinzipiellen Wegen.

Die Häufigkeit des Befundes von sexuellen Leitlinien, mehr noch ihre Vordringlichkeit in der Neurose erklärt sich bei unbefangener Analyse aus folgenden Gründen:

darauf hin, daß der Patient auf Erden nicht heimisch geworden ist, daß er sich schon nahezu als höheres Wesen fühlt, dem das Leben nichts bietet. Angrenzend sind ähnliche, auch dem Hochmut entstammende Allgemeingefühle wie: sich wie im Traum befinden, wie benommen sein, anders zu sein usw. – Die Verwandtschaft dieses Zustandsbildes mit der »Abschließung«, mit dem Dämmerzustand, mit Delirien, aber auch mit Ekstase ist nicht zu verkennen. Diese Fähigkeit, sich der Einfügung zu entreißen, der »Depersonalisation« (Janet?), hängt mit der nahezu völligen Drosselung des Gemeinschaftsgefühls zusammen. Die Hoffart übernimmt die fast ausschließliche Leitung. Dabei geht die Logik, Schöpfung und Band der Menschenseele, verloren.

15 R. M. Werner, ›Aus Hebbels Frühzeit‹. In: *Österreichische Rundschau* 1911.

1. weil sie eine geeignete Ausdrucksform des männlichen Protestes abgeben können,
2. weil es in der Willkür des Patienten liegt, sie als real zu empfinden,
3. weil sich der Neurotiker, gemäß dem Laufe der Dinge, durch sie einer »Unterwerfung« unter die Liebe zu entziehen vermag und dort die Gemeinschaft heimlich zu sprengen unternimmt. Um im Bogen ausweichen zu können, erfüllt er sich mit störendem sexuellem Material.

Die Eignung der sexuellen fiktiven Leitlinie beruht demnach gleichfalls in ihrem Wert für die Sicherung des Persönlichkeitsgefühls, haftet an ihrer Bedeutung als Abstraktion und an ihrer halluzinatorischen Erregbarkeit, an ihrer Fähigkeit, sich leicht zu konkretisieren und Antizipationen zuzulassen.

Der halluzinatorische Charakter der Nervösen ist demnach ein besonderer Fall des Sicherungsmechanismus. Er bedient sich, wie auch das Denken und die Sprache, der primitiven, auf das kleinste dynamische Maß reduzierten Erinnerungen, zu denen er durch die abstrahierende Kraft der suchenden Sicherungstendenz geleitet wird. Seine Funktion und Aufgabe ist es, aus einfachen, kindlich gelegenen Erfahrungen durch Unterstreichung einer erlittenen Herabsetzung oder durch die tröstende Erinnerung an ein überstandenes Übel per analogiam den Weg zur Höhe zu berechnen. *Die halluzinatorische Kraft stellt eine fertige Bereitschaft der angespannten Sicherungstendenz* vor und entnimmt ihr Material, wie es die Funktion des Denkens und Vorausdenkens tut, dem ehernen Bestand des hier neurotisch gerichteten Gedächtnisses. Was von den Autoren die *Regression* in der Neurose, im Traume und in den Halluzinationen genannt wird, ist der alltägliche Vorgang des auf Erfahrungen zurückgreifenden Denkens, kann bloß das Material betreffen, nie aber die Dynamik des Traumes oder der Halluzination erklären. Die psychische Dynamik der Halluzination [16] besteht vielmehr darin, daß in einer Situation der Unsicherheit mit Macht eine Richtungslinie gesucht und durch Abstraktion, per analogiam, mit den Schätzen der Erfahrung, durch Antizipation und durch die einer sinnlichen Wahrnehmung angenäherte fiktive Darstellung hypostasiert wird. Letztere Fähigkeit als wirksamstes Mittel des Ausdrucks kann durch die der Realität geneigte Gegenfiktion wie auch der Traum und die Phantasie als in bewußtem Gegensatz zur Wirklichkeit empfunden werden, oder die Sicherungstendenz löst die Gegenfiktion auf und läßt die Halluzination als real empfinden, wie z. B. in der Schizophrenie.

16 Siehe ›Über Halluzination‹. In: *Praxis und Theorie der Individualpsychologie*, l. c.

Jodl definiert die Kultur als »das unter bestimmten Umständen und besonderer Intensität gesteigerte Streben des Menschen, seine Persönlichkeit und sein Leben vor den feindlichen Mächten der Natur wie vor dem Antagonismus der übrigen Menschen zu sichern, seine Bedürfnisse, sowohl reale als ideale, in steigendem Maße zu befriedigen und sein Wesen ungehindert zur Entfaltung zu bringen«. Der Nervöse hält diese Leitlinie viel fester im Auge, kann aber je nach Bedarf die ins Transzendentale führende Leitlinie oder die zur Kultur geneigte Gegenfiktion schematischer und prinzipieller zum Ausdruck bringen, letztere im Sinne eines neurotischen Umweges, etwa indem er sich dem »Antagonismus der übrigen Menschen« als Märtyrer weitgehend zu unterwerfen scheint, damit aber über sie triumphiert, wie es etwa *Tolstoi* in ein System gebracht hat. Auch der Masochist empfindet sich als Diktator, wenn er seine Wünsche dem andern aufzwingt.
Die Entwicklung dieses Strebens, *sein Wesen ungehindert zur Entfaltung zu bringen*, den Gipfelpunkt dessen zu erreichen, was der Nervöse seine Kultur nennen könnte, führt uns wieder zu den schon erörterten interessanten und psychologisch bedeutsamen Vorbereitungen zurück, zu den *tastenden Versuchen*, welche die Kompensation des ursprünglichen Minderwertigkeitsgefühls einleiten sollen. Alle unfertigen, kindlichen Organe streben danach, mit allen ihren angeborenen Fähigkeiten und Entwicklungsmöglichkeiten zweckmäßige, sozusagen intelligente Bereitschaften auszubilden. Bei den Versuchen konstitutionell minderwertiger Organe mit ihren mannigfachen Fehlleistungen wächst infolge der größeren Spannung gegenüber den Anforderungen der Außenwelt der Eindruck der Unsicherheit, und die niedrige Selbsteinschätzung des Kindes bringt ein dauerndes Minderwertigkeitsgefühl zuwege. So kommt es, daß bereits in der frühkindlichen Zeit die Beherrschung der Situation nach einem mustergültigen Beispiel, meist über dieses Beispiel hinaus zum Leitmotiv genommen wird, ein dauernder Willensimpuls wird festgelegt, automatisiert, um einer leitenden Idee – dem Willen zur Macht – die dauernde Führung zu überweisen. Dies ist auch die Zwecksetzung in der neurotischen Psyche, die bewußt oder unbewußt der Formel entspricht: *ich muß so handeln, daß ich letzten Endes Herr der Situation bin.* Längeres Verweilen des Kindes in der Phase des Minderwertigkeitsgefühls führt zur Steigerung und Verstärkung der Intensität jener Leitformel, so daß von der besonderen Intensität alles Strebens, der vorbereitenden Handlungen, der Bereitschaften, der Charakterzüge in irgendeiner Entwicklungsperiode auf ein ursprüngliches Minderwertigkeitsgefühl geschlossen werden darf. Auch an den der Norm nahestehenden Organen findet man die

tastenden Versuche, wie sie die Bereitschaften zum Gehen, Sehen, Essen, Hören ausgestalten. *Exner* hebt hervor, wie in der Sprachentwicklung des Kindes diese tastenden Versuche dem Treffen der Lautkombination vorangehen. Viel krankhafter gestalten sich die Vorbereitungen im Werdegang der minderwertigen Organe, deren Bereitschaften und Arbeitsweisen im günstigen Falle der Überkompensation künstlerische Leistungen und Fertigkeiten zutage fördern, oft aber, wie in der Neurose, aus der Behütung durch die Vorsicht kaum je herauswachsen. Auf dem durch die Sicherungstendenz gebotenen Weg sucht das Kind seine Fehler kennenzulernen, sie zu verbessern oder durch einen Kunstgriff aus ihnen Nutzen zu ziehen. Da es den wahren Grund seiner Minderwertigkeit nicht kennt, oft auch aus Stolz nicht kennen will, wird es leicht verleitet, äußere Ursachen namhaft zu machen, die »Tücke des Objektes«, zumeist die Angehörigen zu beschuldigen – und bezieht damit eine aggressive, feindliche Stellung zur realen Außenwelt, ebenso wie die verzärtelten und gehaßten Kinder. Meist bleibt ihm die Ahnung, die Erwartung böser Schicksale als abstrakter Rest seines Minderwertigkeitsgefühls, die es gerne übertreibt, oft zu Schuldgefühlen ausbaut, wenn die Situation es erlaubt, um sein Voraussehen, seine Vorsicht, sein Haltmachen mit gutem Grund entfalten zu können. Das neurotische Bestreben führt letzter Linie dahin, die Grenzen der Persönlichkeit zu erweitern und zu sichern, indem fortwährend die eigenen Kräfte an den Schwierigkeiten der Außenwelt abgemessen und erprobt werden. Auf diese angestrengten Versuche lassen sich mancherlei Neigungen des Nervösen, sein Hang mit dem Feuer zu spielen, gefährliche Situationen zu schaffen und aufzusuchen, seine Lust am Grausamen und Teuflischen zurückführen. Ebenso wie sadistische Regungen liegen die Neigungen zum Verbrechen an der Leitlinie zur Überlegenheit, scheitern aber oft an dem sich gestaltenden Widerspruch zum Gemeinschaftsgefühl und werden nur mehr in der Erinnerung tendenziös übertrieben, um vor einer Ausführung zurückzuschrecken.

Mit Vorliebe bedient sich die Nervosität der mangelhaften Organleistungen, der Kinderfehler, des Krankheitsgefühls überhaupt, einerseits um das Persönlichkeitsgefühl des Patienten – meist nach Art einer trotzigen Revolte – gegenüber den Forderungen elterlicher Autorität, später des Lebens zu sichern, andererseits um – nach Art einer kunstvollen Obstruktion – Entscheidungen und Zusammenstöße, die der Fiktion gefahrvoll werden könnten, hinauszuschieben, gewisse Kampfpositionen aufzugeben, um wichtigere halten zu können. Ja, der Nervöse wird häufig kleine Niederlagen suchen, sie künstlich sogar herbeiführen oder gefahrvolle Ausblicke

schaffen, um daraus die Berechtigung für sein neurotisches Handeln und seine Vorsicht abzuleiten. Bei neurotisch festgehaltenen Kinderfehlern darf man stets auf besonderen Trotz und starke Aggression gegen Vater und Mutter gefaßt sein.
Zwangsmäßiges Suchen nach Verständnis der äußeren Schwierigkeiten, Versuche, sie zu überwältigen, zu beherrschen, zu bekämpfen, Geringschätzung und Entwertung des Lebens und seiner Freuden oder Flucht vor ihnen charakterisieren so die eine Seite der Neurose. Dabei kommt recht häufig zutage, daß der Patient vom Leben, von der Arbeit, von der Liebe und Ehe in glühendster Begeisterung, *aber platonisch* schwärmt [17], während er sich heimlich durch die Neurose den Zugang zu ihnen verrammelt, um auf begrenztem Terrain, in der Familie, beim Vater oder bei der Mutter sein Herrschergefühl zu sichern.
Dieser nach außen gewendete, ängstlich vorsichtige Blick des Neurotikers, zur Wahrung der leitenden Fiktion bestimmt, ist regelmäßig auch von einer höheren Intensität der Selbstbeobachtung begleitet. Zuweilen ist in einer Situation psychischer Unsicherheit die personifizierte, vergöttlichte Leitidee als *»zweites Selbst«, als innere Stimme,* analog dem Dämon des Sokrates warnend, anfeuernd, strafend, beschuldigend anzutreffen. Und was uns der Neurastheniker, der Hypochonder gar berichten, wie sie im eigenen Innern wühlen, wie scharf sie alle Akte ihres Lebens kontrollieren und begleiten, gilt für den Nervösen überhaupt. Die Selbstbeobachtung kann zur Abgrenzung des Kampfplatzes führen, indem sie sich der Äußerungen von Krankheitsfurcht bedient, wobei der Nervöse jederzeit in der Lage ist, den sichernden Rückzug anzutreten und statt seinen Problemen, seinen »organischen« Gefühlen nachzuhängen, auch *»trotz ihrer Last«* seine Aufgabe zu lösen. Sie muß als wirksam gedacht werden, wenn die primitiven *Sicherungen der Angst, der Scham, der Schüchternheit,* die komplizierten des Ekels, des Gewissens, der nervösen Anfälle die Ahnung einer Niederlage begleiten, um durch diese erwartete Niederlage das Persönlichkeitsgefühl nicht unter das geforderte Niveau sinken zu lassen. Selbstbeobachtung und Selbsteinschätzung, immer von der leitenden Fiktion gereizt und verstärkt, damit eine Operationsbasis geschaffen und die Aggression eingeleitet werde, aktivieren sofort die nervösen, prinzipiellen Charakterzüge des Neides, Geizes, der Herrschsucht usw. Im fortwährenden Messen und Ringen des Nervösen um seine eigene Geltung, gegen die Geltung des anderen, spielt seine gesteigerte Selbstbeobachtung mit, sie

17 Für Anfänger oder bei besonderen Schwierigkeiten in der psychologischen Analyse empfiehlt es sich, die Ohren zu schließen und wie in einer Pantomime nur auf die körperlichen und seelischen Bewegungen zu achten.

gibt dem Vorausdenken und der Phantasie Winke und verkündet ihre Anwesenheit, wenn der Patient der Entscheidung ausweicht oder *zu dem gleichen Zwecke sich dauernd dem Zweifel ergibt.* Daß alle diese Selbstbeobachtungen aus dem Gefühl der Unzulänglichkeit stammen und von diesem erzwungen werden, ist ebenso leicht zu verstehen, als daß sie schließlich ihr Ziel erreichen, auf das sie eigentlich hingearbeitet sind: *die Vorsicht.* So ist die Selbstbeobachtung im selben Maße Verzögerung, Egoismus, Größenwahn, Treppenwitz, Zweifel, Kleinheitswahn und berührt sich mit allen anderen Phänomenen, die vom Gefühle der Minderwertigkeit aus angeregt werden; insbesondere dient sie zur Verstärkung und Kontrolle der »männlichen Protestcharaktere« wie Mut, Stolz, Ehrgeiz usw., ebenso auch zur Vertiefung aller Sicherungstendenzen wie der Sparsamkeit, der Genauigkeit, des Fleißes, der Reinlichkeit. Sie beeinflußt die Aufmerksamkeit und dient auch zur Lenkung derselben, so daß sie im *Netz der Sicherungstendenzen* eine hervorragende Stellung einnimmt. Ihre Ergebnisse allerdings sind tendenziös gefälscht. Es wäre weit gefehlt, sie als libidinös oder lustbringend anzusehen. Ihre Funktion ist vielmehr, alle Eindrücke der Außenwelt tendenziös zu gruppieren und unter einen einheitlichen Text zu bringen, dergestalt, daß die primäre Unsicherheit des Individuums sozusagen *mathematisch* oder statistisch, nach Maßgabe einer Wahrscheinlichkeit, vor Entlarvung gewahrt bleibe, daß das Individuum einer Niederlage entgehen könne. In der »Neurotischen Disposition« (l. c.) habe ich zum ersten Male diese Dynamik der Neurose hervorgehoben, und die Aufgabe der vorliegenden Arbeit ist es, sie vertieft und erweitert darzustellen. Die geweckte und vertiefte Selbstbeobachtung liegt also auf dem Wege zur Neurose, mag sie auch in der Philosophie, Psychologie und Selbsterkenntnis zuweilen herrliche Früchte tragen. Sie ist die von der Realität der Welt durch einen Fehlschuß sich entfernende *Privatphilosophie* des Neurotikers, dessen Wahn – durch Analyse korrigierbar –, die ihr wertvolles Analogon im *γνῶθι σεαυτόν* des erhabenen Philosophen hat. Der scheinbar unkorrigierbare Wahn in den Grübeleien und phantastischen Selbstbeobachtungen des Psychotikers, der um vieles leichter als *arrangierter Wahn* zum Zwecke der Sicherung des Persönlichkeitswertes zu durchschauen ist, lehrt uns den Wahn in den Selbstbeobachtungen des Neurotikers verstehen.

Das Streben des Nervösen nach Sicherheit, seine Sicherungen selbst können demnach nur betrachtet werden, wenn man den ursprünglichen, entgegengesetzten Wertfaktor der Unsicherheit mitbetrachtet. Beides sind Ergebnisse eines nach Gegensätzlichkeit gruppierenden Urteils, welches in Abhängigkeit

von dem fiktiven Persönlichkeitsideal geraten ist, das aber tendenziöse, »subjektive« Wertungen darbietet. Das Gefühl der Sicherheit und das seines Gegenpols der Unsicherheit, eingeordnet dem Gegensatzpaar von Minderwertigkeitsgefühl und Persönlichkeitsideal, sind wie das letztere ein fiktives Wertpaar, ein psychisches Gebilde, von welchem *Vaihinger* hervorhebt, »daß in ihnen das Wirkliche künstlich zerlegt ist, daß sie nur zusammen Sinn und Wert haben, einzeln aber durch Isolation auf Sinnlosigkeit, Widersprüche und Scheinprobleme führen«. In der Analyse von Psychoneurosen kommt nun öfters zum Vorschein, daß sich diese Gegensatzpaare *analog* dem real gefaßten »Gegensatz« von »Mann – Frau« zerlegen, so daß Minderwertigkeitsgefühl, Unsicherheit, Untensein, Weiblichkeit auf die eine Seite der Gegensatztafel, Sicherheit, Obensein, Persönlichkeitsideal, Männlichkeit auf die andere Seite gelangen. Die Dynamik der Neurose kann demnach so betrachtet werden, wird auch in ihren Ausstrahlungen auf die Psyche des Nervösen von diesem oft so erfaßt, als ob der Patient sich aus einer Frau in einen Mann verwandeln oder seine Unmännlichkeit verbergen wollte. Diese Bestrebungen geben in ihrer bunten Fülle das Bild dessen, was ich *männlichen Protest* genannt habe.
Die Stärke des männlichen Einschlags im Kulturideal sowohl, wie insbesondere in der fiktiven Leitlinie des Nervösen, die wir im Wollen, Handeln, Denken, Fühlen unserer Patienten, in ihren Einstellungen zur Außenwelt, in ihren Vorbereitungen fürs Leben und in ihren Bereitschaften, in jedem Charakterzug, in jeder physischen und psychischen Geste finden – die die Kraft des Aufschwungs gibt und die Linie des Lebens nach oben richtet –, läßt erraten, daß am Beginne der psychischen Entwicklung ein Mangel an solcher Männlichkeit empfunden wurde, und daß das ursprüngliche Minderwertigkeitsgefühl des konstitutionell beeinträchtigten Kindes aus diesem Gegensatz heraus auch als weiblich gewertet wird. Was immer dem Minderwertigkeitsgefühl zugrunde lag – wenn die starke neurotische Sicherung durch Aufstellung der männlichen Fiktion eingeleitet und derart konkretisiert wird, fällt der supponierte Grund der kindlichen Unsicherheit, und diese selbst wird infolge der neurotischen gegensätzlichen Gruppierung als weiblich gewertete Erscheinung empfunden. Die Empfindung der Kleinheit, der Schwäche, der Ängstlichkeit und Unbeholfenheit, der Krankheit, des Mangels, der Schmerzen, der Weichheit löst dann im Neurotiker Reaktionen aus, als ob er sich gegen eine ihm innewohnende Weiblichkeit zur Wehr setzen, also männlich und stark reagieren müßte. In gleicher Weise erfolgt diese Antwort, reagiert die Affektbereitschaft des männlichen Protestes gegen jede Herabsetzung,

gegen das Gefühl der Unsicherheit, der Verkürztheit, der Minderwertigkeit, der Hingabe, und der Nervöse zeichnet, um den Weg zur Höhe nicht zu verfehlen, um die Sicherung vollkommen zu machen, konstant wirkende Leitlinien für sein Wollen, Handeln und Denken in Form der Charakterzüge in die weiten, chaotischen Felder seiner Seele. Meist findet man die Charakterzüge geradlinig zum männlichen Ideal hinstreben, bei männlichen und weiblichen Patienten; entsprechend den früheren Darlegungen ergaben sich aber, insbesondere nach einer entscheidenden Niederlage des Patienten, die uns schon bekannten neurotischen Umwege, Anfälle und Anfallsbereitschaften, deren psychologische Auflösung und Einordnung in das Gesamtbild wieder den Zug zur Erhöhung des männlichen Persönlichkeitsgefühls aufweisen, wenngleich sie äußerlich und oberflächlich genommen oft als Zaghaftigkeit, Angst, als unmännlich erscheinen, ebenso als Flucht oder als Rückzug vor dem Leben angesehen werden können. Die einfache Frage betreffs der Beharrlichkeit der oft weither geholten Kunstgriffe in Form der neurotischen Symptome läßt uns verstehen, daß in diesen letzteren Fällen nicht eine Entscheidung gefallen, sondern daß das ursprünglich konstruierte, fiktive männliche Leitziel nach wie vor wirksam ist, und daß eine kulturelle Einfügung, Ruhe und Zufriedenheit nicht aufkommen kann, weil das Ziel zu hoch angesetzt ist. Die »weiblichen« Linien erscheinen dann wie ein erster Akt, auf den ein zweiter »männlicher« folgt, oder die endgültige Entwicklung wird durch die Neurose hinausgeschoben. –

Durch gewisse Unsicherheiten des Kindes betreffs seiner eigenen Geschlechtsrolle wird der männliche Einschlag in der leitenden Fiktion namhaft verstärkt. In der Tat kann man bei allen Kindern das ungeheure Interesse für Geschlechtsunterschiede in meist verdeckter Form durchbrechen sehen. Die einheitliche Kleidung der Kinder in den ersten Lebensjahren, weibliche Züge bei kleinen Knaben, männliche bei Mädchen, gewisse Drohungen der Eltern, wie: ein Knabe werde sich in ein Mädchen verwandeln, tadelnde Bemerkungen den Knaben gegenüber wie die, daß er wie ein Mädchen, Mädchen gegenüber, daß sie wie Knaben seien, können die Unsicherheit noch vergrößern, solange die Differenz der Genitalorgane unbekannt bleibt. Aber selbst bei weitest gediehener Aufklärung können durch Anomalien der Genitalien oder durch Fehlurteile und Drohungen Zweifel erwachen, die tendenziös festgehalten werden und immer wieder im gegensätzlichen Bilde des »Männlich oder Weiblich« im ferneren Leben auftauchen, so daß unsere ursprüngliche Feststellung [18], dem *neurotischen*

18 ›Psychischer Hermaphroditismus im Leben und in der Neurose‹. In: *Heilen und Bilden*, l. c.; und die Arbeiten in: *Praxis und Theorie der Individualpsychologie*.

Zweifel liege oft der Zweifel an der eigenen Geschlechtsrolle zugrunde, bloß in der Richtung eine Erweiterung verlangt, daß die Neurose diese Zweifelslage des Patienten in der Folge als Sicherung gegen Entscheidungen festhält, um die »zögernde Attitude« auszubauen.
Je länger die Unsicherheit an der eigenen Geschlechtsrolle besteht, um so dringlicher werden die Versuche und tastenden Vorbereitungen, in die männliche Rolle zu gelangen. So entsteht das Urbild des männlichen Protests, der dahin zielt, unter allen Umständen seinen Träger in die männlichste Schaustellung zu drängen, oder, wie es bei Mädchen und frühzeitig neurotisch erkrankten Knaben meist schon im dritten Lebensjahr geschieht, die Herabsetzung in allen Formen durch neurotische Kunstgriffe zu verhindern, gleichzeitig aber geradlinige männliche Charakterzüge und starke Affektbereitschaften auszubilden.
Das Vorstadium der Erkenntnis der eigenen Geschlechtsrolle, der psychische Hermaphroditismus des Kindes, besteht wohl regelmäßig. Seine Bedeutung wurde von *Dessoir* und von mir hervorgehoben. Daß dieses Stadium mit seinem starken, den männlichen Linien zugeneigten Streben von größter Bedeutung für die Entwicklung der Neurose mit ihrem hoch angesetzten männlichen Leitziel und seinen Sicherungen ist, ergab mir die Analyse der Psychoneurosen. Als guter Beobachter und Kenner der Kinderseele zeigt sich *Goethe*, der in Wilhelm Meisters theatralischer Sendung hervorhebt: »Sowie in gewissen Zeiten die Kinder auf den Unterschied der Geschlechter aufmerksam werden und ihre Blicke durch die Hüllen, die diese Geheimnisse verbergen, gar wunderbare Bewegungen in ihrer Natur hervorbringen, so war's Wilhelmen mit dieser Entdeckung; er war ruhiger und unruhiger als vorher, deuchte sich, daß er was erfahren hätte, und spürte eben daran, daß er gar nichts wisse.«
In der Tat findet man als erste Äußerung dieser Unerfahrenheit und ihres herabsetzenden Rückschlags auf die Psyche eine ungeheure Steigerung der Neugierde und Wißbegierde, und um doch eine Richtung seines Lebens zu finden, gerät das Kind unter den Zwang einer Leitlinie, die es treibt, so zu handeln, als ob es alles wissen müßte. Macht es die Erfahrung von der Superiorität des männlichen Prinzips in unserer Gesellschaft, so wird das Leitbild vermännlicht, insbesondere, wenn ihm der Mann, der Vater als der Wissende erscheint [19].
Zu besonderen Charakterzügen, die in der Neurose deutlicher werden, kommt es bei kleinen Mädchen, die sich solcher Art bemühen, die männliche Leitlinie zu halten. *Das Gefühl der Verkürztheit* überwiegt bei ihnen, ebenso bei Knaben, die sich

19 Siehe Hedwig Schulhof, *Individualpsychologie und Frauenfrage.*

für weiblich halten, dermaßen, daß sie nur Sinn und Interesse dafür haben, Beweise für diese Verkürzung zu sammeln und ihre Aggression gegen die Umgebung zu steigern. Bilder von Kastration, von Verweiblichung, von Verwandlungen in einen Mann, von männlichen Formen des Lebens tauchen bei der Analyse als Wegweiser in der neurotischen Psyche auf [20], deuten auf die Sucht nach Manngleichheit und lassen in späterem Formenwandel der Leitlinien die männliche Fiktion immer wieder auftauchen. Die typische psychische Attitude dieser Nervösen ist regelmäßig so, als ob sie einen Verlust erlitten hätten, oder als ob sie mit großer Vorsicht einem Verlust ausweichen müßten. *E. H. Meyer* berichtet in den »Indogermanischen Mythen« (I. S. 16): »Nach dem Atharva Veda verzehren die Gandharven (phallische Dämonen) den Knaben die Hoden und verwandeln dadurch die Knaben in Mädchen.« Solcher und ähnlicher Gestalt scheinen in der Kindheit die Vorstellungen vieler Nervöser über die Entstehung beider Geschlechter gewesen zu sein, als von Gedanken über eine erlittene Verkürzung, die sich *in einem sexuellen Bilde der Verweiblichung* darstellt. Die nächste psychische Folge ist dann in der Regel die verschärfte Aggression gegen die Eltern, denen die Schuld an dieser Verkürzung zugeschrieben wird, und ein intensives Suchen nach der Parität.

Fließ, Halban, Weininger, Steinach und vor ihnen unter anderen *Schopenhauer* und *Krafft-Ebing* fundieren den psychischen Hermaphroditismus auf der Anwesenheit von hypothetischer männlicher und weiblicher Substanz in einem Individuum. Unsere Auffassung setzt bloß den Gegensatz in der Wertschätzung des Männlichen und Weiblichen voraus, wie er tatsächlich besteht, rechnet mit der allgemeinen Verbreitung des gegensätzlichen, bildlichen Apperzeptionsschemas: »Männlich-Weiblich« und folgert aus dem Zwang des neurotisch verstärkten und erhöhten Persönlichkeitsideals den leicht auffindbaren männlichen Einschlag. Letzterer bedingt auch die Unterstreichung des Gefühls der eigenen Minderwertigkeit durch die Fassung in einem Bilde, das der weiblichen Rolle angehört, um mit den Regungen, Bereitschaften und Charakterzügen des männlichen Protestes dagegen zu reagieren. Eine Reihe der letzten Arbeiten aus der *Freud*schen Schule haben die von mir veröffentlichten Befunde aufgegriffen. Die weitere Verfolgung führt unwiderruflich zur Erkenntnis der Unhaltbarkeit der Libidotheorie, zur Beseitigung der sexuellen Ätiologie und zum Verständnis des neurotischen Sexualverhaltens als einer irrenden Fiktion [21], die unserem normalen Rückstand entspricht.

20 Später auch von Freud festgestellt.
21 Siehe auch Oswald Schwarz, *Wiener klin. Wochenschr.* 1922.

Ist uns so *der männliche Protest als Kunstgriff der Psyche klar* geworden, mittelst dessen sie zur vollen Sicherung gelangen, sich mit der leitenden Persönlichkeitsidee zur Deckung bringen will, so erübrigt es noch, die Formverwandlung dieser Leitlinie ins Auge zu fassen, wie sie jedesmal eintritt, wenn sich in ihr Widersprüche geltend machen und den Zweck des neurotischen Strebens, das Obenseinwollen, gefährden. Dieser Fall tritt ein, wenn die Wirklichkeit mit einer starken Herabsetzung des Persönlichkeitsgefühls, mit einer Erprobung oder Niederlage droht. Der Nervöse wird sogar in diesem Falle prinzipieller an seiner »Idee« festhalten als der Normale. Je weiter er aber in die sichernde Neurose eingesponnen ist, um so eher wird er, auf Erinnerungen und Memento gestützt, den Schaden antizipierend, neue neurotische Umwege konstruieren, weitere neurotische Sicherungen anbringen, die für ein vorliegendes Problem weder ein Fiat noch eine Negation enthalten, vielmehr beide zugleich, woraus aber doch eine Negation entspringt. Es wird sich sein psychisch-hermaphroditischer Charakter auch darin geltend machen, daß er zurückweicht, sich unterwirft, in seinem Sinne »weiblich« wird, während sein Streben gleichzeitig weiterhin ein Vordringen, Herrschsucht, Männlichkeit aufweist, mit dem Ergebnis, daß er nichts vorwärtsbringt, da er für jeden Schritt nach vorne einen nach rückwärts macht, dieses Verhalten zuweilen sogar pantomimisch ausdrückt, wie zuweilen in der Zwangsneurose. Ebenso kann die Furcht vor Blamage, vor Strafe, vor Schande, kurz vor dem »Unten« seine geradlinigen männlichen Züge verwandeln. Die Konstruktion von neurotischen Schuldgefühlen, von »ererbten« Krankheiten und Verbrecherinstinkten, von Roheit, Grausamkeit und Egoismus schafft schreckende Spuren in gleicher Weise wie das neurotisch zum Ausdruck gebrachte Gefühl der Schüchternheit, Feigheit, Unbeholfenheit, Dummheit und Faulheit. Das schlimme, unerziehbare Kind, die Flegeljahre und manche Formen der Psychose, häufig das Vorstadium der »entwickelten Neurose« zeigen uns den männlichen Protest in hoher, geradliniger Ausbildung. Die Darbietungen sind geradezu getragen von der zum Selbstzweck gewordenen Welle des männlichen Protestes, der voll und ganz die Stelle der verstärkten leitenden Fiktion vertritt.

Unsere theoretische Darstellung von der neurotischen Psyche wäre unvollständig, wenn sie nicht auch auf das *Wesen und die Bedeutung des Traumes* einginge. Ich kann an dieser Stelle keine abgerundete, geschweige eine vollständige Traumtheorie vorführen. Aber ich bin aus mehreren Gründen genötigt, alle Beobachtungen und Befunde mitzuteilen, die meine Traumuntersuchungen des praktischen Teils dieser Arbeit ermöglicht haben. Im Laufe einer langjährigen Beobachtung des Traumlebens gesunder und kranker Personen bin ich zu folgenden Ergebnissen gelangt[22].

1. Der Traum ist eine skizzenhafte Spiegelung von psychischen Attituden und deutet für den Untersucher die charakteristische Art an, wie der Träumer gefühlsmäßig *zu einem bevorstehenden Problem* Stellung nimmt. Er deckt sich deswegen mit der Form der fiktiven Leitlinie, gibt immer nur Versuche des Vorausdenkens, probeweise Vorbereitungen einer Aggressionsstellung, kann daher mit großem Vorteil zum Verständnis dieser individuellen Vorbereitungen, der Bereitschaften und der leitenden Fiktion verwendet werden.

2. In gleicher Weise treten, mehr oder weniger abstrakt, die Einstellungen des Träumers zur Mitwelt und somit auch seine Charakterzüge[23] und deren neurotische Abbiegungen zutage. Die Abstraktion im Traumdenken ist durch die Sicherungstendenz erzwungen, die ein Problem durch Vereinfachung und Zurückführung auf ein einfacheres, kindlicher gelegenes Bild im Sinne des individuellen Lebensstiles, nicht der Logik zu lösen sucht und dies ganz wie das Denken überhaupt, nur vertiefter, mittelst des tendenziösen, auswählenden Gedächtnisses bewerkstelligt, in bildlicher, analogischer Weise, durch halluzinatorische Erweckung von Erinnerungen schreckender oder aneifernder Art. Die teilweise Absperrung von der Wirklichkeit durch den Schlaf unterstützt das abstraktere Denken im Traume, da die Korrektur durch den Schlaf der Sinnesorgane zum größten Teil ausgeschlossen ist. Dieser Umstand sowie der Mangel einer bewußten Zwecksetzung im Traumdenken verschulden die Unverständlichkeit des Trauminhalts für den Träumer; der Traum erhält überhaupt erst einen Sinn, wenn man ihn als ein Symbol des Lebens nimmt, als eine Analogie, ein »Als ob«, für welches die Deutung erst die reale Bewegungslinie einzusetzen hat.

3. Diese noch zu erweisenden Tatsachen sowie die Ausdrucksform des Traumes in einem *»Als ob«* (»Mir war, als ob«) zeigen uns *das Wesen des Traumes als einer Fiktion,* in der sich die Vorversuche und Proben verdeutlichen, durch welche die individuelle Neigung zur Beherrschung einer Situation in der Zukunft gelangen will. Bei den Träumen nervöser Personen wird man deshalb deutlicher als bei andern die neurotische, nach dem Prinzip einer starken Gegensätzlichkeit arbeitende Apperzeptionsweise, das betonte Minderwertigkeitsgefühl und die leitende Persönlichkeitsidee beobachten oder im Zusam-

22 Siehe Ausführliches in: *Theorie und Praxis der Individualpsychologie,* l. c. und im 4. Heft des 5. Jahrg. der *Internat. Zft. f. Indiv.-Psychologie.*

23 Schon G. Chr. Lichtenberg schreibt: »Wenn Leute ihre Träume aufrichtig erzählen wollten, da ließe sich der Charakter eher daraus erraten als aus dem Gesicht«.

menhang mit ihrem Seelenleben erraten können. Häufig finden sich in ihnen, gegenüber dem sichtbaren Eifer am Tage, die nächtlichen Bedenken; wie Penelope trennt der Patient des Nachts auf, was er am Tage gewebt.

4. Der Zug der neurotisch verstärkten Leitidee wird sich in den Träumen der Nervösen regelmäßig äußern, zumeist im Bilde des Strebens nach »Oben« oder des männlichen Protestes. Die weibliche oder »untere« Operationsbasis ist immer angedeutet.

5. Wiederholte Träume ähnlichen Inhalts und erinnerte Kindheitsträume zeigen die fiktive Leitlinie am deutlichsten. Denn sie bauen sich auf einem fertigen oder als brauchbar befundenen Schema auf, das durch das neurotische Endziel errichtet und festgehalten wird. Die mehrfachen Träume einer Nacht weisen auf den Versuch einer mehrfachen Lösung hin und kennzeichnen das Gefühl einer stärkeren Unsicherheit. Die sogenannte »Traumzensur« (*Freud*), derzufolge die Verdekkung oder Verschleierung eines Sachverhalts durch Entstellung bezweckt wird, erweist sich als die Wirkung der Sicherungstendenz, die den Formenwandel der Fiktion in der Neurose wie im Traume intendiert und in entsprechender Entfernung dem Widerspruch gegen die männlichere Leitlinie durch einen Umweg zu entgehen sucht. Andere »Entstellungen« liegen im Wesen des abstrakten Traumdenkens, in der Anwendung täuschender Vergleiche und in seinem Charakter als einer bloßen Spiegelung.

6. Die Symbolik und der Kunstgriff der Analogie im Traume sind formalinhaltliche Ausstrahlungen dynamischer Affektverstärkungen, ihre künstlerischen Wortbilder sozusagen. Sie sind der psychische Überbau über einem Junktim zwischen psychischer Situation und einem tendenziös, meist fälschlich – sophistisch herangezogenen Memento, das die von der »Idee« geforderte Resonanz beibringen muß. Der Vorzug meiner rationellen Traumdeutung besteht auch darin, daß wir in die Lage kommen, dem Träumer seine Tendenz und seine im Traume meist deutlichen Fälschungskunststücke nachzuweisen, durch die er sich auf seiner Linie zu halten versucht.

Die von *Freud* behauptete Erfüllung von infantilen Wünschen, später der Todeswünsche und der Regression im Traume löst sich also auf in einen Versuch des Vorausdenkens, um zur Sicherung zu gelangen, *wobei tendenziös gruppierte Erinnerungen,* keineswegs die libidinösen oder sexuellen Wünsche der Kindheit als Memento zu Hilfe genommen werden, ein psychischer Kunstgriff, der auch das logische Denken beherrscht. Das Wesen der Neurose sowie ihrer Träume und ihres Wahns bieten als einzig Unterscheidendes von der Norm *die durch die verstärkte Fiktion verstärkte Tendenz zur Aus-*

wahl der wirksam gemachten Erinnerungen, kurz gesagt: die neurotische Perspektive. – Der Neurotiker leidet nicht an Reminiszenzen, sondern er macht sie. Dementsprechend muß zum Verständnis des Traums und der Neurose eine *dynamische Betrachtungsweise* gefordert werden.

Ist einmal der zur Orientierung und zur Sicherheit des Handelns unbedingt nötige Vergleichspunkt, das Ziel, gefunden, der um so höher eingestellt wird, je drückender und länger das Gefühl der Minderwertigkeit auf dem Kinde gelastet hat, so muß er aus obigen Ursachen, aus dem Zwang des Vergleichens und des kindlichen Ausrichtens stabilisiert, hypostasiert, für *heilig*, göttlich erklärt werden. Auf der einen Seite stehen die realen Bedingungen und Bewegungen des Subjekts, auf der anderen als kompensierende Folge des Minderwertigkeitsgefühls der Gott, die leitende Idee, bildlich apperzipiert in einer Person, in einem Geschehen. *Dieser letztere ideelle Punkt wirkt nun so, als ob ihm alle richtende Kraft gegeben wäre. So entsteht erst aus dem organischen, objektiven Leben, dem Reflex – oder Instinkt – oder Triebleben das, was wir Seelenleben, Psyche nennen.*

Jeder Schritt des Kindes richtet sich in diesem System und wird von ihm gerichtet. Es ist ein fortwährendes Abwägen, Tasten, Vorbereiten, Bereitschaftenstellen und Messen am Ideal, was das Kind in seiner Entwicklung vorwärtsbringt. Es mißt sich am Manne ebenso wie an der Frau, wobei die »Gegensätzlichkeit« der Geschlechter abermals eine Hilfslinie ergibt und eine psychische Ausrichtung nach einer entgegengesetzten, in gewissem Sinne feindlichen, ausweichenden Linie, der männlichen, erzwingt. Beim neurotisch disponierten Kinde bringt die durch das Unsicherheitsgefühl gesteigerte kompensatorische Sicherungstendenz unter Anspannung der Aufmerksamkeit die abstrakt-neurotisch vertieften Richtungslinien zum überspannten Ziel des männlichen Protestes zuwege. *Und die schärfer gefaßte Gegensätzlichkeit der Geschlechter schafft früher und eindringlicher die vorbereitenden Stellungen zum anderen Geschlecht, um so mehr, wenn, wie beim Neurotiker, die ausschließliche männliche Wertung des Ideals, auf sein Minderwertigkeitsgefühl reflektiert, dieses als weiblich erscheinen läßt.*

Die Grundlage der Familienerziehung bringt es mit sich, daß die ersten Versuche, zu einem Persönlichkeitsideal zu gelangen, Entlehnungen von Zügen der höchstgewerteten Familienpersönlichkeit, zumeist des Vaters, vorstellen. Neurotisch disponierte Kinder, die in der Gegenüberstellung des Vaters eine Verstärkung ihres Minderwertigkeitsgefühles empfinden, treffen alsbald Vorbereitungen und konstruieren Kampfbereitschaften, als ob sie den Vater überflügeln müßten. In diesen vorbereitenden Versuchen liegt auch die Einstellung zum anderen Geschlecht, sofern der Intellekt des Kindes nicht bezüglich seiner eigenen Geschlechtsrolle fehlgreift, und viele seiner für die Zukunft bestimmten Bereitschaften werden anticipando in spielerischer Weise [24] gegenüber Familiengliedern des anderen Geschlechts wachend oder halluzinatorisch, im Traume, probeweise geübt.

Daß dem Knaben dabei die *Mutter* als Frau in gewissem Sinne ein Muster abgibt, ist, wie bekannt, von *Nietzsche* hervorgehoben worden. Dabei ist die Grenze, die sich das Kind setzt, Sache einer Erprobung durch das Kind. Seine Wünsche sind, im Falle es neurotisch disponiert ist, maßlos. *Unzufrieden* durch die übergroße Distanz zu seinem Persönlichkeitsideal, kommt es gelegentlich auch zu Sexualwünschen in bezug auf die Mutter, ein Beweis, wie grenzenlos angespannt der Wille zur Macht ist. Eine Fixierung einer Sexualbeziehung aber muß andere Gründe haben als einmal gehegte Wünsche im Bereiche einer gewissen Maßlosigkeit. Das Begehren des Knaben greift auch auf andere weibliche Personen seiner Umgebung. Das Bild ist dann wieder wie bezüglich der Perversion. »Die Mutter besitzen wollen« wird zum *Zeichen seiner Unzufriedenheit, zum Symbol seiner Maßlosigkeit, seines Trotzes und seiner Furcht vor anderen Frauen, seines Mangels an Gemeinschaftsgefühl.* Nun kann im späteren Leben eine »Fixierung« an die Mutter aus ähnlichen Konstellationen eintreten, immer auch, weil ihm die Fixierung an die Mutter als Sicherung *gegen die Erotik* erscheint, nicht aber weil der Wunsch ehedem libidinös war. Denn es ist gleichgültig, welcher Art die reale Beziehung zur Mutter war – die Psyche des Nervösen wird sie stets in irgendeiner Art zur Sicherung vor dem Eingehen in die Gemeinschaft verwenden. Die Bindung verzärtelter Kinder an die Mutter, die in der Neurose eine gewichtige Rolle spielt, bedarf einer gesonderten Behandlung. Siehe auch: Adler, Schwer erziehbare Kinder, Verlag Dresden, Am andern Ufer. –

Das Gefühl der Verkürztheit hindert die Anschlußfreudigkeit des Nervösen, seinen Kontakt mit der Gesellschaft. Es bringt ihn ständig in die Stimmung des Nehmenwollens, stört so seine Unbefangenheit und Zufriedenheit und drängt ihn dazu, mehr an sich zu denken als an die andern. Deshalb ist es ihm nicht gegeben, Freude um sich zu verbreiten. Er bringt es höchstens soweit, Gnaden auszuteilen.

Es ist ein häufiger und charakteristischer Befund, daß sich an Körperstellen, die von Natur aus minderwertig sind, eine

24 Siehe ›Zur Lehre vom Widerstand‹. In: *Praxis und Theorie der Individualpsychologie,* l. c.

feinere Sensibilität entwickelt, deren Erregung zuweilen den Charakter des Lustvollen annimmt. Ich habe diese Erscheinung in der »Studie über Organminderwertigkeit« beschrieben und führe sie auf kompensatorische Einrichtungen zurück, die bei den Vorfahren des Individuums im Kampfe um ihre Erhaltung bei Gefährdung des betreffenden Organs oder Organteiles in Gang gekommen sind. Diese kompensatorischen, nunmehr *höherwertigen* Anteile eines minderwertigen Organs – minderwertig, nachdem es in der Aszendenz zu Schaden gekommen war – sind eigentlich *Schutzvorrichtungen* in gewissem Sinne, wenngleich sie sich häufig nicht bewähren. Da aber ihre *Technik* eine andere geworden ist, mit der annähernd normaler Organe nicht mehr gleichen Schritt hält, so werden auch die psychischen Erscheinungsweisen, die sich an dieses Organ knüpfen, auffällig und aus der Norm herausfallen. Es handelt sich um die gleiche, wenngleich minutiösere Variation auf der Grundlage der Minderwertigkeit, die ich in der Biologie zur Erklärung der Variation, der Verfeinerung und des Verfalls der Organe herangezogen habe [25].
Auf diese Weise hat sich z. B. im Bereiche des Nahrungsorgans der geschmacksempfindende Apparat als Sicherungsapparat herausgebildet, ebenso aber auch der lustempfindende Apparat, der nunmehr die Kontinuität der Ernährung und die richtige Auswahl der Speisen garantieren muß. Die Variation gegenüber der Ahnenreihe kommt durch »Kompensationstendenzen« zustande, die im Keimstoff eingeleitet werden. »Die Konjunktur (im weiteren Sinne: das Milieu) beherrscht das Keimplasma«, und so erklärt sich die prompte einheitliche Reaktion – Minderwertigkeit + kompensatorische Sicherung – *durch Veränderung der Lebensbedingungen* im weitesten Sinne, das heißt: alle Lebewesen einer einheitlichen Spezies variieren bei der gleichen Änderung ihrer Lebensweise in der gleichen Richtung. Für die menschliche Gesellschaft muß man den Gesichtspunkt festhalten, daß – mehr als im Tier- und Pflanzenreich – die Beanspruchungen an die Einzelindividuen quantitativ und qualitativ verschieden sind, so daß ihre Organminderwertigkeiten und deren kompensatorische Sicherungen innerhalb einer beträchtlichen Breite differieren. Und diese Variationen wären noch auffälliger [26], wenn sich nicht mit so

25 So wird auch die Wertigkeit eines Organs im »Strome des Lebens« zum Symbol, in dem sich Vergangenheit, Gegenwart, Zukunft und fiktives Endziel, – ganz wie im Charakter oder im nervösen Symptom – abspiegeln. – Der Gedanke des »Symbolischen in der Gestalt« ist nicht neu, er findet sich bei Porta, Gall und Carus. Derzeit wandelt Kretschmer diese Wege.

26 Die psychische Sicherung beim Menschen mit ihren Bereitschaften und Charakteren ähnelt so sehr den sichernden Variationen im Tierreich, daß die Phantasie der Kinder, der Nervösen, der Dichter, ja auch die Sprache oft diese Analogie benützt, um gleichnisweise eine psychische Gebärde, eine Bereitschaft, einen Charakterzug durch das Sinnbild eines Tieres verständlich zu machen, in

starkem Übergewicht die *menschliche Psyche als hauptsächlichstes Sicherungsorgan* in den Kreis der Korrelationen und Kompensationen eingeschoben hätte. Nunmehr treten die maßgeblichsten Sicherungstendenzen nicht mehr als Organvarianten, sondern in erster Linie als *psychische Eigenarten* hervor. Immerhin bleibt ein genügend nachweisbarer Zusammenhang bestehen, und *wir können aus Organvarianten, Stigmen und Degenerationszeichen derselben auf vermehrte kompensatorische Einrichtungen des Gehirns und ausgebreitete Sicherungstendenzen in der Psyche schließen.* Ist doch das Wesen und die Tendenz aller psychischen Vorgänge von *Versuchen des Vorbauens und von Vorbereitungen zur Mehrwertigkeit voll,* so daß man sich der Anschauung nicht verschließen kann, Seele, Geist, Vernunft, Verstand sind für uns Abstraktionen jener wirksamen Linien, auf denen der Mensch über seine Körperfühlsphäre hinausgreift, seine Grenzen erweitern will, um sich eines Stückes der Welt zu bemächtigen und sich vor drohenden Gefahren zu sichern. Die Mangelhaftigkeit der selbsttätigen Organe, hinaufgezaubert auf die sicheren Wege des Erkennens, Verstehens, Voraussehens!

Im Tierreich noch ersetzt zum Teil ein feingearbeiteter, technischer Apparat, was dem Menschen die Erkenntnis leistet. Die feine Witterung des Hundes wird überflüssig oder dienstbar gemacht; was an Giftpflanzen der Geschmacksapparat weidender Rinder vermeiden läßt, davor sichert den Menschen sein verstehendes Auge. Aber die gleiche Tendenz ist es und bleibt ewig bestehen, den Kampf der Vorfahren um die Erhaltung ihres Lebens durch feiner abgestufte, variierte Organe sowie durch verfeinerte Kunstgriffe der Psyche zu erleichtern.

Und so ist es uns gestattet, *derlei empfindlichere, periphere Apparate, ihre besondere Physiognomie und Mimik als Zeichen eines angegriffenen Organes, als verräterische Spuren einer überkommenen Organminderwertigkeit anzusehen.* Dies gilt auch für die besondere Ausbildung der Geschmacksempfindung beim Menschen, für die größere Reizempfindlichkeit der Lippen- und Mundschleimhaut, zu der sich meist eine größere Ansprechbarkeit des Gaumens, des Schlundes, meist auch des Magens und des Verdauungstraktes gesellt. Physiognomisch stellt sich dies Bild des minderwertigen Mundes dar in der Form beweglicherer, feinerer, oft vergrößerter Lippen, in meist leichten Deformationen der Lippen, der Zunge (lingua scrotalis *Schmidt*), des Gaumens, zu denen sich oft Degenerationszeichen an diesen Teilen, vergrößerte Tonsillen oder der ganze Status lymphaticus gesellen. Zuweilen freilich bleibt

Wappen zum Beispiel, in dichterischen Gleichnissen, in Fabeln und Parabeln. Siehe auch Erckmann-Chatrian, *Der berühmte Doktor Matthieu*, Goethes *Reinecke Fuchs*, Gemälde und Karikaturen.

bei aller Minderwertigkeit eine Höherbildung im Sinne der Kompensationstendenz aus, und es fehlt selbst die Hyperästhesie. Recht häufig sind Reflexanomalien; gesteigerter Rachenreflex, aber auch Herabsetzung desselben gehören zu demselben Bilde. Bei Kinderfehlern beobachtet man: größere Inanspruchnahme der Mundpartien, Berührungen des Mundes, Daumenlutschen, Neigung alles in den Mund zu stecken, Erbrechen. Dabei meist gutes Gedeihen, sofern dies durch andere gleichzeitige Organminderwertigkeiten nicht gehindert wird.

Aber das Übel, die Entbehrung, Verwöhnung und die Schmerzen, die von der Wiege an den minderwertigen Ernährungstrakt begleiten, erwecken gleichzeitig ein Gefühl der Minderwertigkeit, Verkürztheit und Unsicherheit und drängen das konstitutionell disponierte Kind auf den Weg der Kunstgriffe. *Das stärker und überstark ausgebaute, frühreife Persönlichkeitsideal schließt auch fiktive Ziele überreicher Befriedigungen in sich, denen die Wirklichkeit nie gerecht werden kann.* Die Aufmerksamkeit solcher Kinder ist nach Art einer Zwangsidee auf alle Ernährungsprobleme und deren *Sublimierungen (Nietzsche)* gerichtet. Die Entbehrung eines Leckerbissens löst bei ihnen ganz andere Affekte und Handlungen aus, als wir erwarten. Ihr Sinn geht nach der Küche, ihr Spiel und ihre infantile Berufswahl setzt sich aus ihren Bereitschaften für Nahrungserwerb in Phantasien fort, Koch oder Zuckerbäcker zu werden. Die Bedeutung des Geldes als Machtfaktor dämmert ihnen früher und ungeheuerlicher auf, ebenso der Sinn für *Geiz* und *Sparsamkeit*. Stereotypien und Pedanterien beim Essen finden sich oft, prinzipielle Maßnahmen wie: das Beste zuerst oder zuletzt zum Munde zu führen; die *Ungeduldigen* bevorzugen erstere Praktik, die *Vorsichtigeren und Sparsamen* letztere. Idiosynkrasien gegen Speisen, Nahrungsverweigerung, hastiges Schlingen und Unfähigkeit zum Schlucken werden oft als *Trotzgebärde* festgehalten und zeigen die Verwendung des Ernährungsproblems zur Aggression gegen die Eltern. Abgesehen von organischen Erkrankungen des minderwertigen Ernährungsapparates im späteren Leben, von denen ich bei diesem Typus auf Ulcus ventriculi, Appendizitis, Karzinom, Diabetes, Leber- und Gallenerkrankungen aufmerksam gemacht habe, zeigt sich in der Neurose die stärkere Beteiligung, das Mitschwingen und die *häufigere Verwendung* funktioneller Störungen des Magendarmtraktes. *Seine intimere Beziehung zur Psyche spiegelt sich in vielen neurotischen und psychotischen Symptomen wider.* Einem speziellen Kunstgriff dieser Art glaube ich auf der Spur zu sein, ohne eine abschließende Anschauung vorlegen zu können. Eine Anzahl neurotischer Symptome wie Erytrophobie, neurotische Obstipation

und Kolik, Asthma, wahrscheinlich auch Schwindel, Erbrechen, Kopfschmerz, Migräne stehen in einem mir noch nicht ganz aufgeklärten Zusammenhang mit willkürlichem, aber unbewußtem *Zusammenspiel von Anuskontraktion (»Krampf« der Autoren, »Spasmus des Stigma«? Holzknecht, Singer) und Aktionen der Bauchpresse*, symbolischer Akte, einer Bauchsprache, die unter der Herrschaft der verstärkten Fiktion zustande kommen. Zwangserröten und hysterische Ohnmacht scheinen regelmäßig durch Zusammenwirken von Glottisschluß und Bauchpresse eingeleitet zu sein.
Den *Erwerbssinn* dieses Typus, *seine Gier nach Geld und Macht* fand ich auffallend im Vordergrund und als wesentlichen Einschlag im Persönlichkeitsideal.

I Geiz — Mißtrauen — Neid — Grausamkeit — Herabsetzende Kritik des Nervösen — Neurotische Apperzeption — Altersneurosen — Formen- und Intensitätswandel der Fiktion — Organjargon

Ich will zuerst von Charakterzügen sprechen, die sich mit gewisser Regelmäßigkeit bei allen Nervösen nachweisen lassen, und die in der Weise zum Ausdruck kommen, daß der Patient mit großer *Gier*, direkt oder auf Umwegen, bewußt oder unbewußt, durch zweckmäßiges Denken und Handeln oder durch das Arrangement von Symptomen nach vermehrtem Besitz, nach Vergrößerung seiner Macht und seines Einflusses, nach Herabsetzung anderer Personen und Verkürzung derselben strebt. Meist finden sich alle diese Formen des *Eigennutzes* und der Eigenliebe beisammen, und erst nach besserer Einsicht erkennt man das gewaltige Überwiegen der Umwege, durch die der Patient sich und seine Umgebung täuscht. Er täuscht auch die Wissenschaft. Denn während er beispielsweise den Uneigennützigen spielt, findet man in seinen Anfällen, in seiner Neurose, zugleich aber in dem durch letztere erzielten Endeffekt die verstärkte Gier wieder, von der wir eingangs gesprochen haben; er erweckt so den Eindruck eines Doppel-Ichs, an Spaltung des Bewußtseins Leidenden, und während *ein fiktiver Endzweck* ihn stärker als den Gesunden *das Schema des Geizes, des Neides, der Herrschsucht, der Bosheit, der Rechthaberei, der Gefallsucht* auf verborgenen Wegen einhalten läßt, darf er offen – *auch aus Gefallsucht* – den Wohltäter und Gönner, den Friedensstifter und uneigennützigen Heiligen spielen. Nicht ohne daß dieses Spiel gewöhnlich zum Unheil ausschlägt, etwa wie Gregor Werles Wahrheitsfanatismus in *Ibsens* »Wildente«. Man kann die Sucht des Neurotikers, *alles haben zu wollen*, nicht stark genug ansetzen, seine Gier, *der erste sein zu wollen*, unmöglich übertrieben darstellen – wenn auch die offen zutage liegenden Charakterzüge das widersprechendste Bild dazu liefern. Was den Patienten wirklich treibt, ist das eindeutigste Verlangen nach ausschließlicher *Macht*, und da sein Persönlichkeitsgefühl an vielen seiner Mittel Anstoß nimmt, auch die Macht anderer seinen Triumph hindern könnte, verschließt er die Augen, verbirgt er die verwehrten Charakterzüge vor sich und den anderen, und als verständnisvoller Kenner feindseliger Regungen und deren Unbeliebtheit läßt er sich im Tageslicht, in seinen »bewußten Regungen« von dem Ideal der Tugend leiten, ohne daß beide Linien einander stören. Dabei verrät sich *sein verstärkter Aggressionstrieb* dennoch, und zwar im Traume, in unbeherrschten Handlungen, in Haltung, Mimik und Gebärde und in jenem psychischen Geschehen, dessen Ausdruck die Neurose ist. So kommt es, daß immer jemand aus der Umgebung den schlechten Charakterzug des Neurotikers kennt, freilich ohne den ganzen Ernst der Situation zu verstehen.

Bezüglich der Frage der Vererbung derartiger Charakterzüge, ja auch ihrer *antagonistischen Anordnung* stellt sich in der Regel heraus, daß sie als sekundäre Leitlinien nach dem Bilde des Vaters, der Mutter oder stellvertretender Personen erworben und keineswegs angeboren sind. Die neurotische Psyche findet sie im eigenen oder in einem vorbildlichen Material vor, als welches für viele Fälle auch das *Doppelspiel, die Bewußtseinsspaltung der menschlichen Gesellschaft* zu gelten hat. Der Kunstgriff der Neurose aber ist es dann, die für den fiktiven Zweck der Persönlichkeitserhöhung oft ungeeigneten, feindseligen, aggressiven Züge zu verbergen, zu verändern, *den gleichen Zweck* vielmehr noch intensiver auf Umwegen, oft durch entgegengesetzte Charakterstimmungen und durch neurotische Symptome zu erreichen. Man überzeugt sich dann leicht, daß die übertriebene *Freigebigkeit* solcher Patienten dem gleichen Ziel des *»Willens zur Macht«* gehorcht, dem sich der Kranke auch durch Steigerung seines Aggressionstriebs, seiner *Begehrlichkeit*, seiner *Sparsamkeit* zu nähern versucht, indem er sich *in der Rolle des Gebenden zeigt*, während er einzig der Nehmende ist.

Einer meiner Patienten, der wegen *Stotterns und Depressionszuständen* in meine Behandlung kam, ließ für seine Umgebung nur die Züge der Freigebigkeit erkennen. Eines Tages übergab er einem Institut eine größere freiwillige Spende und erzählte mir dies, indem er scheinbar unvermittelt daran die Bemerkung knüpfte, er sei heute besonders deprimiert. Dabei trat auch sein Stottern stärker hervor. Der verstärkte Zustand seiner Neurose erwies sich als eine Folge seiner Freigebigkeit, durch die er sich nun verkürzt fühlt, und man ist berechtigt, den wahren Charakter in weiteren Handlungen, Gedanken oder Träumen, parallel laufend den hervortretenden neurotischen Symptomen zu erwarten, weil er sich von seinem Ziel: *Vermehrung des Besitzstandes*, zu weit entfernt hatte. Er muß nun etwas tun, um wieder dahin – zurückzukehren. »Es war schon spät in der Mittagszeit«, so erzählte er weiter, »ich verspürte starken Hunger, und zudem erwartete mich mein

Freund in einer Restauration, wo wir zusammen speisen wollten. *So mußte ich also den* (weiten) *Weg dahin gehen.* Mein Freund wartete noch. Nach dem Essen wurde es mir etwas besser.« Das heißt, er begann sofort wieder zu sparen und ging zu Fuß, trotz Hunger, Depression und Rendezvous. Nebenbei konnte er so den Freund *warten lassen*, was für viele Neurotiker die verdeckte Art ist, ihre Herrschsucht zu betätigen. Seither sah ich viele Patienten, bei denen Hunger Kopfschmerzen, Zittern, Depression und Haßgefühle auslöste. Einiges mag sicher organisch bedingt sein, die übrigen Symptome sind Proteste gegen ein durch den Hunger veranlaßtes Sinken des Persönlichkeitsgefühls, das schließlich zu Delirien führen kann.

Die allerersten Äußerungen, Handlungen, Mitteilungen des Patienten beim Arzte enthalten oft das Wesentliche aus dem Krankheitsmechanismus und aus der Charakterbildung. Es rührt dies daher, weil der Patient noch nicht die *Vorsichtsbereitschaft dem Arzte gegenüber* besitzt. Als obiger Patient sich mir vorstellte, erzählte er mir unaufgefordert, sein Vater sei nicht wohlhabend, und er könne für die Behandlung keine großen Opfer bringen. Nach einiger Zeit kam während der Behandlung notgedrungen das Geständnis zutage, daß er mich in diesem Punkte belogen hatte, um einen geringeren Honoraransatz zu erzielen. Auch in vielen anderen Beziehungen erwies er sich als *geizig*. Aber gleichzeitig versuchte er sich und insbesondere andere darüber zu täuschen. Beide Züge besaß auch der Vater, und unser Patient war von diesem mit besonderem Nachdruck auf die Sparsamkeit hingelenkt worden. Oft hatte man es ihm vorgesagt: »Geld ist Macht, für Geld kann man alles haben!« So konnte es nicht fehlen, daß unser Patient, der bereits in der Kindheit sehr *ehrgeizig und herrschsüchtig* war, übrigens ein Zweitgeborener, als er später in eine unsichere Situation geriet und das Maß des Vaters auf geradem Wege nicht erreichen zu können glaubte, unter dem Drucke seines Ehrgeizes zu dem Kunstgriff Zuflucht nahm, durch Beibehaltung eines Kinderfehlers, des Stotterns, den Vater von dessen Ohnmacht, vom Fehlschlagen seiner Erziehungspläne zu überzeugen. *Er verdarb durch das Stottern dem Vater das Spiel*, weil er nicht der erste sein, weil er ihn nicht überflügeln konnte. Gleichzeitig sorgte er so für seine Enthebung, um den Gott, den er im Busen trug, nicht auf die Probe stellen zu müssen. Auch in meinen anderen Fällen von Stottern fand sich dieses Symptom als Ausdruck des Zögerns bei ehrgeizigen Menschen, die vorübergehend oder dauernd den Glauben an sich verloren haben [1]. Vorherrschend ist bei

1 Siehe auch Appelt ›Fortschritte der Stottererbehandlung‹. In: *Heilen und Bilden*, l. c.

allen Stotterern die Sucht nach Verzärtelung und nach mildernden Umständen. –
Unsere Kultur gibt aber den Kindern großenteils recht, die in der Ansammlung von Geld den Weg zur Macht erblicken. Also geleitet nahm sein Wille zur Macht die äußere Form der Sparsamkeit und des Geizes an, indem er diese noch überspannte. *Erst der Widerspruch* zwischen offenen, niedrigen Geizbetätigungen und dem Persönlichkeits*ideal, das auch mit dem Gemeinsinn rechnen muß,* zwang zum Verstecken der Geizregung, mit deren Hilfe er dem Vater überlegen werden wollte, und erzwang das *Stottern als Ersatz* zum Zweck der neurotischen Überlegenheit. –
Im weiteren Verlauf der Analyse zeigte sich der Ausgangspunkt seines verstärkten Strebens nach Besitz. Er litt in den ersten Lebensjahren fast unausgesetzt an Magen- und Darmbeschwerden, die sich als Ausdrucksform einer *angeborenen Minderwertigkeit des Ernährungstraktes* geltend machten. Auch in der Familie spielten Magen- und Darmerkrankungen eine große Rolle. Der Patient erinnerte sich sehr genau, wie oft er trotz Hungergefühls und Begehrlichkeit wohlschmekkende Speisen entbehren mußte, während Eltern und Geschwister sie behaglich verzehrten. Wo er konnte, sammelte er Speisen, Bonbons und Früchte, um sie später schmausen zu können. In dieser Neigung zum Sammeln und Sparen sehen wir bereits die Wirkung der vorbauenden Sicherungstendenz, die beständig daran arbeitet, das Verkürzungsgefühl irgendwie auszugleichen. Gelegentlich kommt es in diesem Gefühl des Verkürztseins zu Diebstählen, besonders bei verunglückter Rivalität mit nahestehenden Personen.
Wie weit das Minderwertigkeitsgefühl aber reicht, kann etwa ein konstruiertes Beispiel zeigen, das ich mit Analogien zu unserem Fall belegen kann. Die Gier nach Macht und folglich nach Besitz kann durch das Gefühl der Minderwertigkeit so aufgepeitscht werden, daß man sie an Stellen der psychischen Entwicklung trifft, wo man sie kaum vermutet. Ein derartiger kleiner Patient wird wohl anfangs den Apfel wünschen, der ihm verwehrt ist, wenn er dem Vater oder Bruder beim Essen zusieht. Es wird sich der Neid regen, und nach kurzer Zeit kann ein solches Kind in seinen Überlegungen und im Vorausdenken so weit sein – aus Gleichheitsbestrebung es zu verhindern, daß der andere etwas voraus haben könnte. Es wird auch den Ausbau dieses gewiß wenig bedeutungsvollen Wollens bald so weit vollzogen haben, daß es Vorbereitungen und Bereitschaften parat hält, es wird sich, besonders bei ursprünglicher muskulärer Unfähigkeit, das ganze Jahr im Klettern und Springen üben, um im Herbst als *Meister* einen Baum erklimmen zu können. Die menschliche Psyche ist nicht im-

stande, jederzeit über fiktive Endziele Rechnung zu legen, und so kann dieses Kind, scheinbar losgelöst von seinem Endziel, seinc Bereitschaft für Sport und Gymnastik in den Dienst anderer Tendenzen stellen, die auf andere Weise dem Persönlichkeitsgefühl dienen, etwa wie unsere modernen Staaten Kriegsrüstungen betreiben, ohne auch nur den künftigen Feind zu kennen.

Der Vater unseres Patienten konnte leicht von dem Knaben als beiläufiges Vorbild genommen werden, da er an Größe, Kraft, Reichtum und sozialer Stellung seine Umgebung überragte. Wollte der kleine Junge aus seiner Unsicherheit heraus, in die ihn seine konstitutionelle Minderwertigkeit gestürzt hatte, so mußte er *wie nach einem Plan*, auf einen fixen Punkt zu, seine Vorbereitungen fürs Leben treffen. *Das starke Hervortreten der Leitlinie zum Vaterideal ist bereits ein neurotischer Zug*, denn in ihm können wir die ganze Not dieses unsicher gewordenen Kindes und seine Überspannung begreifen. Die Sicherungstendenzen in der Neurose führen den Patienten aus dem Bereich seiner eigenen Kräfte und zwingen ihn auf einen Weg, der aus der Wirklichkeit herausführt: 1. weil er seine Fiktion, dem Vater zu gleichen oder ihn zu übertreffen, zu seiner Aufgabe macht und nun gezwungen ist, sein Erleben der Welt unter ihrem Zwang zu formen, zu gruppieren und zu beeinflussen; 2. weil es nie ganz gelingen kann, eine derartige abstrakte Fiktion in der Wirklichkeit durchzusetzen, abgesehen von der Psychose; 3. weil das in solchem Falle überschätzte Ziel gleichzeitig abschreckt. Es kommt so in die Psyche des Kindes ein intensiv suchender, messender, abwägender, zaudernder Zug, von dem ich einiges hervorheben muß.

Was nach meiner Erfahrung das zu scharf gefaßte Leitbild des Vaters bei neurotischen Kindern zuerst verschuldet, zeigt sich, wie ich in meinen Arbeiten gezeigt habe, beim Suchen nach der Geschlechtsrolle. Das neurotisch disponierte Kind, oder wie ich sagen kann, das Kind, das unter dem Druck eines Minderwertigkeitsgefühls steht, *will ein Mann werden* – sobald die Neurose ausbricht, *ein Mann sein*. In beiden Fällen kann es sich nur um ein Gebaren handeln, *als ob* es ein Mann wäre oder werden sollte. Die verstärkte Sicherungstendenz zwingt auch in diesem Falle die Haltung des angehenden Nervösen in den Bann der Fiktion, so daß zum Teil auch bewußte Simulation zustande kommen kann, daß z. B. ein Mädchen, um seinem Minderwertigkeitsgefühl zu entgehen, anfänglich in bewußter Nachahmung männliche Gesten des Vaters entlehnt. Es liegt kein Grund vor, anzunehmen, daß sie vorerst in den Vater verliebt sein muß. Die Höherschätzung des männlichen Prinzips genügt dabei, kann allerdings zu-

weilen von dem Mädchen sowie von der Umgebung als Verliebtheit empfunden werden, wenn die Vorbereitung für die Zukunft in spielerischer Weise eine Hindeutung auf Liebe oder Ehe verlangt. In unserem Falle setzte sich die Leitlinie zum kompensierenden Persönlichkeitsideal im Wandel ihrer Form und ihres Inhalts in ein ehrgeiziges Streben um, den Vater an Reichtum, Ansehen und – damit im Zusammenhang – an Männlichkeit zu übertreffen. Das Suchen nach der eigenen Geschlechtsrolle setzte intensiv und in typischer Weise *als sexuelle Neugier* ein, wobei der Patient im Gefühle seiner Minderwertigkeit die eigene *Kleinheit* gegenüber der Größe des Vaters als eine herbe Zurücksetzung, als Mangel an Männlichkeit empfand. Sein Ehrgeiz, der ihm ermöglichen sollte, von der Stufe der Minderwertigkeit aufzusteigen, zwang ihn zur Steigerung seines Schamgefühls, damit man nicht bei einer Entblößung seine kleinen Genitalien sehen sollte. Dazu kam noch, daß er jüdischer Abkunft war. Er hatte von der Zirkumzision manches gehört und hegte die Vorstellung, daß man ihn auch bei dieser Operation verkürzt habe. Sein männlicher Protest trieb ihn zur Entwertung der Frau, *als ob er auf diese Weise seine Überlegenheit erweisen müßte,* und er kam mit seiner Mutter in das denkbar schlechteste Verhältnis. Aber auch dem Vater gegenüber, dessen Vorliebe für ihn er durch diplomatische Anpassung nährte, hegte er feindliche Gefühle, die besonders dann zutage traten, wenn der Vater seine Überlegenheit forcierte, wozu er eine große Neigung hatte. In diesem Wirrwarr der Gefühle suchte er Orientierung und fand sie nur in dem Gedanken, dem Vater überlegen zu werden, *männlicher zu werden als er.* So blieben ihm als Zeichen des männlichen Protestes bloß die Versuche, reicher, angesehener, klüger als der Vater zu werden und seine Umgebung herabzusetzen. Dieses Streben erfüllte ihn nach zahlreichen vergeblichen Versuchen mit *Zaghaftigkeit und Vorsicht.*
Sein Vater hatte große Hoffnungen auf des Patienten Rednergabe gesetzt, die sich in der Kindheit schon gezeigt hatte, hatte sich auch durch das geringfügige Stottern des Knaben nicht beirren lassen und hoffte, daß er die juristische Laufbahn ergreifen werde. Hier konnte er den Vater gleichzeitig an der wundesten Stelle treffen und zugleich sich den drückenden Erwartungen entziehen, und so verfiel er in immer heftigeres Stottern, eine neurotische Äußerung der *Sicherung gegen die Überlegenheit des Vaters,* zu der ihm die Anregung durch einen stotternden Hauslehrer gekommen war. In der Folge bekam dieses Symptom eine Unzahl anderer Verwendungen, beispielsweise die, daß er durch das Stottern immer Zeit gewann, seinen Partner zu beobachten, seine Worte abzuwägen, Forderungen der Familie an ihn abzulehnen, das Mitleid anderer

auszunützen und ebenso das Vorurteil, womit man nur geringe Erwartungen an ihn stellte, die er dann leicht übertraf. Interessant ist, daß ihm sein recht auffälliges Stottern in der Liebeswerbung kein Hindernis war, daß es ihn eher förderte, was von unserem Standpunkte begreiflich erscheint, nach welchem ein weit verbreiteter Typus von Mädchen von der Liebesbedingung nicht lassen kann, *der Mann ihrer Wahl müsse unter ihnen stehen,* damit sie ihn sicher beherrschen können, so daß sie sich gelegentlich besonders zu minderwertigen Partnern entschließen, in der Erwartung, des Dankes immer gewiß zu sein.

Besonders feindselige Regungen gegen Eltern, Geschwister und Dienstboten beendete er, um der sozialen Ächtung zu entgehen, mit der Aufstellung einer neuen Leitlinie, die ihn als gütigen Menschen erscheinen lassen sollte. Diese neue Entwicklung vollzog sich unter allabendlicher Ablegung einer Selbstbeichte, bei der er sich seine Bösartigkeit vorwarf und Schuldgefühle arrangierte. Sein wachsendes Verständnis hatte ihn so auf einen kulturellen Umweg zur Erhöhung seines Persönlichkeitsgefühls hingewiesen.

Der Mangel einer geradlinigen Aggression zeigte sich auch darin, daß er seinen *Ehrgeiz in Gedanken und Phantasien,* allerdings auch in guten Fortschritten in der Schule bewies, durch die er die meisten seiner Mitschüler *besiegte.* Eine zunehmende *Neigung zu Sarkasmus* und Verhetzung anderer wurde jetzt der einzig sichtbare Ausdruck seiner früher oft gewalttätigen Aggression, die ihm den Spitznamen »Blutegel« eintrug. Eine wichtige Rolle spielte seine kämpferische Stellung für das Judentum, die sich in einer um das 12. Lebensjahr auftretenden Zwangshandlung widerspiegelte. Wenn er ein Schwimmbad betrat, *so mußte er die Genitalien mit den Händen verdecken und sofort den Kopf unter Wasser stecken, wo er ihn so lange hielt, als er bis 49 gezählt hatte,* so daß er oft schwer nach Luft schnappend und erschöpft auftauchte. Die Auflösung ergab als gedanklichen Inhalt die Bestrebung seiner Phantasie, die Gleichheit der Genitalien herzustellen. Das 49. Jahr hat in der alten jüdischen Gesetzgebung, die er kurz vorher kennengelernt hatte, die Bedeutung des Jubeljahres, in dem alle Güter wieder gleichgemacht wurden. Einfälle dieser Art und das gleichzeitige Verstecken der Genitalien wiesen der Deutung den Weg. Man konnte nun bereits den Schluß machen, daß *auch sein Stottern eine Überlegenheit wettmachen sollte,* die Überlegenheit des Vaters, aller Menschen, indem es ihnen zum Hindernis, oft zur Pein wurde. Gleichzeitig erschien das Stottern ihm und der Umgebung als unverschuldete, rätselhafte Schranke seiner Leistungsfähigkeit.

Sein Geiz, seine Sparsamkeit waren ja in der gleichen Richtung tätig, Überlegenheiten anderer aus dem Felde zu schlagen, ihn vor Demütigung und weiterer Verkürzung durch Verarmung zu sichern, und er mußte diese sekundären Richtungslinien stark ausdehnen und seine Erlebnisse nach ihnen formen und werten, um zur Erhöhung seines Persönlichkeitsgefühls, zum männlichen Protest zu gelangen. Nur bei Anlässen, *wo ihm durch Lautwerden dieser Charakterzüge eine Beeinträchtigung seines Selbstgefühls erwachsen wäre, unterdrückte er ihre offene Betätigung, versenkte er sie ins Unbewußte.*

Es wäre ein Unding, in einer medizinisch-psychologischen Frage einen Standpunkt der Moral einnehmen zu wollen, etwa Personen wie die obige als *moralisch minderwertig* zu beurteilen. Diejenigen, die Neigung dazu verspüren, erinnere ich an die überaus starken, kompensatorischen, wertvollen Charakterzüge, im übrigen aber an die weise Sentenz *Larochefoucaulds*, der also urteilte: »Ich habe nie die Seele eines schlechten Menschen untersucht, aber ich habe einmal die Seele eines guten Menschen kennen gelernt, – ich war erschüttert!«

In einem anderen Falle zeigt sich der Charakter des Geizes nicht allein als Hilfskonstruktion, um ein Gefühl der Verkürztheit zu kompensieren, sondern vor allem als Kunstgriff, der der Sicherungstendenz dient. Ein 45jähriger Patient, der zeitlebens an psychischer Impotenz litt und von Suizidgedanken verfolgt war, zeigte eine besonders starke Neigung, andere herabzusetzen. Wir kennen diesen Charakterzug aus der Schilderung des vorigen Falles, wo er, wie immer, dazu diente, das eigene Gefühl der Minderwertigkeit aufzuheben. Mit dieser Tendenz sind regelmäßig gesteigertes *Mißtrauen und Neid* verbunden, die als neurotische, psychische Bereitschaften das Aufsuchen und Werten der Erlebnisse zu verfälschen haben. Auch eine Neigung, anderen in irgendeiner Weise körperlichen oder seelischen Schmerz zu bereiten, wird sich dabei in versteckter Weise immer durchzusetzen wissen. Der abstrakte leitende Gesichtspunkt des Patienten, seine herrschende Stellung zu sichern, »oben zu sein«, schien offenbar bedroht und zwang zur Verstärkung fiktiver Richtungslinien. Aus der Kinderzeit kamen Erinnerungen zur Verwendung in der Neurose, denen zufolge er einem Homosexuellen fast zum Opfer gefallen wäre. Er war *unter Schwestern als einziger Knabe* aufgewachsen, eine Situation, die nach meiner Erfahrung das Verständnis für die eigene Geschlechtsrolle häufig beeinträchtigt, überempfindlich macht und die Selbstsicherheit bedroht. Wichtig war seine Stellung zum Vater, weil sie ihn auch zu verstärkten Sicherungen zwang. Der Vater war nämlich brutal, egoistisch, tyrannisch, so daß es dem Knaben schwerfiel, sich neben ihm in offener Weise zur Geltung zu bringen. Einige Liebesabenteuer hatten den Vater in recht schwierige Situationen gebracht, die unser Patient in seiner entwickelten Neurose als Memento verwendete. Sein Mißtrauen wendete sich generalisierend gegen alle Frauen. Seinen Schwestern gegenüber blieb er zeitlebens aufopferungsfähig, aber diese Tatsache apperzipierte er schon mit überaus starker Empfindung und entwickelte daraus mit Tendenz Gedankengänge, wie leicht er Frauen gegenüber nachgäbe. Und er konnte auch gelegentlich in dieser Richtung weit gehen, um diesen Eindruck bei sich recht scharf hervorzuheben. Dann war er vorbereitet, sich von den Frauen zurückzuziehen, ihnen die Hingabe zu verweigern.

Aus seiner Kindheit hatte er *Gefühle der Minderwertigkeit in ein sexuelles Bild* gebracht. Die Ursache seiner unmännlichen Haltung – hatte ihn doch der Homosexuelle als Mädchen nehmen wollen! – suchte und fand er in einem gelegentlichen Kryptorchismus, der mit einem offenen Leistenkanal zusammenhing. Solange er den Vater zum Leitpunkt gemacht hatte, zeigte er die gewöhnlichen Vorbereitungen, ihm gleich zu werden. Er trank ihm heimlich den Schnaps aus, versuchte die Mutter auf seine Seite zu ziehen und wählte frühzeitig den Beruf seines Vaters, in welchem er auch seine durch das Gefühl seiner Minderwertigkeit und durch das Hinstreben zum Leitbild des Vaters gereizten sadistischen Neigungen befriedigen konnte, er wurde Fleischhauer. Rohe Neigungen betätigte er auch gerne an Mädchen und Frauen, er biß sie, schlug sie und nahm auch einmal an einer Vergewaltigung teil. Dieses Erlebnis aber, das ihn noch ganz in der brutalen Manier des Vaters zeigte, drängte ihn durch die drohende Konsequenz vor strafrechtlichen Folgen und durch die damit verbundene Herabsetzung seines Persönlichkeitsgefühls auf einen neurotischen Umweg. Er verwendete sein ohnehin gesteigertes Mißtrauen gegen Mädchen dazu, sie mit *eifersüchtigen Anwandlungen* zu quälen, sie ganz unter seinen Einfluß zu beugen und sich auf diese Weise den Schein seiner Herrschaft zu sichern. Seine Ejaculatio praecox und die damit verbundene Impotenz, *(ebenso wie Frigidität sichere Zeichen mangelnder Hingabe)* dienten seinem Sicherungsbedürfnis ebenso wie seiner Gehässigkeit gegen die Frau. Mit Vorliebe versuchte er verheiratete Frauen zu verführen, um ihnen durch seine Impotenz Enttäuschungen zu bereiten, gleichzeitig aber, um in spielerischer Weise Bestätigungen zu erlangen, daß »alle Frauen« schlecht seien. Auch in Zwangsideen äußerte sich diese Neigung, weh zu tun. So hatte er während der Kur noch Anwandlungen, eine Sprachlehrerin während des Unterrichts zu beißen und zu schlagen, weil ihm Gedanken aufgetaucht waren, sie hätte einen Geliebten, den sie ihm vorzöge. Diese sadistische Reaktion auf ein Gefühl des Unterliegens, als männlicher Protest gegen die Empfindung, unmännlich, weich zu sein, stammt aus der Kindheit und durchzieht seine ganze Neurose. Es war nicht schwer nachzuweisen, daß seine Impotenz in gleicher Weise dem Endzweck gehorchte, einen Weg zu finden, *um der Liebeshörigkeit, der Unterstellung unter ein Weib zu entkommen,* eine Tendenz, die aber ihre Fortsetzung darin fand, immer wieder Frauen auf irgendeine Weise herabzusetzen. Als er bei seiner Lehrerin keine Aussicht zu reüssieren hatte, verließ er sie brüsk, da er wußte, daß das Mädchen auf Stundengeben angewiesen war. Vorher aber stellte er kritische Berechnungen über die Kosten seiner Sprachstunden auf, fand sie für seine Verhältnisse unerschwinglich, was als falsche, tendenziöse Wertung des sehr wohlhabenden Mannes deutlich in die Augen sprang. – In gleicher Richtung verwendete er gelegentlich auftauchende Erinnerungen an inzestuöse Gedanken, um sich seiner Schwäche, seiner verbrecherischen Neigung, sobald Frauen ins Spiel kamen, mit Schrecken bewußt zu werden. So stellte er eine Operationsbasis her, von der aus er sich vor dem weiblichen Geschlechte *sichern mußte,* wodurch ihm eine dauernde Überlegenheit im Leben gewährleistet schien.

Der tiefste Kern seines Zwangs zur Sicherung vor der Frau war, er könnte in der Ehe, in der Liebe Enttäuschungen erfahren, die er seiner Unmännlichkeit zugeschrieben hätte. Da er sein neurotisches Ziel im Beweis seiner Macht suchte, mußte er vorsichtig und zu neurotischen Umwegen geneigt werden. Auch bei diesem Patienten lagen frühzeitige Magen-Darm-Störungen vor und als peripheres Minderwertigkeitszeichen der fatale Leistenbruch und der Kryptorchismus. Bei seiner Art des Liebesbetätigung bot sich der übertriebene Geiz als das brauchbarste Mittel zur Sicherung gegen eine zu weit gehende Hingabe. Sollte aber dieser Geiz etwas leisten können, so mußte er den ganzen Kreis seiner Lebensbeziehungen umfassen und allgegenwärtig sein. Er mußte selbst wieder gestützt und durch allerlei Winkelzüge befestigt werden. Unter anderem geschah dies durch das Arrangement von Zwangsgedanken. Wenn er ein Automobil benützte, kam ihm der Gedanke, es könnte oder möge ein Zusammenstoß erfolgen. Ein näheres Eingehen auf diese Zwangsidee ergab, daß er nicht im Entferntesten an diese Möglichkeit *glaubte,* daß er aber, auf seine Phobie gestützt, allen teuren Fahrgelegenheiten auswich. Ja sogar, wenn er eine längere Strecke mit der Trambahn fuhr, kam ihm am Ende der billigeren Zone der Gedanke an einen Zusammenstoß oder an das Einstürzen einer zu befahrenden Brücke, so daß er fast immer den geringeren Fahrpreis bezahlte, einige Heller ersparte und den Rest des Weges zu Fuß ging. Er war auf der Linie, sich jede Ausgabe zu verbittern, gleichzeitig auch den Kreis seiner Leistungsfähigkeit einzuschränken.

So geschah es auch, daß er, um eine einheitliche Haltung zu gewinnen, in gleicher Weise die Herabsetzung des Mannes anstrebte. Schon bei seiner Jagd auf verheiratete Frauen kam dies zum klaren Ausdruck, und es befriedigte ihn die Bestürzung und Enttäuschung der verführten Frauen, die Schimpfworte, die er ihnen nachträglich gab, nicht weniger als die Genugtuung, sich wieder einmal als der Stärkere gegenüber den Ehegatten gezeigt zu haben. Dies wurde nachgerade zum Inhalt seines Lebens, die Formverwandlung, in der sich seine ursprüngliche Fiktion, *der Männlichste zu werden*, annähernd erfüllt hatte. Nur die *Furcht vor der Frau*, die ihn ursprünglich, gleichgerichtet mit der Empfindung seiner eigenen Weiblichkeit, zu seinem übertriebenen männlichen Protest gebracht hatte, fand sich wieder in der übergroßen Sicherung vor der Überlegenheit der Frau und ließ ihn als Schutzdamm sein Mißtrauen und seinen Geiz, die beide trefflich argumentieren konnten, maßlos verstärken. Von dieser Sicherungstendenz fortgerissen fixierte er zudem noch die psychische Impotenz, die er bei seinen ersten Versuchen kennengelernt hatte. Ein Dienstmädchen, das er als Jüngling verführen wollte, leistete ihm Widerstand. Er war damals unerfahren und hielt sich für impotent. Später, als er gelehriger geworden war, empfand er seine Unerfahrenheit so, als ob das Weib für ihn ein Rätsel, unergründbar sei. In der ursprünglichen Impotenz aber, *die nur der psychische Ausdruck seiner Gegengründe war*, und in seiner Ratlosigkeit der Frau gegenüber fand er die neurotischen Umwege, sich einer endgültigen Niederlage, einer Entscheidung zuungunsten seiner Männlichkeit zu entziehen. Das Messen mit anderen Männern setzte nun verstärkt ein. Er ertappte sich beispielsweise in einer psychischen Situation, wo er mit einer Gesellschaft bei Tische sitzend, bereits lauerte, bevor noch jemand ein Wort gesprochen hatte, was er entgegnen sollte, wie er dem Sprechenden *unrecht* geben könnte. Sprach er über ein Buch, über ein Theaterstück, eine Gesellschaft, über einen Ort, so drang stets eine herabsetzende Kritik in schärfster Form durch. Und so war es auch zu erwarten, daß er in jeder ärztlichen Behandlung nach einer kurzen Einleitung die Charakterzüge des Mißtrauens, des Geizes, der Entwertung, oft kunstvoll ineinander verschlungen, zum Ausdruck brachte. Seine festgefrorene psychische Geste, seine Attitude waren der Angriff, die Herabsetzung des anderen, und sie mußten bei näherer Betrachtung *zum Vorschein kommen*. Dazu kam noch ein verschärfendes Moment. Seine

Absicht, wenn er den Arzt aufsuchte, konnte ja nicht sein, pure et simple von seiner Impotenz befreit zu werden, da er dadurch in das Chaos seiner Befürchtungen gestürzt worden wäre. *Er wollte vielmehr den Beweis seiner Unheilbarkeit oder einen Weg finden, auf dem er ohne Furcht vor einer Niederlage potent sein konnte.* Um zum ersten Ziel zu gelangen, war die Entwertung des ärztlichen Könnens Vorbedingung. Den Weg zur Heilung aber konnte er nur finden, wenn er die Furcht vor der Frau bis zu ihren irrtümlichen Quellen zurückverfolgt hatte, bis zum kindlichen Gefühle seiner Unmännlichkeit, in dem sich das Gefühl seiner Minderwertigkeit konkretisiert hatte. Einer seiner Träume aus der Zeit vor Beendigung der Behandlung zeigte diesen Sachverhalt sehr genau. Ich muß vorher kurz bemerken, daß ich *den Traum als die Spiegelung eines abstrahierenden, simplifizierenden Versuches auffasse, aus einer mit einer Niederlage drohenden Situation durch Vorausdenken und Ausprobung der Schwierigkeiten an einem dem Patienten eigentümlichen Schema einen sichernden Ausweg für das Persönlichkeitsgefühl zu finden*[2]. Deshalb wird sich auch in jedem Traume das signifikante Schema der gegensätzlichen Apperzeptionsweise: *»Männlich-weiblich«* und *»oben-unten«* als jedem Menschen ursprünglich anhaftend, beim Nervösen aber verstärkt, wieder finden. Die zutage tretenden Einfälle und Erinnerungen müssen erst in dieses Schema eingereiht werden, um den Sinn des Traumes zu ergeben, der nicht – oder nicht prinzipiell – einen infantilen Wunsch zu erfüllen hat, dessen Aufgabe es vielmehr ist, die der Neurose entsprechende Stimmung zu erzeugen, dessen Deutung einleitende Versuche ergibt, die unter Reduktion auf ein kleineres Maß das Soll und Haben des Patienten in dessen neurotischer Art zugunsten des Persönlichkeitsgefühls zur Verrechnung bringen. Der Traum lautete: »Ich handle mit alten Sachen in Wien oder in Deutschland oder in Frankreich. Ich muß aber neue Sachen kaufen und sie abwaschen, weil dies dann billiger kommt. Dann sind es wieder alte Sachen.«

Die neuen Sachen bedeuten eine neue Potenz im Gegensatz zu den »alten Sachen«, zu seiner Impotenz, die noch niemand in allen Ländern geheilt hatte. Hier schimmert der Gedanke an ein neues Leben, an die Möglichkeit einer Erlangung der Potenz durch. Die Worte, »weil dies dann billiger kommt«, decken oben klargelegte Gedankengänge, seine Furcht vor Geldausgaben im Falle seiner Potenz. Dieser Gedanke ist aber nur in einem Falle haltbar, wenn nämlich der Patient von

2 Siehe insbesondere A. Adler, ›Traumdeutung‹. In: Heft 4 des VII. Jhrg. der *Internat. Zft. f. Indiv.-Psychologie.*

der Überzeugung durchtränkt ist, er sei maßlos in seinem Liebesdrang, kenne keine Grenzen und jage sinnlos den Frauen nach. Die entsprechende Überzeugung nun holt er sich *tendenziös* aus Erinnerungen der Kindheit, der Pubertät und des Mannesalters. Dabei hilft er auch der Gestaltung seiner kindlichen Inzesterinnerungen nach und bringt sie wie jeder Nervöse, wenn sie ihm taugen, in die Form, *als ob* er die Mutter oder die Schwestern in sexueller Absicht begehrt hätte. Das heiß, er arbeitet mit einer *aus dem Endzweck abgeleiteten Fiktion,* um sich zu sichern, ähnlich wie *Sophokles die Ödipussage formt und ausgestaltet, um die heiligen Gebote der Götter zu festigen.* Gleichzeitig drückt sich sein Begehren nach Unterjochung der Mutter und der Schwestern im Sexualjargon aus. Unser Patient ist ein williges Opfer seines mangelhaften Verständnisses für Dialektik, für die Gegensätzlichkeit des primitiveren Denkens geworden. Der leitende Gedanke seines Persönlichkeitsideals: ich darf Blutsverwandte nicht begehren – enthält dialektisch den Gegengedanken von der Möglichkeit eines Inzests. Da der Nervöse sich sichern will, hält er sich an den Gegengedanken, spielt mit ihm, unterstreicht ihn und verwendet ihn in der Neurose wie alle erschreckenden Erinnerungen, die ihm für seine Sicherung nützlich erscheinen. Im Leben unseres Patienten und aller Nervösen hat es noch viel mehr Erlebnisse gegeben, die ihnen die Überzeugung hätten beibringen können, daß sie frei von Inzestregungen, daß sie überhaupt immer äußerst maßvoll, vorsichtig und zaghaft waren. Da er sich aber sichern will, stoßen sein Gedächtnis und seine neurotische, fälschende Apperzeptionsweise diese Züge tendenziös von sich. Er hat viel mehr Eindrücke davon, daß er die Mutter und die Schwestern nicht begehrte – er kann sie aber zur Sicherung nicht verwenden. So bleibt ihm bloß eine Erinnerungsspur an ein *vorbereitendes, spielerisches Unterfangen,* und weil ihm dies als Warnung dienen kann, macht er daraus einen Popanz, mit dem er sich erschreckt. Er will »abwaschen«, d. h. sich frei davon machen. *Genau in der gleichen Weise entstehen die neurotische Angst, die Platzangst, Hypochondrie, Pessimismus und Zweifelsucht,* indem die Patienten bloß die zur Sicherung dienenden Eindrücke und Erlebnisse heranziehen, die ihre Affektlage verstärken, und die übrigen, speziell die entgegengesetzten, entwerten. Die Fähigkeit der Sophisten, von jedem Ding »in utramque partem dicere«, hat auch der Nervöse und der Psychotische, und sie verwenden sie je nach Bedarf.

Die scharf zugeschliffenen, tendenziös verstärkten Bereitschaften des Nervösen und die ihnen beigeordneten neurotischen Charakterzüge bringen es mit sich, *daß jede neue Situation verwirrend wirkt.* (*Lombrosos* Misoneismus.) Am meisten fürchtet unser Patient die ihm unbekannte Situation der Sexualbefriedigung, weil er sich in dieser vorausempfundenen Situation – aus Sicherungsgründen – als den unterliegenden Teil gesetzt hat. Nun stellt diese Furcht, die als Furcht vor der Impotenz empfunden wird, eine weitere Sicherung dar gegen die Möglichkeit, von der Frau gefesselt, festgehalten, betrogen zu werden, ihr nicht gewachsen zu sein, gegen eine Rolle, die seinem männlichen Ideal widerspricht, und die er deshalb als weiblich wertet. Aus harmlosen, ubiquitären Zügen der Selbstsucht, des Geizes und der Sparsamkeit arrangiert er eine tiefgreifende, scheinbar immanente, in Wirklichkeit fiktive *Leitlinie des Geizes*, weil ihn diese am besten zu behüten scheint. Bekommt er, wie im Traume, was er schon in der Kindheit gewünscht, neue Genitalien, eine gesunde Potenz, dann muß er sich dagegen wehren. Und er greift zu einem Mittel, das er schon lange kennt, das ihm oft schon vergebens empfohlen wurde, zunächst immer aber seine Erektionen abschwächte, statt sie zu stärken, zu kalten Waschungen. Dieser in seiner Erfahrung mangelhaften Kur setzt er meine Behandlung gleich. Die Kur soll das Gegenteil von dem bewirken, was sie anstrebt, und der Arzt soll ebensowenig einen Erfolg erzielen wie die früheren Ärzte. So zeigt der Traum dem Patienten den Ausweg, sich vor der Heilung zu schützen, was ihm nur gelingt, wenn er dem Arzt überlegen ist. *»Dann sind es wieder alte Sachen.«*

In anderen Fällen von psychischer Impotenz gelingt die Heilung leicht und, wie wir wissen, mit den verschiedensten Mitteln. Oft handelt es sich nämlich um nervöse Patienten, die *schon durch ihren Gang zum Arzt* zu verstehen geben, daß sie geneigt wären, diese Art von Sicherung aufzulassen. Nun helfen Medikamente, Kühlsonden, Elektrizität, hydropathische Kuren und insbesondere jede Art von Suggestion, auch die durch eine unsinnige Analyse. Es genügt dann zuweilen die Autorität des ärztlichen Wortes, damit bestimmte Bedenken fallen. In den schweren Fällen ist eine Umwandlung der auf Sicherung allzu stark bedachten Psyche nötig und die Einführung des Patienten in die Gemeinschaft, die er durch die Impotenz zu untergraben sucht.

Das Alter treibt oft den Neid und Geiz stark hervor. Psychologisch ist dies nicht schwer zu begreifen. Wie schön auch Dichter und Philosophen die Zeit des Alters auszuschmücken versuchen, nur den erlesenen Geistern dürfte es gegeben sein, ihr Gleichgewicht zu bewahren, wenn sie die Pforte, die zum Tode führt, aus der Ferne auftauchen sehen. Und die Entbehrungen und Einschränkungen, die natürlicherweise das Alter mit sich bringt, die fühlbare Überlegenheit jüngerer Menschen, Angehöriger, wie sie oft in harmloser Weise oder harmlos scheinend zu Zurücksetzung älterer Personen Anlaß gibt, werden fast immer zur Herabdrückung des Persönlichkeitsgefühls führen. Die sonnige Bereitschaft Goethes, im »*Vater Kronos*« erquickend zum Ausdruck gebracht, ist wohl für die meisten Menschen eine unerreichbare Illusion, und glücklich sind die zu preisen, die ohne schwere Beeinträchtigung des Gemütes den Verlust ihrer besten Zeit überdauern.

Nach unseren Voraussetzungen ergibt sich folgerichtig, daß die Zeit des Alterns wie eine dauernde Herabsetzung ein starkes Minderwertigkeitsgefühl auslöst. Insbesondere werden alle darunter leiden, bei denen neurotische Disposition vorliegt. Zuweilen bringt das Alter erst, das Klimakterium bei Frauen, Gefühle der Insuffizienz geistiger oder psychischer Art, Anzeichen von Impotenz, Auflösung der Familie, Verheiratung eines Sohnes oder einer Tochter, auch Geldverluste oder Enthebungen von Ämtern und Würden den Zusammenbruch. Meist finden sich in der Vorgeschichte schon Spuren oder Ausbrüche neurotischer Erscheinungen. Das Alter mit seinen Einbußen wirkt wie andere Herabsetzungen des Persönlichkeitsgefühls. Der gereizte *Aggressionstrieb* sucht andere Wege, um eine Ausgleichung herbeizuführen, andere Wege, die leider in diesen Fällen nicht leicht zu haben sind. Leichter wäre der Verzicht, wenn gleichmäßig mit dem Sinken körperlicher und geistiger Kraft das Empfindungsleben sich einengte. So kommt es selten. Und um den Ersatz zu finden, peitscht der durch Unsicherheit gereizte Aggressionstrieb alle Regungen des Begehrens noch einmal auf. Das allgemeine Urteil stemmt sich diesen Versuchen oft allzusehr entgegen. Die Haltung, das Leben, das Begehren, die Kleidung, die Arbeit, die Leistungen alternder Personen unterliegen in zu hohem Maße der Kritik. Wer zur Neurose geeignet ist, wird diese Kritik leicht als Sperrung empfinden und wird dort schon zurückschrecken, wo noch Befriedigungsmöglichkeiten bestehen. Er wird sich zur Unterwerfung nötigen, wird seine Gefühle und Wünsche morden wollen, ohne mit ihnen fertig zu werden. Ja heftiger noch lodern diese auf, wenn ohne Ausgleich ein Verzicht erzwungen wird. So kommt es, daß die aktiven feindlichen Charakterzüge hervortreten, daß Neid, Mißgunst, Geiz, Herrschsucht, sadistische Regungen aller Art Verstärkungen erfahren, und, nie befriedigt, eine Ruhelosigkeit erzeugen, die ununterbrochen auf Abhilfe, auf Ersatzmöglichkeiten, auf Sicherungen dringt. »Dort, wo du nicht bist, dort ist das Glück!« Denn die reale Position alternder Personen ist in unserer Gesellschaft schwer bedroht, da der Wert der Arbeit fast ausschlaggebend für die Schätzung der Persönlichkeit ist. Der Schein der Macht aber, *das Prestige*, ist das Brot des Neurotikers. Auch Selbstmord als letzten Aus-

druck des männlichen Protests im Alter haben wir schon erlebt. *Häufig findet sich Melancholie als Racheakt.*
Stärker noch als bei Männern wirkt der Eintritt des Alters bei Frauen. Schon die Bedeutung des Klimakteriums wird meist phantastisch übertrieben. Aber für die Frau war Jugend und Schönheit Macht, und dies mehr als beim Manne. Ihre Reize konnten ihr Herrschaft geben, Siege und Triumphe, wonach die neurotische Gier unausgesetzt verlangte. Das Alter trifft sie wie ein Makel. Dabei sinkt ihr Wert stärker als der des alternden Mannes, und die herrschende Mentalität ist der alternden Frau gegenüber geradezu feindselig zu nennen. Dieser bedauerliche Zug stammt aus der uns bekannten Entwertungstendenz des Mannes gegenüber der Frau, kooperiert mit dem psychischen Niederschlag aus unserem gesellschaftlichen Erleben, und bis zum Grab während zeigt sich dieser neurotische Sproß unversöhnlich und unausrottbar. Bewußt und unbewußt, oft durch die Natur der Verhältnisse unüberwindlich, drückt die herabsetzende Tendenz derer, die das Recht zum Leben haben, auf das Persönlichkeitsgefühl alternder Frauen. Kindesliebe und Ehrfurcht vor dem Alter als Hilfsmethoden und leitende Gesichtspunkte des Gemeinschaftsgefühls im Umgang der Menschen leisten oft nur das Mindestmaß und können dem aufgepeitschten Wollen von Menschen, denen die Kraft schwindet, nie genügen. Da setzt der neurotische Zug zur Verstärkung der Leitlinien ein. »Ich bin verkürzt, ich habe zu wenig vom Leben gehabt, ich werde nichts mehr erreichen«, das hört man aus den Klagen alternder Neurotiker regelmäßig heraus, und sie vertiefen diese Art, das Leben zu betrachten, so sehr, daß sie mißtrauisch und argwöhnisch einem oft widerlichen Egoismus verfallen, wie er bei ihnen früher nie so deutlich geworden ist. Dann aber werden die Unentschlossenheit und der Zweifel stabilisiert. »Handle so, als ob du doch noch zur Geltung gelangen müßtest«, so ungefähr hebt sich eine andere Leitlinie aus der Psyche ab, und damit steigt nun die neurotische Verschärfung der Gier, und die geizigen, neidigen, herrschsüchtigen Regungen treten gewaltig in den Vordergrund, fast stets aber gehemmt durch die erstgenannten Leitlinien, gemäß welcher die Patienten vor jedem Begehren und Beginnen zurückschrekken. So liegen förmlich unter einer Decke, mühevoll dem Bewußtsein entrissen, die Regungen, welche andauernd Unzufriedenheit, Ungeduld, Mißtrauen unterhalten, und lenken die Aufmerksamkeit unausgesetzt auf das Unerreichte und oft Unerreichbare. Recht häufig wird dieses im Bereich des Erotischen gesucht, oder das *Sexuelle wird als Symbol* des unerreichbaren Zieles aufgerichtet. In letzterem Fall, zu dessen Gelingen die große Eignung des sexuellen Symbols einerseits

beiträgt, ferner aber auch der Umstand, daß der *Beweis einer sexuellen Unbefriedigung jedem wohl gelingen dürfte*, worauf es schließlich ankommt, wird das ganze Wollen sexualisiert. Es ist leicht zu verstehen, daß diese Personen auf der *Grundlage einer sexuellen Analogie apperzipieren*. Aber es muß der Fehler vermieden werden, die sexuelle Fiktion, sozusagen einen *Modus dicendi* oder einen *sexuellen Jargon* für ein ursprüngliches Empfinden zu nehmen. Im theoretischen Teil habe ich auseinandergesetzt, warum beim Neurotiker die sexuelle Leitlinie so deutlich hervortritt: 1. weil sie wie alle Leitlinien beim Neurotiker erheblich verstärkt und sozusagen real empfunden wird, während sie nur arrangiert wurde, um als sichernde Richtlinie zu wirken, 2. weil sie in die Richtung des männlichen Protestes führt. So kommt es, daß jedes Begehren der alternden Nervösen nicht bloß von ihr, sondern bei einiger Bemühung *auch vom Arzte* auf eine sexuelle Analogie bezogen werden kann. Auch daß der Arzt das immanente Bedürfnis des Neurotikers nach einer sichernden Analogie durch voreilige Darbietung der sexuellen Leitlinie im Stile der *Freud*schen Schule befriedigen kann, geht aus dieser Betrachtung unzweifelhaft hervor. Ein Gewinn ist dies insolange nicht, als es nicht gelingt, den Patienten von seiner Fiktion loszulösen, was erst möglich ist, wenn er sicherer geworden ist und seine scheinbar libidinöse Regung als fälschende Fiktion erkennt.

Eine solche Fiktion ist beispielsweise das von früheren Autoren, von *Freud* und von *Kurt Mendel* beschriebene *Klimakterium des Mannes*. Das Klimakterium der Frau wirkt psychisch unbekümmert um Stoffwechselvorgänge durch die Steigerung des Minderwertigkeitsgefühls. Gleichzeitige Stoffwechselstörungen können bloß den neurotischen Aspekt verändern oder verstärken, sobald sie sich spezifisch, durch Verstärkung der Unsicherheit fühlbar machen. Die Basedowneurose bei klimakterischen Frauen gibt ein solches gemischtes und verstärktes Bild. Die Neurose des »männlichen Klimakteriums« ist ebenfalls nur mittelbar durch die Genitalatrophie beeinflußt, kann aber eine Verstärkung erfahren durch die verschärfende Abstraktion: ich bin kein Mann mehr, ich bin ein Weib! – Da von diesem ideologischen Standpunkt aus die männliche Richtungslinie mit Aufmerksamkeit und arrangierten Erregungen verstärkt, hypostasiert wird, kommen die wunderlichen Erscheinungen des Johannistriebs zustande, für deren häufigen Bestand bei Frauen sich *Karin Michaelis* im »Gefährlichen Alter« mit Recht eingesetzt hat. Nur daß die sexuelle Richtlinie nicht die ausschließliche oder gar die grundlegende ist, etwa wie sie eine biologische Betrachtungsweise zu erledigen versucht, sondern sie muß als *eine* Ausdrucksform, die andern Formen des Begehrens gleichgeordnet ist, betrachtet werden, wenn man den Tatsachen gerecht werden will. Eine ältere Witwe rächte sich durch offen betriebene Liebesabenteuer mit jüngeren, von ihr bezahlten Männern an ihren Kindern, weil diese sie aus ihrer Hauswirtschaft gedrängt hatten. Ein alternder Mann zeigte jahrelange Schlaflosigkeit, die eine *Verurteilung von Frau und Kind* enthielt, beiden ihre Lieblosigkeit zum Vorwurf machte und gleichzeitig Sexualfreiheit zu erfordern schien, durch die der Schlaf nach einem lächerlichen Vorurteil wiederkommen sollte. Gleichzeitig verhinderte die Müdigkeit und kontinuierliche Entkräftung jede erotische Regung.

Die klimakterische Neurose zeigt uns demnach ein anderes Gesicht der durch das Gefühl der Minderwertigkeit bedingten Neurose, und die in ihr nachweisbaren Charakterzüge – sekundäre Leitlinien, die in die Hauptlinie einzumünden bestimmt sind – gleichen den uns bekannten Hypostasierungen. Ich habe nie einen Fall gesehen, bei dem die Neurose erst im Klimakterium ausgebrochen wäre. Und es ist ja auch nach unseren Voraussetzungen zu erwarten, daß die »klimakterische« Neurose schon früher gelegentlich ihr Gesicht gezeigt hat. Manchmal in mäßiger Weise, wenn die Gunst der Verhältnisse oder kulturelle Betätigungen durch teilweise Befriedigung des Machtkitzels den Ausbruch mildern konnten. Meist findet man eine seit Jahren währende Steigerung, ein Weitergreifen der neurotischen Symptome, das von vorneherein eine notwendig gewordene Verschärfung der Sicherungstendenz erraten läßt. Ein Beispiel wäre die Transformation von Kopfschmerzen und gelegentlicher Migräne in Trigeminusneuralgie. Oder die Steigerung der neurotischen *Vorsicht in Angst*, gelegentlich durch *Eskomptierung eines zu erwartenden Unheils in Melancholie.* Für diese drei Stufen der Sicherung ist das im theoretischen Teil angedeutete Schema in Anspruch zu nehmen:

VORSICHT: z. B. als ob ich mein Geld verlieren *könnte,* »unten« sein *könnte.*

ANGST: als ob ich mein Geld verlieren *werde,* unten sein *werde.*

MELANCHOLIE: als ob ich mein Geld verloren *hätte,* unten *wäre* [3].

Mit anderen Worten, je stärker das Gefühl der Unsicherheit, um so mehr wird unter steigender Abstraktion von der Realität die Fiktion verstärkt und dem *Dogma* genähert. *Und der Patient nährt und fingiert in sich alles, was ihn näher an seine sichernde, in einem kleinen Kreise wirksame Leitlinie*

3 Siehe ›Melancholie und Paranoia‹. In: *Praxis und Theorie der Individualpsychologie,* l. c.

heranbringt. Die Realität wird dabei in verschiedenem Grade entwertet, und die korrigierenden, der Gemeinschaft angepaßten Bahnen erweisen sich immer mehr als insuffizient.

Nicht selten sieht man Fälle, bei denen in den uns bekannten pathogenen Zeiten neurotische Erscheinungen, wie im Experiment, zutage getreten sind. *Kisch* und andere haben auf die anamnestische Tatsache der neurotischen Beschwerden *beim Eintritt der Menstruation* hingewiesen. Häufiger findet man in der Vorgeschichte nervöse Molimina menstrualia oder Neurosen vor der Verehelichung, im Puerperium oder kontinuierlich.

Nach diesen Erörterungen dürfen wir wohl die geschilderten Leitlinien einmünden lassen in die Hauptleitlinie des Neurotikers. Die Neurose alternder Personen ist nur ein anderes Gesicht, ein adaptierter, psychischer Überbau, errichtet über der einen elementaren Richtungslinie: *ich will der Sieger sein.* Und diese Richtungslinie, die direkt zum Scheitern verurteilt wäre, bedient sich der verschiedensten Verkleidungen, ohne je eine befriedigende zu finden. Oft ist der Eindruck der einer großen Ratlosigkeit, einer Resignation, als ob die Patienten sagen wollten, sie wüßten nicht, wie sie es anstellen sollen. In alle Pläne mengt sich der *Zweifel*, das *Schwanken* verläßt sie nicht, daneben aber sieht man übertriebene Darbietungen, als ob die Patienten sich beweisen wollten, daß sie zu alt, daß sie noch jung sind. Die Tendenz ist, Macht, Einfluß, Geltung zu gewinnen. Aber das Gefühl, Unerreichbares zu wollen, verläßt sie nicht. In den Träumen findet man regelmäßig den Versuch, in irgendeiner Weise der Überlegenheit zum Durchbruch zu verhelfen, jung zu sein, oft aber auch, zuweilen gut verhüllt, *ein Mann zu sein.* Meist äußern sie bewußt, daß sie den alternden Mann für bevorzugt halten. Auch die *Charakterzüge, diese Leitlinien zweiter Ordnung,* zeigen die Wirkung der Sicherungstendenz. Pedanterie, Geiz, Neid, Herrschsucht, Gefallsucht setzen sich oft in der verstecktesten Weise durch. Angst findet sich häufig; sie dient oft dem Beweise, daß man nicht allein sein könne. Und vollends die neurotischen Symptome zwingen das ganze Haus in den Bann des Patienten. Oft wird in mehr oder minder zaghafter, versteckter Weise ein Wunsch zu realisieren versucht, als ob dann der Triumph gesichert wäre. Häufig ist der Wunsch nach einer Ehescheidung, nach einer Übersiedlung in die Großstadt, nach einer Demütigung der Schwiegersöhne oder Schwiegertöchter, als ob dann Beruhigung zu erwarten wäre. Schwierigkeiten beim Essen, beim Stuhl, Bruchstücke aus phantasierten Schwangerschaften und Geburten sind nicht selten. Dazu wird Vergeßlichkeit, Zittern, dann und wann auch ein traumatischer Unfall arrangiert, um sich und andern das Bild steigender

Hilflosigkeit vor Augen zu führen. Klagen kehren immer wieder, alle unangenehmen Zufälle gelangen zu besonderer Bedeutung, und der Sinn ist stets auf kommendes Unheil gerichtet. Die demonstrative Hervorhebung des Leidens und die zögernde Attitude dienen einerseits der Fesselung des gesellschaftlichen Kreises, andererseits der Einleitung des Rückzugs bei peinlichen Erwartungen einer Herabsetzung. Psychologisch läßt sich feststellen, daß auch das Klagen als eine Art der Revolte, als Protest gegen Minderwertigkeitsgefühle empfunden wird und schwer entbehrlich ist: es soll die anderen schwach, weich machen.

Die Behandlung bietet recht erhebliche Schwierigkeiten, da die Erziehung zur Selbständigkeit und zur Ausdauer im Alter schwieriger und lohnende Aussichten nicht leicht plausibel gemacht werden können. Wie immer wird auch die Person des Psychotherapeuten und sein wirklicher oder möglicher Erfolg zur Anspornung des Neides verwendet, und *Besserungen wirken oft deshalb allein als Anreiz zur Verschlimmerung.* Auch die leicht zu erzielende Autorität wirkt störend auf das Gleichgewicht der Patienten, die sich in ihrem ganzen Leben nicht einfügen oder gar unterordnen konnten. Als ultimum refugium empfiehlt sich in schweren Fällen die *Selbstaufopferung des Arztes nach gründlicher Analyse des Falles,* so daß man den Schein eines Mißlingens der Kur auf sich zu nehmen hat und einer anderen Methode und einem anderen Arzt die Lorbeeren zuweist. In einigen meiner Fälle hat sich dieser Kunstgriff bewährt. Meist ergaben sich selbst in diesen Fällen nach der Kur noch weitgehende Besserungen und große Intervalle, zuweilen völlige Heilungen, scheinbar spontan.

Eine meiner Patientinnen, eine 56jährige Frau, war seit 18 Jahren an Angstzuständen, Schwindel, Übelkeit, Bauchschmerzen und schwerer Obstipation erkrankt. Einen großen Teil dieser Zeit hatte sie im Bette oder auf einer Ottomane liegend zugebracht, besonders als sich vor acht Jahren heftige Schmerzen im Kreuz und an den Beinen hinzugesellt hatten. Die Patientin war vorher eine rüstige Frau gewesen, hatte aber um das 16. Lebensjahr, angeblich monatelang, an einem Gelenkrheumatismus gelitten. Ihr gegenwärtiger Zustand erwies sich als psychogen, da entsprechende organische Veränderungen fehlten und die von mir hervorgehobenen *sichernden Charakterzüge* [4] leicht nachzuweisen waren. Den Ratschlag eines namhaften Gynäkologen, wegen perimetritischer Verwachsungen eine Exstirpatio uteri vorzunehmen, ließ ich unberücksichtigt, seit ich aus anderen Fällen gelernt hatte, die

4 Deren differentialdiagnostische Bedeutung über jeden Zweifel erhaben ist. Bloß die Gleichzeitigkeit einer organischen Affektion ist noch regelmäßig zu erwägen.

ursächliche Bedeutung solcher Schrumpfungsvorgänge *(Freud)* für die Neurose als mittelbar, über die Psyche wirkend zu verstehen. *Veränderungen an den Genitalien, Hemmungserscheinungen, Mißbildungen sowie Erkrankungen finden sich häufig bei neurotischen Kranken. Und Bossi hat sicherlich recht, wenn er, wie ich es bereits früher getan habe (Studie 1907) auf diesem Zusammenhang besteht.* Der Zusammenhang liegt aber entweder in der Vermittlung eines speziellen Minderwertigkeitsgefühls, das bei neurotischer Disposition zum Ausbruch der Neurose Veranlassung gibt, oder die aus anderen Ursachen ausgebrochene Neurose bedarf eines sichernden Hinweises auf eine organische Veränderung, um den gesetzten Zweck der neurotischen Überlegenheit in die Wege zu leiten. Die sexuelle Minderwertigkeit erschüttert ursprünglich die Gesamtwertigkeit des Individuums und wird sekundär sozusagen zum Vehikel, was besonders dann in die Augen springt, wenn geringfügige Veränderungen oder gar eingebildete, fiktive, wie vermeintlicher Verlust der Klitoris, Vergrößerung der Labia minora, Feuchtwerden der Öffnung, sagenhafte Merkmale der Masturbation usw. oder Beharrungsanomalien, Phimose, paraurethrale Gänge und asymmetrische Haltung des Penis, der Testiculi, Kryptorchismus zum Anlaß und Symbol des Minderwertigkeitsgefühls genommen werden.
Die Erkrankung begann mit einem Schmerz im Abdomen, der sich während einer Tennispartie einstellte. Ein Jahr vorher war ihr eine Tochter gestorben, und ihr Mann, ein großer Kinderfreund, wünschte sich noch weitere Kinder. Patientin, die seit frühester Jugend immer ihr weibliches Los beklagt hatte, war durchaus nicht geneigt, diesen Wunsch zu erfüllen. Der Schmerz – wohl infolge einer Zerrung entstanden – gab ihrem undeutlich bewußten Widerstand neue Nahrung: sie konnte seither *keinen Druck auf dem Bauch* vertragen, ihr Bauch wurde für sie eine heikle Partie, und durch weiteres Arrangement von Schlaflosigkeit und Übelkeit, letztere als Memento einer Schwangerschaft, brachte sie es dahin, daß ihr Mann auf Anraten der Ärzte den Geschlechtsverkehr aufgab und ein abgesondertes Schlafzimmer bezog.
Schon die Mitteilung, ihren Gelenkrheumatismus betreffend, war charakteristisch. Sie gab der bereits verstorbenen Mutter alle Schuld. Diese hatte sie im Elternhaus gezwungen zu waschen und zu bügeln, hatte sie stets den anderen Geschwistern, Brüdern, gegenüber zurückgesetzt und war in späteren Jahren noch ebenso hartherzig gegen sie verfahren. Der Geiz der alternden Frau hat sie in manche Schwierigkeiten gebracht. Ihre Leiden aber glaubte sie alle vom Vater ererbt zu haben, so daß auch dieser sein Teil Schuld abbekam.
Derartige Vorwürfe gegen die Eltern weisen nach meiner Er-

fahrung regelmäßig auf einen anderen Vorwurf hin, den das Kind seinen Eltern heimlich zu machen pflegt, wenn es sich *nicht genug oder gar nicht überlegen* findet. Solche Vorwürfe werden späterhin abstrakt, wie ich es auch bezüglich des Schuldgefühls (s. über neurotische Disposition in »Heilen und Bilden« l. c.) gezeigt habe, und kommen sozusagen *als Schalen* zur Verwendung, die sich mit anderem Inhalt füllen. Dann heißt es, die Eltern wären nicht genug zärtlich gewesen oder hätten das Kind verhätschelt oder hätten nicht genug acht gegeben usw. Kurz wir beobachten bei diesen Formulierungen einer Stellung zu den Eltern und später zur Welt einen Formenwandel, wie er für Leitlinien, die einen praktischen Zweck verfolgen, nötig ist, und wir sehen oft ein anderes Gesicht, das auf die aktuelle Situation zugeschnitten ist. Es ist der Weg zurückzuverfolgen, den die Formenwandlung durchgemacht hat. Dabei bedient sich unsere Methode des Mittels der Reduktion, der Simplifikation (*Nietzsche*), der Abstraktion[5]. Neben der *Formenwandlung* spielt eine große Rolle die Verstärkung oder Abschwächung der leitenden Fiktion. Je unsicherer sich der Patient fühlt, um so mehr drängt ihn eine unbewußte Tendenz dazu, seine Leitidee zu größerer Intensität zu bringen, sich von ihr abhängig zu machen. Ich folge hier gerne der geistreichen Anschauung *Vaihingers*, der zur Geschichte der Ideen geltend macht, daß sie historisch betrachtet eine Neigung zeigen, aus einer Fiktion (einer unwahren, aber praktisch wertvollen Hilfskonstruktion) zu Hypothesen und später zu Dogmen zu werden. Dieser *Intensitätswandel* charakterisiert im allgemeinen *in der Individualpsychologie* das Denken des Normalen (Fiktion als Kunstgriff), des Neurotikers (Versuch, die Fiktion zu realisieren) und des Psychotikers (unvollständiger aber sichernder Anthropomorphismus und Realisierung der Fiktion: Dogmatisierung). – Die stärkste innere Not sucht den Ausgleich durch Stärkung der *sichernden* Leitlinien. Deshalb wird man regelmäßig Äquivalente der neurotischen und psychotischen Leitlinien und Charaktere beim Normalen finden, die hier jeweils korrigiert werden können, um widerspruchslos an die Wirklichkeit angenähert zu werden. Reduzieren wir die entblößten Leitlinien dieser Patientin und erlösen wir sie aus Formen- und Intensitätswandel, indem wir sie statt der später entwickelten Leitlinien in ihrer *Grundform* einsetzen, so lautet diese: *ich bin nur ein Weib und muß mich gegen Herabsetzung schützen* (oft in der Form: *ich will ein Mann sein*!). Der normale Mensch richtet sich auch zeitlebens nach dieser Formel. Sie verhilft ihm, sich unserer

5 Im Gegensatz dazu ist Freuds Methode eine nach dem Schema der Erotik analogisierende.

männlichen Kultur anzugliedern, ja sie verleiht dieser einen steten Antrieb zur »Vermännlichung«. Aber sie ist bloß zur Berechnung da, etwa wie eine Hilfslinie bei einer geometrischen Konstruktion. Ist das Resultat, das höhere, männlich gewertete Niveau erreicht, so »fällt sie aus der Rechnung« *(Vaihinger)*. Bezüglich des *Mythus*, einer Leitlinie des Volkes, beklagt *Nietzsche* »seine Umwandlung ins *Märchen* und fordert seine *Umwandlung ins Männliche*«. – Der Neurotiker *unterstreicht* diese Fiktion, nimmt sie *allzuwörtlich* und *versucht ihre Realisierung zu erzwingen*. Ihm ist nicht die Einfügung der Zweck, sondern die Geltendmachung seines Prestiges, was zumeist in der überspannten Form unerreichbar oder durch innere Widersprüche, durch die Furcht vor einer drohenden Niederlage gehindert ist, ohne daß der Patient die Bedeutung oder Tragweite seiner großenteils unbewußten Fiktion erkennt. Aber auch ihn hindert das größere Unsicherheits- und oft unbewußte Minderwertigkeitsgefühl an der richtigen Einschätzung seiner Fiktion. Der Psychotiker benimmt sich so, als ob seine Fiktion eine Wahrheit wäre. Er handelt unter der stärksten Nötigung und rettet sich zu seinem selbstgeschaffenen Gott, den er als wirklich empfindet. Und so empfindet er sich gelegentlich zugleich als Weib und als gesicherter Übermann, letzteres in der Reaktion des übertriebenen männlichen Protestes. Die scheinbare Spaltung der Persönlichkeit entspricht dem psychischen Hermaphroditismus, der Formenwandel ist ein mannigfacher, drückt sich beispielsweise in der Vereinigung von Verfolgungs- und Größenideen, von Depression und Manie aus, während die Fixierung des Wahns als Selbstschutz durch relative Insuffizienz oder als absolute Schwäche der korrigierenden Bahnen erleichtert wird. Hebt man in der *Freud*schen Gleichung der Dementia praecox (Jahrbuch *Bleuler-Freud* 1911) die überflüssigerweise hineingetragene Sexualisierung auf, kürzt man sie auf beiden Seiten um den überflüssigen Faktor der Libido, so kommt unsere viel tiefer liegende Formel des psychischen Hermaphroditismus mit männlichem Protest zum Vorschein, gegen die *Freud* in seiner Arbeit, ihre wahre Bedeutung verkennend, polemisiert.

Um auf unsere Krankheitsgeschichte zurückzukommen, sei noch erwähnt, daß die Patientin in dem Gefühle ihrer Verkürztheit verschiedene Formen des männlichen Protestes, des Dranges nach Gleichwertigkeit bevorzugte. So brachte sie es nicht über sich, tolerant gegen Leistungen der Männer zu sein. Sie konnte da recht scharfe Kritik üben, besonders »wenn sich einer überheben wollte«. In diesen Fällen trifft es sich nicht selten, daß gerade Ärzte mit selbstsicherem Auftreten, wie es vielen zur Krankenbehandlung nötig erscheint, von ihr mit neurotischer Heftigkeit und ebensolchen Mitteln bekämpft wurden. Freilich leitete sie dabei noch eine Art Instinkt, der ihr die Einmengung in ärztliche Gebote aus Rücksicht auf den Zweck ihrer Krankheit verbot. Aber es kam zuweilen so weit, daß eine harmlose ärztliche Einflußnahme mit Erbrechen und Übelkeit beantwortet wurde, wobei Patientin nie verabsäumte, auf den »fehlerhaften« Eingriff des Arztes hinzuweisen. Man darf bei dieser Art von Erscheinungen die Ruhe nicht verlieren, muß vielmehr darauf hinweisen, daß diese Reaktion ein Teil des Ganzen, eine Formverwandlung des ursprünglichen Neides gegenüber dem andern, später gegenüber dem vermeintlich Überlegenen vorstellt.

Dabei machte die Patientin von gewissen Privilegien ihrer Krankheit einen ausgedehnten Gebrauch. Vor allem konnte sie sich allen gesellschaftlichen Verpflichtungen, die ihr die *Rolle als Hausfrau* und als hervorragende Persönlichkeit einer Provinzstadt auferlegte, so weit entziehen, als sie nur wollte. Sie empfing wohl Besuche, denen sie ihr Leid klagte, erwiderte aber nur in Ausnahmefällen und sicherte sich so, wie es regelmäßig bei Nervösen geschieht, eine bevorzugte, privilegierte Stellung. Nebenbei war es ihr dadurch ermöglicht, Vergleichen und Musterungen, in unserem Sinne also Prüfungen, auszuweichen, wozu gesellschaftliche Veranstaltungen in der Regel Anlaß geben[6]. In den letzten Jahren schreckte sie außerdem noch der Gedanke, daß sie infolge ihres zunehmenden Alters der Möglichkeit einer Wirkung auf Männer beraubt war. Eine Freundin zeigte ihr in nächster Nähe, wie lächerlich jugendliches Gebaren einer alternden Frau von der Gesellschaft empfunden wird. Und so entschloß sie sich, in ihrer Tracht mit besonderer Schärfe auf ihr Alter hinzuweisen, wobei der herbe Gedanke an die Oberfläche des Bewußtseins drang, daß *ein Mann in ihren Jahren* durchaus noch nicht in die Ecke gestellt sei.

Es war seit jeher von ihr mit Bitterkeit empfunden worden, daß sie ihr Leben in einer Provinzstadt zubringen mußte. Instinktiv drängte sie in mancherlei Weise auf eine Übersiedelung nach Wien. Doch war eine solche im offenen Kampf gegen den um viele Jahre älteren Gatten nicht zu erreichen, weil dessen unversiegbare Liebenswürdigkeit und Nachgiebigkeit in allen anderen Punkten sie entwaffnete. Sie verfeindete sich aufs heftigste mit ihrem Bruder und arrangierte eine unglaubliche *Angst* vor einem Zusammentreffen mit ihm in dem kleinen Städtchen. Als dies nicht genügte, stellte sich eine unüberwindliche *Schlaflosigkeit* ein, als deren Hauptursache sie das nächtliche Wagengerassel vor den Fenstern ihres

6 Sie war »enthoben«, würde man in der gegenwärtigen Zeit sagen.

Schlafzimmers beschuldigte. So erzwang sie eine zeitweilige Übersiedelung nach Wien, bezog in *der Nähe der Wohnung ihrer Tochter* ein Heim, dessen himmlische Ruhe sie immer hervorhob, wo sie auch ihren Schlaf wiederfand.

Seit ihre Tochter in Wien wohnte, war ihr die kleine Provinzstadt immer mehr verhaßt geworden. Die Analyse ergab in Übereinstimmung mit den anderen Richtungslinien, daß sie die Tochter um ihren Vorrang, zu dem sich auch ein Adelsprädikat gesellte, heftig beneidete. *Auch* sie wollte in Wien wohnen und hätte dieses Vorhaben längst ausgeführt, wenn ihr nicht in Wien eine neue Gefahr gedroht hätte, und zwar die Ausgaben der Tochter aus eigenen Mitteln decken zu müssen.

Die Rivalität mit der in Wien wohnenden Tochter lag völlig im Unbewußten und deckte eine kindliche Richtungslinie: *die verzärtelte ältere Schwester übertreffen zu wollen.* Auch diese Richtungslinie erwies sich als Äquivalent der grundlegenden, die dahin ging, die größere Geltung zu haben, an Stelle des Bruders zu sein.

Durch die starken Geldausgaben, zu denen sie in Wien genötigt war, kam *ein Widerspruch in ihr Überlegenheitsstreben.* Der Neurotiker mit seinem peinigenden Gefühle der Verkürztheit läßt sich ungestraft nichts nehmen. Er empfindet eine weitere Verkürzung als Verminderung seines Persönlichkeitsgefühls und gemäß seiner Leitlinie so, als ob dies eine *Kastration*[7], eine *Verweiblichung*, eine *Vergewaltigung* wäre, zuweilen auch im *Bilde einer Schwangerschaft* oder einer *Geburt*[8]. In unserem Falle traten besonders die analogischen Empfindungen einer Schwangerschaft zutage, Übelkeiten, Bauchkrämpfe und Zwangsgedanken einer bestehenden Gravidität machten sich geltend[9]. Schmerzen in den Beinen stellten eine Phlegmasia alba dolens vor, während eine hartnäckige Obstipation in der »*Analsprache*« ihre »Krankheitslegitimation« ausmachte. Sie selbst und ihre Umgebung mußten sich ständig um ihren Stuhl bekümmern. Der ständige Ausdruck des Leidens und die Präokkupation mit ihm wurde so fest begründet.

7 Dieser von uns beschriebene Vorgang wurde später von Freud und seinen Schülern als Kastrationskomplex übernommen, aber nicht als modus dicendi, nicht als symbolisch erfaßt.

8 Das heißt: die Denkoperation geschieht nicht entlang dem Realen, sondern gerät auf Analogien und Symbole, deren fälschende Affektbegleitung die Angriffsbereitschaft des Nervösen steigert. Letzteres aber entspricht der unbewußten, leitenden »opinio«. Die Verbildlichung, das Symbol, die Analogie stehen als »Multiplikator« im Dienste der Aggression, zu der das Persönlichkeitsideal den Nervösen zwingt. Die Frau als Sphinx, der Mann als Mörder usw.

9 Bei einer »Laktationspsychose« sah ich eine naturgetreu gespielte Geburtsphantasie im Dämmerzustand. Seit der Ehe bestand eine tiefe Abneigung gegen das Gebären.

Ein tieferes Verständnis der Neurosenausdrucksweise scheint mir unmöglich ohne Kenntnis des von mir aufgedeckten *»Organjargons«* [10]. Die Folklore kennt diese Tatsache in den Äußerungen der Volkssprache und Volkssitten. *Freud* hat diesen Jargon mißverstanden und hat aus dessen Bildern den Grundpfeiler der Libidolehre, die Theorie der erogenen Zonen geschaffen. Besonders seine Arbeit über den »Analcharakter« und »Analerotik« ist voll von gequälter und abgemarterter Phantasie. Der springende Punkt ist die relative Minderwertigkeit bestimmter Organe, das Verhalten der Umgebung zu deren Äußerungen sowie der Gesamteindruck von beiden in der Seele des Kindes. Neurotisch disponierte Kinder werden *die ihrem protestierenden Persönlichkeitsgefühl entstammenden Charakterzüge* wie Trotz, gesteigertes Zärtlichkeitsbedürfnis, übertriebene Reinlichkeit, Pedanterie, Ängstlichkeit, Ehrgeiz, Neid, Rachsucht usw. mit geeigneten Äußerungen ihrer Organminderwertigkeit, insbesondere mit Kinderfehlern zu verbinden trachten, um sich eine besonders wirksame Repräsentation zu verleihen. Einer meiner psychologischen Epileptiker hatte zur Verstärkung seines männlichen Protestes ein solches *»Junktim«* – eine Verschränkung – in Anwendung gebracht, indem er zumeist seinen Anfällen eine Obstipation vorausgehen ließ, um bange Ahnungen bei seinen Angehörigen zu erwecken und sich so in Fällen von Herabsetzung in Erinnerung zu bringen. Gegen Ende der Säuglingszeit kann der Trotz und der kindliche Negativismus schon deutlich entwickelt sein. Eine Verbindung derselben mit Stuhl-, Urin- und Eßanomalien ergibt dann die verstärkte Resonanz. »Das Kind, das sich weigert, seinen Stuhl abzusetzen«, bezieht seinen Lusterwerb nicht aus einer Reizung des Afters durch zurückgehaltene Kotmassen, sondern aus seinem befriedigten Trotz, der sich dieses unhonorigen Mittels bedient, kann aber gelegentlich bis in spätere Jahre, bis zur Heilung von seinem Trotz den Afterempfindungen die *Lustqualität andichten.* Von einer Mutter eines nahezu zweijährigen Mädchens, das noch an Bettnässen litt und die Zeichen des verstärkten Trotzes, negativistische und überaus selbständige Züge zeigte, vernahm ich als oftmals beobachtete Tatsache, daß das aus dem Schlafe geweckte Kind noch schlaftrunken seine Notdurft verrichtete, wenn es aber vollständig erwacht war, dies verweigerte. Erwachte es gegen Ende seiner Verrichtung gänzlich, so warf es den Topf um und heulte längere Zeit aus Wut über die Überrumpelung; blieb es schlaftrunken, so schlief es dann ruhig weiter. Ein 17monatiges Mädchen äußerte regelmäßig und fälschlich Stuhldrang, wenn es die Mutter aus dem Neben-

10 Siehe ›Organdialekt‹. In: *Heilen und Bilden,* l. c.

zimmer herbeirufen wollte. So läßt sich in allen Fällen zeigen, daß das Eigengefühl des Kindes in der frühesten Zeit sich in einem offenen und latenten Gegensatz zur Umgebung befindet, daß es kämpfend und erobernd im weitesten Sinne auftritt, bis es schließlich alle diese aggressiven Regungen (S. der »Aggressionstrieb im Leben und in der Neurose«, in »Heilen und Bilden« l. c.) einheitlich summiert, sie zum Streben nach Überlegenheit ausgestaltet und dieses in Gegensatz stellt zu den Regungen der Weichheit, der Unterwerfung und der Schwäche sowie zu den Erscheinungen der Minderwertigkeit, welche es in der Regel als weibliche Symptome empfindet und bekämpft. Nur daß zuweilen Verschränkungen zustande kommen, bei denen der männliche Protest *weibliche Symptome unterstreicht,* um sie für sich zum Schreckpopanz zu verwerten, oder daß er *weibliche Symptome trotzig oder feige* fixiert und so hermaphroditischen Bildungen Eingang verschafft, die gleichwohl in der Richtung des männlichen Protestes wirken. Z. B. Tränen, Krankheit, Simulation und Übertreibung, Kinderfehler. Die übergeordnete, kämpferische Leitlinie: ich will ein überlegener Mann sein – zieht dann alle brauchbaren, feindseligen körperlichen Symptome in ihren Bereich, unter diesen vor allem die Minderwertigkeitserscheinungen, auf welche die eigene Aufmerksamkeit und die der Umgebung vorwiegend gerichtet ist. So kommt es, daß dann das Streben nach Überlegenheit sich einer *Organsprache* bedient, um sich zum Ausdruck zu bringen. Ein schönes Beispiel, das in neurotischen Phantasien häufig wiederkehrt, ist die Jugendphantasie *Leonardo da Vincis:* ein Geier stößt ihm den Schwanz wiederholt in den Mund. Diese Phantasie bingt die psychische Konstellation des Künstlers auf die knappste Abstraktion. Mundphantasien lassen sich regelmäßig auf Minderwertigkeitserscheinungen des kindlichen Ernährungstraktes zurückführen. Eine Frucht dieser gerichteten Aufmerksamkeit sind wohl die Ansätze *Leonardos* zu einer Ernährungswissenschaft gewesen. Der Schwanz des Geiers ist Phallussymbolik. Die Summierung dieser beiden Linien ergibt den charakteristischen Grundgedanken: *ich werde das Schicksal einer Frau erleben.* Aber schon die straffe Fassung *zu einer symbolischen Leitlinie* macht uns aufmerksam, daß diese und ähnliche Gedankengänge keinen psychischen Abschluß bedeuten, sondern nach dem Drange unserer männlichen Kultur zu einem verstärkten Antrieb in der entgegengesetzten Richtung werden, zu einer Überkompensation nach der männlichen Seite führen müssen, wo sie die männliche Leitlinie um so schärfer herausarbeiten: »deshalb muß ich so handeln, daß ich einer Niederlage entgehe«. Daß diese beiden Leitlinien sich gegeneinander widerspruchsvoll verhalten, abgesehen von der Tatsache, daß jede einzelne, wie natürlich, mit der Realität in Widerspruch gerät, sofern sie »*wörtlich*« genommen wird und nicht bloß als *praktisch nützlich und korrigierbar*, habe ich bereits in der Arbeit über »psychischen Hermaphroditismus im Leben und in der Neurose« (in »Heilen und Bilden« l. c.) hervorgehoben. Dieser Widerspruch spiegelt sich im Zweifel, in der Unentschlossenheit und in der Furcht vor der Entscheidung, deren Analyse oft den einfachen Tatbestand wiedergibt, daß in früher Kindheit *eine Unsicherheit bezüglich der zukünftigen Geschlechtsrolle* bestand, in deren psychischem Überbau alle späteren Wahrnehmungen, Empfindungen und Regungen in gewissem Sinne als zweifelhaft gruppiert werden: ich weiß nicht, bin ich ein Mann oder eine Frau (S. »Disposition zur Neurose« in »Heilen und Bilden« l. c.).

Unsere Patientin drückt in der »Analsprache« den Gedanken aus, daß sie eine Öffnung verschließen müsse. Ein deutlich weiblicher Gedanke. Man stelle sich in Frauenkleidung eine Anzahl von Männern und Frauen in einem Saal vor, in den plötzlich eine Maus gelassen wird. Die Frauen werden sich sofort als solche verraten, indem sie die Kleider eng um die Beine ziehen werden, als ob sie der Maus den Eintritt verwehren wollten. Ebenso verrät die Furcht vor Löchern, vor dem Gebissen-, Gestochenwerden, Gedanken von Verfolgung durch Männer, durch Stiere, vor der Rückenlage, nach rechts, nach rückwärts gezogen zu werden, gedrückt zu werden, Fallen und Ähnlichem, die schreckende Leitlinie, auf die in der Regel mit der *sichernden* Angst reagiert wird[11]. Die Obstipation als neurotisches Symptom leitet sich aus einer angeborenen Darmminderwertigkeit ab, die unter Gedankengängen von Geburt und Geschlechtsverkehr zu nervösem Sphinkterverschluß hinüberleiten kann. In der Tat litt Patientin in der Kindheit an Darmkatarrhen und gelegentlicher Incontinentia alvi, später an Obstipation und einer Fistula vaginalis ani. Daß die Obstipation unter der Herrschaft eines leitenden Gedankens über Verschluß der Höhlungen stand, geht auch aus der Tatsache hervor, daß Patientin nach ihrer Hochzeit längere Zeit an *Vaginismus* litt. Die Obstipation der nunmehr alternden Frau drückt anal die gleiche Willensrichtung aus wie ihr ehemaliger Vaginismus: ich will keine Frau, ich will ein Mann sein! An die Oberfläche dringt nur der Protestgedanke: »Ich will die Frage meines Lebens nicht lösen!«

Ich muß aus praktischen und theoretischen Gründen hier stark aus dem Rahmen einer Darstellung des Charakters herausgreifen, wie man ja überhaupt bei der Erörterung psycho-

11 Die gleiche Abschließungstendenz führt in der Neurose zu Trismus, Blepharospasmus, Vaginismus, Sphinkterkrampf, Globus und Stimmritzenkrampf, die des weiteren als »Präokkupation« zur Enthebung von bestimmten Forderungen des Lebens Veranlassung geben.

logischer Fragen das Ganze der Psyche heranzuziehen gezwungen ist. Außerdem bietet dieser bis ins feinste Detail analysierte Fall so klare Einsichten, wie sie in anderen Fällen oft verhindert werden, weil nicht selten die Abhängigkeit vom Arzt oder von äußeren Verhältnissen Heilung oder Abbruch der Kur eintreten läßt, *bevor das Schema, nach welchem der Patient seine Neurose gestaltet hat,* völlig enthüllt ist. Und so will ich denn versuchen, bei diesem Fall das Schema, ein weit verzweigtes Sicherungsnetz gegen die Rolle der Frau, darzustellen, indem ich alle ihre Symptome diesem gewonnenen Schema einordne und die Wächter gegenüber der Außenwelt, die Charakterzüge in synthetischem Zusammenhange damit nachweise.

An dieses Schema (Seite 135) legte Patientin alle ihre Erlebnisse an, und wenn sie irgendwie paßten, wozu bei symbolischer und mit tendenziöser Aufmerksamkeit überladener Apperzeption im Leben jedes Menschen genügend Anlaß vorhanden ist, reagierte sie mit den entsprechenden Krankheitserscheinungen. Die sichernden Charakterzüge waren wie Vorposten weit vorgeschoben, standen stets bereit abzuwehren, klärten die Situationen im Sinne der Leitgedanken auf und holten gegebenenfalls die Unterstützung aus der Summe der passenden Symptome. Ihre selbständigen Äußerungen waren stark gehemmt durch das zarte, verständnisvolle Betragen des Gatten und durch wohlwollende, gemeinsinnige Leitgedanken der Patientin. So kam es, daß das Grundschema: ich bin nur ein Weib! – seine Wirkung aus tendenziös gebliebenen Eindrükken der weiblichen Rolle schöpfte, wobei der unbewußte Mechanismus der Leitgedanken das sichernde Memento abgab. Die gesunde Frau unterscheidet sich durch bewußteres Verhalten zur weiblichen Rolle, durch zweckmäßige Einfügung und durch korrigierende Annäherung des Schemas an die Realität. Die Psychose brächte eine Verstärkung des fiktiven Schemas zu Sicherungszwecken und eine unlogische Haltung innerhalb des Schemas zum Vorschein; eine solche Patientin würde sich etwa betragen, *als ob sie wirklich gravid wäre.* In allen drei Fällen wäre die Fiktion der Gravidität und des weiteren Kreises ihrer Erscheinungen *ein Symbol der minderwertigen weiblichen Rolle,* ein darstellender Ausdruck für die Empfindung der Zurückgesetztheit, aber zugleich vom männlichen Protest ergriffen, ein Kunstgriff zur Vermeidung und Verhütung *anderer Zurücksetzungen,* wie oben gezeigt wurde[12].

12 Der Formenwandel der männlichen Fiktion kann sich dahin vollziehen, daß unter ihrer Leitung die Gravidität, die Mutterschaft angestrebt wird, recht oft in solchen Fällen, wo Hindernisse schwerwiegender Natur vorliegen. Der Schrei nach dem Kind ist dann in der Regel gegen den Mann gerichtet. Die Phantomgravidität stellt oft ein derartiges Arrangement vor.

Schema:

Symptome	Abkehr von der weiblichen Linie – der männliche Protest	Sichernde Bereitschaften
Gesellschaftsangst Zwangserröten Furcht vor dem Alleinsein Herzklopfen Furcht vor dem Fallen, Höhenschwindel	Sicherung vor der Liebeswerbung	Mißtrauen (zutraulich mit folgendem Protest) Entwertung des Mannes Ängstlichkeit Schüchternheit Tugendhafte Moral Herrschsucht (Nachgiebigkeit mit folgendem Protest)
Druckempfindlichkeit am Bauch (Blinddarm) Frigidität Gehörsüberempfindlichkeit gegen Schnarchen des Gatten Vaginismus Druckgefühl auf der Brust Unverträglichkeit gegen jede Art von Druck, Kampf gegen das Mieder	Sicherung gegen den Mann	Eigensinn Trotz Streitsucht Gegen den Mann gerichtete Tendenzen
Abdominalschmerzen Atemnot Herzklopfen Übelkeiten Erbrechen Zwangsvorstellung einer Gravidität Gelegentliche Astasie Müdigkeit Lüsternheit im Essen	Sicherung gegen Gravidität	Körperliche Überempfindlichkeit hypochondrisch sich verzärtelnd
Bauchkrämpfe Erschwerte Stuhlentleerung	Sicherung gegen Geburt	
Unerträglichkeit der Rückenlage Schmerzen in den Beinen, Neigung zu andauerndem Krankenlager } Fiktion einer Thrombophlebitis	Sicherung gegen Wochenbett	Reaktionscharaktere komplexer Art zwecks Beseitigung der Minderwertigkeit und Verkürztheit
Schwäche in den Beinen, an Astasie und Abasie erinnernd Taumeliger Gang Rasches Ermüden beim Gehen	Memento an das Aufstehen aus dem Wochenbett	Geiz, Sparsamkeit, Neid, Herrschsucht, Ungeduld, Furcht nichts zu erreichen, nichts zu vollenden, allerlei Anstrengungen, als ob die Distanz bis zur Manngleichheit irgendwie vermindert werden sollte.
Feindseliges, zuweilen sadistisches Benehmen gegen Kinder Rasche Ermüdbarkeit und Ungeduld in Gesellschaft von Kindern Schlaflosigkeit Reinlichkeitsexzesse Gehörsüberempfindlichkeit bei Nacht Leichtes Erwachen bei Nacht	Sicherung gegen Mutterpflichten	

Ein Traum, gegen Ende der Kur geträumt, zeigt uns den ursprünglichen Leitgedanken der Patientin im Zusammenhang mit ihren aktuellen inneren Kämpfen. Sie träumte, *»als ob sie krank und schwach auf einer Bank in einem Parke nahe der Wohnung ihrer Eltern säße. Am Kopf trug sie zwei Badehauben. Da kamen von rückwärts zwei Mädchen, und eines davon riß ihr die eine Haube vom Kopfe. Sie griff nach dem Mädchen und hielt es fest, während das andere Mädchen verschwand, und drohte mit der Anzeige. Eine arme, schlecht gekleidete Frau kam herbei und sagte ihr, das Mädchen heiße Velicka. Hierauf ging sie zu ihrer Mutter, um sich zu beklagen. Die Mutter gab ihr einen Korb voll Eier und sagte, sie kosteten 5 Gulden. Sie nahm zwei Eier in die Hand und sah, daß sie groß und schön seien.«*
Die Situation auf der Bank, ihre Müdigkeit und die Badehauben deuten auf eine hydropathische Kur, die sie vor meiner Behandlung insbesondere zur Beseitigung ihrer Schlaflosigkeit unternommen hatte. Am Vortage des Traumes machte sie ihrer Tochter Vorwürfe, weil diese ihre Badewäsche in eigenen Gebrauch genommen hatte; sie besitzt auch zwei Badehauben wie im Traume, welche die Tochter ebenfalls öfters benützt. Velicka ist ein slavisches Wort, heißt groß. Die Tochter führt ein slavisches Adelsprädikat. Die schlecht gekleidete Frau ist eine adelige Dame namens *Grand*-venier. Beiden gegenüber ist sie, die Bürgerliche, *verkürzt*. Sie war unzufrieden, daß ihr Mann nicht geadelt wurde, hat sich aber aus Stolz ihren *Neid* nicht eingestanden. Sie fürchtet, daß ihr die Tochter alles wegnehmen könnte. Sie hatte zwei Töchter, die eine ist gestorben, verschwunden. Sie verklagt ihre Tochter öfters bei mir, daß sie soviel Geld koste. Sie habe ihr schon ihren ganzen Schmuck geschenkt. Schon seit ihrer Kindheit sei sie immer gegen andere verkürzt worden. Auch die Mutter habe sie immer zurückgesetzt und habe sich, als Patientin schon verheiratet war, jede Kleinigkeit von ihr bezahlen lassen. Sie dagegen versorge die Tochter regelmäßig mit Eiern, Wild, Milch, Butter usw. Und doch brauche sie soviel Geld. Vor ihrer Abreise nach Wien habe sie vergessen, eine Schuld im Betrage von 5 Gulden zu begleichen. Am Vortage schrieb sie ihrem Manne, er möge sie sofort bezahlen. Überhaupt müsse sie immer gleich zahlen, was immer sie kaufe[13]. Die Mutter habe an ihr schlecht gehandelt, im Traume mahnt sie an eine vergessene Schuld. *Sie hat immer an ihr gespart*. Im

13 Die Befürchtung, durch weitere Ausgaben verkürzt zu werden, würde die Verwendung der Charakterschablonen von Geiz und Sparsamkeit nahelegen. Diesen mütterlichen, nach ihrer Wertung weiblichen Zügen weicht sie durch einen Zwang im voraus zu zahlen aus und zeigt sich durch Freigebigkeit der Mutter *überlegen*.

Traume erhält sie von ihrer Mutter das männliche Attribut (Testikeln), die ihr die Mutter bei der Geburt vorenthalten hat.

Wir sehen wieder, wie aus dem Gefühl der weiblichen Verkürztheit der männliche Protest sich im Traum gegen weitere Schädigungen wendet. Dieser Traum zeigt uns den Versuch der Patientin, in Gedanken weiteren Verkürzungen vorzubeugen und die Tochter anzuklagen, daß sie ihr wie die Mutter alles weggenommen – vorenthalten habe.

Ebenso findet sich die Gier, alles *auch* zu haben, in folgender Krankengeschichte, die noch deutlicher als die vorige zeigt, wie der Patient diese Gier aus Stolz aus seinem Gesichtsfelde räumt – »verdrängt«. Wir werden sehen, eine wie geringfügige Änderung durch die Aufhebung der Verdrängung und durch die Analogisierung nach dem »Ödipusschema« vor sich geht. Desgleichen geht aus allen diesen Fällen hervor, daß diese Gier, alles auch zu haben, die unsinnigsten Ziele verfolgt. Solche Kranke haben nur Augen, und zwar durch ihre Sucht nach einer Art von idealer Gleichberechtigung geschärfte, für alles, was andere in ihrem Kreise besitzen, soferne sie selbst von diesem Besitz ausgeschlossen sind. Sie könnten mehr haben als die andern und würden die andern doch *beneiden.* Sie könnten alles erraffen, was sie vorher den andern mißgönnt haben, und würden es dann freudlos beiseite schieben, um ihrer Begierde neue Ziele zu setzen. Und ihre Begierde bleibt ewig haften an jenen Zielen, die sie *nicht* erreicht haben. Daß sie zur Liebe und zur Freundschaft unfähig werden, ist leicht zu verstehen. Oft gelangen sie zu großer Verstellungskunst und gehen auf Seelenfang aus, weil auch andere Personen Seelen beherrschen. Immer fürchten sie die Verkürzung und suchen sich weit im voraus zu sichern. Die Liebe der Eltern, die ein Bruder genießt, dessen Schmuck, eine Heirat eines Bruders oder einer Schwester, ein Buch, eine Leistung Bekannter oder auch Unbekannter erfüllen sie mit Ingrimm [14]. Die Erstgeburt des andern, eine gelungene Prüfung, Besitz oder Würden der Geschwister stürzen sie in Aufregungen, bereiten ihnen Kopfschmerz, Schlaflosigkeit und stärkere neurotische Symptome. Ihre ständige Furcht, einem älteren, jüngeren Bruder nicht gleichzukommen, kann sie unfähig zur Arbeit machen. Dann versuchen sie allen Entscheidungen und Prüfungen der Kritik auszuweichen, kommen in das Stadium der Aggressionshemmung, treten oft in irgendeiner Weise den

14 So kann die bevorstehende Heirat eines Mädchens bei der Schwester, beim Bruder oder Vater, wenn diese neurotisch disponiert sind, zum Ausbruch eines Anfalls, zur Verschärfung einer Neurose führen. Das Arrangement von Verliebtheit kann dann »Inzestregungen« vortäuschen.

Rückzug vor dem Leben an und berufen sich dabei auf ihre ad hoc geschaffenen Symptome, unter denen mir Zwangserröten, Migräne, allerlei Kopfschmerzen, Herzklopfen, Stottern, Platzangst, Zittern, Schlafzwang, Depression, Gedächtnisschwäche, Polydipsie, Polyurie und psychogene Epilepsie mehrmals aufgefallen sind. Am deutlichsten ist das Arrangement beim Alkoholismus, Morphinismus und Kokainismus, die restlos nur heilen, wenn das Gemeinschaftsgefühl wächst und die Eitelkeit abnimmt.

Ich habe den Fall eines jüngeren oder jüngsten Bruders bei obiger Schilderung in den Vordergrund geschoben, weil ich ihn am häufigsten angetroffen habe, und weil er am ehesten in die Rivalität getrieben wird. Dieser Fall ist nicht der ausschließliche. Man findet auch ältere Geschwister oder einzige Kinder, selbstverständlich auch Mädchen in dieser Rolle. Die Rivalität kann auch in erster Linie dem Vater oder der Mutter gelten, in deren Bild die anzustrebende Überlegenheit häufig konkretisiert erscheint. Dann geht aus dieser Sucht des disponierten Kindes hervor, *ein Leitbild, eine leitende Fiktion für sein Wollen* zu gewinnen, und dies geschieht bereits zu einer Zeit, wo noch nicht sexuelle Lust erstrebt wird, sondern der Auch-Besitz einer Person oder eines Gegenstandes, der anderen gehört. *Prädestinationsglaube und Gottähnlichkeitsgedanken* bauen sich häufig als Erscheinungen des Strebens nach Überlegenheit auf.

Anamnestisch läßt sich oft *Kleptomanie* erheben als Zeichen der Gier, als Ergebnis des Zusammenwirkens von empfindlichem Ehrgeiz, Neid, Furcht vor den Aufgaben des Lebens, einer gleichzeitigen Reichtumsphantasie und der teilweisen Aufhebung des Gemeinschaftsgefühls.

Zuweilen ist sich der Patient seiner Leitlinie nicht bewußt. Man sieht ihn manchmal auch am Werke, diese Leitlinie zu verstecken und durch gegenteilige Regungen, etwa durch Freigebigkeit, unkenntlich zu machen. Der Wunsch, der ihn beispielsweise zur Mutter zieht, mag man ihn noch so sexuell gefärbt nachweisen, ändert, bewußt geworden, am Krankheitsbilde nichts. Erst wenn der Patient *seine Gier nach dem Unerreichbaren,* nach dem – der Natur der Sache nach – zu einem andern Gehörigen versteht und einschränkt und seine Furcht vor seinem Lebensproblem aufgibt, kann er gesunden.

Der maßlose Stolz, den man in manchen dieser Fälle findet, gestattet dem Patienten nicht leicht das Verständnis für seinen *Neid* und für seine *Eifersucht.* Die Entwertungstendenz ist dagegen meist überstark entwickelt und liegt auf der Hand. *Bosheit, Rachsucht, Hang zur Intrige,* bei geringeren Intellekten *rohere Angriffstendenzen,* auch *sadistische* und *Mordinstinkte* zeigen sich als Versuche einer Sicherung gegen das

Unterliegen in der Realität[15], als der schäbige Rest, der übrig bleibt, wenn die nützliche Seite des Lebens hoffnungslos verlassen wird. Furcht vor den Konsequenzen, wie lebhafte Besorgnis wegen des Befindens der Angehörigen, Ausmalung von Strafen, von Fesselung und Elend sind die zugehörigen Sicherungen gegen Ausschreitungen des männlichen Protestes, *Bremsvorrichtungen* vergleichbar. Auch die Anfälle können sichernd eintreten, so z. B. wenn wie in unserem Falle ein psychoepileptischer Insult sich traumhaften Regungen des Vater- und Brudermordes anschließt.
Vielleicht regelmäßig spielt das Motiv *verschmähter Liebe* mit und schafft die stärksten Haßregungen gegen umworbene Personen. Es ist mit Recht zu bezweifeln, daß Liebe bei gesunden Menschen einer solchen Umwandlung fähig wäre. Erst die Summe aller Machtimpulse, das überhitzte Persönlichkeitsgefühl solcher Menschen gehört dazu, sich des seelischen Besitzes einer zweiten Person gegen deren Willen bemächtigen zu wollen. Da der Neurotiker *auch alles haben will*, wird er blind gegen natürliche Hemmnisse und fühlt in der Verschmähung seiner »Liebe« seine empfindlichste Leitlinie getroffen. Nun schreitet er zur Rache: Acheronta movebo!
Man kann gelegentlich, falls man im Zweifel ist, welche von zwei Personen der Patient für sich in Anspruch nehmen will, den Vater oder die Mutter, das Gegenteil dessen annehmen von dem, was der Patient behauptet. Es wäre in der Regel zu schmerzhaft, sich die »verschmähte Liebe« einzugestehen. Ein exaktes Resultat erscheint mir folgender Versuch zu ergeben: man setzt den Patienten genau zwischen die fraglichen Personen und wird nach einiger Zeit beobachten können, daß er sich der vorgezogenen Person genähert hat. Nur in der Bewegung ist Wahrheit.
So konnte ich mich in dem Falle des Patienten, den ich nun auszugsweise beschreiben will, überzeugen, daß er die größere Anziehung der Mutter verspürte, obgleich er, wenn wir allein waren, den Vater bei weitem vorzuziehen schien. Nicht selten beschimpfte er die Mutter, und es verging kein Tag, ohne daß er mit ihr in Streit gekommen wäre. Die erste Phase der sozialen Bindung des Kindes ist immer die Bindung an die Mutter, die Bindung an den Vater ist immer eine zweite Phase, die nach einer Tragödie einsetzt, wenn die Mutter dem Kind entrissen wird. (Meist durch Geburt eines folgenden Geschwisters.)
Eine in der Neurose häufig zu beobachtende Erscheinung fehlte

15 Bezieht sich die Furcht vor der Wirklichkeit auf das Sexualproblem, so resultiert häufig die Perversion. Siehe A. Adler, *Das Problem der Homosexualität*, l. c. – Furcht vor dem Beruf ergibt ein Leben in Müßiggang, Laster und Verbrechen.

auch hier nicht, war vielmehr in besonderer Ausprägung zu beobachten: die starke Verschiebung eines pedantischen Charakterzuges, der, wie im Kriege eine Eklaireurtruppe, die Aufgabe übernahm, mit dem »Feind« in Fühlung zu kommen. Der Feind war in erster Linie die Mutter, und die täglichen Kämpfe entspannen sich regelmäßig, weil den übertriebenen pedantischen Forderungen des Patienten bei der Mahlzeit, bei der Wäsche- und Kleiderbesorgung, bei Bereitung des Bades und des Nachtlagers unmöglich vollauf Rechnung getragen werden konnte. Unser Patient gewann so die Operationsbasis, von der nun die Umgehungsversuche ausgingen, um die Mutter doch *vollkommen in seinen Dienst zu stellen.* Wieder sehen wir einen *neurotischen Charakterzug als Kunstgriff*, mittels dessen der Patient seinem V. Akt gerecht werden, sein Schema getreulich innehalten will, um die Mutter doch *auch* so zu beherrschen, wie er es beim Vater gemerkt zu haben vermeinte. »Und bist du nicht willig, so brauch' ich Gewalt!« Dieser Gedankengang hatte in seiner Kindheit von ihm Besitz ergriffen, und so stand er bald der Mutter gegenüber voll Mißtrauen, lauernd auf Herabsetzungen, auf Bevorzugung anderer, voll gespannter Energie und trüber Erwartung, ob es ihm nicht doch noch gelänge, sie für sich einzufangen. Nicht etwa, weil er sie liebte oder besitzen wollte, sondern weil er sie *auch* haben wollte, wie so viele andere Dinge, Schmucksachen, Bonbons, die er gar nicht hoch schätzte, sondern im Schranke ließ und vergaß, sobald er sie einmal sein Eigen nannte. So war ihm der Besitz der Mutter nicht Selbstzweck, sein Begehren war durchaus kein libidinöses oder gar sexuelles, sondern die Mutter und ihre Distanz von ihm waren ihm zum Symbol, zum Maßstab geworden für den Grad seiner Zurücksetzung. Und weil er das Weltbild, jede Begegnung, jede Beziehung zum weiblichen Geschlecht mit den gleichen Charakterzügen aufnehmen wollte, mißtrauisch, voll Überempfindlichkeit, mit der gleichen trüben Erwartung einer Enttäuschung, zerrann ihm jeder Erfolg und jede Befriedigung. Er hatte ja nur Augen für alles, was gegen ihn, gegen seinen Erfolg sprach, und was er erreichte, verlor allen Reiz für ihn. Er beantwortete das Problem seines Lebens mit dem Arrangement seiner Neurose. Er hielt sich um ein starkes Stück verkürzt, und dieses Stück machte der symbolisch zu fassende Verlust der Mutter aus. Dieses häufige Zustandsbild möchte ich als »*Konfliktsneurose*« abtrennen. Die meist schweren Erscheinungen ergeben sich durch die eigenartige Stellung des Patienten zu seinen Nebenmenschen, die ihn als Menschenfeind charakterisiert und auf Schritt und Tritt zu Konflikten führt. Der »Konfliktsneurose« sind fast regelmäßig Zwangserscheinungen beigesellt. Aber auch Angst- und hysterische Anfälle begleiten sie. *Sie hat die*

Aufgabe, den Patienten mit Aufregungen zu laden, zu präokkupieren und fürs Leben untauglich zu machen.
Hätte man diesen Patienten, der an Angstzuständen, Migräne und Depressionen litt, etwa heilen können, wenn man ihm die Mutter wieder gab? In der Zeit, wo der Patient zum Arzte kommt, wäre ein solcher Versuch vergeblich. Die nachgiebigste Mutter – viele von ihnen sind dauernd ihrem Sohne entfremdet – könnte jenes Maß von Geduld und Aufopferung nicht aufbringen, das der Patient in seinem grenzenlosen Mißtrauen und in seiner Machtgier verlangt. Als stets bereiter Anlaß zu erneuten Heftigkeiten und Bedrängungen bleibt immer noch die Vergangenheit und die Erinnerung an frühere Entbehrungen[16]. Wohl könnte dieser Versuch in der Kindheit glücken, so wie überhaupt die pädagogische Lösung dieses speziellen neurotischen Problems in einer schrittweisen Aufklärung, Verselbständigung des Kindes und in der sachgemäßen Beruhigung über seine Zukunft, in der Prophylaxe liegt. *Die Unsicherheit ist es,* die solchen Kindern den Ausblick in die Zukunft verwirrt, eine Unsicherheit, deren organische und psychische Quellen wir bereits kennengelernt haben.
Eine Quelle der Unsicherheit war es, daß unser Patient als Kind bereits in der Säuglingszeit leicht zusammenzuckte *und erschrak.* Dieses *Erschrecken* von Säuglingen, oft schon als Nervosität gedeutet, ist offenbar ein organisches Erbteil und knüpft nach meinen Beobachtungen an eine ererbte Empfindlichkeit – Minderwertigkeit – des Gehörorgans an, so daß solche Kinder schon bei Geräuschen und Tönen zusammenfahren, bei denen andere noch ruhig bleiben[17]. Für uns bedeutet demnach diese auffallende Erschreckbarkeit ein Zeichen angeborener Gehörsüberempfindlichkeit, eine Organminderwertigkeitserscheinung, der familiäre Ohrenleiden, aber auch Steigerungen von Gehörsverfeinerungen, *musikalischer* Sinn oft entsprechen. Daß unser Patient im 6. Lebensjahre eine langwierige Mittelohrentzündung durchgemacht hatte, in deren Verlauf sich eine Parazentese des Trommelfells als nötig erwies, steht mit den Anschauungen der *Organminderwertigkeitslehre* in gutem Einklang. Desgleichen auch die Entwicklung eines trefflichen, musikalischen Gehörs und einer auffallend feinen Gehörsempfindung, die ihn zum *Lauschen* geradezu qualifizierte. Diese Organverfeinerung, mit Aufmerksamkeit überladen, bringt es in jedem Falle mit sich, daß

16 Auch in der Ehe gibt es solche, die Neurose unterhaltende Konfliktstellungen. Man findet sie häufig ursächlich bei Impotenz, Frigidität, Angst, Platzangst usw.
17 Überempfindlichkeit des Geruchs-, des Geschmacks-, des Sehorgans, der Sensibilität als Zeichen von Organminderwertigkeit und Variation erweisen sich gleichfalls oft als zweifelhafte Geschenke der Natur, weil sie ebenso wie Unterempfindlichkeiten die Einfügung ins Leben erschweren können.

lauschende, der Hörsphäre angehörige *neugierige Tendenzen* dem Kinde aufgezwungen werden, zumal wenn es auch aus anderen Ursachen in größere Unsicherheit gerät. Die Bedingungen dieser Unsicherheit, der er durch seine Neugierde zu entkommen suchte, lagen in einer schwächeren Entwicklung seines Intellekts gegenüber einem älteren Bruder, der ihn, wie dies zum Schaden der Erziehung so häufig geschieht, zum Spielball seiner Neckereien nahm, ihn auch häufig zum Narren hielt. Patient erinnert sich auch, eine Zeitlang an jener Form des *Kryptorchismus* gelitten zu haben, bei der ein Testikel zeitweise durch den offenen Leistenkanal in die Bauchhöhle schlüpft. Dieser Umstand, die bessere Genitalentwicklung des älteren Bruders und dessen frühere Behaarung legten ihm frühzeitig den Gedanken nahe, er könne gar ein Mädchen sein. Er trug bis zum Ende des 4. Lebensjahres Mädchenkleider und hat wohl aus dieser Zeit die Furcht erworben, nicht so wie der Bruder oder Vater zu sein, kein ganzer Mann zu werden. Die starke *Entwicklung seiner Mammae* hat seine Unsicherheit wesentlich verstärkt[18]. Daß er lange Zeit in *Ungewißheit über die Geschlechtsunterschiede* verbrachte, geht aus einem Erlebnis hervor, das ihm im Gedächtnis haften blieb, weil er bei dessen Erzählung von allen Anwesenden ausgelacht worden war. Er hatte im Volksgarten ein Mädchen beim Urinieren beobachtet und erzählte zu Hause, er habe einen *Knaben* gesehen, der von rückwärts Harn ließ[19].

Diese *frühe Zeit war maßgebend für seine Einstellung* zur Familie und des weiteren zur Welt. Er sah sich verkürzt, und sein Minderwertigkeitsgefühl fand keine Ausgleichung in der Familie. Seine Begehrlichkeit, sein Drang, es dem Bruder, dem Vater, irgend jemandem gleich zu tun, den er als stark, fähig, kraftvoll ansah, wuchs mächtig an und leitete ihn auf Bahnen, wo er in häufige Konflikte mit seinen Eltern kam. Er wurde ein schlimmes, ungebärdiges Kind, und jetzt war eine zärtliche Haltung der Eltern noch schwieriger zu erzielen. Seine Gelüste stiegen maßlos, *mißtrauisch* und mit *wachsendem Jähzorn* suchte er sich vor jeder Herabsetzung zu sichern und dies auch naturgemäß zu einer Zeit, wo er über seine Geschlechtsrolle bereits beruhigt sein konnte. *Aber nun hatte sich durch die Entwicklung seiner Charakterzüge, die auch einen schlechte-*

18 Zu beachten ist die Minderwertigkeit der endokrinen Drüsen als organische Verlockung zur Neurose. Siehe ›Organische Grundlagen der Neurose‹. In: *Praxis und Theorie der Individualpsychologie*, l. c. Die Individualpsychologie darf in Anspruch nehmen, den Zusammenhang von Organminderwertigkeit und Verleitung zur Neurose und Psychose festgestellt zu haben.

19 *Die ursprüngliche Unsicherheit der Geschlechtsrolle* spielt, wie ich seit Jahren betone (siehe ›Über neurotische Disposition‹. In: *Heilen und Bilden*, l. c.; und die folgenden Arbeiten), eine Hauptrolle in der Entwicklung der neurotischen Psyche, für die sie später als Symbol und verschärfende Operationsbasis im Kampfe um die neurotische Herrschaft Verwendung findet.

ren Fortschritt in der Schule bedingten, seine Lage in der Familie so ungünstig gestaltet, daß er sich mit seiner verfeinerten Überempfindlichkeit mit Recht als zurückgesetzt ansehen durfte. So fand er den Weg zur Norm nicht mehr. Daß er aber dieses Gefühl der Zurückgesetztheit noch immer *nach der Analogie einer weiblichen Rolle apperzipierte*, ging schon aus dem ersten seiner Träume während der Behandlung hervor. Dieser lautete: »Mir war, als ob ich zusah, wie ein Affe ein Kind säugte.«

Er wurde wegen seiner starken Behaarung, die er übrigens mit Stolz zeigte, von seinem Bruder öfters als Affe bezeichnet. Der Affe, der das Kind säugt, ein weiblicher Affe demnach, ist er selbst. Das heißt, er sieht sich, er empfindet sich in einer weiblichen Rolle, wobei das Säugen als Hinweis auf seine Gynäkomastie aufzufassen ist, die bei der Traumdeutung zur Sprache kam. Dies wäre die von mir für viele Träume behauptete weibliche Linie, der gegenüber die Andeutung der starken Behaarung in der Richtung des männlichen Protestes aufzufassen ist. Patient führt sich also in die Kur mit der Eröffnung ein, daß er sich zurückgesetzt fühle, und läßt uns durch das gewählte Bild erkennen, daß er diese Minderwertigkeit als weiblich werte.

Nebenbei will ich darauf hinweisen, daß der Traum häufig Bilder oder Ausdrucksweisen wählt, die eine *gleichzeitige Durchsetzung mit weiblichen und männlichen Charakteren* aufweist. Hier ein Affe, dessen Säugen als weiblich, dessen Behaarung *gleichzeitig* als männlich anzusehen ist. Derartige Ausdrucksformen, die ich als dem psychischen Hermaphroditismus zugehörig erkannt habe, lassen sich auf zwei erleichternde Bedingungen zurückführen: 1. entsprechen sie der infantilen Unfähigkeit der Geschlechtserkenntnis; 2. ist die *Kategorie der Zeit* bei starker Abstraktion im Traume völlig oder nahezu völlig ausgeschaltet, ähnlich wie in anderen Fällen die Kategorie des Raumes, so daß zwei Gedanken, die zeitlich oder räumlich zu trennen wären – in unserem Falle: ich empfinde mich als Weib und will ein Mann werden – zusammenfallen.

Die Aufdringlichkeit, mit der uns dieser erste Traum des Patienten auf sein Gefühl der Minderwertigkeit hinweist, sozusagen in einer Reaktion auf den Beginn der Kur, ist natürlich auch als Avis an den Arzt zu verstehen: meine Krankheit rührt von meinem Gefühl der Minderwertigkeit her! Meine Krankheit – Ohnmachtsanfälle und Berufsuntauglichkeit – sind Sicherungen gegen eine Niederlage im V. Akt. Ich bin *ohnmächtig* und untauglich wie *ein Kind* und sehne mich nach der Liebe – Affenliebe –, wie ich sie im Traume sehe. Wir ergänzen ohnmächtig *aus Prinzip*, um wie ein Kind gehätschelt zu werden, was er auch nach seinen Anfällen annähernd erreicht; und untauglich, damit man ihn immer mit Nahrung versorge, damit man nicht vergesse, daß er zeitlebens durch Zärtlichkeit und durch – Testament gesichert werden müsse.

Seine große Schreckhaftigkeit bei plötzlichen lauten Geräuschen, also seine *Hyperakousie,* war ganz besonders berufen, eine Vermittlung abzugeben, damit er *seinen Zweck* erreichen könne. Sein vorgesetztes *Finale,* angestrebte Überkompensation seines Gefühls der Zurückgesetztheit, bestand ja darin, alle Liebe der Eltern, insbesondere der schwerer zu erreichenden der Mutter, auf sich zu lenken. So griff er gegebene Erlebnisse auf, ein Erschrecken bei *Schüssen,* wie er sie bei militärischen Leichenbegängnissen hört, beim Fauchen und beim schrillen Pfiff der Lokomotive, bei plötzlichen Angriffen des Bruders und der Spielgenossen, um auf das Herz der Mutter zu wirken. Das ihm vorschwebende Finale zog eine *Fixierung der Hyperakousie* nach sich, die ihn bis heute beherrscht. Diese tendenziöse *Hypersensibilität* ist so recht geeignet, wie ähnliche bei der Hysterie, uns *begreiflich zu machen,* daß die Unsicherheit den Patienten zwingt, seine Fühler so weit als möglich vorzustrecken, wie er dies auch mit den überspannten Charakterzügen tut. Andererseits drückte die Schreckhaftigkeit auf sein männliches Empfinden und gab ihm das Gefühl weiblicher Regungen. Er versuchte deshalb *in manchen anderen Beziehungen Mut und unerschrockenes Benehmen an den Tag* zu legen, was ihm auch gelang.

Die Aufdeckung seines Wunsches nach der Liebe seiner Mutter blieb ohne besonderen Erfolg. Seine Anfälle erfolgten in ungefähr den gleichen Intervallen, nur verlegte sie Patient ins Bett, dies aber nur deshalb, um sich auch gegen die Eingriffe der Behandlung zu sichern, die nunmehr nicht mehr so leicht wie anfangs der Kur die auslösenden Ursachen der Ohnmachtsanwandlungen feststellen konnte. Denn vorher waren sie stets im Zusammenhang mit Erlebnissen erfolgt, die das Persönlichkeitsgefühl des Patienten herabsetzten; jetzt war ich gezwungen, diese Erlebnisse aus Einfällen und Träumen des Patienten zu rekonstruieren. Der Patient freilich machte aus der Not eine Tugend und hob diese Veränderung als Besserung durch die Behandlung hervor, in der Erwartung, meine Sympathie so für sich zu gewinnen, ein Gewinn, der ihm, wie die entbehrte Liebe seiner Umgebung, als Machtgefühl zur Empfindung kam. Die Sucht, dieses Machtgefühl zu erlangen, hat auch aus ihm einen sehr *umgänglichen, liebenswürdigen* Charakter im Verkehr mit Fremden gemacht.

Nun könnte einer sagen, der Ödipuskomplex sei bei meiner andersartigen Auffassung nicht rein zum Vorschein gekommen, nicht so rein, wie ihn etwa *Freud* selbst zur Darstellung

gebracht hätte. Ich müßte dem energisch widersprechen. Gerade dieser Fall war wie wenige geeignet, das Streben nach der Mutter *in sexueller Verkleidung* rücksichtslos zur Anschauung zu bringen, und der Patient zögerte nie, seine oft unverhüllten Ödipusträume als Beweise eines sexuellen Begehrens hinzustellen. Solcher Träume gab es viele. So träumte er:
»Ich gehe mit einer Dame vom Rendez-vous weg auf die Gasse.« Die Dame stellte seine Mutter vor, wie aus Einzelheiten hervorging. Die Gasse wies auf Prostitution hin. Das »Rendez-vous« aber war ein Bestandteil einer Tageserinnerung und bezog sich auf ein Mädchen, das ihm ein Wiedersehen verweigerte, durch ihre Ablehnung also der Mutter gleichgestellt wurde. Er konnte auf Mädchen nicht wirken, war so, nach seiner Meinung, um das männliche Machtgefühl gebracht, und erniedrigte, im Protest, die Mutter wie das Mädchen, des weiteren aber alle Frauen, *die er eigentlich fürchtete,* zu Dirnen, suchte auch entsprechend seinem Minderwertigkeitsgefühl den Kreis der Prostitution [20].
Ebenso deutlich kam der »Ödipuskomplex« bei anderen Träumen zutage, wo auch erst die Einfügung in die psychische Konstellation erlaubte, das Sexuelle als Jargon, als Modus dicendi zu erkennen. So träumte er:
»Ich sitze an einem schlichten Tisch aus braunem Holze. Ein Mädchen bringt mir ein großes Gefäß mit Bier.«
Der Tisch erinnert ihn an einen unterirdischen Keller in Nürnberg; dorthin war er zu einer wissenschaftlichen Unternehmung gefahren, die ihn ins *germanische* Museum führte. – In die gleiche Richtung – des *Germanentums* – leiteten Gedanken über das große Gefäß mit Bier. Es ist von vorneherein begreiflich, daß der außerordentlich musikalische Patient mit starken Reminiszenzen an Wagners »Meistersinger« in Nürnberg ankam. Als er diese erwähnte, begann er eine Szene aus Wagners Opern zu suchen, in der jemand einen Trunk zu sich nimmt. Erst fiel ihm *Tristan* ein, hierauf Siegfrieds Eintreffen am Hof Gunters. In beiden Szenen trinkt der Held einen Liebestrank. So fühlte unser Patient die rätselhafte Neigung zu seiner Mutter als durch die Zauberkünste der Mutter erweckt. Zuletzt fiel ihm Siegmund ein, dem seine Schwester Sieglinde *mitleidig* ein Horn mit Met reicht. Der Sinn dieses Traumes lautet demnach: die Stimme des Blutes hat gesprochen, die Mutter nimmt sich mitleidig seiner an, er ist der Held, der dem Mann (Vater) die Frau entreißt. Der Ausblick auf den Inzest wie bei *Wagner*, Patient begehrt wie ein Trunkener nach seiner Mutter.

20 Siehe ›Individuelle Psychologie der Prostitution‹. In: *Praxis u. Theorie der Individualpsychologie,* l. c.

Aber die psychische Situation des Patienten war ins »Weibliche« geraten. Sein älterer Bruder kam von einer Reise nach Hause und wurde mit großer Liebe empfangen. Wie anders war es ihm ergangen, als er vor einiger Zeit von seiner Deutschlandreise zurückgekehrt war! Der Gedanke: ich bin verkürzt! – wurde durch den Empfang des Bruders mächtig verstärkt, und im Traum sucht er sich auf die männliche Linie hinüberzuretten. Es war ein Versuch, der scheitern mußte – und sollte! In derselben Nacht bekam er einen Anfall.

Der Anfall hatte den Zweck, die Zärtlichkeit, das Mitleid der Mutter auf den Patienten zu lenken. Mit dem Vater gelang dies leicht. Aber auch die Mutter vergaß seine eifersüchtigen, oft rohen Zornesausbrüche, sobald er bewußtlos lag, und setzte sich auf einige Zeit an sein Bett. So befriedigte er seinen Wunsch, alles zu haben, alles so zu haben wie der Bruder, wie der Vater. Die Formenwandlung seiner ursprünglichen Fiktion: ich werde kein ganzer Mann sein – war bis zu dem Gedanken gelangt: ich will *auch* die Mutter haben wie der Vater, wie der Bruder sie besitzen. Um mit der nötigen Energie vorgehen zu können, bedurfte es nun einer tiefgefühlten Überzeugung seiner Neigung zur Mutter: *also fingierte er sie.*

Den tiefsten Zweck seiner sehnsüchtigen Einstellung zur Mutter ergab die weitere Analyse, die einen entscheidenden Punkt in *seinem Gefühle der Unsicherheit* aufdeckte. Als sich die Mutter ihm in der Kindheit immer mehr entzog, kam er, wie so viele Kinder in ähnlicher Situation, auf den Gedanken, er sei nicht das Kind dieser Familie. Die Märchen vom »Schneewittchen« und »Aschenbrödel« dürften bei diesen Kinderphantasien häufig Leitgedanken abgeben. Als sein älterer Bruder einst erkrankte, wich die Mutter nicht von ihm. Seither reizte es unseren Patienten ununterbrochen, durch schwere Ohnmachtsanfälle, wie er sie von einem Onkel kannte, die Eltern, insbesondere die Mutter zu prüfen, ob die Stimme des Blutes sprechen würde. Diese Prüfungen nahm er mit *echt neurotischer Unersättlichkeit* vor, und so zeigt sich auch in diesem Falle die *völlige Auflösung des Ödipuskomplexes, sein Wesen als das einer arrangierten Fiktion,* seine Bedingtheit als Ausdrucksmittel des männlichen Protestes gegen ein Gefühl der Unsicherheit und Minderwertigkeit, seine Abhängigkeit von der neurotischen Sicherungstendenz des »Alles-haben-Wollens«.

Der innere Widerspruch, der sich bei dieser Form des männlichen Protestes oft geltend macht, die moralische Verurteilung eines dem Grundsatz des »Alles-haben-Wollens« entsprechenden Handelns, aber auch die stärkere Einsicht in die Unerfüllbarkeit oder die Furcht vor der Entscheidung, die gegen den Patienten fallen könnte, erzwingen häufig einen Kompromiß. Man kann dieses am besten in die Worte kleiden: *Halb und halb!* Der Patient sucht einen Ausweg aus dem Dilemma und kommt auf diesem Wege zu dem: *Divide et impera!* Zuweilen ist dieser Weg gangbar – wegen der Möglichkeit einer Befriedigung der Herrschsucht. Manchmal kommt es dabei zu starken *kulturellen, aber auch zu utopischen Ausprägungen* von Gleichheitsgefühlen und Gerechtigkeitsliebe.

II Neurotische Grenzerweiterung durch Askese, Liebe, Reisewut, Verbrechen — Simulation und Neurose — Minderwertigkeitsgefühl des weiblichen Geschlechts — Zweck des Ideals — Zweifel als Ausdruck des psychischen Hermaphroditismus — Masturbation und Neurose — Der »Inzestkomplex« als Symbol der Herrschsucht — Das Wesen des Wahns

Eine Betrachtung, die sich hier anreihen darf, will zu zeigen versuchen, wie die kompensierende Leitidee: »alles haben zu wollen«, von ihrem geraden Weg abbiegen kann, um auf Umwegen oder nach Art eines Kunstgriffes sonderbare neurotische, verbrecherische, aber auch schöpferische Leistungen anzuregen, um endlich bei ihrem Ziele anzulangen und eine Erhöhung des Persönlichkeitsgefühls irgendwie durchzusetzen, zumindest aber, und so lange bleibt die Neurose produktiv, vor einer Herabsetzung zu bewahren. Schon die *Sparsamkeit, Kargheit* und *Askese* mancher Neurotiker zeigt uns einen derartigen Umweg, auf den sich der Patient treiben läßt, als ob er nur in dieser Weise vor Gefahren gefeit wäre. Er handelt dann strenge nach diesen fiktiven Leitlinien, *glaubt an sie,* steigert auch sein abnormes Wesen in Fällen besonderer Unsicherheit bis zur Psychose. In der Melancholie, bei Vorwiegen von Verarmungsphantasien, *antizipiert* der Patient, um einer wirklichen Gefahr zu entgehen, ähnlich wie bei der Hypochondrie einen befürchteten Zustand, versucht eine Fiktion zu realisieren, unterstreicht sein Minderwertigkeitsgefühl und verwendet sein Leiden zur Sicherung seines Persönlichkeitsgefühls. Auch Fälle von Kaufzwang, Fetischismus, neurotische Sammelwut und Kleptomanie kommen als Äußerungen dieser Gier, alles haben zu wollen, zustande. Immer ist ein Zug sichtbar, die von der Realität gesetzten Grenzen entlang einer fiktiven Leitlinie zu durchbrechen, um einem Gefühl der Verkürzung zu entkommen. Immer tritt dabei die Apperzeption nach dem streng bildlichen Gegensatz von »oben-unten« zutage und läßt den Patienten häufig Betonungen und Unterstreichungen vornehmen, durch welche bewiesen werden soll, daß er ein Mann sei. Dazu nun eignet sich *das sexuelle Symbol als Ausdrucksmittel* recht gut, dessen Auflösung die übertriebene männliche Richtungslinie zuweilen auf sonderbaren Umwegen ergibt. Hier reihen sich nervöse Lügenhaftigkeit, Prahlerei, Hochstaplertum an, ebenso Versuche mit dem Feuer, mit der Liebe zu spielen, sich bis zum Abgrund vorzuwagen und *so die gegebenen Grenzen soweit als möglich hinauszuschieben*. Harmlosere Erscheinungen sind pathologische Reiselust, deren Ausartung im Weglaufen, in der Fugue neurotischer und psychotischer Personen zu finden ist[1]. Regelmäßig ist im Leitbild dieser Nervösen ein Persönlichkeitsideal, dessen Höhe durch Nachahmung oder durch trotziges, negativistisches Verhalten zu erreichen gesucht wird. Die gleiche Richtung *männliches Können* bis an die äußerste Grenze auszudehnen, liegt auch den fortgesetzten Neigungen zugrunde, gruselige, Entsetzen erregende Handlungen zu lesen, zu hören, zu sehen, zu begehen. Häufig treten telepathische, spiritistische Neigungen auf, abergläubische Regungen und ein Hang zum Wunderglauben.

Je stärker dieser Drang nach wertlosem Besitz sich geltend macht, um so mehr verfälscht er normale Neigungen und Wertungen. Etwa wie die Liebe für die Natur nur vorgetäuscht, aber in übertriebener Weise dargestellt wird, wenn ein Tourist alle Spitzen auf seinem Bergstock verzeichnet haben will. Die Leporelloliste zeigt uns diese Gier in bezug auf Liebe, und dem Don Juan ist die Messalina gleichzusetzen, die Nymphomane, die sich stets ungesättigt und verkürzt wähnt, weil in dieser neurotischen Gestaltung reale Befriedigungsmöglichkeiten unzureichend sind. Die Fesselung und Entwertung des Partners kommt dabei wesentlich in Betracht, ebenso die Furcht vor dem überlegen erscheinenden, einzigen Partner.

»Liebe Seele, wo wäre ich nicht gewesen«, antwortet *Immermanns* Münchhausen auf die Frage, ob er einen fernen Ort kenne. Die realen Befriedigungen bei Bewegungsspielen, Reiten, Fahren, Schnellfahren, bei der Aviatik stammen in ihrem tiefsten Grunde aus der Besitzergreifung, aus der Bemächtigung. Deshalb will jedes Kind Kutscher, Kondukteur, Lokomotivführer, Aviatiker, nicht minder aber auch Kaiser sein, Lehrer, um die anderen zu beherrschen und den sichtbaren, konkreten Ausdruck für seine Überlegenheit zu schaffen, Arzt

1 Fast immer finde ich als Grundtendenz der Fugue, der Vagabondage jugendlicher Nervöser und Verwahrloster: *auf mich muß man besser achtgeben!* Demnach Unzufriedenheit und ein Druck auf die Umgebung.

werden, um den Tod zu bannen und die Grenzen des Lebens zu erweitern, General, um die Armee zu leiten, Admiral, um dem Meere zu gebieten.

Lüge, Diebstahl und andere Verbrechen der Kinder erweisen sich als Versuche einer derartigen Grenzerweiterung auf der unnützlichen Seite des Lebens. Meist bleibt es beim Phantasieren und Tagträumen. Eine von mir angeregte Enquête in einer höheren Mädchenschule ergab bei allen 25 Mädchen Erinnerungen an kleine Diebstähle [2]. Die Lehrerin durfte ich mitzählen. Bei näherer Einsicht erschließt sich immer als Antrieb dieses Strebens, auf die Höhe zu kommen, ein aus dem Minderwertigkeitsgefühl des Kindes stammender unerträglicher Reizzustand. Häufig wird das Kind unter diesem Zwang *neugierig, genäschig, wißbegierig,* sucht seine Fehler zu erkennen und Raum zu schaffen für die Entfaltung seiner Persönlichkeit. Der Mangel, das Übel, das Gefühl der Unsicherheit und Minderwertigkeit erzwingen, analog dem Kompensationszwang im Organischen, oft auch eine stürmische Entwicklung des psychischen Überbaues. *Jatgeir* sagt in Ibsens Kronprätendenten: »Ich empfing die Gabe des Schmerzes, und da ward ich Skalde.« Man kann in einer Anzahl von Fällen leicht den Nachweis erbringen, daß ein besonders starkes Minderwertigkeitsgefühl den Forschertrieb in die Wege leitet, oder daß der »Eingangsakkord eines Künstlerlebens – eines späteren Vorbilds abgeklärter Harmonie der Kunst und des Lebens – mit einer herben Dissonanz beginnt.« (*B. Litzmann,* Clara Schumann.) Clara Schumann litt bis zum achten Lebensjahr an Hörstummheit. –

Eine andere Art, wie sich Kinder oft ihren Eltern überlegen zeigen, habe ich in der »Psychischen Behandlung der Trigeminusneuralgie« [3] beschrieben. Sie besteht darin, daß in Erinnerung früherer Mängel oder in Nachahmung fremder ein Zustand von scheinbarer *Dummheit, Blindheit, Taubheit, Hinken, Stottern, Enuresis, Kotschmieren, Ungeschicklichkeit, Appetitlosigkeit, Erbrechen, Faulheit und Verwahrlosung* im Kampfe um die Überlegenheit oder wie aus Rache festgehalten wird. Allmählich gestaltet die Psyche aus diesen vorbereitenden psychischen Gebärden, mit denen das Kind auf das Gefühl der Herabsetzung antwortet, psychische Bereitschaften, die in der Neurose das Symptomenbild gemäß einer Richtungslinie gestalten: *handle so, als ob du dir durch einen dieser Mängel, durch eines dieser Gebrechen die Sicherheit, das Gefühl der Überlegenheit verschaffen müßtest.* Diese Art, sich unangenehm bemerkbar zu machen, zielt deutlich auf eine Befriedi-

2 Herrn Kollegen Wexberg verdanke ich die Mitteilung eines phantasierten Diebstahls, der deutlich die Überwältigung des Vaters darstellt.
3 Siehe *Praxis und Theorie der Individualpsychologie,* l. c.

gung der Eitelkeit und gibt der Umgebung regelmäßig Fleißaufgaben. Wirkt auch wie eine Rache für verweigerte Parität. Der Unterschied von der Simulation besteht oft nur darin, daß nicht erst in jedem Falle die Überlegung das Phänomen hervorruft, sondern *daß die fertige Symptombereitschaft als automatische Sicherung gegen die Befürchtung der Herabsetzung dem ehernen Bestand des Gedächtnisses* einverleibt wird, etwa wie die Fingerfertigkeit eines Virtuosen stets bereit ist, auf entsprechende Anforderungen zu reagieren [4]. Das gesamte Heer der neurotischen Symptome, Erröten, Kopfschmerz, Migräne, Ohnmacht, Schmerzen, Tremor, Depression, Exaltation usw., lassen sich auf diese bereitgestellten psychischen Attituden zurückführen.

Auch bei normaler Zielrichtung geben ja nicht immer Gedanken und Sprache, sondern fast regelmäßig auch Körperteile, der Zirkulationsapparat, die Atmungsorgane usw. Antworten auf irgendwelche Beanspruchungen. Lachen, Weinen, Mimik, daß einer »Maul und Augen aufreißt« bei einer Überraschung usw. sind solche Beispiele. Bei den bekannten Scherzfragen: »Was ist kompakt?« »Was ist eine Wendeltreppe?« »Was ist ein Kirchturm?« sieht man das Ausspielen eines ganzen Bewegungskomplexes. Nicht anders bei den obigen Fehlschlägen, nur ist dort das System ausgebreiteter und verschleiert.

Eine der Tatsachen, deren Feststellung ich meiner Betrachtungsweise zu verdanken habe, betrifft das *mehr oder weniger bewußte Minderwertigkeitsgefühl aller Mädchen und Frauen,* das ihnen durch die »Weiblichkeit« gegenüber dem Manne vermittelt wird. Ihr Seelenleben wird dadurch so sehr alteriert, daß sie stets Züge des *»männlichen Protestes«* aufweisen, und zwar meistens in der Form des Umweges über scheinbar weibliche, minderwertige Züge, wie sie in der vorigen Gruppe geschildert wurden. Erziehung sowie die nötigen Vorbereitungen für die Zukunft zwingen sie, ihre Überlegenheit, ihren »männlichen Protest« auf Schleichwegen, resignierend meist, zum Ausdruck zu bringen. Immerhin sind die Züge von »Emotionalität« (*Heymans*) deutlich genug, Herrschsucht, Geiz, Neid, Gefallsucht, Neigung zur Grausamkeit usw. fallen so häufig in die Augen, daß man sie leicht entlarven kann als *kompensatorische männliche Züge, nach einer männlichen Richtungslinie geordnet. Parkes Weber* (Lancet 1911) hat nach mir in dieser Art der *Sicherung vor Herabsetzung* die Grundlage hysterischer Phänomene gefunden.

Auch die *Verbrechensbereitschaft* ist als Vorstoß des männlichen Protestes bei Personen zu verstehen, deren kompensie-

4 Daraus folgt, daß die Feststellung einer Simulation die analoge neurotische Bereitschaftsstellung in der Vorgeschichte ausschließen muß.

rendes Ideal eine fiktive Richtungslinie erzwingt, bei der Leben, Gesundheit, Güter des Nächsten entwertet werden. Im Falle erhöhter Unsicherheit, bei Entbehrungen, Herabsetzungen, drohender Einbuße des Persönlichkeitsgefühls, ebenso bei angestrengten Versuchen »oben« zu sein, ihre Überlegenheit zu sichern, werden sich solche Personen, deren Minderwertigkeitsgefühl *in der Affektbereitschaft* eine Kompensation gesucht hat, *in prinzipieller Verfolgung ihrer Richtungslinie, durch abstrahierendes Vorgehen gegenüber der Realität,* ihrem Persönlichkeitsideal durch ein Verbrechen zu nähern suchen. Dr. A. *Jassny* hat diesen Mechanismus, der am deutlichsten bei Affektverbrechen, Gewohnheitsverbrechen und Fahrlässigkeit hervortritt, bei verbrecherischen Frauen im Archiv für Kriminalanthropologie 1911 vortrefflich auseinandergesetzt. Zu ergänzen wäre, *daß der Weg des Verbrechens die große Unsicherheit des Verbrechers enthüllt, seine Geltung im Einklang mit dem Gemeinschaftsgefühl auf der nützlichen Seite des Lebens durchsetzen zu können* [5].

Die überragende Bedeutung der *Liebesbeziehung* im menschlichen Leben bringt es mit sich, daß sich die neurotische Gier, alles haben zu wollen, regelmäßig in das Verhältnis von Mann und Frau einmengt und dort eine störende Tendenz entfaltet, indem sie zwingt, von der Wirklichkeit abzusehen und Versuche zu unternehmen, die auf eine Erhöhung des Persönlichkeitsgefühls abzielen. Es liegt im Wesen des Nervösen, sein Minderwertigkeitsgefühl durch fortwährende Beweise seiner Überlegenheit abschwächen zu wollen. Eine geliebte Person soll ihre Persönlichkeit aufgeben, soll ganz in ihm – oder in ihr aufgehen, *soll zum Mittel werden, das eigene Persönlichkeitsgefühl zu heben.* Es wäre ein guter Prüfstein einer echten, von neurotischen Tendenzen freien Liebe, ob der eine Mensch es vertragen kann, wenn der andere seine Eigengeltung behält, ja wenn er ihn darin noch unterstützt. Dieser Fall ist selten. Gerade in die Beziehung der Geschlechter kommt fast regelmäßig ein prüfender, suchender, mißtrauischer, eigensinniger und eigennütziger Zug, der ein liebevolles Nebeneinander immer wieder stört. Ein fortwährendes Nehmenwollen an Stelle von Geben. Prinzipielle Forderungen stehen hier auf der Tagesordnung, und ein Junktim löst das andere ab, wobei die Spitze immer leicht zu erkennen ist. Es ist als ob beide Teile vor einem Rätsel stünden, dessen Lösung sie mit allen Mitteln durchsetzen wollen. Die Analyse deckt dann regelmäßig als Folge des Gefühls der Minderwertigkeit Furcht vor dem sexuellen Partner und damit ein Ringen um die Über-

5 Siehe A. Adler, ›Verbrechen und Neurose‹. In Bd. II von: *Praxis und Theorie der Individualpsychologie.*

legenheit auf. *Liebe und Ehe sind aber für diesen Ringkampf nicht geeignet.* Sie haben ihre eigene Logik und werden durch fremdartige Forderungen, durch den Kampf um die Macht gesprengt.

Wir haben dieses *Ringen auf verdeckten Wegen* in Fällen mit gesteigertem Minderwertigkeitsgefühl, bei angeborener Organminderwertigkeit, bei verzärtelten oder gehaßten Kindern zum Teil schon kennengelernt[6]. Es wird durch eine Anzahl neurotischer Bereitschaften gesichert, und gewisse Charakterzüge werden stark hervorgetrieben, damit man »mit dem Feind« in enger Fühlung bleibt. Vielleicht der sozial bedeutsamste dieser Züge ist das *Mißtrauen und die Eifersucht*, denen gleichlaufend Herrschsucht und Rechthaberei beigeordnet sind. Je nach der Vorgeschichte des Patienten, nach seinen verwendbaren Vorübungen und tendenziös gewerteten Erinnerungen wird bald der eine Zug, bald der andere deutlicher hervortreten. Sie stehen alle unter dem Drucke des fiktiven Endzweckes, brechen bei drohender Einbuße des Persönlichkeitsgefühls mächtig hervor oder erweisen sich noch als wirksam, wenn der Stolz sie ins Unbewußte zurückdrängt. In allen Fällen verfügen sie über die neurotischen Bereitschaften, die bald als Depression, bald als Angst vor dem Alleinsein, als Platzangst, als Schlaflosigkeit und in hundert anderen Symptomen den »Gegner« zur Waffenstreckung zwingen sollen. Die stärksten moralischen Prinzipien, wie Wahrheitsfanatismus, haben die gleiche Geltung wie etwa Gefallsucht und Ehebruch als Racheakt, wenn das Gefühl einer Herabgesetztheit die Wiederherstellung der Gleichberechtigung oder die Niederlage des anderen verlangt. Die protestierende *Rachsucht des Mannes* bei Mangel des Überlegenheitsgefühls ist meist geradliniger, äußert sich im »Spielen des wilden Mannes«, in Seitensprüngen und Verschmähung, zuweilen aber in Impotenz, auffallender Protektion der Kinder oder Zweifel an deren Legitimität, häufig auch im Meiden der Häuslichkeit, vermehrtem Alkoholkonsum oder im Aufsuchen von Vergnügungen. Die Absicht dieser Handlungsweise ist meist so durchsichtig, daß sie verstanden wird. Denn nur dann erfüllt sie ihren Zweck, wenn sich die Frau dadurch herabgesetzt fühlt. Der häufige *Eifersuchtswahn des Alkoholisten* ist nicht in der resultierenden Impotenz begründet, sondern Alkoholismus, Impotenz und der verstärkte Charakterzug der Eifersucht sind koordinierte neurotische Ausdrucksformen des Disponierten,

6 Es ist erstaunlich, wie Kretschmer, der insbesondere mit der Aufstellung des schizothymen Gesichtstypus eine so wertvolle Bereicherung der Organminderwertigkeitslehre gegeben hat, die hier aufgedeckte *Planmäßigkeit* in der Neurose und Psychose zu übersehen vermag und der Kluft zwischen humoralen Einflüssen und Psyche keine Rechnung trägt.

dessen Minderwertigkeitsgefühl eine Steigerung erfahren hat und im Alkoholismus eine Ausrede sucht dafür, warum er nicht der Erste ist, gleichzeitig auch zur Rache gegen jemanden schreitet. Wie jeder Neurotiker leidet auch er an der *neurotischen Apperzeption,* mittelst deren er den Abstand der Wirklichkeit von einem tendenziös verstärkten Ideal mißt. Es ist aber eine der wirksamsten Attituden des Nervösen, *pollice verso sozusagen einen wirklichen Menschen an einem Ideal zu messen,* da man ihn dabei beliebig stark entwerten kann. Die Rachsucht der verschmähten, herabgesetzten Frau bedient sich mit Vorliebe neurotischer Symptome, unter denen die *Frigidität* eine hervorragende Rolle spielt. Die Absicht zielt darauf hin, dem Manne die Männlichkeit zu bestreiten, ihm selbst bei gutem Einvernehmen die Grenzen seines Einflusses vor Augen zu führen und sich so ein gut Stück Unüberwindlichkeit zu sichern. Das Zusammenspiel bleibt aus.

Daß dieser mächtige Aufbau die Folge ursprünglicher Gefühle der Verkürztheit ist, die nach Kompensation verlangen, geht aus eingehenderen Analysen hervor. Zuweilen geschieht die Apperzeption einer Herabsetzung oder einer analogen Befürchtung oder eines solchen Wunsches nach dem Bilde des Gegensatzes von Mann und Weib, demzufolge die Erhöhung des Persönlichkeitsgefühls als männlich, eine Erniedrigung als weiblich empfunden und gewertet wird. Oder es setzt sich in Phantasien und Träumen der Gedanke einer Kastration (weiblich) an Stelle des Gefühls der Herabsetzung. Recht häufig dringt die männliche Leitlinie, die bereits in der Vorgeschichte eine große Rolle gespielt hat, in der Neurose vorwiegend oder nebenbei durch und verstärkt männliche Züge, sobald das Persönlichkeitsgefühl in Frage gestellt wird, was bei Frauen in der Regel leicht auffällig wird. Gleichzeitig damit erfolgt der *Rückzug aus der Gesellschaft und von der nützlichen Seite des Lebens.*

Abgesehen von der Bereitschaft zur Eifersucht findet man bei weiblichen Nervösen eine Anzahl anderer Symptome, die aus dem Festhalten einer männlichen Leitlinie erwachsen. Sie sind im allgemeinen der Liebe, insbesondere dem Sexualverkehr abhold und können eine ganze Anzahl von Gründen statt des einen wahrhaften nennen, der Unzufriedenheit mit der Frauenrolle und Furcht vor einer Niederlage, und sie versuchen eine Art von Vermännlichung so weit als möglich durchzusetzen. *Abneigung gegen Liebe und Ehe* dauert dann entweder durchs ganze Leben an, oder dieser Formenwandel der männlichen Leitlinie entwickelt mit zunehmenden Jahren einen derartigen *inneren Widerspruch – die Furcht, den Mann nicht fesseln zu können, drückt auf das Persönlichkeitsgefühl* und zeitigt unter fortwährenden Schwankungen neurotische

Liebesregungen. Diese *Schwankungen* kommen dadurch zustande, daß die neue Richtungslinie, einen Mann zu gewinnen, um dadurch zur Erhöhung des Persönlichkeitsgefühls zu gelangen, bereits *seinen Gegensatz in sich trägt:* Verminderung des Persönlichkeitsgefühls durch Verweichlichung. Oft erwacht in solchen Fällen das Symptom neurotischer *Zweifelsucht* und macht sich in den banalsten Beziehungen breit, bis man hinter den *hermaphroditischen Gehalt* der aktuellen Situation kommt, aus dem der Antrieb des Schwankens und Zweifelns hervorquillt. Jeder Entschluß ruft im Gegenbewußtsein (*Lipps*) die gegenteilige Regung hervor, die beide dann nach dem Gegensatz »Männlich-Weiblich« empfunden und gewertet werden, so daß die Patientin entweder gleichzeitig oder hintereinander eine weibliche und männliche Rolle spielt. Folgender Fall dürfte diesen Zustand anschaulich darstellen:

Ein 30jähriges Mädchen, das sich durch Lektionen ihren Unterhalt erwirbt, stellt sich mit Klagen über Unruhe, fortwährenden Zweifel, Schlaflosigkeit und Suicidgedanken vor. Seit dem Tode des Vaters sorgt sie für die ganze Familie, vertritt also den Mann, den Ernährer, ist in ihren Phantasien und Träumen das Lasttier, das Pferd, das alles herbeischafft. Sie arbeitet bis zur Erschöpfung und opfert alles ihrem Bruder und ihrer Schwester. Soweit sie zurückdenkt, wollte sie immer ein Mann sein. Als Kind hatte sie derbe, knabenhafte Züge und wurde in ihrem 15. Lebensjahr noch im Bade für einen Knaben gehalten.

Neusser hat in seiner Arbeit über Status thymico-lymphaticus auf gegengeschlechtliche körperliche Charaktere bei dieser Konstitutionsanomalie hingewiesen. Auch in meinen Arbeiten neurologischen Inhalts habe ich den Befund der körperlichen Gegengeschlechtlichkeit hervorgehoben und von ihr nachweisen können, daß sie von der Neurose häufig benutzt wird, sei es zur Hervorhebung der Minderwertigkeit infolge eines weiblichen Einschlags, sei es zum männlichen Protest. Die älteren Hervorhebungen *Fließ'*, der ebenso wie *Halban* meine Aufmerksamkeit auf dieses Gebiet gelenkt hat, betreffen nicht den psychischen Mechanismus in meinem Sinne. Übertriebene, unhaltbare Annahmen von körperlicher Gegengeschlechtlichkeit sind überaus häufig und unterstellen den Irrtum einer seelischen Gegengeschlechtlichkeit.

In einer nicht allzu seltenen Variante enthüllt die Patientin ihren männlichen Protest gleich am ersten Tage, indem sie mit großer Schärfe eine unentgeltliche Behandlung ablehnt. *Sie wolle sich nichts schenken lassen,* betont sie mehrere Male hintereinander, was sie in der Folge in der mir bereits bekannten Art aufklärte, es sei unmännlich, sich Geschenke machen zu lassen. Deswegen habe sie es stets abgelehnt. Dagegen schenkt sie selbst gerne, was sie insbesondere in ihrer väterlichen Rolle innerhalb der Familie häufig praktiziert.

Aus ihrer Krankengeschichte hebe ich als wichtig hervor, daß ein Oheim sie im 9. Lebensjahr zu vergewaltigen suchte. Sie verhielt sich in ihrem Schrecken passiv, tat aber von diesem Angriff keine Erwähnung. Seit ihre Nervosität Fortschritte gemacht hatte, *zwang sie sich zu der Auffassung*, sie wäre schon als Kind ein sinnliches Geschöpf gewesen und fähig, sich jedem hinzugeben. Und so sei es auch bis heute geblieben. Also die uns bereits geläufige *Nutzanwendung einer Erinnerung zu Zwecken der Sicherung;* denn die Folge dieses Gedankenganges war, daß sie bis zu ihrem 30. Lebensjahr allen Männern auswich.

Seit ihrem 10. Lebensjahr trieb sie bis vor fünf Jahren, wie sie behauptete, eifrig Masturbation. Sie entwickelte daraus ein überaus starkes Schuldgefühl, stärkte die Überzeugung von ihrer Sinnlichkeit und kam zu dem Schlusse, sie habe sich auf immer unwürdig gemacht, in die Ehe zu treten. Diese Überzeugung mußte noch weiter ihre Haltung beeinflussen, die sie gegen Männer einnahm.

Dies ist die gewöhnliche Rolle der *Masturbation in der Neurose*, daß sie durch das *Arrangement eines Schuldgefühls* [7], gleichzeitig aber durch ihr Ergebnis, auf den Partner verzichten zu können, die Sicherung vor dem Partner durchführt. Die Ähnlichkeit mit jenen Fällen, die durch Verstärkung eines Kinderfehlers, Enuresis, Stottern oder durch neurotische Symptome die gleiche Sicherung vornehmen, liegt auf der Hand. Das ursprüngliche Minderwertigkeitsgefühl bleibt als »Schale« zurück, füllt sich mit Verkürztheitsphantasien und Schuldgefühlen und zwingt, den männlichen Leitpunkt auf Umwegen zu erreichen. Das Gebaren unserer Patientin ist nach der Richtungslinie aufgebaut: ich will ein überlegener Mann sein, ich will keine inferiore Frauenrolle spielen.

Seit einigen Jahren setzte eine Zwangsidee ein, die unsere Auffassung von der Neurose klar widerspiegelt. *Patientin glaubt, sie habe durch die Masturbation einen nach vorne ragenden Teil des Genitals, der in ihrer Beschreibung wie ein*

7 Die primären Gewissensregungen bei der Masturbation sind die Folgen, zugleich aber die Sicherungen des beleidigten Persönlichkeitsideals. In der Neurose werden diese Sicherungen, oft unter Beibehaltung der Masturbation, verstärkt und als zweckdienlich dem Lebensplan eingefügt: der Autoerotismus wird so zum Symbol des Lebensplanes, woraus sich sein *Zwangscharakter* ableitet. *Der Zwang ergibt sich von selbst infolge der Ausschaltung des normalen erotischen Zieles.* Der Lebensplan aber lautet: Isolierung, Ablehnung des Gemeinschaftsgefühls und Ausmerzung aller Fähigkeit zur Hingabe – weil das Aufgehen in der Gemeinschaft vom Machtstreben als hinderlich empfunden wird. Den Kontakt mit der Gemeinschaft halten am stärksten aufrecht: Sprache, Sexualität und Liebe, Beruf und Tatbereitschaft. An diesen Punkten setzt die Neurose zerstörend ein. *Jeder Nervöse hat die Form der Erotik, die zu seinem neurotischen Lebensplan gehört.*

Penis erscheint, verloren. Nun sei sie gänzlich unbrauchbar für die Ehe geworden, denn sie könnte es nicht überleben, wenn ihr Mann von ihrem Laster erführe. Die Sicherung scheint dadurch eine überaus gelungene, und man sieht deutlich, wie sie ihr fiktives, männliches Leitbild als Ideal zu ihrer realen Weiblichkeit in Gegensatz bringt, letztere unterstreicht und als minderwertig empfindet, gerade durch diesen Kunstgriff aber sich vor einer weiblichen Rolle in der Wirklichkeit sichert.

Unter den Hilfslinien der Charakterzüge mußten insbesondere Ehrgeiz und Entwertungstendenz hervortreten, ersterer in der Familie, in ihrer Kunst und den Freundinnen gegenüber, letztere in dem spärlichen Verkehr, den sie mit Männern pflegte. Immerhin halfen ihr diese beiden Charaktere, sich jeder gesellschaftlichen Beziehung zu entschlagen und sich ganz auf die Familie zu beschränken, eine fast regelmäßige Erscheinung bei Mädchen, die in ihrem männlichen Protest die Furcht vor dem Mann entwickeln.

Sogar diese Sicherung, so stark sie auch erscheinen mag, konnte dem Persönlichkeitsideal unserer Patientin auf die Dauer nicht genügen. Ihre Freundinnen verließen sie, um zu heiraten, und als sich auch die jüngere Schwester verlobte, war ihre Leitlinie unhaltbar geworden, weil der Ehrgeiz *auch* nach der »Herrschaft über den Mann« strebte. Prinzipiell, wie nervöse, in ihrer Unsicherheit verstärkte Mädchen meistens tun, entschied sie: der Erstbeste! Sie ging auf einen Maskenball und lernte dort einen ehrenwerten Mann kennen, der nach kurzer Bekanntschaft ihr Gatte werden wollte. Auf einem Ausflug gab sie sich ihm hin, weil sie, wie sie erzählte, bei einer Berührung befürchtete, er könnte den Defekt und damit ihre Schmach erkennen. Und lieber wollte sie alles andere über sich ergehen lassen. Als der Mann später freundlich in sie drang, sie möge ihm offen sagen, ob er ihr erster Liebhaber gewesen sei, *und warum sie sich so kalt benommen habe,* stürzte sie den wohlmeinenden Mann mit der lügenhaften Erklärung aus allen Himmeln: sie habe schon einem anderen Mann angehört. Daraufhin löste der Mann die Beziehung.

Es ist leicht auszurechnen, was nun folgte. Die Patientin, die ständig über einen anderen Verlust, den ihrer Männlichkeit, trauerte, sah sich abermals verkürzt und um ihren neuen Triumph gebracht. Sie widerrief ihre Lüge, versuchte mir später zu erklären, daß sie, um den Mann zu quälen und ihn für die ihr beigebrachte »Niederlage« zu bestrafen, zu entwerten, um seinen Triumph zu bringen, so gesprochen habe. Sie teilte ihm diesen Sachverhalt auch mit, aber er zog sich gänzlich zurück, großenteils aus Furcht vor weiteren Disharmonien in einer Ehe mit diesem nervösen Mädchen. Daraufhin entbrannte unsere Patientin ganz in Liebe für ihn, machte ihn zu ihrem Gott, verbrachte die Nächte schlaflos mit Gedanken an ihn und schwur es sich zu, *nur diesen oder keinen* zum Manne zu nehmen. Damit drückte sie aber deutlich aus, daß sie keinen nehmen werde, denn dieser Eine war nach aller menschlichen Voraussicht ihr für immer verloren. So war sie schließlich durch diverse Kunstgriffe ihrer Neurose wieder zu ihrer alten Leitlinie zurückgekehrt, hatte ein fiktives Ideal gewonnen, die weibliche Rolle aber bis zur Zeit ihrer Behandlung zurückgewiesen.

Im Falle der psychotherapeutischen Behandlung ist ein besonderes Augenmerk darauf zu richten, daß man nicht selbst das *Opfer der blind arbeitenden Entwertungstendenz des Patienten* werde, dessen Krankheitszustand regelmäßig dazu benützt wird, den Psychotherapeuten um seine Geltung zu bringen. Der Patient kann dies in seinen gewohnten Bahnen, nur schärfer nuancierend, indem er Symptome verstärkt, neu auftauchen läßt, gespannte Beziehungen, häufig auch Liebes- und Freundschaftssituationen herzustellen versucht, stets aber mit der durch sein neurotisches Ziel geleiteten Absicht, des Arztes Herr zu werden, ihn herabzusetzen, in *eine »inferiore« Rolle zu bringen*, seine Geltung zu vernichten. Die taktischen und pädagogischen Kunstgriffe, die man nötig hat, diesen Kampf des Patienten gegen den Arzt abzuschwächen, verständlich zu machen, um daran das ganze neurotische Verhalten des Patienten in seinem übrigen Leben zu demonstrieren, werden zum Hauptfaktor der Heilung. Man unterschätze aber auch den stillen Protest der Nervösen nicht, erwarte ihn bis zum Ende der Behandlung, insbesondere aber gegen Ende, hebe ihn mit ruhiger, objektiver Haltung hervor, *als die selbstverständliche Aggression und Machtpolitik des Patienten, die identisch ist mit seiner Neurose,* indem sie die nervösen Bereitschaften und Charakterzüge schafft. Über *Freuds* Hypothese von der Liebesübertragung soll später noch gesprochen werden. Sie ist nichts anderes als *ein Kunstgriff des Patienten*, um dem Arzt die sachliche Überlegenheit zu rauben. Auch *Bezzola* und andere haben die Umwege geschildert, auf denen nervöse Patienten den Arzt verkleinern wollen. Immer ist es die neurotische Leitlinie, die dabei zum Vorschein kommt und dem Patienten die Überlegenheit sichern soll. Die naheliegendste Art, seinen Aggressionstrieb zu betätigen, findet der Nervöse stets im Festhalten an seinen Symptomen, weil diese selbst einen Teil seines Aggressionstriebes darstellen. Ein Ausschnitt aus der Krankengeschichte einer Patientin kurz vor Beendigung der Behandlung zeigt in der Art eines feindlichen Vorstoßes diese gegen den Arzt gerichtete Entwertung als eine der psychischen Bereitschaften ihres männlichen Protestes. Die Patientin stand wegen Angstzuständen und nächtlichen Aufschreiens in Behandlung, war virgo und zählte 36 Jahre. Ich will die Aufrollung dieses neurotischen Bildes an folgendem Traum beginnen:

»Ich liege zu Ihren Füßen und greife mit der Hand nach oben, nach dem Stoff Ihres seidenen Kleides. Sie machen eine laszive Gebärde. Darauf sage ich lächelnd: Sie sind auch nicht besser als die anderen Männer! Nickend bestätigen Sie es.«

Wer in Anlehnung an *Freuds* Traumdeutung das sexuelle Wunschmotiv in den Vordergrund stellte, wird um eine Deutung nicht verlegen sein; die Forderung nach einer sexuellen Grundlage des Traumes wäre nicht allzuschwer zu erfüllen. Auch könnte man sich leicht die Genugtuung verschaffen, wie die Patientin es vorher schon getan, aus ihrer Kinderzeit eine Erinnerung hervorzuholen, wo sie in ähnlicher Weise um den Vater geworben hat: ihre neurotische Sicherungstendenz hat ja schon lange *alle warnenden Erlebnisse* in übertriebener Sorgfalt gesammelt, um gegen eine Wiederholung »anaphylaktisch« vorzubauen. Ja, man würde leicht *die Zustimmung* der Patientin finden, das Auftauchen gleichgerichteter Erinnerungen und gegenwärtiger Erlebnisse als ihren eigentlichen »verdrängten« Willensimpuls zu buchen. *Denn ihre neurotische Psyche sucht solche Übertreibungen oder auch reale Erinnerungen und macht sie zur Operationsbasis*, indem sie die Überzeugung von der Minderwertigkeit des Patienten, von seiner Schuld, von seinem Laster, von seiner allzugroßen Weiblichkeit festigt, um mit größerer Vehemenz die Überlegenheit, die Männlichkeit zu verfechten und die Vorsicht zu vergrößern. Dieser verstärkte männliche Protest aber, der aus der *fehlerhaften, vorsorglichen Perspektive* des Patienten erfließt, kann natürlich die Neurose bloß verstärken. Die Zerstörung dieser Perspektive erst, der neurotischen Apperzeptionsgrundlage, und die Absperrung der fiktiven Zuflüsse zum männlichen Protest, zuletzt das geweckte Verständnis für den Aberglauben an eine abstrakte Leitlinie und an deren Vergöttlichung sind die Hebel, die zur Beseitigung der Neurose in Aktion gesetzt werden müssen.

Unsere Patientin hatte um die Zeit dieses Traumes eine Liaison mit einem verheirateten Mann begonnen. Als dieser in sie drängte und sie während einer Badereise seiner Frau in seine Wohnung lud, hatte sie allerlei Bedenken, in denen ich sie wesentlich bestärkte. Nichtsdestoweniger hielt sie die Beziehung aufrecht und *spielte mit dem Feuer*, weil ihr, wie sie sagte, das ungeduldige Zappeln des Mannes Spaß machte. Nebenbei war ihre Handlungsweise als feindseliger Akt gegen ihre Angehörigen und gegen mich, den bedächtigen Warner, gerichtet. Ihre eigene Auffassung ließe sich als billiger Vorwand deuten. Aber die Vorgeschichte der Patientin, ihr Verhalten während ihrer 20jährigen Krankheit und während der Behandlung zeigten deutlich, daß sie im stärksten männlichen Protest stand, daß sie wohl die *Unterwerfung des Mannes verlangen* konnte, eine weibliche Rolle aber ängstlich und erschreckt – ihr Leiden bestand in Angstzuständen und nächtlichem, erschrecktem Aufschreien – zurückweisen mußte. Der Kernpunkt ihres psychischen Verhaltens bestand in der *Furcht vor dem Manne, dem sie sich nicht gewachsen glaubte,* eine Furcht, die sie durch ihr eigenes *männliches Auftreten* und durch *Erniedrigung der Männer* zu kompensieren suchte.

Nun könnten wir uns an die Deutung des Traumes wagen. Sie übertreibt ihre psychische Abhängigkeit von mir und festigt diese Überzeugung durch das für diesen Zweck ausgezeichnete Mittel der Einkleidung in ein Traumbild. »Als ob ich zu Ihren Füßen läge.« Dieses »Unten-Sein« wird zur Operationsbasis genommen, und wir dürfen mit Recht erwarten, *daß der Konstruktion einer fiktiven weiblichen Rolle der männliche Aufschwung folgt,* wie sich in jedem Traume zeigen läßt. Sie greift mit der Hand nach *Oben.* Die Fortsetzung ergibt meine Entmannung, die Umwandlung in eine Frau: ich trage ein *seidenes Kleid.* Der gleiche psychische Mechanismus der Entwertung webt in dem übrigen Teil des Traumes. Ich habe die Patientin gewarnt – im Traume mache ich die laszive Gebärde, deren sich der Bewerber schuldig gemacht hat, das heißt, ich stehe auf der gleichen Stufe, ich bin »auch nicht besser als die anderen Männer« [8]. Dazu muß ich im Traume noch schweigen und eine zustimmende Geste machen. Der Gegengedanke, ich könnte besser sein, ist der Patientin unerträglich, von ihm, der mir eine Art Überlegenheit gibt, geht die *vorbauende, sichernde, nach der neurotischen Perspektive gebaute Traumfiktion* aus. Die Patientin fühlt sich nur sicher, wenn *prinzipiell* alle Männer gleich schlecht sind. Dann ist sie auf ihrer alten Leitlinie und fühlt sich überlegen. In ihrem Lachen spiegelt sich ihre Überlegenheit, ebenso in meinem Schweigen. Es ist ein wesentlicher Faktor meiner Traumdeutung, dem Patienten nachzuweisen, wie er fälscht und Argumente aus der Luft greift. Nicht anders wie im wachen Zustand.

Bemerkenswert ist der Umstand, daß sie diese erste gefährlichere Liaison *mit einem verheirateten Mann* begann. Man kann in allen ähnlichen Fällen eine solche Beziehung als

8 Generalisierung ist ein regelmäßig anzutreffender Kunstgriff des Nervösen, der ja immer nach der »sicheren«, fiktiven Leitlinie hascht. Ohne Generalisierung fiele seine Weltanschauung und die aus ihr stammende, nervöse, prinzipielle Haltung angesichts der Vielgestaltigkeit des Lebens in sich zusammen.

Sicherung vor der Ehe, meist auch vor Geschlechtsverkehr nachweisen. *Die männliche Leitlinie bleibt gewahrt,* aber die Realität macht sich durch den Einschlag weiblicher Regungen und Empfindungen geltend; es ist, wie ich des öfteren ausgeführt habe, *ein männlicher Protest mit weiblichen Mitteln,* der uns an die Tatsachen des *psychischen Hermaphroditismus* erinnert. Letzter Linie kommt auch die Überlegenheit über die Ehefrau im Dreieck zur Geltung, was in allen analogen Fällen die treibende Kraft ungemein verstärkt.

Wenn wir nun im Sinne einer *vergleichenden Psychologie* vorgehen und die Bestandteile der apperzipierenden Grundlage dieser Patientin zu bewußtem Ausdruck bringen wollen, indem wir uns die Frage vorlegen: woher hat die Patientin diese Bereitschaft, die psychische Vorbereitung, den Mann durch das weibliche Mittel ihrer Liebesregung zu entmannen, damit gleichzeitig ihr männliches Persönlichkeitsgefühl zu heben und eine Frau zu überflügeln?, so lautet die Antwort: *aus ihrer Beziehung zu Vater und Mutter.* Dort hat sie die Vorbereitung bekommen, sich dem Vater als dem konkreten Leitbild liebend und schätzend zu nähern, *hat ihn beherrschen gelernt* und hat sich so der Mutter überlegen gezeigt. Abstrahiert man von dem männlichen Protest des neurotischen Kindes und analogisiert man selbst, wie es der Nervöse häufig tut, diese Geschehnisse *in einem sexuellen Schema,* so erhält man den »Inzestkomplex«. Man kann nun, wie ich in früheren Arbeiten gezeigt habe, aus dem »Inzestkomplex« wieder herausziehen, was die männliche Leitlinie in ihn hineingetragen hat, nämlich *die Sicherung des Persönlichkeitsgefühls* unter dem Titel einer Liebesbedingung. In der psychoanalytischen Literatur taucht immer wieder die Behauptung auf, die Libido des Nervösen sei am Vater, an der Mutter fixiert, weshalb er ähnliche Bedingungen, eigentlich den geliebten Teil der Eltern suche. Die einzige wirkliche Liebesbedingung schafft bei Nervösen der »Wille zur Macht und zum Schein«. Und diesen Leitpunkt sucht der Nervöse mit aller Vorsicht, aber unabänderlich, mit all seinen wohlausgebildeten, vorbauenden Bereitschaften, die von der Sicherungstendenz starr und mit ausschließlicher Geltung geschaffen wurden und jeder Abänderung widerstreben. Die Bedeutung der Liebesbedingungen ist keine andere wie die der Sicherung des Persönlichkeitsgefühls, wobei die ausschließende Wirkung desselben noch deutlicher verrät, daß die treibende Kraft im männlichen Protest zu suchen ist, der auch schon den Schein der Inzestkonstellation geschaffen hat. Wo, wie in manchen Fällen, die Fixierung an einem der Elternteile deutlich sichtbar wird, ist sie *zweckdienlich*[9] konstruiert, arrangiert, um der Entscheidung vor

9 Entsprechend dem Lebensplan, dem Finale.

anderen Partnern, vor der Liebe und Ehe auszuweichen. *Denn meist hat der Nervöse die Liebes- und Ehebereitschaft als mit seinem wenig sozialen Endziel unverträglich zerstört oder unausgebaut gelassen.*

Die ursprünglichste der Dreiecksituationen aber, die »Inzestsituation«, löst sich bei näherer Betrachtung in eine durch den »Größenwahn des Kindes« erzwungene *asexuelle* Affäre auf, die bereits alle neurotischen Charaktere des disponierten Kindes, *seinen Neid, seinen Trotz, seine Unersättlichkeit, seine Frühreife, seine Herrschsucht und seinen Mangel an Gemeinschaftsgefühl* aufweist. *Die Triebfeder zur Festhaltung geeigneter Erinnerungen, zu den Erinnerungsfälschungen und Übertreibungen der Erinnerungsspuren* ist durch die Furcht vor einer Niederlage im Leben gegeben. Und wo wirklich der Sexualtrieb sich bemerkbar gemacht hat, wo die Inzestmöglichkeit für das Kind gegeben war, wird die Erinnerung als schreckende Spur, als Memento aufbewahrt. Was die neurotische Psyche lenkt, sind nicht Erinnerungen, Reminiszenzen, sondern das fiktive Endziel, welches die *Nutzanwendungen zu seinen Gunsten* in Form von Bereitschaften und Charakterzügen gezogen hat. Es macht kaum eine Änderung aus, wenn diese Reminiszenzen durch das Persönlichkeitsgefühl »verdrängt«, ins Unbewußte gestoßen wurden, wenn nur die mit ihnen gleichlaufende Haltung geblieben ist; in jedem Falle steht der neurotische Charakter und die sonstigen psychischen Gesten mit ihrem unbewußten Mechanismus gegen die Einordnung in die Gemeinschaft.

So war es auch im Falle unserer Patientin. Sie konnte beispielsweise angeben, daß sie immer den Vater auf ihre Seite bringen wollte, daß sie dies auch durch sorgfältiges Eingehen auf seine Gedankengänge und Wünsche erreicht habe. Von der Mutter ihn loszureißen war ihr nicht schwergefallen. Mit 14 Jahren begann sie seinen Küssen auszuweichen, weil sie ein unheimliches, erotisches Gefühl dabei empfunden hatte. Zum Verständnis dieses Arrangements füge ich bei, daß Patientin seit ihrem 12. Lebensjahre deutliche Spuren der Neurose aufwies. Ihre damalige Situation läßt uns den Sinn dieser Sicherung – durch Konstruktion erotischer Bereitschaften – verstehen. Sie war immer ein ungebärdiges, knabenhaftes Geschöpf gewesen, das damals bereits die Macht des Sexualtriebes empfinden gelernt hatte und seit längerer Zeit masturbierte. Um diese Zeit begannen auch Nachstellungen von seiten der Männer, gegen die sie mit starker Angst reagierte. Seit einigen Jahren war bereits die Sicherungstendenz so weit hervorgetreten, daß Patientin *die Angstbereitschaft* verstärkt hatte, die aus ursprünglich realen Angstempfindungen aufgebaut war, und nun konnte sie auf eine Befürchtung einer

Herabsetzung im Sinne einer weiblichen Rolle, mit Vorsicht jeden Anlaß wahrnehmend, *halluzinatorisch* einen Zustand von Angst bei sich auslösen, ihn sozusagen eskomptieren, wie er etwa der Eventualität einer Gravidität entsprochen hätte. *Diese Antizipation und halluzinatorische Erweckung von Sensationen,* die einer für die Zukunft befürchteten Niederlage entsprechen, sind das Werk der vorbauenden Sicherungstendenz und machen, wie ich bereits hervorgehoben habe[10], das Wesen der Hypochondrie, der Phobie und zahlreicher neurasthenischer sowie hysterischer Symptome aus. Ich will hier nur kurz anführen, daß auch *das Wesen des Wahnes* auf einer ähnlichen dogmatischen, antizipierten Darstellung einer Befürchtung oder eines Wunsches beruht, welche die Sicherungstendenz zu besserer Beglaubigung in einer Phase großer Unsicherheit, in stärkerer Anlehnung an die fiktive Leitlinie zum Schutze des Persönlichkeitsgefühls bietet. Indem unsere Patientin mit ihrem Angstzustand einen möglichen, zu erwartenden Prestigeverlust *vorausahnte* und halluzinatorisch festhielt, fand sie sich am besten davor gesichert. Zuweilen brauchte die halluzinatorische Erregung eine weitere Verstärkung: da kam Patientin zur sichernden Zwangsvorstellung, sie habe ein neugeborenes Kind getötet. In der Analyse zeigte sich diese Angst vor dem Manne, gelegentlich in Platzangst ausartend, *an Ermahnungen der Mutter geknüpft.* Dies bedeutet, daß Patientin aus ihren Erinnerungen sogar die Worte der stets bekämpften Mutter herausgriff, *soferne diese sich zur Sicherung eigneten*[11].

In diese vorbereitenden Akte fiel ein Ereignis, *das den überstürzten Ausbau der sichernden Bereitschaften drohend forderte:* eine ihrer Kusinen brachte ein uneheliches Kind zur Welt, worüber in der gutbürgerlichen Familie die größte Empörung zum Ausdruck kam, insbesondere als sich der Verführer aus dem Staube machte. – Unser wachsendes Verständnis für die Entwicklung dieses Mädchens läßt uns verstehen, warum dieses Ereignis den Ausbau der Neurose beschleunigen mußte, und wieso es kam, daß den Worten der gering geachteten Mutter *eine höhere Wertung* zuteil wurde. Patientin war seit früher Kindheit ein wildes, ungebärdiges Mädchen von großer körperlicher Kraft gewesen, das mit Vorliebe *Kna-*

10 Siehe ›Syphilidophobie‹. In: *Praxis und Theorie der Individualpsychologie,* l. c.

11 Nebenbei sollte die Mutter mit ihren apodiktischen Drohungen auch nicht recht haben, sollte Schlechtes angerichtet haben. Einer meiner Patienten wurde als Kind stets von der Schule abgeholt. Wie viele Kinder empfand er diese Bevormundung als Herabsetzung. Als eines Tages die Begleiterin ausblieb, wartete er fünf Stunden beim Schulgebäude, bis ihn die erschreckten Eltern fanden. Ähnlich desavouierte der kleine Nietzsche seine Erzieher, da er in strömendem Regen Schritt für Schritt nach Hause spazierte und auf den Vorhalt der geängstigten Mutter antwortete: Man habe ihn gelehrt, daß brave Kinder sittsam nach Hause gehen müßten, ohne zu laufen und zu toben.

benspiele spielte und jede weibliche Regung mit äußerster Unlust verpönte. Es ist ihr noch erinnerlich, mit welcher Heftigkeit sie Puppenspiele und weibliche Handarbeiten von sich wies. *Die Persönlichkeit des Vaters überragte die der Mutter in auffallendem Maße.* Eine unverheiratete Tante, die bei der Familie unserer Patientin wohnte, erfreute sich eines durchaus männlichen Gebarens, zeigte einen Bartwuchs und hatte eine Männerstimme. An diese stark und immer wieder auftretenden Erinnerungen reihte sich eine, die aus späterer Zeit stammte und mit der die Patientin beherrschenden Tendenz aus der Kindheit – ein Mann werden zu wollen – erst die nötige Resonanz schuf, die Erinnerung, *wie sich eine langjährige Schulkollegin – ein Pseudohermaphrodit – in einen Mann verwandelte.* Diese und ähnliche Mitteilungen, ein besonderes Interesse für Hermaphroditismus z. B., genügt nach meiner Erfahrung zur vorläufigen Feststellung, daß derartige Patienten den Schein ihrer Weiblichkeit – ob sie nun weiblichen oder männlichen Geschlechts sind – abzustreifen wünschen, daß sie sich männliche Charaktere beilegen wollen, *als ob sie an ihre Verwandlungsfähigkeit fest glaubten,* und daß sie unausgesetzt Versuche unternehmen, in die höher gewertete männliche Rolle vorzurücken. Unter diesen Versuchen – corriger la fortune – interessieren uns insbesondere zwei: *die Herstellung des neurotischen Charakters und der neurotischen Bereitschaften in Form der Neurose und ihrer Symptome.*

Als einen nicht seltenen Charakterzug solcher Patientinnen möchte ich anführen, daß sie eine *Neigung zur Entblößung und Frivolität* zeigen, und zwar in der Kindheit oder im späteren Leben, im Traum, in der Phantasie oder im neurotischen Anfall, wo sie sich die Kleider vom Leibe reißen, in der Psychose, wo sie sich entkleiden, *als ob sie der weiblich gewerteten Schamhaftigkeit entraten könnten.* Man sieht aus diesen Fällen, wie eine Perversion, die des *Exhibitionismus,* nicht aus einer »angeborenen sexuellen Konstitution« erwächst, sondern daß die das Persönlichkeitsgefühl sichernde Neurose Minderwertigkeitsgefühle zu unterdrücken, zu verdrängen bestrebt ist, weil in ihr das heftige Begehren zum Ausdruck kommt, ein ganzer Mann, höherwertig sein zu wollen. Der sexuelle Jargon ist dabei bloß eine Ausdrucksweise, ein »Als-Ob«, der sexuelle Gedanken- oder Tatsacheninhalt nur ein Symbol des Lebensplanes. Auch die *weibliche, übertriebene Schamhaftigkeit* solcher Patienten ist ein Kunstgriff in der entgegengesetzten Richtung, um über den Mangel der Männlichkeit hinwegzutäuschen[12]. Die Schamlosigkeit steht

12 A. Adler, ›Über männliche Einstellung bei weiblichen Neurotikern (Venustraum)‹. In: *Praxis und Theorie der Individualpsychologie,* l. c. – In den nun

in solchen Fällen an Stelle der gewünschten Männlichkeit, ist männlicher Protest, auffälligere Schamhaftigkeit zeigt regelmäßig auf peinliche Gedankengänge der Resignation und löst deshalb Protesterregungen männlicher Art aus, welche die Linien des *Ehrgeizes, des Obenseinwollens, des Alleshabenwollens, des Trotzes* usw. namhaft verstärken. In der weiteren Entwicklung der Neurose kann sich die *Eroberungslust* und *Überwältigungswünsche* sowie die *Entwertungstendenz* gegen andere auch in Form von feindseligen Kastrationsphantasien und deren Rationalisierungen geltend machen. Neigungen, den Partner wehrlos zu machen, den Beweis der Überlegenheit zu empfinden, was regelmäßig den tragenden Gehalt des Exhibitionismus ausmacht, finden sich oft. Zuweilen kann man *Mangel an Nettigkeit und Indezenz* bei Mädchen als Spur der zutage tretenden Fiktion verstehen: ich will ein Mann sein! Fort mit der Frauenrolle! Ursprünglich freilich sind diese Mängel Zeichen von Verzärtelung.

Alle diese Charakterzüge, so gegensätzlich sie sich zuweilen gebärdeten, waren in gleicher Richtung für den fiktiven Endzweck dieser Patientin tätig. Es war nicht schwer, als Vorbedingung ihrer männlichen Einstellung ein Stadium der Unsicherheit in ihrer frühen Kindheit aufzufinden, wo sie in mangelhafter Einsicht, aber geleitet durch den krankhaften Einschlag und ihren kompensierenden Ehrgeiz die Hoffnung nährte, sich dereinst in einen Mann zu verwandeln. Dieses Endziel, sich aus dem hermaphroditischen Zustand *(Dessoir)* zu einem Manne zu entwickeln, läßt sich leicht überblicken, wenn man ihr knabenhaftes Gebaren als die *Vorbereitung für ihre fiktive Erwartung versteht.* Hierher gehört auch ihre Neigung, Knabenkleider anzuziehen, eine Erscheinung, die, wie bei den Transvestiten *Hirschfelds*, aus der eben geschilderten psychischen Dynamik erfließt. Besonders deutlich wurde ihr Leitbild in ihren kindlichen Phantasien und Tagträumen. In Anlehnung an Märchen und Mythen (Zwerg Nase, 1001 Nacht usw.) sah sie die mannigfachsten Verwandlungen mit sich vorgehen, glaubte sich bisweilen in eine Nixe oder in eine Meerjungfrau verwandelt, bei der – als für den besonderen Sinn bezeichnend – ein *Fischschwanz* die untere Körperhälfte beschloß. Zu dieser Zeit stellte sich auch im Zusammenhange damit ein deutlicheres neurotisches Symptom ein. Sie konnte gelegentlich nicht gehen, *als ob* sie statt der Beine einen Fischschwanz hätte. Auch ein sich anschließender

eintretenden »männlichen« Ersatzleistungen liegt, über sie hinausweisend, das Gefühl von deren Unzulänglichkeit zutage. Bei schweren Neurosen und Psychosen (Melancholie, Dementia praecox und Paranoia) treibt die gefühlte Hoffnungslosigkeit, der mangelnde Glaube an die Sieghaftigkeit des egozentrischen Ich zur Revolte gegen das ganze Leben und gegen die Gemeinschaft. Ebenso im Falle des Selbstmords.

Schuhfetischismus deutet in die männliche Richtung und entwickelte sich derart, daß sie große Schuhe, wir können sagen: männliche Schuhe tragen mußte, weil sie sonst Fußschmerzen bekam. Aus *Ovids* Metamorphosen, die sie in ihrer *Lesewut* frühzeitig in die Hände bekam, entlehnte sie ein anderes Bild und ließ es noch während der Behandlung in ihren Träumen auftauchen: wie sie sich derart verwandelte, daß der Unterkörper in einen festwurzelnden Stamm auslief. In dieser und ähnlicher Weise gab sie sich die Antwort auf die Frage nach ihrer zukünftigen Geschlechtsrolle[13], deren Umwandlung sie nicht ihrer Kraft, sondern wie alle lebensfeigen Neurotiker einem Wunder, einem Zauber verdanken wollte.

Es wird uns in diesen und ähnlichen Fällen nicht überraschen zu erfahren, daß auch ihre Stellung zum Weibe von ihrem männlichen Endziel beeinflußt wurde. In ihren Vorbereitungen für die Zukunft mußte auch die Liebes- und Geschlechtsbeziehung ihren Platz haben, und so finden wir unsere Patientin denn auch bald als den ideell männlichen Beschützer einer jungen, zarten Schwester. Des weiteren kamen insbesondere sadistische Akte gegen kleine Mädchen und Dienstmädchen, aber auch gegen zarte, weiblich geartete Knaben vor. So finden wir in der männlichen Leitlinie der Patientin eine Verschränkung von sekundären Zügen, unterstützende Hilfslinien der *Homosexualität*[14] und des (*männlichen*) *Sadismus*, deren Arrangement sich aus dem Ausbau der männlichen Bereitschaftsstellung ergab, und die als einzig möglicher Ersatz männlicher Sexualität von ihrer neurotischen, tendenziösen Apperzeption aus den Eindrücken des Lebens mit zureichendem Grunde ausgewählt wurden. *Auch diese beiden Perversionen sind, wie noch auszuführen sein wird, Umwege und neurotische Kunstgriffe*, sekundäre Leitlinien, die aus dem übertriebenen männlichen Protest erwachsen. Die Frage nach einer *konstitutionellen Grundlage der Perversionen* ist ganz irrelevant, da die sichernde, ihr Material tendenziös wählende Neurose *an die harmlosesten Beziehungen* anknüpfen kann, ihnen gleichzeitig Maße und Geltung verleiht, die ins Ungemessene gehen können, soweit als die Neurose es braucht, indem sie dieselben aufpeitscht und ihnen die höchsten Werte verleiht.

Eines Tags, als der nunmehr 14jährigen Patientin ein Mann auf der Treppe Anträge stellte, entwickelte sich aus dieser

13 In einer der Metamorphosen Ovids verlangt übrigens eine Nymphe von Apoll als Liebeslohn die Umwandlung in einen Mann.

14 Moll hat die häufige Verbindung von Homosexualität und Exhibitionismus mit großem Scharfblick hervorgehoben. Unsere Darlegung weist den inneren Zusammenhang nach. Beide Perversionsneigungen sind Ausdrucksformen des männlichen Protestes bei unsicheren Männern, die die Norm ausgeschaltet haben.

Konstellation eine *Wahnbildung*, deren Grundlagen leicht zu durchschauen sind. Sie hielt sich mehrere Monate lang für den Dienstbotenmörder *Hugo Schenk* und brachte *so durch stärkere Abstraktion, die zu Sicherungszwecken eingeleitet wurde*, ihre männliche, ihre homosexuelle und ihre sadistische Fiktion zur Verschränkung, indem sie sie schärfer zum Ausdruck brachte, und indem sie gleichzeitig ein zu befürchtendes Ereignis antizipierte. Diese drei Bedingungen: *stärkere Abstraktion von der Realität, Verstärkung der männlichen, nach »oben« führenden Leitlinie und Antizipation des Leitbildes, meist in einer konkretisierten Verkleidung – sind die Fundamente jeder Wahnbildung*. Die Rolle endogener und exogener Gifte besteht in vielen Fällen darin, daß diese ein Gefühl erhöhter Unsicherheit hervorrufen und das die Machtpolitik hemmende Gemeinschaftsgefühl ausschalten, wie es auch durch psychische Ergebnisse und Affekte zustande kommen kann. Immer aber ist die neurotische Sicherungstendenz, die sich im Falle erhöhter Unsicherheit naturgemäß verstärkt, die wirkende Ursache der Wahnbildung. Sie zieht dann auch die neurotische Apperzeptionsweise stärker in ihren Machtbereich und bewirkt so die Absperrung. Die Verwendung von weiblichen Dienstboten im Wahngebäude unserer Kranken bringt gleichzeitig die gegen das weibliche Geschlecht gerichtete Entwertungstendenz zum Ausdruck. In ihr Wahngebäude ragt mächtig noch die *Angst* hinein, deutlich erkennbar als Sicherung gegen den Mann und so der Absicht ihres Wahnes koordiniert, ein zweiter Ausdruck für einen verschärften männlichen Protest [15].

Eine weitere Perversionsrichtung unserer Patientin, die ihr unklar bewußt war, bestand in einer *Fellatiophantasie*. Die Realien, die dazu vorlagen und bei der neurotischen Leistung ihrer Phantasie Verwendung fanden, waren der Patientin genau bekannt. Sie war immer sehr *genäschig* gewesen und hatte als Kind dieser Neigung sehr gefrönt. Noch heute kommt dieser Charakter öfters zur Geltung. Es war aber auch nicht selten vorgekommen, daß sie ohne Ekel abscheuliche Dinge in den Mund nahm. Auf ihrer Flucht vor der weiblichen Rolle [16] versuchte es diese Patientin, da ihr, wie aus Einzelheiten ihrer Krankengeschichte hervorgeht, gerade der Geburtsakt als unannehmbar und besonders weiblich erschien, sich vorübergehend diese perverse Situation als möglich vor-

15 Die Verstärkung der fiktiven Leitlinie beim unsicher gewordenen Neurotiker bringt es mit sich, daß er stärkere Mittel zu seiner Sicherung verwenden muß: Angst, wo ein anderer Moral hat – Hypochondrie, wie ein anderer Vorsicht anwendet. Unsere Patientin hat den Wahn und die Angst zugleich, während andere Mädchen noch mit Moral und Vorsicht auskommen. So auch Halluzinationen und Wahn an Stelle von Vorsicht, Befürchtungen und Zuspruch.

16 Siehe *Das Problem der Homosexualität*, l. c.

zustellen. Die Anregung ging von einem Gespräch aus, das sie belauscht hatte. Von einer in angenehmen Verhältnissen lebenden *alleinstehenden* Nachbarin wurde diese Perversion behauptet. Frühzeitig vom Manne abgedrängt, suchte die Patientin gelegentlich doch die Fühlung mit der Wirklichkeit zu gewinnen und fand in Ablehnung des Geburtsaktes, unterstützt durch ihre übertrieben empfundene und trainierte Eignung zu ekelhaften Prozeduren den Weg zu dieser Perversionsphantasie. Doch auch gegen diese lehnte sich ihr männlicher Protest auf. Ihr nächtliches Aufschreien galt in der Regel derartigen *probeweise arrangierten Traumsituationen,* und mit diesem männlichen Protest des Schreies und der sichernden Angst antwortete sie auf die selbstgestellte Zumutung einer weiblich-perversen Rolle.

Die eingangs geschilderte psychische Haltung der Patientin zeigt den wesentlichen Unterschied. Allerdings war noch ein Rest ihrer Furcht vor dem Manne und ihres männlichen Protestes vorhanden, der nach kurzer Zeit einem normalen Verhalten Platz machte. Was einen nachdenklich stimmen konnte, war der Ansatz zu einer schwierigen, sozial minderwertigen Situation, der nur durch weiteres Eingreifen beseitigt werden konnte. Ob es aber eine um vieles günstiger Lösung des Problems dieser Patientin gibt, die gealtert, durch die langdauernde Neurose aller gesellschaftlichen Verbindungen beraubt und mittellos ist?

Bei aller Wucht und Hartnäckigkeit, die den neurotischen Symptomen und dem neurotischen Charakter anhaften, zeigen sie doch auch häufig eine derartige Wandelbarkeit und Hinfälligkeit, daß gerade diese Erscheinungen die Aufmerksamkeit vieler Autoren erregt haben. Der Charakter der *Launenhaftigkeit, des Stimmungswechsels, der Suggestibilität und der Beeinflußbarkeit (Janet, Strümpell, Raimann u. a.)* wurde nicht mit Unrecht als ein wichtiges Zeichen einer psychogenen Affektion angegeben. Es muß aber darauf hingewiesen werden, daß bei psychischen Erscheinungen, die – wie wir nachgewiesen haben – *nur Mittel, Ausdrucksmittel, zweckdienliche Bereitschaften* vorstellen, die Variabilität selbst oft gewahrt bleiben muß, da sie ja auch als Hilfslinie erscheinen und dem fiktiven Endzweck, der Erhöhung des Persönlichkeitsgefühls dienen kann. Die neurotische Selbsteinschätzung wird allerdings *dieses Schwanken* abermals zum Ausgangspunkt einer Betrachtung nehmen, wird durch tendenziöse Verstärkung der Suggestibilität das *Urteil von der eigenen Schwäche* übertreiben, es mit aufgesuchten, meist falsch gewerteten Erinnerungen stützen, um auf neurotische Weise den *erhöhten Auftrieb* zu gewinnen. Etwa wie folgender Fall lehrt: Vor kurzem zeigte in Wien ein Arzt in öffentlicher

Sitzung Beispiele von Wachsuggestion, die auch bei einer bestimmten Dame an einigen Abenden gelangen. Als dieselbe Dame sich an einem späteren Abend abermals zur Demonstration bieten sollte, antwortete sie wie zur Rache mit einem hysterischen Anfall von solcher Stärke, daß die weiteren Vorlesungen des Arztes polizeilich verboten wurden. – Bei der psycho-therapeutischen Behandlung muß man jederzeit gefaßt sein, daß die Einfügung des Patienten seinen männlichen Protest, seine Anfallsbereitschaft steigert, und ist in erster Linie gezwungen, diese Reaktion zu unterbinden. Jede Besserung im Befinden wird von dem Patienten als Zwang und Niederlage empfunden, und oft *schließt sich eine Verschlechterung an, aus keinem anderen Grunde, als weil ein gutes Befinden vorhergegangen ist.* – Die vielfachen, polar angeordneten, ambivalenten (*Bleuler*) Züge des Nervösen und psychotischen Kranken bauen sich auf der hermaphroditischen Spaltung der neurotischen Psyche auf und gehorchen einzig dem mit Überempfindlichkeit und großer Vorsicht gesicherten Persönlichkeitsideal. Ihre Zusammengehörigkeit gibt, richtig erkannt, immer das Bild einer psychischen *Einheit*, z. B. in der Art: »weil ich schwach, leichtsinnig, weichherzig, zur Unterwerfung geneigt bin, muß ich stark, vorsichtig, hart, herrschsüchtig auftreten«, wobei immer bestimmte Teile dieser »Ambivalenz« je nach der Eigenart stärker in den Vordergrund treten. Der ausgleichende Rest steckt dann im Hintergrund.

III Nervöse Prinzipien – Mitleid, Koketterie, Narzissismus – Psychischer Hermaphroditismus – Halluzinatorische Sicherung – Tugend, Gewissen, Pedanterie, Wahrheitsfanatismus

Bei unserer vorhergehenden Betrachtung konnten wir die mannigfachen Versuche, Vorbereitungen und Bereitschaften einer Patientin beobachten, die durch ihre männliche Einstellung bedingt waren. Die resultierende Furcht vor dem Manne war so groß, daß jede Knüpfung einer Liebesbeziehung verhindert war, bis die Behandlung sie ermöglichte. In sehr vielen Fällen sieht man den männlichen Protest in einer scheinbar entgegengesetzten Weise zum Ausdruck kommen: die Patientinnen knüpfen ununterbrochen neue Beziehungen an, die freilich leicht verkümmern und von den seltsamsten Schicksalen bedroht sind. Auch Ehen zu schließen sind sie ein- oder mehrere Male fähig, ebenso sie wieder aufzuheben. Sehr häufig brechen die heftigsten Leidenschaften der Liebe durch, die alle

Hindernisse überwinden können, durch sie meist nur gesteigert werden. Die gleichen Erscheinungen kann man bei männlichen Nervösen beobachten. Bei näherer Betrachtung findet man die bekannten Züge des Neurotikers wieder, in erster Linie seine *Herrschsucht*, die sich wie seine anderen Charaktere der *Liebesbeziehung als eines Vehikels* bedienen, um sich beweisbar durchzusetzen. Die Sehnsucht *alles haben zu wollen*, drückt sich auf diesem Wege derart aus, daß alle Männer, zuweilen alle Menschen zum Ziele der Eroberung gemacht werden, wobei die *Koketterie* und das *Zärtlichkeitsbedürfnis*, die *Unzufriedenheit* mit dem erreichten Lose gar sehr in die Halme schießen. Auffällig ist oft das *Junktim* mit Schwierigkeiten. Eine kleines Mädchen bevorzugt nur großgewachsene Männer, oder die Liebe bricht erst los bei Verboten der Eltern, während das Erreichbare mit offener Geringschätzung und Feindseligkeit behandelt wird. In den Gesprächen und Erwägungen solcher Mädchen taucht immer das einschränkende Wörtchen »nur« auf. Sie wollen nur einen gebildeten, nur einen reichen, nur einen männlichen Mann, nur platonische Liebe, nur eine kinderlose Ehe, nur einen Mann, der ihnen volle Freiheit läßt usw. – Man sieht dabei oft die Entwertungstendenz so stark am Werke, daß schließlich kaum ein Mann übrig bleibt, der ihren Anforderungen genügte. Meist haben sie ein fertiges, oft ein unbewußtes Ideal, dem Züge des Vaters, Bruders, einer Märchenfigur, einer literarischen oder historischen Persönlichkeit beigemengt sind. *Je mehr man sich mit diesen Idealen vertraut macht, desto größer wird unsere Überzeugung, daß sie als fiktives Maß aufgestellt sind, um daran die Wirklichkeit zu entwerten.* Die psychische Richtung mit den begleitenden Zügen »unweiblichen« Wesens, die vielfach zu »männlichen« Zügen der Sexualfreiheit, Untreue und Unkeuschheit Anlaß gibt, zielt deutlich nach dem Leitbild der Manngleichheit. Die Analyse ergibt leicht ursprüngliche Organminderwertigkeiten, ein übertriebenes Minderwertigkeitsgefühl, eine auffällige ursprüngliche Höherschätzung des Mannes, der die Entwertung als Sicherung auf dem Fuße folgt. Andere Sicherungen bekräftigen unsere gewonnene Anschauung. *Prinzipielle Anschauungen* wie: alle Männer sind roh, tyrannisch, haben einen üblen Geruch, sind infiziert usw., zeigen den Einfluß der tendenziösen Apperzeption. Bei männlichen Nervösen findet man mißtrauische Grundauffassungen, welche jede Frau als lasterhaft, unersättlich, leichtsinnig, physiologisch schwachsinnig, ihrer Sexualität schrankenlos preisgegeben hinstellen. Unsere Lehrmeister – Philosophen und Dichter – die uns die Leitbilder unserer Zeit, den »heimlichen Kaiser« *(Simmel)* formen, unterliegen nicht selten den gleichen Fiktionen. Der Nervöse greift sie dann gerne auf, um eine sichernde Linie in der Unrast des Lebens zu gewinnen. Für die obige neurotische Richtung der Männer haben außer den Religionslehrern und Kirchenvätern noch *Schopenhauer, Strindberg, Moebius und Weininger* die beliebtesten Klischees geschaffen. Den gelehrten Dsiputationen der Kleriker, ob das Weib eine Seele habe, ob es ein Mensch sei, folgte der Hexenhammer und die Schmach der Hexenverbrennungen. Die dazu passende Erotik ist eine perverse oder Masturbation und gehäufte Pollutionen mit ihrer tieferen Absicht: *ohne weiblichen Partner* als der schäbige Rest, der übrig bleibt, wenn die Norm ausgeschaltet ist. Man kommt dabei sehr leicht zur Einsicht, daß alle die Aufstellungen der Autoren, besonders Freuds, betreffend Phasen der sexuellen Entwicklung nicht eine natürliche, sondern eine durch unsere Kultur beeinflußte künstliche »Verwandlung der Libido« betreffen. Besonders die Idee von angeborenen Perversionen, perversen Komponenten fällt dabei in nichts zusammen. – Die sichernden schematischen Fiktionen nervöser Mädchen sind – da die Kunst fast ausschließlich noch Männerwerk ist und die neurotische Apperzeption der Frau weniger geeignete Stoffe bietet – einer kindlichen Anschauungsstufe entnommen, deshalb noch schwerer mit der Realität in Einklang zu bringen.

Wo aber die Realität auf die neurotische Fiktion der Mädchen wirken kann, wird sie meist Charakterzüge und Tendenzen zeitigen, die noch immer deutlich genug die männliche Neigung zur Überwältigung des Mannes, bei stärkster Sicherung auch in homosexueller Richtung aufweisen oder den entwerteten, in geringerm Grade kampffähigen Mann zur Liebe oder Ehe suchen. Der Ausdruck des *Mitleids* kann dann oft den wahren Sachverhalt verschleiern, und die Liebe wird dann frei, wenn der Mann machtlos, gesunken, ein Krüppel, gealtert ist. In Phantasien, Träumen, Halluzinationen, in denen der Mann entmannt, in ein Weib, in eine Leiche verwandelt, »unten« ist, besonders aber in der Tendenz, den Mann wehrlos, klein, erniedrigt zu sehen, äußert sich der Zwang der männlichen leitenden Fiktion, und findet in der Nekrophilie seinen gesteigerten Ausdruck [1].

Ein anderer Weg führt, wie schon erwähnt, über die Linie des »alles haben Wollens« zur neurotischen *Koketterie*. Der männliche Protest drückt sich dabei aus: 1. in der Tendenz, ein ursprüngliches Gefühl der Minderwertigkeit, der Verkürztheit durch Beherrschung vieler, aller Männer zu kompensieren, 2. durch die Ablehnung einer weiblichen Rolle im Sexualverkehr, in der Ehe; an Stelle dieser als Herabsetzung gewerteten Rolle setzen sich Kunstgriffe, die von der männlichen Leitlinie

1 Eulenburg hat die innige Beziehung der aktiven Algolagnie (v. Schrenck-Notzing) zur Nekrophilie in der gleichen Weise hervorgehoben.

diktiert sind, wie *sexuelle Anästhesie und Perversionen* aller Art, unter denen sadistische, den Mann herabsetzende überwiegen. *Bloch* hat die *Herrschaft der Koketten* gut hervorgehoben, indem er sagt (Beiträge zur Ätiologie der Psychopathia sex. 1903): »Die Koketterie, welche man als die Bemühung der Weiber, die Männer an sich zu fesseln und unter ihre Herrschaft zu bringen, definieren kann, bedient sich denn auch vorzüglich rein sinnlicher Mittel, um ihre Zwecke zu erreichen und ist in dieser Hinsicht ein Ausfluß echt *gynaikokratischer* Instinkte«. Wir können nur hinzufügen, daß diese »gynaikokratischen Instinkte« *nach dem Muster der Manngleichheit* konstruiert sind, sich also von einem männlichen Persönlichkeitsideal abhängig erweisen, wenngleich durch einen Kunstgriff dabei weibliche Mittel als die einzig vorhandenen und wirksameren zur Anwendung gelangen. Die Aufmerksamkeit und das Interesse dieser Nervösen, unter denen die männlichen koketten Neurotiker dadurch auffallen, daß sie nach Art von Frauen ihren männlich gewerteten Triumph durchsetzen wollen, ist in hochgradiger Weise darauf gerichtet, Eindruck zu machen, und die andern in ihren Dienst zu nehmen. Es hängt mit diesem Charakterzug zusammen, daß die neurotische Verstärkung dieser sekundären Leitlinie zur *Selbstüberschätzung* führt, damit auch zu verstärkten Zügen der *Herrschsucht*, des *Stolzes* und der *Entwertung anderer*. So darf uns dabei nicht wundernehmen, daß das Objekt des Begehrens in der Regel durch den *Narzissismus (Naecke)* des Patienten überwertet oder ausgeschaltet erscheint. Diese Überwertung ist vielmehr Vorbedingung in der Konstruktion der Beziehung, und in ihr spiegelt sich das Größengefühl der Patienten[2]. In der psychotherapeutischen Behandlung rufen insbesondere diese Fälle den Schein der »Verliebtheit in den Arzt« hervor. Es läßt sich aber unschwer entnehmen, daß »Liebesübertragung« nur einer der vielen Kampfbereitschaftsmöglichkeiten entspricht, den Widerstand und damit die Überlegenheit des Mannes, des männlichen Arztes zu brechen. Und es ist nicht schwer, ihr *Gefühl der Verkürztheit*, das diese sonderbare, verwickelte Form des männlichen Protestes hervorruft, aus dem Gefühl ihrer Weiblichkeit entspringen zu sehen, die sie in der Folge als eine Minderwertigkeit empfinden.

In keinem Falle aber, wie weit auch die kokette Nervöse gehen mag, ist ihr Ziel mit der Unterwerfung unter den Mann zu vereinbaren. Bald früher, bald später auf diesem Wege droht dem Manne die Entwertung, und zwar immer dann, wenn der neurotischen Patientin die Situation »zu weiblich« wird. Auch

2 Der Glaube an den eigenen Zauber ist so groß, daß jeder Widerstand zu neuen Anstrengungen Anlaß gibt. Siehe auch *Das Problem der Homosexualität*, l. c.

dieser Moment kann verschiedentlich angesetzt werden, in der Regel aber lösen eine intimere Berührung, ein Kuß, die Erwartung des Sexualverkehrs oder dic Befürchtung einer Gravidität und Geburt die verstärkten Sicherungstendenzen aus und erzeugen den Ausbruch dessen, was gemeiniglich als Neurose oder Psychose bezeichnet wird. Dann kommt die stärkere Abstraktion von der Wirklichkeit zu ihrem Recht, die Fiktionen der Machtpolitik treten deutlicher hervor, die erforderte Entwertung des Mannes drängt zu Handlungen und Taten, die scheinbar jeden Sinn verloren haben, und die feindlichen Bereitschaften des gereizten Aggressionstriebes, mit ihnen die neurotischen Charakterzüge werden sichtbarer.

Jeder Neurotiker hat etwas von dieser narzissistischen Kokette-rie; sie entstammt ja seiner *hypostasierten Persönlichkeitsidee* und gründet sich wie diese auf einem ursprünglichen Gefühl der Minderwertigkeit, ist eigentlich Egoismus als Resultat einer Sicherungstendenz des sich schwach Fühlenden. Mit diesem Zuge steht in gutem Einklange, daß sich jeder Neurotiker, insbesondere aber die eben behandelte Spielart *so schwer von Personen oder Dingen trennen kann.* Der Abschied eines scheinbar fernstehenden Menschen, geschweige eines scheinbar geliebten, kann die schwersten neurotischen Symptome hervorrufen, neuralgische Anfälle, Depression, Schlaflosigkeit, Weinkrämpfe usw. Andererseits sind Drohungen mit Verlassen oder Scheidung nicht selten und sollen Beweise des Einflusses erbringen.

Daß der männliche Protest in der neurotischen Koketterie herrscht, geht aus mehreren Erscheinungen hervor. Die starke Abneigung vor einer deutlich weiblichen Rolle wurde bereits hervorgehoben; sie kann in diesen Fällen ein auffälliges Bild, wie wir gezeigt haben, den *Schein eines double vie, einer Spaltung des Bewußtseins, einer Ambivalenz (Bleuler) hervorrufen.* Immer ergeben sich in der Analyse gleichzeitig eine Anzahl weiterer Beweise für das Streben zur Manngleichheit. Träume, Phantasien, Halluzinationen, ausbrechende Psychosen zeigen in deutlicher Weise das Streben, ein Mann zu sein, oder eines der vielen Äquivalente wie Furcht vor einem weiblichen Schicksal, aktive Werbung. Starke Entwertungstendenz gegenüber dem Manne stammt aus dem Ringen nach Gleichwertigkeit und drängt im Liebeserlebnis zur Fiktion einer männlichen Rolle, die sich in der *Frigidität* und in Situationen ausdrückt, die den Mann in eine sklavische, erniedrigende Position zwingen.

Oft rechnet man den Ausbruch der Neurose von solchen Momenten an, wo die *Furcht vor einer Entscheidung,* Prüfungsangst, Angst vor der Ehe, vor öffentlichem Auftreten, Platzangst eine ärztliche Behandlung erfordern. Diese Angst entsteht beim Auftauchen eines Widerspruchs im männlichen Protest, wenn in der Verfolgung des Machtzieles eine Herabsetzung, ein weibliches Schicksal, eine Niederlage und damit die Notwendigkeit eines Eingeständnisses der Unvollkommenheit droht.

So war es bei einer meiner Patientinnen, die vor mehreren Jahren knapp vor ihrem ersten Auftreten an *Klavierspielerkrampf* erkrankte. Diese Neurose gab einen guten Vorwand ab, einer gefürchteten Niederlage zu entgehen. Die nähere Einsicht in die Bedingungen dieser Erkrankung ergab eine neurotische *Illusion*, in welcher Patientin durch den Anblick der Noten an männliche Genitalien erinnert wurde. Nichts läge näher als die Auffassung einer gesteigerten aber verdrängten Sexualität, deren Widerspiel in dem »Klavierspielerkrampf«, einer »Verdrängung von Masturbationsneigungen«, zu suchen wäre. Das Ergebnis lautete durchaus anders als diese Insinuation. – Der Triumph in der Öffentlichkeit sollte die Gleichberechtigung mit dem Manne bedeuten, die Manngleichheit. Diese Fiktion stand mit der Wirklichkeit, mit dem Gefühl »nur« ein Weib zu sein, in Widerspruch, so daß ein öffentliches Auftreten – sehr viele begabte Mädchen und Frauen scheitern aus dem gleichen Grunde – einem *endgültigen* Abwägen der Tatsachen gleichkam. Letzteres ließ der vor die Tatsachen gestelle Realitätssinn der Patientin nicht zu und arrangierte durch symbolische Auffassung der Notenköpfe und Striche ein fiktives Hindernis, das gleichzeitig an die eigene Weiblichkeit erinnerte und so zu einem Rückzugssignal wurde [3].

Der Widerspruch im männlichen Protest dieser Patientin ergab sich, wie fast regelmäßig in der Neurose, aus der Unrealisierbarkeit der Fiktion, gerade wenn vor der Entscheidung – eine regelmäßige, selbstverständliche Tatsache – die Möglichkeit einer Niederlage auftaucht. Nun wird der Charakterzug der *Ängstlichkeit, der Schüchternheit, des Lampenfiebers* verstärkt, und sie bieten entweder selbst Vorwände oder gleichgerichtete Vorbereitungen und Bereitschaften. Durch Einfühlung und krampfhafte Haltung der Hände entstehen Schmerzen und Schwerbeweglichkeit wie in unserem Falle und lenken den Blick von der Bedrohung des männlichen Protestes ab.

Aber auch in diesem Falle muß man die Kraft der männlichen Leitlinie anstaunen, die noch aus der Flucht der Patientin in die Krankheit eine männliche Kampfbereitschaft gestaltet. Dieses Mädchen hatte unter dem Drucke der unnachgiebigen Mutter gegen den eigenen Willen die Virtuosenlaufbahn be-

3 Ähnlich ergeben sexuelle Übererregbarkeiten, die sich an unausweichliche Situationen wie Tramwayfahrten, Gesellschaft, Theater usw. knüpfen, geeignete Wegweiser zum Rückzug aus der Gesellschaft. Die verstärkte *Einfühlung* in die rettende Fiktion ergibt dann die »realen« Symptome.

treten. Das Scheitern der ehrgeizigen mütterlichen Pläne bedeutete für die Tochter einen Sieg, der sie teilweise entschädigte. Was ihr Trotz, ihre männliche Auflehnung nicht zuwege brachte, gelang mit den Mitteln der Krankheit, sobald wie ein drohendes Memento Notenköpfe ihr zuriefen: du bist ein unfähiges Weib, gib acht, lasse dich von der Mutter nicht in eine fügsame Rolle bringen – unterwirft die Mutter! –

Eine weitere Konstruktion, ein Vorwand, um die Operationsbasis gegen die Mutter zu gewinnen, lag in ihrem gesteigerten Gefühl der Zurückgesetztheit gegenüber einer älteren Schwester. Dieser Gedankengang sowie ihr Ringen um den ausschließlichen Besitz jeder Person, der Mutter, aller Familienmitglieder, aller Menschen in ihrer Umgebung, eines Hundes auch, spiegelt sich in dem verstärkten Zug ihrer Koketterie und kommt beispielweise in einem ihrer letzten Träume dem Arzt gegenüber zu gutem Ausdruck. Der Traum lautet:

»Ich sitze Ihnen gegenüber und frage, ob Sie andere Patienten auch so gerne haben wie mich. Sie antworten: ja, alle, und meine vier Kinder auch. Auf einmal verwandeln Sie sich in ein Weib und schlafen ein. Eine Frau gibt auf die schwarzen Noten acht.«

Die *Liebesbereitschaft* dieser Patientin verträgt keinen Nebenbuhler. Sie braucht die Gewißheit ihres Sieges, um ihre Überlegenheit zu fühlen. Ich, der Arzt, der ihr zu verstehen gibt, daß er mit gleichem Interesse alle Patienten behandelt, der zudem seine Kinder liebt, wird dadurch zum Angriffspunkt ihrer Herrschsucht wie früher die Mutter, ihr Mann, den sie kürzlich geheiratet hat, wie alle Personen ihrer Umgebung, Dienstboten, Geschäftsleute, Lieferanten, Lehrer usw. Ihr egozentrisches Wesen braucht nicht zu »übertragen«, da sie nur fertige, starre Bereitschaften in die Behandlung mitbringt und diese vom ersten Augenblick der Begegnung mit dem Arzte spielen läßt. Nur daß die neue Situation Erschwerungen und Hindernisse bringt, unter denen der Wille zur Beherrschung durch Liebe nicht voll zur Entfaltung kommt. Verständlicher Weise fehlt meine Frau im Traume. Gerade diese Auslassung ist der Angelpunkt der Situation: meine Frau ist endgültig beseitigt. Bis hierher reichen die weiblichen Mittel und charakterisieren die weibliche Linie, auf der sich die Patientin hält. Nun reckt sich deutlich der männliche Protest. Ich werde entmannt, die sichernde Illusion der Patientin, Noten als schützendes Symbol der männlichen Genitalien, tritt in ihre Rechte, sie selbst »gibt acht«, sichert sich, um in ihrem männlichen Persönlichkeitsgefühl nicht zu sinken, keine Niederlage zu erleiden.

Daß ich im Traume einschlafe, weist mir eine ähnliche Stellung an, wie sie ihr Mann einnimmt. Patientin empfindet es als stärkste Herabsetzung, daß ihr Mann, ein stark überarbeiteter Fabrikant, häufig früher einschläft als sie selbst. Die Entmannung des Mannes ist die Antwort darauf, ebenso eine langwierige *Schlaflosigkeit*, deren konstruktive Bedeutung darin liegt, daß sie der Patientin gestattet, gegen den Mann zu operieren. Nun kann sie ihm sein Mannesrecht verweigern und verweist ihn, anfangs mitten in der Nacht, später dauernd aus dem Schlafzimmer. Denn er »*schnarcht*, und stört sie so am Einschlafen«. Unsere Patientin fände leicht ein anderes Argument, falls sich dieses nicht böte, und es wäre ein arger Fehler, etwa eine neurotische Konstruktion auszuschließen, weil das Recht auf Seiten des Nervösen liegt. *Um recht zu behalten*, wird der Patient in der Regel treffend argumentieren; das neurotische Stigma liegt vielmehr in der Tendenz, seine Überlegenheit mit allen Mitteln ersichtlich zu machen. Der *Querulantenwahn* z. B. zeigt uns diesen Mechanismus mit noch größerer Deutlichkeit. – Die Neurose unserer Patientin baut übrigens sichernd weiter fort. An ihre Schlaflosigkeit knüpft sich, um diese zu festigen, eine *Gehörüberempfindlichkeit*. Deren Mechanismus besteht in einer *tendenziösen Aufmerksamkeitsüberladung* der Hörfunktion, so daß wir auch sagen könnten: *damit* Patientin, sobald sie einschläft, durch die geringsten Geräusche geweckt wird. So kann sie, des Morgens noch wach, in den Tag hineinschlafen und sich den *weiblichen* Aufgaben der Haushaltung entziehen, ähnlich wie sie sich durch Lampenfieber und Fingerkrampf der Herrschaft der Mutter entzogen hat [4].

Dieser und ähnliche Fälle konnten mich auch belehren, wie die *Suggestibilität* im Dienste der Sicherungstendenz steht, sei es, damit sich der Patient im kleinen die Überzeugung seiner Schwäche holt, um im entscheidenden Punkte wehrhaft zu sein, sei es, daß er mit überraschender Schmiegsamkeit *sich einfügt, um den andern zu erobern* [5]. Die geradlinigeren Versuche seiner Herrschsucht kontrastieren dann so gewaltig, daß bei oberflächlicher Betrachtung die Auffassung einer Bewußtseinsspaltung nahe genug liegt. Ebenso wird ihn *die Eitelkeit, der Stolz, die Selbstbewunderung* in manchen Fällen zum gleichen Ziele leiten, wie er zuweilen, nach Art eines Kunstgriffes sich *bescheiden, einfach und nachlässig im Wesen* und in der Kleidung gebärdet. Zumeist wird der Spiegel, das Äußere und die körperliche Haltung mit großer Aufmerksamkeit bedacht sein. Häufig findet man *narzistische* Züge, deren wesentliche konstruktive Grundlage Versuche darstellen, auf

4 ›Über Schlaflosigkeit‹. In: *Praxis und Theorie der Individualpsychologie*, l. c.
5 Letzterer Mechanismus erweist sich auch als die Grundlage der passiven Homosexualität, und beide Einstellungen können sich als die Struktur des Masochismus (daher besser: *Pseudomasochismus*) herausstellen.

Umwegen die Manngleichheit zu erweisen, demnach das Gefühl einer Verkürztheit auszugleichen. Die Literatur hat uns in den Memoiren der *Baschkirzewa* und der *Helena Rakowiza* Darstellungen aller dieser Versuche des männlichen Protestes in meist verfeinerten Formen beschert.
Interessante Belege boten mir zu einer Zeit, als ich mit meinen Aufstellungen über den *Zweifel an der künftigen Geschlechtsrolle* des nervösen Kindes und dem daraus notwendig erwachsenden männlichen Protest längst im Klaren war, eine Reihe von Analysen, die reiner als andere Fälle diese merkwürdigen Eindrücke aus ihrer Kindheit in ihrem Gedächtnis aufbewahrt hatten. Einige davon erinnerten sich ganz deutlich bis zum 12. oder 14. Jahr einen Zweifel verspürt zu haben, ob sie männlich oder weiblich seien. Es dürfte kein Zufall sein, daß diese Patienten männlichen Geschlechts waren. Zuweilen tauchte der Gedanke auf, ob sie nicht Zwitter wären, so daß ich in anderen Fällen, wo der Gedanke an Hermaphroditen sich *deutlich* und aufdringlich in der Erinnerung des Patienten vorfand, übrigens spontan vorgebracht wurde, darin einen letzten Ausdruck des Zweifels am eigenen Geschlecht anzunehmen geneigt bin. Auch in der Literatur bin ich häufig in den Krankengeschichten von Nervösen und Psychotikern auf diese bedeutsame Spur gestoßen, ohne daß den Autoren die fundamentale Bedeutung dieses Zweifels an der Geschlechtsrolle klar geworden wäre. *Meschede* hat einen prägnanten Fall von Fragezwang, *Freud* einen von Dementia nach der Schreberschen Biographie geschildert, in denen als Ausgangspunkt der psychische Hermaphroditismus mit seiner uferlosen Machtpolitik und das Scheitern desselben unschwer zu erkennen wäre. Ob dieses Interesse des Patienten mit Abbildungen auf Plakaten, im Lexikon, mit Lektüre, mit Schaustellungen oder Vorkommnissen erklärt wurde, ließ ich gleicherweise unbeachtet als die wissenschaftliche Interpretation, die ihr Interesse auf männliche Perioden, männliches Klimakterium, auf Untersuchungen des männlichen und weiblichen Anteils im Individuum oder Sonstiges zu konzentrieren schien. Für mich war der bleibende Eindruck maßgebend, der sich in einer *offensichtlichen Unterstreichung* der Beziehung und der Aufeinanderbeziehung von *Männlich-Weiblich* geltend machte. Ich habe mir in den letzten Jahren meiner Arbeiten, seit ich diesen Grundphänomenen der Neurose auf die Spur gekommen bin, öfters die Frage vorgelegt, ob nicht auch in meiner eigenen kindlichen Entwicklung ein ähnlicher Zweifel vorgeherrscht habe, trotzdem mich das hermaphroditische Problem nur als Kritiker, also scheinbar sekundär und auffallend spät gereizt hat. Auch meine Leugnung des biologischen Hermaphroditismus als Ursache der Neurose *(Fließ)* würde ich

als Gegenargument geltend machen, wenn ich nicht mit der Tatsache vertraut wäre, daß auch die Negation oft der Ausgang eines alten, unverstandenen Interesses ist. Immerhin zeigt mir meine Weltanschauung, daß ich einer alten kindlichen Gegensätzlichkeit in mir sehr wohl Herr geworden sein muß, ohne daß ein übertriebener männlicher Protest erwachsen wäre. Denn ich habe im Leben wie in der Wissenschaft nach einer anfänglichen Überschätzung eines abstrakten männlichen Prinzips die Flut der Argumente von der *ursprünglichen Minderwertigkeit* der Frau mit sachlicher Ruhe zurückgewiesen. Von meinen bisherigen Kritikern des »männlichen Protestes« aber getraue ich mich häufig aus der Art ihrer Fechterstellung und ihrer hartnäckigen Mißverständnisse den Nachweis zu führen, daß die übertriebene Wildheit ihres Angriffs in einer streng wissenschaftlichen Frage fast ebenso wie die Furcht vor dem Begriffe: »Hermaphroditismus« auf einen alten Kindheitseindruck zurückführt, der ihnen eine stark betonte Weiblichkeit oder ein Zwittertum schreckend vorgetäuscht hat. Womit ich übrigens niemanden von einer wissenschaftlichen Kritik abzuhalten vermeine.
Es gibt übrigens kein besseres Reagens auf die neurotische Psyche als die Frage nach der Wertung des anderen Geschlechts. Es wird sich herausstellen, daß jede stärkere Leugnung der Gleichberechtigung beider Geschlechter, die größere Entwertung oder Überschätzung des anderen Geschlechts, unweigerlich mit neurotischen Bereitschaften und neurotischen Charakterzügen verbunden ist. Sie hängen eben alle von der neurotischen Sicherungstendenz ab, zeigen alle die deutlichen Spuren des wirksamen männlichen Protestes und legen Zeugnis ab von der prinzipiellen, abstrakteren Bindung an eine leitende Fiktion. *Sie sind insgesamt Kunstgriffe des menschlichen Denkens, das eigene Persönlichkeitsgefühl zu erhöhen.* Später einmal soll noch einiges über die fundamentale Bedeutung einer rechtzeitigen Erkennung der unwandelbaren Geschlechtsrolle nachgetragen werden. Hier nur so viel: wer die Frau gering schätzt, Mann oder Frau, wird mit der Neurose bestraft. –
Es geht aus den Aufstellungen meiner Neurosenpsychologie hervor, daß ein weibliches Leben, in der Zukunft einem Manne untertan sein, Kinder zu gebären, eine untergeordnete Rolle im Leben zu spielen, gehorchen zu müssen, im Wissen, im Können, an Kraft, an Klugheit zurück zu sein, schwach zu sein, Periode zu haben, sich dem Gatten, den Kindern aufzuopfern, eine alte zurückgesetzte Frau zu werden mit dem Gefühl der Angst und des Schreckens *vorausempfunden* wird, und zwar sowohl bei *männlichen* als weiblichen disponierten Kindern. Wie dieser Schrecken vor der Zukunft *egoistische Charakter-*

züge aufstachelt, ist im vorigen geschildert. Einen prägnanten Fall eines kleinen Mädchens habe ich in der »Disposition zur Neurose« (s. »Heilen und Bilden« l. c.) charakterisiert. Die schwersten Fälle von Neurosen und Psychosen ergeben sich oft dort, wo die Unzufriedenheit mit der unmännlich gewerteten Geschlechtsrolle keinen rechten Ersatz zuläßt. Eine vollkommene Zerfallenheit mit dem Leben gestaltet Züge von dauernder Unzufriedenheit, Konfliktsneigung, Rücksichtslosigkeit und Weltflucht. Erinnerungen an Fragen der Kindheit, warum es nur zwei Geschlechter gäbe, sind nicht selten und verraten die ursprüngliche Unzufriedenheit.

Einige Fälle von sogenannter *»Laktopsychose«*, die meist schizophrenen Charakter haben, zeigen förmlich ein Abschiednehmen von Ehe und Kindersegen an. So wenn eine solche Patientin immer zu ihren Brüdern und Schwestern zurückzukehren verlangt. Oder wenn in der Erwartung einer Erblindung oder einer Verwandlung in eine Schlange alle weiblichen Pflichten abgelehnt werden. Forscht man genauer, so findet man, daß diese Kranken auch viel früher schon *nur mit Mühe* ihre Aufgaben erfüllen konnten.

An dem Falle einer Patientin mit *Magenneurose* kann ich nun ein Verhalten zeigen, das sich regelmäßig in der psychischen Entwicklung neurotischer Patienten findet. Es betrifft das *Vorausdenken*, oft das *Vorausempfinden* und *Ahnen* all der zu erwartenden Nachteile. Man sieht diese Neigung schon im frühen Kindesalter, wo sie im Falle von Organminderwertigkeiten und deren Übeln stark genährt wird. Häufig erscheint dafür die Zeit vor dem Schlafengehen in Anspruch genommen, und es ist dann nicht weiter auffällig, wenn ein Traumbild diesen *Versuch des Vorausdenkens*, oft in schreckhafter Form, weiterspinnt. Nur daß der Traum, ähnlich wie die Neurose, einen Zustand des Fühlens, Empfindens – wie bei der Halluzination – herbeiführt, der ein *Vorausfühlen* bedeutet, parallel dem Vorausdenken im wachen Zustand. Die *halluzinatorische Erregbarkeit ist*, wie ich schon in der »Studie über Minderwertigkeit von Organen« (l. c.) hervorgehoben habe, eine *erweiterte Fähigkeit* des zu Kompensationszwecken überanstrengten, übertrainierten Gehirns, dient der neurotischen Sicherungstendenz und verdankt ihre Darstellbarkeit im Bewußtsein dem tendenziösen Gedächtnis und der neurotischen, vorsichtigen Apperzeptionsrichtung. – Das kindliche, unentwickelte Seelenleben zeigt höchstens spurweise Ansätze zu halluzinatorischen Empfindungen, die als *fiktive Vorbereitungen* für ein Ziel, als *Antizipationen* in unsicherer Zeit aufzufassen sind. So Lächeln im Schlafe, angenehme Empfindungen beim vorauseilenden Suchen nach irgendwelchen Organbefriedigungen oder Sicherungen.

Die halluzinatorische Erregung in der Neurose und Psychose dient ohne Ausnahme der leitenden Fiktion des Persönlichkeitsideals. Man beachte auch die Bedeutung der Schmerz- und Angsthalluzination für das Bild nervöser Erkrankungen. Ein weiteres Eingehen auf den Mechanismus der *Halluzination* belehrt uns eindeutig, daß sie sich aus Tendenzen zur Abstraktion und zur Antizipation zusammensetzt, und daß sie als verstärkte Fiktion oder als Memento dadurch ihre Bedeutung gewinnt, weil sie zur Sicherung des Persönlichkeitsgefühls anspornt. Daß sie mit Erinnerungsspuren verknüpft ist, »regressiv« ist, kann nichts Wesentliches daran bedeuten. Die Psyche arbeitet ausnahmslos mit Bewußtseinsinhalten und Empfindungen, die *durch die Erfahrung* gegeben sind und aus der Vergangenheit stammen. Die Bedeutung der Psyche und insbesondere der neurotischen Psyche liegt *in der besonderen Auswahl* dieser Erinnerungsspuren und in deren tendenziösem Zusammenhang mit der neurotischen Apperzeption. Die nervös aufgepeitschte Sicherungstendenz bedient sich also einer besonders ausgebildeten Funktion des Vorausdenkens, *der Halluzination,* in welcher abstrakter und bildlich eine Szene abläuft, ein vorläufiges Finale, ein antizipierter Schlußpunkt, aneifernd, damit der Halluzinant die Brücke schlagen soll, oder schreckend, damit er andere Wege des Handelns einschlage. Die Halluzination, somit auch der Traum, sind gleich anderen Vorversuchen der Psyche dazu bestimmt, den Weg ausfindig zu machen, der zur Erhöhung oder Erhaltung des Persönlichkeitsgefühls nötig ist. In ihr spiegeln sich das Zutrauen, die Hoffnungen, das Urteil oder Befürchtungen des Patienten.
Obige Patientin stand knapp *vor der Schließung einer Heirat,* als ihre Magenneurose einsetzte. Sie litt an Schmerzen in der Magengegend, an Aufstoßen, Erbrechen, Appetitlosigkeit und Obstipation. Eines Abends, kurz vor dem Schlafengehen, hörte sie deutlich das Wort: *»Eskadambra«*. Scheinbar sinnlose Wortbildungen finden sich bekanntlich oft unter den Leistungen der Nervösen. Zumeist erweisen sie sich als nach einem *Schema* zusammengesetzt, ähnlich wie Kinder Sprachen erfinden, durch die sie ein Überlegenheitsgefühl erwerben. *Pfister* konnte bei »Zungenrednern« Deutungen der aus den Faszinationen stammenden Wortbilder zustandebringen. In einigen Fällen fand ich das Ohrensausen als schreckende Erinnerung an das Brausen des Meeres und seine Gefahren, als Sinnbild des Lebens, ähnlich wie *Homer* die ἀγονά mit dem brausenden Meere vergleicht[6]. Bei der Paranoia, Manie und

6 Ein anderes Mal fand ich das Ohrensausen als Erinnerung an das Tönen der Telegraphenleitung: dieses Tönen mahnte den Kranken an seine Vereinsamung in der trüben Kindheit, wo er oft allein mit seinen Zukunftshoffnungen, auf einem kleinen Bahnhof wartend ähnlich wie der Telegraph die ganze Welt umspannte. Immer ist darin die Bedeutung einer *»Präokkupation«* herauszu-

Dementia praecox kleiden sich die zur Überlegenheit führenden Regungen teilweise in die Form der Halluzination und sichern das psychotische Schema durch akustische oder visuelle Abrundung.
Auch bezüglich der obigen Abrundung einer psychischen Bewegung in eine Gehörshalluzination dürfen wir annehmen, daß starke innere Not zu einer größeren Anspannung der Sicherungstendenz geführt hat, wofür das Wort »Eskadambra« als der Patientin unverständlich und wertlos *bloß ein Maß und Signal*[7] vorstellen kann. Es ist aber die Erwartung berechtigt, daß ein eindringliches Verständnis dieses Wortes einen Sinn erkennen läßt, der uns den Seelenzustand des Mädchens verstehen lehrt. In der Regel ergibt sich das Verständnis für derartige Halluzinationen leicht, nicht schwerer jedenfalls als für kurze Traumbruchstücke. Über den Eindruck der Wortneubildung befragt gibt Patientin an, sie erinnere sich dabei an »Alhambra«. Für dieses habe sie allerdins seit jeher viel Interesse gehabt; es bestand einmal prächtig, sei aber jetzt zerfallen, ein Ruine. Der Beginn des Wortes: »Esk« finde sich in dem Wort: »Eskimo«, auch in »E(tru)sker« seien diese Buchstaben enthalten. Der Volksstamm der »Basken« fiele ihr noch ein; auch in diesem Worte kommt der größere Teil »Esk« vor. Patientin zeigt damit den Weg, den sie bei der Wortneubildung gegangen ist, sie hat ein Bruchstück der Namen von Volksstämmen und das Bruchstück des Namens einer verfallenen Stadt zusammengefügt. Schließlich bedeutete ihr »Eskadambra« auch nur ein Bruchstück, und so dürfen wir vermuten, daß der Gedanke des *Gebrochen-*, *Verkleinert-*, *Verkürztwerdens* in dem zu findenden Sinne der Halluzination auftauchen werde. Die Buchstaben »skad« gehören, wie Patientin leicht herausfindet, dem Worte: »Kaskaden« an. Sie sei dessen sicher, denn bei ihrer vor kurzem stattgehabten Periode habe sie sich geäußert: »ganze Kaskaden«.
Berücksichtigt man, daß diese Patientin vor der Heirat steht, so versteht man ohne weiteres den Zusammenhang dieser Wortneubildung mit ihrer psychischen Situation. Daß sie nicht heiraten will, geht aus ihrer Neurose hervor, die ein brauchbares Hindernis abgibt[8]. In der Halluzination steckt eine *abgebrochene Skizze* von etwa folgenden Gedankengängen: Die

finden, die dem Patienten gestattet, die Lösung seiner Lebensfragen hinauszuschieben und »sich mit sich« zu beschäftigen.

7 Wie man es auch bezüglich des Traumes annehmen muß, der meist bloß die Spiegelung einer psychischen Bewegung im Bewußtsein vorstellt, *ohne dem Träumer Verständliches zu sagen.*

8 Wie schon erwähnt, bildet die »*Heiratserwartung*« einen der häufigsten pathogenen Anlässe zur Verschärfung der Neurose und zum Ausbruch von Psychosen. Gegenteilige Äußerungen solcher Patienten, wie: sie möchten ja gerne heiraten! – erweisen sich immer als »platonisch«.

Pracht meiner Jungfräulichkeit wird zerstört werden. Ein neues Geschlecht (Volksstämme) soll ich gebären. Ganze Kaskaden von Blut werde ich opfern müssen.

Als ich mit der Deutung so weit war, half mir die Patientin weiter, indem sie erzählte, sie habe als achtjähriges Mädchen gehört, daß eine Frau ihrer Bekanntschaft bei einer Geburt an Verblutung gestorben sei. Sie habe seither die Furcht vor dem Gebären niemals losgebracht.

Was ist nun der Sinn dieser Halluzination? Ist er mit dem Worte »Wunscherfüllung« oder gar »Todeswunsch« auch nur annähernd gekennzeichnet? Der ganze Zusammenhang spricht dagegen. Der Sinn dieser Wortneubildung ist das *Voraus-deuten in die Richtung einer zu erwartenden Gefahr*, einer Erniedrigung, ist die Furcht, eine Ruine zu werden, wie sie oft die Mutter genannt hat, zu sterben, wie die Frau in ihrer Kindheitserinnnerung.

Diese Tendenz gegen weibliche Funktionen – und Patientin wehrt sich ja *auch bewußt* gegen die Ehe – ist aber noch älter, stammt aus der frühesten Kindheit und war damals in dem Wunsch verkörpert, oben, gesund, kräftig zu sein wie der Vater, nicht schwach, unterdrückt und krank wie die Mutter. Sie wurde dann zur fiktiven Leitlinie erhoben und füllte sich mit logischem Inhalt, der sich um ein leitendes männliches Persönlichkeitsideal gruppiert, und mit der gleichgerichteten Furcht vor einer weiblichen Rolle. *Daraus ergibt sich folgerichtig als kompensierendes Ziel ein Haltmachen vor der Ehe.* Aus weiterem Material konnte sich der Patientin auch den Sinn ihrer Magenneurose allmählich klarlegen: es waren halluzinatorische Erregungen, *die Beschwerden einer Schwangerschaft* vorspiegeln sollten, damit sich die Patientin von dieser fernhalten sollte. Im wachen Zustand, im Traum, in der Halluzination und in der Neurose bestand demnach der Einklang der Sicherungstendenz: sei keine Frau, unterwirf dich nicht, sei ein Mann! Dieses Mädchen zeigte in ihrem Auftreten *barsche, resolute Züge* und kam mit allen Menschen in Streit. Ihr Ehrgeiz flammte lichterloh und machte sie *unduldsam*. Von ihrem Bräutigam, den sie sehr schlecht behandelte, verlangte sie unbedingte Unterwerfung und löste auch öfters jede Beziehung. Als er sich aber einst einem anderen Mädchen zuwandte, bot sie alles auf, um ihn festzuhalten. Soweit zu gehen war ihr gestattet. Einer von ihren Kindheitstagträumen bestand in der Phantasie, daß die ganze Menschheit zugrunde gegangen und sie allein übrig geblieben sei, eine Analogie zum Mythus der Sintflut, aus der das *egozentrische, feindselige Wesen* der Patientin, ihr Mangel an Gemeinschaftsgefühl deutlich hervorblickt. Als Mittel zur Erzeugung von Magenbeschwerden kam ihr, wie gewöhnlich in solchen Fällen, ein kaum bewußtes *Luftschlucken* zustatten, das sich bei Aufregungen steigerte.

Bei vielen Patienten, welche *Züge des »Alles-Haben-Wollens«* mit großer Deutlichkeit aufweisen, wie bei dem zuletzt beschriebenen Mädchen, findet man auch Charakterzüge gegenteiliger Art. Sie sind oft von so aufdringlicher *Ehrlichkeit, Bescheidenheit und Genügsamkeit,* daß die besondere Akzentuierung schon den Verdacht eines Arrangements erweckt. Überall spricht ihr *»Gewissen«* mit, und leicht rege sitzt ihnen das *Schuldgefühl*[9], *bereit auf alle möglichen Anlässe zu reagieren.* Die Lösung dieser alten Rätsel der Menschheit ergibt sich aus dem Verständnis der *Sicherungstendenz,* welche die geradlinigen, aggressiven Leitlinien im Interesse des Gemeinschaftsgefühls unterbricht, den Regungen strafbarer Habgier und Maßlosigkeit ein Ende macht, sobald dem Persönlichkeitsideal durch sie eine Gefahr droht. Sie stellt dann sozusagen eine *intermediäre leitende Fiktion auf, das Gewissen,* und seine antizipierende Steigerung, *das abstrakte Schuldgefühl* – Instanzen, durch die alle angesponnenen Handlungen und Vorbereitungen derart umgewandelt werden, daß sie dem Willen zur Macht und zum Schein nicht abträglich werden, gleichzeitig aber auch die *Selbsteinschätzung* hoch zu halten gestatten. Wir gewahren an diesem Punkte den Widerpart des ursprünglichen Minderwertigkeitsgefühls als eine zu moralischem Ausdruck kommende *Kompensation des Gefühls der Unsicherheit.* Nun kann der Nervöse eine Anzahl von Möglichkeiten seines Machtstrebens sicher ausschließen, die ihn erniedrigen könnten.

Auch in anderen Beziehungen läßt sich die Wirkung der Sicherungstendenz in der Moral, in der Religion, im Aberglauben, in den Regungen des Gewissens und des Schuldgefühls erkennen. Sie alle schaffen starre Formeln und Leitsätze, wie sie der unsichere Nervöse liebt. Und er kann sich im *Kleinen bereits üben,* oft an Nichtigem seine moralischen Bereitschaften erproben und insbesondere – principiis obsta! – sich vor Weiterungen und vor moralischem Falle, die er vorausahnend stark übertreibt, dadurch sichern, *daß er anticipando die moralische Niederlage* empfindet. Dieser letztere, halluzinatorische Kunstgriff gleicht der *Sicherung durch die neurotische Angst,* wie sich ja auch Gewissen, Schuldgefühl und Angst in der Neurose oft ergänzen, oft ablösen. Von großer Wichtigkeit für den Psychotherapeuten ist diese Kenntnis für den Zusammenhang von *Masturbation und Neurose,* aus welchem sich gleichfalls die sichernde Bedeutung des aus der Tatsache der Onanie konstruierten Schuldgefühles ergibt.

9 A. Adler, ›Über neurotische Disposition‹. In: *Heilen und Bilden,* l. c.; und Furtmüller, *Ethik und Individualpsychologie.*

Wird dieses Schuldgefühl *in ein Junktim mit der Masturbation* gebracht, um gegen den Zwang der Sexualität als Bremse zu wirken, so fundieren beide später die Operationsbasis, von der aus der Patient seine neurotischen Bereitschaften erweitert, um sich gegen eine Herabsetzung seines Persönlichkeitsgefühls zu wehren. In der Regel werden beide – meist unter Zuhilfenahme von antizipierten »Folgen« wie Impotenz, Tabes, Paralyse, Vergeßlichkeit – als Vorwand verwendet, um vor Entscheidungen zurückzuweichen, immer auch, um die Furcht vor dem sexuellen Partner zu vertiefen. Derartige Zusammenhänge habe ich des öfteren in dieser und früheren Arbeiten beschrieben. Zumeist freilich ist das Schuldgefühl in der Neurose ein Versuch, auf billige Weise seine moralische Verpflichtung anzuerkennen. Das Gefühl der Überlegenheit ergibt sich dabei aus dem stark betonten Hinweis auf die eigene Macht und Einsicht. Gleichzeitig ist dieser Hinweis so weit ausgebreitet, daß er das Handeln auf der nützlichen Seite des Lebens hemmt. –

Ehrlichkeit und Gewissenhaftigkeit grenzen in der Neurose deutlich an *Pedanterie*. Und so wird es uns nicht wundernehmen zu erfahren, wie oft diese Vorzüge ihren wahren Wert aus der durch sie hergestellten Bereitschaft beziehen, andere herabzusetzen, mit ihnen in Konflikt zu geraten, sich über sie zu erheben und sie in den Dienst zu stellen. Gerade der Nervöse, dessen Herrschsucht das Schema innehält, alles haben zu wollen, der nicht selten Erinnerungen an Laster aufbewahrt, wird sich sorgsam hüten, sein Geheimnis preiszugeben, wenn es ihm die sichere Niederlage einbrächte. Er wird vielmehr mit Peinlichkeit, meist auch mit Angst den Schein zu wahren suchen, wird ängstlich erröten, wenn er seine eigene Brieftasche vom Boden aufhebt, oder wird das Alleinsein in einem fremden Zimmer vermeiden, um bei Verlust eines Gegenstandes nicht in den Verdacht des Diebstahles zu kommen. Ebenso fand ich einen Starrsinn, immer vorausbezahlen zu wollen, nichts schuldig zu bleiben, bei Patienten, denen jede Ausgabe als weitere Verkürzung ihres Persönlichkeitsgefühls erschien. Sie zogen ein Ende mit Schrecken einem Schrecken ohne Ende vor, hatten dabei aber zugleich ein Gefühl der Überlegenheit über den Empfangenden und über Nichtzahlende und füllten ihre Zeit mit Nichtigkeiten.

Desgleichen entpuppt sich der *Wahrheitsfanatismus* vieler Neurotiker – man denke an das Urbild, das enfant terrible – in der Regel als Racheakt des Schwächeren gegen überlegene Kraft. Aus der Vorgeschichte eines Katatonikers erfuhr ich, daß er von seiner Frau bedrückt und herabgesetzt wurde. Eines Nachts brach er in Schluchzen aus und gestand seiner Frau, daß er sie mit einem Dienstmädchen betrogen habe. Sein männlicher Protest bediente sich des Kunstgriffes, einen Ehebruch zu versuchen, *um* daran ein offenes Geständnis zu knüpfen, wieder in der Form des uns bereits bekannten neurotischen *Junktims.* Es ergab sich, daß die Frau nicht bloß über den stärkeren Willen, sondern auch über den Geldschrank verfügte. Patient selbst, ein schwächlicher Prestigemensch, mußte von ihren Revenuen leben, was die Frau und deren Familie zum Anlaß mannigfacher Kränkungen nahmen. Um sich vor der Überlegenheit der Frau zu schützen, nicht gänzlich ihrem Einfluß zu unterliegen, kam er – auch schon im Kampfe um die männliche Herrschaft – zum Arrangement einer psychischen Impotenz. Die Frau hinwieder griff dieses Moment der Impotenz heraus und setzte den Mann öffentlich herab. Sein Flirt mit dem Dienstmädchen war der Beginn seiner Rache. Diese konnte aber nur ihre erhebende Wirkung üben, wenn er den Ehebruch mannhaft eingestand. Folglich griff er zur *Wahrheits*liebe, die ihm schon öfters als Vehikel für allerlei Bosheiten gedient hatte. Daß er seinen Fehltritt weinend gestand, entspricht seinem Zagen vor der Entscheidung, erleichterte ihm andererseits die für seine Frau schmerzhafte Botschaft. – Der weitere Verlauf entschied gegen den männlichen Triumph des psychischen Hermaphroditen: die Frau ging in ihrer Aggression noch weiter, verließ das Haus und beklagte sich bei ihren Angehörigen, die ihm nun die schwersten Vorwürfe machten. Jetzt verfiel er mit steigender Sicherungstendenz in Apathie, wollte auch seinen zwecklosen Fehltritt ungeschehen machen, da er ihm nicht zum männlichen Triumph verholfen hatte, und fand die Lösung *in der Fiktion eines reinigenden Wunders,* das Gott an ihm vollzogen hatte. Jetzt war er wieder *auf der Höhe, seine Prädestinationsphantasie brach durch, er stand mit Gott in Verbindung,* bekam Aufträge und Befehle von ihm und errichtete ein Wahngebäude, in dem er als Prophet auf Erden wandelte. Auch die Masturbation, die er gelegentlich offen übte, bezeichnete er als Wunder, um so dem Gefühl einer Herabsetzung zu entgehen. Stereotypen bestanden unter anderem in einer zeitweiligen Geraderichtung des Körpers und Emporwerfen des Kopfes, eine Bewegung, die ich gelegentlich auch bei einer Hysterika als männliche Attitude deuten konnte. –

»Jemandem eine bittere Wahrheit sagen!« Dies Wort enthält den Kern der vorgetragenen Auffassung. Der Neurotiker bedient sich der Wahrheit, um den anderen weh zu tun. Angenehme Wahrheiten wird man von nervösen Patienten nie hören, ohne daß die Reaktion, gewöhnlich eine Verschlimmerung des Leidens, bald sichtbar würde. Jeder Liebesregung, die als weiblich, als Unterwerfung empfunden wird, folgt eine Haßregung im Gewande der Wahrheit – *ein Mann, ein Wort.*

Auch in diesem Falle von Schizophrenie finden wir ein Stadium, wo der Zweifel an der eigenen Männlichkeit durch Kunstgriffe und durch Anspannung der leitenden Fiktion im männlichen Protest überbaut wird, wo die kompensierende Sicherungstendenz dazu drängt, ein leitendes Symbol (als ob man Lehrer, Kaiser, Heiland usw. wäre) wörtlich zu nehmen und zu arrangieren.

Andere Züge wie die der *Launenhaftigkeit, der Ungeselligkeit* sind ebenfalls deutlich als Bereitschaftsstellungen zu erkennen, jederzeit geeignet, die Überlegenheit anderer, die Durchsetzung des Willens anderer zunichte zu machen. Der nervöse Mensch ist der typische *Eigenbrödler* und *Spielverderber*, kommt, von seinem Größenideal abgelenkt, in die stärkste Unsicherheit und ist stets am Werke, seine eigenen Richtungslinien zu hypostasieren und zu vergöttlichen, die anderer zu durchkreuzen. – Auch einer weiteren Verwendung sind diese Züge fähig. Der Nervöse nimmt seine Unfügsamkeit, seine störenden Attacken als Beweise dafür, daß ihn die anderen beeinträchtigen wollen und richtet schützend die *Mauer seiner Prinzipien* auf, innerhalb deren sich sein Herrschergefühl entfalten kann. Hier tauchen Tendenzen auf wie die Sehnsucht allein zu sein, zuweilen auch begraben zu sein, oder Bilder: wie lebendig begraben, im Mutterleib geborgen zu sein *(Grüner)*. Zuweilen habe ich als Erfüllung dieser Sehnsucht nach Herrschaft in Einsamkeit langes Verweilen am Klosett gefunden. – Ganz in die gleiche Richtung, Herrschaft zu gewinnen, führen den Nervösen seine übertriebene Nachgiebigkeit und weiblich gewertete Einfügung. Immer ist dabei der Patient auf der Lauer, indem er auch auf diese Weise *den Stärkeren zu fesseln* sucht, nach der Überlegenheitslinie abzuweichen und seinen offenen Triumph zu genießen. –

Die gleiche Kampfbereitschaft gewährleistet dem Neurotiker sein Hang zum Wählerischen. Er kann dabei alle und alles entwerten, sich vor Entscheidungen sichern und seine Prärogative in Anspruch nehmen wie ein verzärteltes Kind, das beim Essen Schwierigkeiten macht. Er wird dort wählerisch sein, wo es seinen Tendenzen am besten entspricht, und wo er die vorteilhaftesten Griffe gegen andere anbringen kann. Beim Essen, bei der Wahl von Freunden, von Liebesbeziehungen, im Umgang sichert er sich dadurch ein quälendes Übergewicht. Jeder muß mit ihm rechnen, denn er ist krank, nervös. Zu großen Leistungen gelangt dieser Charakterzug, sobald sich die Furcht vor dem geschlechtlichen Partner, vor der Ehe seiner bedient. Kein Mädchen, kein Mann taugt dann etwas, und ein windiges Ideal gibt ihm bei dieser Entwertung aller den Stützpunkt. Zu anderen Zeiten, in anderer Beziehung zeigt sich dieser Zug als Arrangement, als die Vorsicht eines

Menschen, der den schwachen Punkt seines Minderwertigkeitsgefühls noch nicht überwunden hat: er kann auch *genügsam* sein »wenn der Wind von Nordnordwest bläst«, wenn sein Wille zur Macht es verlangt. Man müßte blind sein, um in solchen Fällen die Überhebung und Arroganz, mit der meist eine andere Welt, andere Menschen, andere Geschlechtsverhältnisse gefordert werden, zu übersehen oder daß dabei die Lebensfragen ungelöst bleiben.

Eine der Beruhigungsmethoden, die wohl allenthalben zu finden sind, sobald Kinder sich irgendwie *unzufrieden* zeigen, sind die bekannten Vertröstungen auf die Zukunft, in der das Kind größer sein, wachsen wird. Von Kindern selbst kann man häufig hören: »wenn ich groß sein werde, werde ich – – –«. Das Problem des Wachstums beschäftigt das Kind ungemein, und es wird im Laufe seiner Entwicklung ununterbrochen daran erinnert. So bezüglich seiner Körpergröße, bezüglich des Wachstums der Haare, der Zähne und, sobald es auf Spekulationen über den Sexualapparat gerät, bezüglich des Wachstums der Schamhaare und der Genitalien. Die Einstellung des Kindes in seine männliche Rolle, von der wir oft gesprochen haben, verlangt ein deutliches Größenwachstum der eigenen Person und seiner Körperteile. Wo ihm dieses versagt bleibt – und hier stoßen wir wieder auf das *Fundament der Organminderwertigkeit, insbesondere auf ursächliche Rachitis (Thymusanomalien?), Anomalien der Thyreoidea, der Keimdrüsen, der Hypophysis* usw. – gerät es durch seine Sehnsucht nach männlicher Geltung in die männliche Proteststellung. Dann erhält es den verstärkten Antrieb zu Neid, Mißgunst, Prahlerei, Habsucht, Aktivität, bekommt ein *verstärktes Maßgefühl* und vergleicht sich ständig mit anderen, insbesondere mit den geltenden Personen seiner Umgebung, schließlich auch mit den Helden aus Märchen und Erzählungen. So kommt es zu sehnsüchtigen Zukunftsbetrachtungen, und die von der Sicherungstendenz aufgestachelte Phantasie erfüllt alle Wünsche; dagegen rücken die Wirklichkeit und die Gemeinschaft in den Hintergrund. Damit bedeutet auch jede Neurose eine maßlose *Zeitvertrödelung.*

IV Entwertungstendenz – Trotz und Wildheit – Sexualbeziehungen des Nervösen als Gleichnis – Symbolische Entmannung – Gefühl der Verkürztheit – Der Lebensplan der Manngleichheit – Simulation und Neurose – Ersatz der Männlichkeit – Ungeduld, Unzufriedenheit und Verschlossenheit

Das zwanghafte Streben des Nervösen, sein Persönlichkeitsideal mit den höher gewerteten oder männlichen Zügen zu erfüllen, treibt ihn wegen der Hindernisse der Realität, insbesondere des Gemeinschaftsgefühls, zum Formenwandel seiner leitenden Richtungslinien, so daß er auf Umwegen *ein gleichwertiges Ziel* zu erreichen sucht. Was ihn in die Irre führt, ist sein Sehnen und Drängen, ein unerfüllbares Ideal für sich zu realisieren. Kommt dann auf der Hauptlinie des männlichen Protestes z. B. die Niederlage oder ein Vorgefühl derselben, so sucht er auf Umwegen unter Arrangement verstärkter sichernder Kunstgriffe dieses vorläufig als gleichwertig empfundene Ersatzziel. *An diesem Punkte beginnt jener Prozeß der psychischen Umgestaltung, den wir Neurose nennen,* sofern nicht die leitende Fiktion zur Vergewaltigung der Wirklichkeit führt, sondern der Patient letztere nur als störend empfindet, wie in der Neurasthenie, Hypochondrie, Angst- und Zwangsneurose und in der Hysterie. In der Psychose tritt die leitende männliche Fiktion, in Bilder und Symbole kindlicher Herkunft gekleidet, hervor. Der Patient benimmt sich dann nicht mehr wie in der Neurose, *als ob er männlich, oben sein wollte* und dies mit allen Mitteln auf einem leichteren Wege, auf der unnützlichen Seite versuchte, sondern durch den Kunstgriff der Antizipation so, *als ob er es bereits wäre,* und weist nur nebenbei, in der Regel anfangs, wie zur Begründung (Depression, Verfolgungsideen, Versündigungs-, Verarmungswahn) darauf hin, daß er »unten«, unmännlich, schwach sei. *Wesentlich für die Psychose ist, daß der Patient auch »was uns alle bindet«, die Logik, aufgibt,* sich der »Allgemeingültigkeit des Verstandes« entschlägt, damit auch anzeigt, daß sein Gemeinschaftsgefühl verloren gegangen ist, dessen eine Funktion die Logik ist. –

Der Übersichtlichkeit halber gehe ich nun an die Schilderung einiger Charakterzüge bei Nervösen, die entweder geradlinig dem mit männlichem Inhalt erfüllten Persönlichkeitsideal zustreben oder so nahe anschließen, daß sich die Auffassung, sie seien nur kleine Umwege des männlichen Protestes, von selbst aufdrängt; die allgemeine Auffassung hat sie *als aktive, männliche Züge festgestellt,* und der Nervöse kann sich auf das übereinstimmende Urteil berufen. Wir haben aber in früheren Betrachtungen bereits zu zeigen versucht, daß bei der Konstruktion männlicher Züge die Auswahl vom fiktiven Endziel abhängig und nur innerhalb geringer Grenzen von der bewußten Auffassung des Nervösen oder gar des Beurteilers geleitet ist. Er bedient sich auch solcher Richtungslinien zum männlichen Protest, die der allgemeinen Logik nicht immer oder nur teilweise als männlich erscheinen, etwa wie die Koketterie, die Lügenhaftigkeit usw. Als geradlinigere Charakterzüge zum männlichen Protest, ausgreifender als in der Norm, sind hervorzuheben: die häufigst bewußt geäußerten Tendenzen *ein voller Mann, mutig, angriffslustig, offen, hartherzig, grausam zu sein, alle übertreffen zu wollen an Kraft, Einfluß, Macht, Klugheit* usw. – Wenn das zugrunde liegende Minderwertigkeitsgefühl – wegen der mit Sicherheit vorauszusetzenden Niederlage oder Ahnung derselben – verstärkte sichernde Kompensationen verlangt, so erfolgen diese durch *Verstärkung der Kampfbereitschaften,* die nunmehr vielfach auf Umwegen, in abstrakter Weise, durch gleichzeitige, oft gegenteilige Züge – nach Art eines Kunstgriffes – dem männlichen Gefühl der Überlegenheit zustreben. Dann kann der Nervöse anstatt *Trotz oder neben diesem die Fügsamkeit,* je nach Bedarf Züge von Maßlosigkeit und Bescheidenheit, Roheit und Milde, Mut und Feigheit, Herrschsucht und Demut, Männlichkeit und Weiblichkeit aufweisen, die immer seiner Sicherung vor Niederlagen dienen oder ihm gestatten, auf Umwegen sein Persönlichkeitsgefühl zu erhöhen oder *andere zu entwerten.* Daß man auch mit der Schwäche, mit Demut, mit Bescheidenheit siegen kann, zeigt das Beispiel der Frauen und viele weltgeschichtliche Exempel.

Die Herrschaft der selbstgemachten Götzen, der leitenden Fiktion und ihrer Hilfslinien ist jedesmal leicht zu erkennen, dringt übrigens in der Psychose mit nicht mißzuverstehender Deutlichkeit durch. Ich will an einem Traume eines 22jährigen Mädchens, das an Enuresis nocturna litt, tagsüber häufig Ausbrüche von Jähzorn und Verstimmung hatte, nur mit mir, sonst nirgends Frieden halten konnte und häufig Suizidgedanken hatte, zu zeigen versuchen, wie alle diese Erscheinungen samt anderen Zügen von Herrschsucht, Trotz, aber auch Ängstlichkeit unter der Leitung des männlichen Protestes standen, wie dieser aber abhängig war von einer konstitutionellen Minderwertigkeit der Harnorgane, die im Zusammenhang mit Häßlichkeit und ursprünglicher Langsamkeit der geistigen Entwicklung bei Status thymicolymphaticus zur kompensierenden Aufstellung einer übertriebenen männlichen Leitlinie zwang. Um den Fall kurz und abschließend verständlich zu machen, schicke ich voraus, daß die Patientin zur sichernden

Neurose die Realien ihrer Kindheit verwendet, die Enuresis als Bereitschaft ausgebildet hatte und jedesmal mit diesem Symptom eingriff, wenn ihr Persönlichkeitsgefühl eine Herabsetzung erfuhr. Auch in diesem Falle zeigte sich die kolossale Macht der *Entwertungstendenz* im Arrangement des Anfalls, der die Mutter zu voller Hingabe an eine Fleißaufgabe und dadurch zu machtloser Verzweiflung trieb, zugleich aber auch in der allgemein üblen Form eines Hinweises, durch den der Patient alle Schuld von sich ab und auf eine andere Person wälzt, diese dadurch erniedrigend. Der folgende Traum zeigt diese Spitze besonders deutlich:

»Die Mutter zeigte meiner Freundin die schmutzige Kappendecke des Bettes. Wir beginnen zu streiten. Ich sage: die Kappendecke ist von dir – und fange heftig zu weinen an. Ich erwache tränenüberströmt.«

Kurz vorher erzählte sie, daß sie oft weinend aus dem Schlafe erwache, ohne den Grund ihres Weinens zu kennen [1]. Aus dem Zusammenhang der damals schon durchsichtigen Krankheitsgenese ergab sich, daß das Weinen in Beziehung zur Mutter von Bedeutung war, eine der üblichsten kindlichen Angriffsbereitschaften vorstellte, die Überlegenheit der Mutter zu verringern und sie weich zu stimmen. Nach Mitteilung des Traumes bemerkt sie: *»Sie werden gewiß glauben, daß Sie mit Ihrer Meinung bezüglich meines Weinens recht haben.«* Solche und ähnliche Bemerkungen hört man während der psychotherapeutischen Behandlung regelmäßig, und man darf die darin verborgene Kritik als Bereitschaft der gegen alle gerichteten *Entwertungstendenz* nicht übersehen. Der diesmalige maßvolle Ausdruck derselben ließ mich erwarten, *daß die Heilung der Enuresis im Gange sei,* da die heftigeren Reaktionen ausgeblieben waren. Früher hatte sie in ähnlichen Fälllen mit *Schärfe und Leidenschaft* hervorgehoben, daß ich ganz unrecht habe, oder sie hatte solche Träume und Gedanken, die für mich sprachen, verschwiegen oder angeblich vergessen. In meiner Annahme wurde ich durch die weitere Mitteilung bestärkt, daß Patientin nach dem Traume sofort die von früher her nur wenig beschmutzte Bettwäsche abgenommen und heimlich gereinigt habe, was früher nie vorgekommen war,

1 Die seelischen Vorgänge im Schlafe werden vom richtunggebenden Endziel wie die im Wachen geleitet. Der Patient macht im Schlafe eine Wendung durch von den ungelösten, drängenden Fragen in der Richtung des Finales. Das Traumbild zeigt wie in einer Analogie ein Stück dieser Wendung, zeigt auch, wie willkürlich Argumente aus der Luft gegriffen werden, um die vorausbestimmte Haltung zum Leben zu gewinnen. Siehe u. a. ›Traum und Traumdeutung‹ in: *Praxis und Theorie der Individualpsychologie,* l. c. – Im vorstehenden Traum wird die Vorbereitung zum Konflikt mit der Mutter durch Präokkupation mit Erinnerungen an Kränkungen getroffen. – Pavor nocturnus, Sprechen, Weinen im Schlaf sind sichere Zeichen, wie Bettnässen auch, eines nach Verzärtelung strebenden Kindes.

weil der Anblick der schmutzigen Wäsche für die Mutter bestimmt war.
Zur Erklärung des Traumes berichtet sie folgendes: sie sei fest überzeugt, daß die Mutter von der Enuresis allen Bekannten erzähle. Alle Verwandten scheinen von ihrem Leiden zu wissen. Einmal habe ihr ein Onkel, offenbar um sie zu trösten, mitgeteilt, er und noch ein anderer Bruder der Mutter hätten lange Zeit das Bett naß gemacht. Im Traum gibt sie vorwurfsvoll der Mutter zu verstehen: dieses Leiden liegt doch in deiner Familie, du bist schuld, wenn ich das Bett beschmutze, »die schmutzige Kappendecke ist von dir!« – Weiter erzählt sie, daß sie beim Wäschewechsel oft einen Duchentüberzug statt einer Kappendecke nehme; *der eine sei geschlossen, die andere offen – fügt sie hinzu – und man könne beide im Kasten leicht verwechseln.*
Hinter diesen Gedanken liegt das Problem von *»offen und zu«* als Ausdruck für den Gegensatz der Geschlechter deutlich zu erkennen. Sie gibt der Mutter die Schuld an ihrer Krankheit, schielt aber sozusagen gleich nach dem Urgrund und der Triebfeder ihres Leidens, der durch die Mutter verschuldeten Weiblichkeit und verrät uns im männlichen Protest ihres Traumes, wie gering sie den Unterschied zwischen Mann und Frau veranschlage. Ähnlich erklärte *George Sand*, es gäbe nur ein Geschlecht. Das Streiten und Weinen ist die vorwiegendste Attitude ihrer Aggression gegen die Mutter, deren Bindung sie dadurch, wie auch durch das Festhalten an der Enuresis zu verstärken sucht. Daß sie gegenwärtig mit der enuretischen Bereitschaft auch gegen den Mann operiert, einer Heirat und damit der »Herrschaft des Mannes« auszuweichen sucht, geht aus anderen Perspektiven ihrer neurotischen Psyche hervor.
Ein Beispiel für den Formenwandel der leitenden Fiktion, die ursprünglich gelautet hat: *ich will ein Mann sein* – im obigen Stadium der Kur: *ich will der Mutter überlegen sein, so wie ein Mann* – ergab sich gegen Ende der Kur und kann ungefähr in die Worte gefaßt werden: *ich will die Mutter erniedrigen – mit weiblichen Mitteln.* In einem Traum, *einem Vorversuch also, einem probeweisen Anschlag,* kommt diese Richtungslinie unserer Behauptung gemäß zu stärkerem Ausdruck. Er lautet:
»Ich liege in einem brennenden Bett. Um mich herum jammern alle. Ich lache laut.«
Dem Traum gingen Gespräche und Erwägungen über »freie Liebe« voraus. Das brennende Bett stellt nach der Auffassung der Patientin Liebesfreuden vor. Wir übersetzen, unserer Traumauffassung gemäß: Wie wäre es, wenn ich der freien Liebe huldigen würde? Dann würde meine Mutter beschmutzt sein, ich aber würde sie auslachen, wäre ihr überlegen. – Man

beachte den wie so häufig aus dem psychischen Überbau der Harnfunktion stammenden Ausdruck »brennen« im Gegensatz zu »Wasser« (Enuresis)[2], und die auf dieser »Urinsprache« gegründete gleichnisweise Darstellung. Das »Lachen« in diesem Traume ist gleichwertig dem »Weinen« im ersten Traume. Beide zeigen die Aggressionsrichtung, die zum Herrschaftsgefühl über die Mutter führen soll. Auch in dem Falle kann man die Unhaltbarkeit der Annahme einer Persönlichkeitsspaltung leicht ersehen. Ebenso irrtümlich wäre die Annahme eines realen Sexualwunsches. Nur wenn die Mutter dabei herabgesetzt wird, sie also die Rolle des Herrschenden spielen könnte, wäre ihr dieses Mittel recht.

Die leitende Fiktion der Manngleichheit kommt bei allen Mädchen und Frauen in irgendeiner Weise zum Ausdruck. Wie ich an obigem Falle zeigen konnte, ist es der durch die Realität erzwungene Formenwandel, der die Verschleierung des männlichen Protestes bewirkt. Ebenso ist es wesentlich, in der Analyse neurotischer Patientinnen jenen Punkt ihres Seelenlebens ausfindig zu machen, wo sie gegen ihr Gefühl der Weiblichkeit protestieren. Man wird ihn immer finden, denn der Drang nach Erhöhung des Persönlichkeitsgefühls erzwingt die Konstruktion von sichernden Richtungslinien, die im Gegensatz zur Idee des »Weiblichen« erbaut werden. Bei normalen Mädchen und Frauen liegen meist kulturelle oder unkulturelle Emanzipationsgedanken, kämpferische, gegen den Mann und seine Privilegien gerichtete Züge zutage. Man trachtet die Distanz möglichst zu verringern, in Kleidung, Haltung, Sitte, Gesetz, Weltanschauung. In allen diesen Beziehungen steigert sich der männliche Protest der Nervösen. In der Kleidung werden grelle, aber auch männlich einfache Moden, häufig Verlängerungen einzelner Stücke und stark erhöhte Schuhe bevorzugt. Oder alle als weiblich imponierenden Arten der Kleidung werden abgelehnt. Häufig besteht ein besonders heftiger Kampf gegen das Mieder, der gegen die Fesselung gerichtet ist, aber auch anderen Zwecken dienen kann, der oft, um Gesellschaften auszuweichen, inszeniert wird und meist seine Spitze gegen die Mutter richtet, heute übrigens durch die Mode überholt. Haltung und Sitte neurotischer Frauen ist oft so deutlich männlich, daß es im ersten Augenblick auffällt. Übereinandergeschlagene Beine, gekreuzte Arme sind zuweilen verräterische Spuren, ebenso das Bestreben, auf der linken Seite, wo sonst der Mann seinen Platz hat, zu gehen, niemanden beim Stehen (z. B. im Tanz) vor sich zu dulden usw. In der Weltanschauung der neurotischen Patientin wird die regelmäßige ideelle Überschätzung des Männlichen durch

2 A. Adler, Studie über Minderwertigkeit von Organen, l. c., Anhang. – Vor mir hat Freud den Zusammenhang von Feuer und Wasser im Traume berührt.

die praktische Entwertung des Mannes reichlich aufgewogen. Im Sexualverkehr überwiegt die *Anästhesie*. Männliche oder den Mann herabsetzende Varianten werden bevorzugt.

Ähnliche Auftragungen bietet die neurotische Psyche des Mannes. Er leitet seine Griffe von einer fiktiven weiblichen Empfindung aus, um zum Gefühl der vollendeten Männlichkeit zu kommen. Einer meiner Patienten, der an Asthma nervosum litt, brachte diese Dynamik mit großer Deutlichkeit zur Anschauung. Er war ein schwächliches Kind gewesen und hatte – ein Zusammenhang, auf den *Strümpell* hingewiesen hat – an *exsudativer Diathese* gelitten. Seine häufigen Katarrhe ermöglichten ihm frühzeitig, die Mutter in seinen Dienst zu stellen. Sie nahm ihn zu sich, pflegte ihn in ihrem Schlafzimmer und fügte sich seinen Wünschen. Er kam frühzeitig unter die Aufsicht einer strengen Gouvernante, der er trotz seines Jähzorns und seiner Unbändigkeit nicht gewachsen war. Ihr gegenüber fühlte er sich schwach und lernte so die Wege kindlicher Schlauheit kennen, auf denen er sich der strengen Gouvernante entzog, und zwar durch Simulation und Übertreibung der katarrhalischen Beschwerden, durch das *Arrangement von Husten und anfänglich willkürlichen Reizungen der Kehlkopf- und Luftröhrenschleimhaut mittelst eines eigenartigen forcierten Atmens*, durch asthmatische Erscheinungen, die er nach dem Bilde des Pressens beim erschwerten Stuhlgang durch Anspannung der Bauchpresse und starken Verschluß der Glottis erzeugte. Er lernte bald verstehen, daß er bei solchen Erscheinungen ins Schlafzimmer der Mutter kam, und brachte im Laufe der Jahre eine *asthmatische Bereitschaft* zustande, die er jederzeit unbewußt aktivieren konnte, wenn er, der ein überspanntes fiktives Leitziel mit sich trug, sich zum Beherrscher des Hauses, damit auch der Gouvernante, aufschwingen wollte. Bald erreichte er auch, daß ein Verbot an die Gouvernante erging, nach welchem er nicht strenge behandelt und geschlagen werden durfte.

Wir sehen, wie sein Persönlichkeitsideal nunmehr über eine allerdings neurotische Waffe verfügte, die ihn in den Stand setzte, einer Niederlage, dem auftauchenden Gefühl seiner ursprünglichen Minderwertigkeit dadurch zu entkommen, daß er auf einem Umweg, nicht mehr durch Trotz, Jähzorn, Mut, Mannhaftigkeit, sondern durch eine Art List, Verschlagenheit, unmännliches Verhalten, Feigheit und Anlehnung an die Mutter obenauf zu sein trachtete. Dieser Winkelzug, hypostasiert und zu einem unbewußt wirkenden Bereitschaftsmechanismus verarbeitet, gab ihm die fürs Leben nötige Sicherung. Sein neurotisches Symptom, das durch weitere Hilfslinien seiner Charakterzüge, alles haben zu wollen, durch seine Herrschsucht, durch seinen Starrsinn und durch seine Rechthaberei, gleichzeitig durch Feigheit [3], Furcht vor neuen Unternehmungen, Furcht vor Männern und Frauen und durch die aus ihr sich stets belebende Entwertungstendenz behütet und beansprucht wurde, die im Bunde seiner Aggressionsbereitschaften eine so wichtige Rolle spielte, ergab für ihn ein neues Organ, ein Mittel, sich auf besondere Weise geltend zu machen, sich seiner Welt zu bemächtigen, indem er stets *die Mutter als Schutz* begehren konnte. Bei ihr fühlte er sich sicher wie bei keiner Frau, und so kam er *aus Not zu einer Verliebtheit in seine Mutter,* die näher betrachtet sich in Tyrannei auflöste. Schwangerschaftsphantasien spiegelten ihm das erniedrigende Empfinden einer weiblichen Rolle vor und konnten mit Kastrationsgedanken sowie mit Phantasien, ein Weib zu sein, abwechseln. *Sein Masturbationszwang zeigt den Versuch, sich siegreich von der Frau zu emanzipieren, einer Niederlage zu entgehen, sich männlich zu gebärden,* und setzte sich fort in gleichgerichtete Größenphantasien, beides Ausdrucksformen seines männlichen Protestes. Als Bild und Anschauungsform für seine Minderwertigkeit und weibliche Artung galt ihm die vermeintliche, übertrieben empfundene Kleinheit seiner Genitalien. Seit seiner Kindheit suchte er alle seine mißlungenen Anschläge und seine Niederlagen unter das Bild des ursächlichen kleinen Penis zu bringen, apperzipierte auch alle seine Erlebnisse und gruppierte sie nach dieser Richtung und der damit zusammenhängenden gegensätzlichen Anschauungsform von »männlich-weiblich«. Der »kleine Penis« war für *ihn der bildliche Grenzbegriff zwischen männlich und weiblich* und zeigte sich wie die Haltung des Patienten *auf der Idee eines körperlichen und psychischen Hermaphroditismus und seiner Tragik aufgebaut.* Kein Wunder, daß man in der psychologischen Analyse dieser Fälle mit der männlich-weiblichen Apperzeptionsweise, die zu den Grundlagen der neurotischen Psyche gehört, immer auf sexuelle Relationen stößt. Sie sind alle als Modus dicendi, als Jargon und bildliche Ausdrucksweise zu verstehen und dementsprechend aufzulösen, wobei Kraft, Sieg, Triumph in männlicher Sexualsymbolik, Niederlage in weiblicher, die neurotischen Kunstgriffe in beiden zugleich, zumeist auch in perverser oder hermaphroditischer Symbolik zum Ausdruck kommen. Aus letzterer ist im Zusammenhang leicht die Tendenz zur Überwindung des *Gegenspielers* zu entnehmen.

Bei unserem Patienten war bald zu erraten, daß er außer der sexuellen Ausdrucksweise auch noch eine Apperzeptionsweise auf der gegensätzlichen Anschauung des Ein- und Ausatmens hatte, die durch die Minderwertigkeit seiner Atmungsorgane,

3 Die Neurose wird immer durch *Entmutigung* eingeleitet.

der Nase miteinbegriffen, angeregt worden war. Auch die zu unserer gegenseitigen Verständigung dienende Sprache bedient sich solcher Bilder, und ein Seufzer der Erleichterung aus gepreßter Brust kann ganz gut in das Bild gekleidet werden, als ob man wieder Luft hätte. Auch eine Hetzjagd um den Vorrang, die Begierde, der Erste am Ziele zu sein, vermochte Patient »pantomimisch« in Erinnerung an den Wettlauf in den Knabenjahren durch keuchendes Atmen darzustellen. In einem Traum aus der letzten Zeit der Behandlung bedient er sich der bildlich zu verstehenden *Fähigkeit zu pfeifen*, um seine Männlichkeit »respiratorisch« hervorzuheben. Der Traum lautet:

»Mir war, als ob vier Leute pfiffen. Ich merke, daß ich es ebenso gut kann.« Kurz vorher hatte er eine Beziehung zur Gouvernante in der Familie seines verheirateten Bruders angeknüpft und hatte an sie die Frage gestellt, ob sein Bruder des Nachts oft die Frau besuche. Das Mädchen gab eine verneinende Antwort. Pfeifen können ist das Ideal aller kleinen Knaben, und auch Mädchen bemühen sich oft, diese männliche Attitude herauszubringen. In diesem Traume nimmt er probeweise einen Vergleich vor, ob er den männlichen Angehörigen seiner Familie gewachsen sei, und kommt von dieser seinem Weibempfinden entstammenden Linie zum männlichen Protest: er sei allen Vieren gewachsen.

Auch in diesem Falle fand ich meine Beobachtung bestätigt, daß der Nervöse seine sexuelle Libido nach der Art und Größe empfindet, ebenso darstellen kann, wie es sein fiktives Endziel verlangt, *so daß jede psychologische Auffassung haltlos wird, welche den Faktor der Libido als konstitutionell in einer bestimmten Größe gegeben und in seinen Abwandlungen und Schicksalen das Wesen der Neurose erblickt.* Insbesondere sind Sexualwünsche und Erregungen leicht zu arrangieren und stets dem männlichen Protest in irgendeiner Weise untergeordnet. Eine Identifizierung von Männlichkeit mit Sexualität kommt in der Neurose durch *Abstraktion, Symbolisierung und bildliche Organsprache* zustande, und dieser *fälschende Kunstgriff des Nervösen* füllt seinen Gedankeninhalt mit sexuellen Bildern, besonders weil er auch in der Liebe die Unterwerfung des andern sucht[4].

Die Rechthaberei und versteckte Streitsucht, die mit der Entwertungstendenz in innigster Verbindung steht, stellen den Psychotherapeuten vor schwere taktische und pädagogische Probleme. Sie verraten in jedem Falle den schwachen Punkt,

4 Die Psychoanalytiker scheinen sich mit der Tatsache nicht abfinden zu können. Mit mächtigem Affekt wird darauf hingewiesen, daß ich gar in der Liebe das Geltungsstreben gefunden haben will.

das Minderwertigkeitsgefühl des Patienten, das ihn zur Kompensation treibt. Eine einfache Anschauungsweise gibt uns ein Hilfsmittel an die Hand, die neurotische Aggression des Patienten in jedem Falle zu entlarven. *Man stelle sich vor, daß der Nervöse sich um seine volle Geltung gebracht, sich verkürzt fühle und beobachte nun, durch welche Kunstgriffe er seine Ergänzung oder Überkompensation durchzuführen versucht.* Vor allem sind seine mündliche Darstellung und die Betonung seines »Wollens« nicht allzuschwer zu nehmen. Man mache es lieber wie Odysseus bei den Sirenen und verstopfe die Ohren auch bei den ganz aufrichtig gemeinten Behauptungen. *Den guten Willen muß man sehen, nicht hören.* Und man wird erhabene Einsichten gewinnen, wenn man sich wie vor eine *Pantomime* stellt. Man wird dann leicht eine Anzahl von Bereitschaften, Charakteren, Syndrome und Symptome finden, *die ein ideelles Organ vorstellen könnten*, muß aber darauf gefaßt sein, wie vor ein Rätsel gestellt zu sein, das erst entziffert werden soll. Denn dieses ideelle Organ, eben die Neurose oder Psychose, ist wohl männlicher Herkunft und trägt in sich die Bestimmung, das Persönlichkeitsgefühl des Patienten nicht sinken zu lassen, ihn vielmehr seinem Ziel der Überlegenheit nahe zu bringen. Aber die rauhe Wirklichkeit versagt sich dem Werben dieser Fiktion so sehr, daß die absonderlichsten Umwege gewählt werden müssen, daß unnützliche *Teil- und Scheinerfolge angestrebt werden.* Fast immer ohne daß der Patient seinem Endziel näher kommt[5]. Und immer wieder steigert die Hilfe des Psychotherapeuten, der nur in seltenen Fällen durch die Schicksale des Lebens vertreten werden kann, bei Mißerfolgen diesen »Willen zum Schein« und verstärkt die abstrakten, prinzipiellen Linien der alten, leitenden Fiktion. Einer der hauptsächlichsten Umwege, auf denen dieses ideelle Organ – eben der männliche Protest – wirkt, ist die Entwertungstendenz. Von ihr war deshalb so oft die Rede, weil sie für den Arzt und dem Arzte gegenüber leicht ins Auge fällt und immer die Stärke des neurotischen Bestrebens zum Ausdruck bringt. Sie ist auch der stetig vorhandene Anknüpfungspunkt, um den Patienten die Selbsteinsicht zu verschaffen, und sie liegt auch jener Erscheinung zugrunde, die *Freud* als Widerstand beschrieben und irrtümlich als Folge der Verdrängung sexueller Regungen aufgefaßt hat. Mit ihr kommt der Nervöse zum Arzt und sie trägt er, wie der »Normale« auch, erheblich geschwächt, wenn er die Behandlung verläßt, nach Hause. *Nur daß seine gesteigerte Selbsteinsicht dann wie ein Wächter vor ihren Äußerungen*

5 Siehe ›Das Problem der Distanz‹. In: *Praxis und Theorie der Individualpsychologie*, l. c.

steht, und so den Patienten zwingt, seiner Sehnsucht nach »oben« nützliche Wege zu weisen und sie zu dämpfen.

Man darf nicht davor zurückschrecken, Äußerungen des Zweifels, der Kritik, Vergeßlichkeit, Verspätungen, allerlei Forderungen des Patienten, Verschlechterungen nach anfänglicher Besserung, beharrliches Schweigen ebenso wie zähes Festhalten von Symptomen als wirksame Mittel der auch gegen den Psychotherapeuten gerichteten Entwertungstendenz aufzugreifen. Man wird dabei kaum je fehlgehen und wird meist durch die Koinzidenz gleichgerichteter tendenziöser Erscheinungen und durch deren *Vergleichung* in dieser Auffassung gerechtfertigt werden. Es handelt sich oft um die subtilsten Äußerungen. Soll ich noch hinzufügen, daß die ausgebreitetste Erfahrung und Kenntnis bezüglich der Entwertungstendenz gerade hinreicht, um nicht überrascht zu werden, und daß großes Taktgefühl, Verzicht auf die überlegene Autorität, stets gleichbleibende Freundlichkeit, wachsamens Interesse und das besonnene Gefühl, einem Kranken gegenüberzustehen, mit dem kein Kampf zu führen ist, der ihn aber jederzeit beginnt, zum Erfolge unumgänglich nötig sind?

Bei einem stotternden Patienten erwies es sich als erforderlich, ihm in einer Zeichnung die Lage des Kehlkopfes klar zu machen. Anstatt die Zeichnung mit nach Hause zu nehmen, wie er vorhatte, um sie nochmals zu überlegen, ließ er sie bei mir auf dem Tische. Am nächsten Tage verspätete er sich um eine Viertelstunde, suchte zuerst das Klosett auf, erzählte von einem anderen Patienten, der sich über mich beklagt hatte und berichtete nach anfänglichem Schweigen einen Traum, der folgendermaßen lautete:

»Es war mir, als ob ich eine Zeichnung betrachtet hätte. Von einem Kreis ging ein Zylinder aus, der nicht gerade, sondern seitwärts verlief.«

Die Deutung ergab, daß es sich um die Zeichnung des Kehlkopfes handelte, auf der der Kehlkopf gerade nach unten gezeichnet war. Patient polemisiert im Traume mit mir, als wollte er sagen: wie wäre es aber, wenn mein Arzt unrecht hätte? (der schiefe Zylinder) – und zeigt mir dadurch seine *mißtrauische* Stellung, die Furcht hintergangen zu werden, zugleich aber auch die gegen mich gerichtete Entwertungstendenz, die sich in seinen unbewußten Maßnahmen des Vergessens, der Verzögerung, der tendenziösen Berichterstattung, des Schweigens und endlich in einem probeweisen Versuch im Traum, mir Unrecht zu geben, geäußert hat. Man kann mit Recht erwarten, daß der Patient sein Stottern zum gleichen Zweck verwendet und gegen mich verwenden wird. Trotz vieler Gegensätze zwingt er mich in die Rolle seines ehemaligen Lehrers, den er oft korrigierte, damit er mit seinen alten

Bereitschaften gegen mich vorgehen kann[6]. Dies ging aus seinen Bemerkungen zum Traume hervor, und des ferneren noch, daß seine Krankheit von ihm aufgegriffen und festgehalten war, um sich die Überlegenheit über seinen Vater zu sichern und so diesen zu entwerten.

Eine Patientin, die mir wegen Depression, Suizidgedanken, Weinkrämpfen und lesbischen Neigungen zur Behandlung zugewiesen war, wurde von mir wegen Verdachts einer Genitalaffektion nach kurzer Behandlung zu einem Gynäkologen geschickt, der ein großes Myom entfernte und sich von dieser Operation eine Heilung der Neurose versprach. Nach der Operation reiste die Patientin in ihre Heimat und schrieb mir von dort, sie habe nun erkannt, *daß der Gynäkologe mit seiner Meinung recht gehabt habe.* Hoffentlich würde ihm die Operation bei einer Gräfin, von der sie in der Zeitung gelesen habe, *besser gelingen als bei ihr.* Bald darauf erschien sie bei mir, polemisierte gegen eine meiner Arbeiten, die sie sich irgendwie verschafft hatte, erklärte mir ihr ungeheures Interesse für meine Behandlung, erzählte, daß ihr Zustand der gleiche sei wie vor der Operation und verschwand. Aus dem Stück ihrer Krankheitsgeschichte, das sie mir während der Behandlung mitteilte, ergab sich unter anderem, daß sie mit ihrer ganzen Umgebung in Unfrieden lebte, daß sie den Mann vollkommen beherrschte, daß sie die Kleinstadt haßte und einer Freundin gegenüber sexuell und psychisch den Mann spielte. Ihre Furcht vor Kindersegen war ungeheuer, der Sexualverkehr unerträglich, weil ihr der *Mann zu schwer* erschien. Als letzterer sie einmal während der Kur besuchte, träumte sie Tags vorher folgendes:

»Mir war, als ob das ganze Zimmer in Feuer gehüllt wäre.«

Sie gab spontan an, daß dies ein typischer Traum sei, der fast regelmäßig zur Zeit der Periode wiederkehrte. Diesmal war noch lange Zeit bis zu ihrem Termin. Der Traum ließ sich deutlich als Versuch erkennen, eine weibliche Situation – die Menstruation – zum männlichen Protest – Verweigerung des Sexualverkehrs – zu verwenden. Ein tieferes Eindringen, das sicherlich kindliche Enuresis aufgedeckt hätte (Feuer – Myom, siehe »Studie«, Anhang), war durch die Unterbrechung der Behandlung verhindert. Ich bekam noch einen Brief, der Versicherungen enthielt, Patientin wolle nunmehr mit ihrer Umgebung in meinem Sinne Frieden schließen. Ich meine, daß ihr dies noch recht schwer gefallen sein mag. –

Trotz, Wildheit, Ungebärdigkeit können in gleicher Art dem Beweise dienen, den Patientinnen suchen, um ihre geringe

6 *Junktim* zwischen mir und dem Lehrer zum Zweck einer tendenziösen, herabsetzenden Affektäußerung. *Es wird nicht übertragen, sondern alle werden über einen Kamm geschoren.*

Eignung für die weibliche Rolle darzutun. Die Vorbereitungen beginnen schon in früher Kindheit und führen allmählich zu physischen und psychischen automatisierten Gewohnheiten in Gebärde, physiognomischem Ausdruck, Affektbereitschaft und Mimik, während der Charakter sich nach der ideellen Leitlinie psychisch ausgestaltet und vorbauend, vorausfühlend, die Stellungnahme des Patienten einleitet. In vielen Fällen findet man diese Züge geradlinig ausgesprochen, und sie dienen direkt zur Darstellung der Überlegenheit. Oder es erfolgt der Formenwandel der leitenden Fiktion, sei es wegen auftauchender Widersprüche in der Leitlinie, im Falle einer wirklichen oder drohenden Niederlage, sei es –, was sich gewöhnlich damit deckt, durch einen als unüberwindlich gewerteten Widerstand der Realität. Unter dem Arrangement der sichernden Angst oder des sichernden Schuldgefühls oder sichernder Züge (Dissoziation der Autoren, Zweifel) erfolgt dann die Abbiegung auf den neurotischen Umweg. Aber die Bereitschaften bleiben bestehen. Nur daß die neurotische Vorsicht die Abbiegung unter den Sicherungen der Angst, des Schuldgefühls, des Anfalles einleitet, wenn der Patient mit der ursprünglich hergestellten Affektbereitschaft (der Wut, des Jähzorns, der Aggression) antworten sollte. Häufig findet man *tendenziös gruppierte Erinnerungen* an Maßlosigkeiten, Gedanken und Erinnerungen, Vorspiegelungen, als sei man grenzenlos begehrlich, sinnlich, dämonisch, verbrecherisch, zuweilen auch offensichtlich arrangierte Unbesonnenheiten und Unfälle, die als Memento der *Vorsicht* die Wege weisen. *Oder der Abbruch der geradlinigen (männlichen) Aggression geschieht immer wieder knapp vor der Entscheidung,* wodurch sich viele neurotische Liebesbeziehungen auszeichnen oder erklären. Auch in perverser Richtung kann bei diesen die Abbiegung unter dem Einfluß der Sicherungstendenz erfolgen, oder die Richtungslinie führt bis in den Schutz des Vaters, der Mutter, Gottes, des Alkoholismus oder einer Idee. Versuche mit weiblichen Mitteln nach Oben zu kommen, wenigstens alle Frauen zu übertreffen, führen zu übertriebener Reinlichkeit, zur »Putzkrankheit«, zu masochistischer[7] Unterwerfung oder Koketterie, Gefallsucht und fortwährenden Liebeleien bei weiblichen Patienten. Immer wird man Züge oder verräterische Spuren nebenbei finden, daß auch in diesen Fällen die leitende Fiktion allmächtig ist und auf diesen Umwegen ihr Ziel zu erreichen sucht. – Die Erhöhung der Sexualerregung in manchen dieser Fälle ist nicht als echt, etwa als

7 Ich habe immer behauptet, daß es keinen echten Masochismus im Sinne der Autoren gibt! Vielleicht wird diese Feststellung deutlicher, wenn ich hinzufüge, daß der Masochist seine Überlegenheit darin erlebt, *daß er dem Partner sein Handeln aufzwingt.*

konstitutionell gegeben zu verstehen, sondern zeigt sich gebunden an die Fiktion und kommt zustande durch ununterbrochene tendenziöse Aufmerksamkeit, die auf Erotik gerichtet ist. Dasselbe gilt von Perversionen und scheinbar herabgesetzter Libido, die auf neurotischen Umwegen konstruiert werden. *Alle Sexualbeziehungen in der Neurose sind nur ein Gleichnis.*

Die Furcht vor der Überlegenheit des Mannes und der entwertende Kampf gegen ihn kleidet sich oft infolge der gegensätzlichen neurotischen Perspektive in Entmannungsphantasien, die den Mann entwerten sollen. In Träumen dieser Patientinnen liegt dies klar zutage und läßt sich durch gleichzeitige andersartige Entwertungen in unserem Sinne erweisen. Einer dieser Träume sei hier angeführt. Die Patientin kam kurz nach einer Fisteloperation wegen eines Zwangsgedankens und wegen Aufregungszuständen in meine Behandlung. Der Zwangsgedanke lautete: *»ich werde nichts erreichen können«.* Schon bei unserem ersten Zusammentreffen äußerte sie Zweifel, *ob ich etwas erreichen werde.* Die gleiche Linie der Entwertung beleuchtete ihr Traum. Sie träumte:

»Ich rief im Traume: Marie, die Fistel ist schon wieder da!«

Der Operateur hatte ihr völlige Heilung versprochen und hat auch Wort gehalten. Er ist ihr in mancher Hinsicht verpflichtet und wollte kein Honorar nehmen. Patientin regte sich darüber sehr auf und empfand dies als Herabsetzung. Sie quälte sich einige Zeit mit Gedanken, wie sie ihrer Schuld ledig werden sollte. Marie heißt ihr Dienstbote, mit dem sie nie über die Operation gesprochen hatte. Käme es zu einem neuerlichen Aufbruch der Fistel, so wäre ihr erster Gang zu dem Operateur, dem sie ihre Meinung sagen würde. Marie, ein weiblicher Dienstbote, ist der Operateur. *Patientin setzt den Fall,* den ihr männliches Selbstgefühl braucht, der Arzt hat schlecht operiert, hat sein Wort nicht gehalten, ist ein Weib und Dienstbote zugleich. Dies die Art, *wie sie alles erreichen könnte: wenn es umgekehrt, wenn sie ein Mann wäre.*

Wenn man die veröffentlichten Analysen welcher psychologischen Schule immer darauf untersucht, wird man regelmäßig den Mechanismus des neurotischen Protestes darin finden. Ich will aus der Analyse eines Falles von *Migräne* diesen Zusammenhang nochmals hervorheben.

Aus ihrer Kindheitsperiode erzählte Patientin sofort, daß sie *stets mit den älteren Brüdern in Streit lebte,* weil sie sie beherrschen wollte. Derartige Erinnerungsspuren leiten, sobald sie freiwillig preisgegeben werden, regelmäßig auf einen verborgenen Kampf gegen die männliche Vorherrschaft. Und man wird sich nie in der Voraussetzung täuschen, daß auch andere Charakterzüge auf diesen Kampf, es dem Manne gleich zu tun, hinweisen. Unbeeinflußt fährt unsere Patientin fort zu erzählen, daß sie fast ausschließlich *mit Knaben spielte* und von ihnen *»wie ihresgleichen behandelt wurde«*. Die Ausdrucksweise verrät mit großer Deutlichkeit die *Genugtuung und Höherschätzung des männlichen Geschlechtes,* welche die Mädchen dem Vater näher bringt, was leicht als sexuelle Verliebtheit in den Vater und als »Inzestkomplex« gehörig mißdeutet wird. Die Entwickelung unserer Patientin nahm den gleichen Verlauf. Sie setzte sich ganz den Vater zum Vorbild und war, besonders als sie die *Mutter auf einer Lüge ertappte,* in Bezug auf *Wahrhaftigkeit und Pünktlichkeit* bestrebt, sich diese *väterlichen Eigenschaften* beizulegen[8]. Sie erinnert sich auch, daß der Vater es oft bedauernd hervorhob, daß sie *kein Knabe* geworden sei, und daß es sein Wunsch war, sie solle studieren. In dieser Situation entwickelte sich naturgemäß ein Persönlichkeitsgefühl, in welchem *ehrgeiziges Streben* nicht fehlen durfte. Dagegen fiel allen und ihr selbst ihre übermäßige *Schüchternheit* auf, die viele ihrer Vorsätze zum Scheitern brachte. Diese Schüchternheit findet sich ungemein häufig in der Vorgeschichte der Neurotiker. Sie ist identisch mit dem Gefühl der Unsicherheit, sobald sich dieses im Verkehr mit anderen Personen geltend macht. Erröten, Stottern, gesenkte Blicke, Absperrung von der Gesellschaft Erwachsener, Erregung vor Prüfungen und Lampenfieber begleiten oft den Versuch der Annäherung oder die Anknüpfung von Beziehungen zu fremden Personen. Dabei wird man in der Regel Verschlossenheit und Unzufriedenheit beobachten können. Die Analyse ergibt als Quelle dieser Art von Unsicherheit, mit der sich gewöhnlich auch ein starkes *Schamgefühl* oder Erröten verbindet, ein meist organisch bedingtes Gefühl von Minderwertigkeit, Organminderwertigkeiten, die sich psychisch geltend machen, Kinderfehler, starke psychische Bedrückung von seiten der Eltern oder Geschwister und zuletzt auch wirkliche oder vermeintliche Weiblichkeit, die frühzeitig in starken Gegensatz zu einem männlichen Glied der Familie (Vater, Bruder) gerät. *Die Analogie, nach der in kindlicher Weise die mannigfachsten Empfindungen der Verkürzung, Herabsetzung, Minderwertigkeit apperzipiert werden, ist dann gewöhnlich die der symbolisch zu verstehenden Unmännlichkeit, sind Kastrationsgedanken und Gedanken von einer weiblichen Rolle im Geschlechtsverkehr,* von Befruchtung und Schwängerung, aber auch von Verfolgung, Gestochen- und Verletztwerden, Fallen und Untensein. Alle diese Fiktionen treten in Tagträumen, Halluzinationen, Träumen auf, sofern sie nicht durch

8 Was die Autoren *Nachahmungstrieb* oder *Identifizierung* nennen, ist immer das Aufgreifen einer Schablone behufs Erhöhung des Persönlichkeitsgefühls. Nachgeahmt wird nur, was zum Streben nach Macht geeignet erscheint.

Fiktionen des männlichen Protestes völlig abgelöst werden, und drücken ein Gefühl der Verkürztheit aus, das sich in dem Gedanken Bahn bricht: »ich bin weiblich!« während das Persönlichkeitsgefühl nach »Oben« drängt und die männliche Proteststellung erzwingt.

Von unserer Patientin ist bloß zu hören, daß sie frühzeitig vom Geschlechtsverkehr Ahnungen hatte, zu einer Zeit, wo sie mangels größerer Erfahrung *mit der Endgültigkeit der Geschlechtsrolle noch nicht gerechnet hatte.* In solchen Fällen dürfen wir stets auf Schüchternheit, Schamhaftigkeit und Zweifel gefaßt sein, im späteren Leben auf Furcht vor der Prüfung und vor Entscheidungen in jeder Form, Charakterzüge, die sich psychologisch dahin auflösen lassen, man könnte an ihrer Person den Mangel oder die Mangelhaftigkeit höheren Wertes entdecken. Gewöhnlich findet man frühzeitig schon die Charaktere einer gesuchten Manngleichheit, oder das Suchen darnach steht im Vordergrund, während in vielen Fällen durch einen Einschlag von Hoffnungslosigkeit die »angeborene Farbe der Entschließung« angekränkelt ist. Da der direkte Weg zur Männlichkeit verschlossen ist oder verschlossen scheint, werden *Umwege und Auswege gesucht.* Auf einem dieser Auswege liegen die wertvollen sozialen Emanzipationsbestrebungen der Frau, auf einem ihr privater Ausdruck, die Neurose der Frau, die Konstruktion des ideellen männlichen Organs. In schweren Fällen erfolgt der völlige Rückzug, die Isolierung, zuweilen identisch mit dem Einzug in die Irrenanstalt.

Es war bei dieser Patientin leicht zu sehen, daß sie in ihrer Kindheit die Beherrschung des Mannes anstrebte, der Brüder und des Vaters, da sie mit der Mutter scheinbar leicht fertig geworden war. Der Vater kam vollends in ihren Bann. Den wichtigen Schluß auf die Tendenz ihrer neurotischen Symptome kann man bei einiger Übung leicht machen: *ihre Kopfschmerzen und ihre Migräne mußten seit ihrer Ehe Mittel zur Beherrschung ihres Mannes vorstellen.* Und in dieser Beherrschung suchte sie einen Ersatz für die verloren geglaubte Männlichkeit.

Ich kenne den Einwand, der sich an dieser Stelle erheben wird. Wie, der schwere Jammer einer Neurose, die entsetzlichen Schmerzen einer Trigeminusneuralgie, Schlaflosigkeit, Bewußtseinsverlust, Lähmungen, Migräne, all dies sollte in Kauf genommen werden, um eines Zieles willen von der Hinfälligkeit einer Manngleichheit? Ich habe selber lange gegen diese sich mir aufdrängende Überzeugung gekämpft. Ist es aber viel anders, wenn Menschen ein Leben lang alle Pein ertragen um einer anderen Seifenblase willen? Ist der »Wille zum Schein« (*Nietzsche*) nicht lebendig in uns allen, und läßt er uns nicht

Übel aller Art ertragen? Und dann: auf diesem neurotischen Umwege zur Männlichkeit liegen auch, wie ich gezeigt habe, das Verbrechen, die Prostitution, die Psychose, der Selbstmord! Dies, und ferner noch den Hinweis auf die Unbewußtheit psychischer Mechanismen in der Menschenseele kann ich zugunsten meiner Auffassung anführen. Die von mir festgestellte Übertreibung in der Wertschätzung des höher scheinenden Endzieles aber ist der sichere Grundpfeiler der psychischen Therapie der Neurosen. Und ich ziehe aus diesem Einwand gegenüber meinen Patienten die Nutzanwendung, daß ich ihnen zu zeigen mich bemühe, wie sie, vor die Wahl gestellt zwischen einer naturgemäßen Rolle und dem neurotischen männlichen Protest, das größere Übel von zweien gewählt haben.

Aus der Vorgeschichte unserer Patientin wäre noch anzumerken, daß sie stets eine Abneigung hatte, mit Puppen zu spielen, ferner daß sie bis zur Verehelichung am Turnen und am Sport ihre größte Freude hatte. Daß auch diese Bestrebungen im Dienste eines Ersatzes der Männlichkeit stehen, geht mehr als aus ihnen selbst aus dem Zusammenhang mit anderen »männlichen« Zügen hervor, besonders aber aus einer Art Aufdringlichkeit, mit der Patientin davon erzählt. Auch Touristik betrieb sie leidenschaftlich, wovon ihr seit der Geburt eines Kindes, das sie bestimmt als männlich wünschte und erwartete, bloß noch eine große Neigung zum Reisen geblieben war.

Man muß nur den Fehler vermeiden, etwa anzunehmen, es seien die hier geschilderten, von der Patientin selbst hervorgehobenen Charakterzüge eingesprengte Inseln im weiten Gebiete eines weiblichen Seelenlebens. Man muß sich vielmehr zur Annahme entschließen, daß diese männlichen Züge unter dem Zwange einer beherrschenden Tendenz zustande kamen, einem Lebensplan entstammen und deutlich in Erscheinung traten, *weil sie es konnten*, während rings um diese Züge herum ein undeutliches, nur gelegentlich hervortretendes, männliches Wollen besteht, das mehr auf Verhinderung und Umarbeitung weiblich scheinender Regungen verwendet wird, ehe es sich selbständig macht. In diesem Kampfe männlicher gegen weibliche Regungen wirft sich das Persönlichkeitsgefühl ganz auf die Seite der Männlichkeit und nutzt etwa vordringlich auftauchende weibliche Regungen, darunter auch den Sexualtrieb des Weibes, dazu aus, um sie als erniedrigend, gefahrbringend zu sammeln[9], zu gruppieren, zu vergrößern

9 Diese Affektverstärkung wird immer aus einem tendenziösen Junktim geholt. Weibliche Rolle und Abgrund, Ertrinken, Sterben, Überfahrenwerden oder Erdrücktwerden. Jede Liebesregung, jede Annäherung kann deshalb beim Nervösen zum Anlaß einer sichernden Neurose werden, wird aber nie zur Bindung führen.

und zu unterstreichen, sie aber sogleich mit Wachposten zu umstellen, damit sie ihres Einflusses beraubt seien. Diese Wachposten – Sicherungen – reichen meist weit über die Sphäre der weiblichen Regung hinaus. Man findet immer, daß diese Sicherungen und wachenden Bereitschaften – unter ihnen unsere Krankheitssymptome – nicht bloß ihren Zweck erfüllen, eine Niederlage zu verhindern, sondern daß sie die Patienten mit einer überaus vorsichtigen Art so sehr vergiften, daß sie schließlich zu allem unfähig werden. Dann erst ist die primäre Unsicherheit aufgehoben, die der Furcht vor einer weiblichen Rolle gleichzusetzen ist, doch ist sie auf das ganze Leben verschoben und drängt den Erkrankten aus allen sozialen Beziehungen. Auf dieser Rückzugslinie finden wir alle unsere Patienten, und ihre Symptome bilden die Sicherung, auf daß sie nicht ins Gewühl des Lebens zurückkehren. Daraus entwickelt sich nun ein Bild des Neurotikers, das oft eine Zurückschraubung auf einfachere, kindlichere Verhältnisse und Beziehungen erkennen läßt, sei es, daß diese erst nach anfänglicher Entwickelung vollzogen wurde, sei es, daß sie diese Entwickelung überhaupt verhinderte. Manches wird wieder wie in der Kinderstube. Die Beziehungen zur Familie werden ungemein verstärkt, oder statt der kindlichen Liebe zu den Eltern entwickelt sich der alte Kindertrotz, und beide Einstellungen werden als Leitbilder verwendet, als ob der Patient in allen Personen Vater oder Mutter aufsuchte. Trotzdem er durch diese Fiktion mit der Realität in Widerspruch kommt, hält er daran fest, weil er in dem Verhältnis seiner Kinderstube Sicherheit hatte. *Kipling* erzählt von einem in Todeskampf Liegenden, den er solange beobachtete, bis sich der erwartete *Schrei nach der Mutter* von seinen Lippen rang. Man braucht, um diese *Sehnsucht nach Sicherheit* zu begreifen, nur kleinen Gassenjungen zuzuhören, wie sie sofort, wenn sie in Bedrängnis geraten, nach der Mutter rufen. Die gleiche Sehnsucht nach Sicherung hat sich auch in die Verehrung der Mutter Gottes [10] eingeschlichen. Bei Mädchen findet man in der Regel die Sehnsucht nach Sicherung analog der *asexuellen* Beziehung zum Vater ausgesprochener. Die von *G. Grüner* in den Vordergrund gerückte *Mutterleibsphantasie* habe ich gleichfalls bloß in Anwendung bei Neurotikern gefunden, wenn sie damit ausdrücken wollten, nur bei der Mutter ist Ruhe, oder wenn sie Suizidgedanken, Wünsche nach Rückkehr vor der Geburt hatten. (Das hermaphroditische »Avant nach rückwärts«[11].)

10 In einer halluzinatorischen Psychose beobachtete ich die Ersetzung der eigenen Mutter durch die Mutter Gottes in der Absicht einer Entwertung der eigenen Mutter.

11 Derzeit ist Freud mit der Aufstellung dieses hier beschriebenen Todeswunsches einem »pars pro toto« zum Opfer gefallen.

Auch unsere Patientin suchte als Kind und Mädchen diese Anlehnung an den Vater, der sie nicht wenig verhätschelte. Die Mutter war, wie Mütter leider häufig, den Brüdern mehr zugetan. Auch dieser Zug erweist sich letzter Linie durch die Höherschätzung des männlichen Prinzips bedingt, dem sich der Vater als Mann leichter entschlagen kann. Insbesondere merkte Patientin bald, daß die Sorge des Vaters erheblich zunahm, *sobald sie sich unwohl fühlte*. Sie kam deshalb auch zu einer besonderen Vorliebe für das Kranksein, das ihr weitere Verzärtelungen, Liebe und Näschereien eintrug. Dies muß für sie wohl den geeignetsten *Ersatz für die verloren geglaubte Männlichkeit* bedeutet haben, daß sie die unumschränkte Herrscherin im Hause wurde, alle Wünsche befriedigen, auch unangenehmen Begegnungen in der Schule und in Gesellschaften ausweichen konnte, sobald sie sich krank fühlte. Ja es bedeutete die höchste ausreichende Potenz ihres Sicherheitsgefühls, sobald sie der Vater krank glaubte. Und sie tat zuweilen mit Absicht so, *als ob sie* krank wäre, das heißt, sie simulierte oder übertrieb.

Diese Tatsache der Simulation in der Kindheit findet sich ungemein häufig in der Vorgeschichte der Neurotiker[12]. Ich habe in umfänglicher Weise auf diese Erscheinung (in der »Psychischen Behandlung der Trigeminusneuralgie« in »Praxis und Theorie der Individualpsychologie« l. c.) aufmerksam gemacht und habe erwähnt, wie sich das Kind taub, blind, dumm, verrückt usw. stellt. Auch *E. Jones* erwähnt diese Tatsache in seiner »Hamletstudie«, und verweist auf die Analogie der Verstellung Hamlets mit der in der Kindheit. Historische Beispiele wie Saul, Claudius, Odysseus u. a. gibt es genug, und sie zeigen uns das Problem im seiner Reinkultur. Immer ist der beherrschende Gedanke dabei: *wie sichere ich* mich vor einer Gefahr, wie kann ich eine Niederlage vermeiden? Es ist klar, daß der Neurotiker, wenn er nach der Analogie »Mann-Weib« apperzipiert, in der Beherrschung einer Situation ein männliches Äquivalent erblickt, einen Ersatz und Schutz für den drohenden Verlust der Männlichkeit. Und die Technik der Simulation besteht darin, *daß die Person eine Fiktion aufstellt* und ihr gemäß handelt, *als ob sie den entsprechenden Defekt hätte*, während sie weiß und daran festhält, daß sie ihn nicht hat. Das psychisch bedingte, neurotische Symptom kommt nun, behaupten wir, in der gleichen Weise zustande, nur mit dem Unterschied, *daß die Fiktion nicht als Fiktion erkannt, sondern für wahr, für echt* gehalten wird[13]. Wie so oft kann uns die beste Einsicht in diesen Zu-

12 1916 von Jolowitz mit Recht bei der Kriegsneurose festgestellt, von Oppenheim bekämpft. Siehe, ›Kriegsneurose‹. In: *Praxis und Theorie der Individualpsychologie*, l. c.

13 Siehe Theoretischer Teil: III Die verstärkte Fiktion usw.

sammenhang nicht das neurotische Symptom, sondern ein Grenzfall liefern, der in der Mitte zwischen beiden Erscheinungen liegt. Wir meinen die *Psychologie des Mitleids*. Wir sind gezwungen, das Leid eines anderen so mitzufühlen, *als ob* es unsere eigene körperliche Sphäre beträfe. Ja wir können sogar das Leid eines andern vorausfühlen, bevor es noch eingetreten ist. Bekannte Beispiele dafür sind die ziehenden, ängstlichen Gefühle mancher Menschen, wenn sie andere, Dienstmädchen, Dachdecker oder Zirkuskünstler, in gefahrdrohender Situation erblicken, oder wenn sie auch nur daran denken. Es betrifft dieses Symptom zumeist Personen, die an Höhenangst leiden, und sie benehmen sich bei Gefahren anderer genau so, *wie wenn sie selbst* etwa beim Fenster oder auf einem Felsen stünden. Sie weichen unter dem Gefühl der Angst zurück, legen eine Sicherungsdistanz zwischen sich und die meist gar nicht gefährliche Stelle, kurz sie haben eine Empfindung, *die sie etwa hätten, wenn sie selbst in Gefahr wären*. Immer sind dies Menschen, die sich oben glauben und als wichtigstes Lebensprinzip festhalten, nicht »herabzufallen«. In dieser seelischen Spannung zeigt sich das Widerspiel von »Oben-Unten« sowie ihr starkes Minderwertigkeitsgefühl. – »Ich bin nicht sicher!« Hier springt die zuweit getriebene Vorsicht und *Einfühlung* deutlich in die Augen, die bei Neurotikern so stark ist, daß sie nicht einmal über ein Brücke gehen, in der Angst, sie könnten ins Wasser fallen oder sich hineinstürzen. Ähnliche Mechanismen der Vorsicht habe ich in allen Fällen von *Platzangst* gefunden, und sie zeigen uns an, daß wir einen Patienten vor uns haben, der der Entscheidung ausweichen will, ob er auch irgendeiner erst von uns aufzufindenden Situation, in der Regel einem Ruf des Lebens oder dem geschlechtlichen Partner, gewachsen ist. Auch bei allen anderen Phobien macht, wie ich bei Besprechung der Syphilidophobie (s. »Praxis und Theorie«) gezeigt habe, diese *»Einfühlung« (Lipps)* in einen noch nicht vorhandenen, *aber mit einiger Wahrscheinlichkeit zu gewärtigenden Zustand* die charakteristischen Symptome und zeigt sich als ein sehr geeignetes Mittel der Sicherungstendenz, ersetzt in vielen Fällen geradezu den nicht unbesiegbaren Charakter der Moralität. Genau betrachtet liegt auch jedem Charakterzug eine derartige Einfühlung zu Sicherungszwecken zugrunde, wie die Formel in *Kants* kategorischem Imperativ für das gesamte Charakterbild deutlich zeigt, wenn dieser Philosoph das Handeln jedes einzelnen von dem Gesichtspunkte geleitet wissen will, *als ob* es zur allgemeinen Maxime erhoben werden sollte [14].
Es gibt also entsprechend den sichernden Fiktionen des Simu-

14 Vaihinger, *Die Philosophie des Als Ob*.

lanten[15] bei allen Menschen, insbesondere aber bei den neurotisch disponierten Kindern Fiktionen, Maxime, Leitsätze, die bestimmt sind, eine stärkere Sicherung durchzuführen, entsprechend dem stärkeren Minderwertigkeitsgefühl dieser Kinder. Und auf ihren Kern reduziert lauten diese Formeln alle: Handle so, als ob du überlegen wärst, oder sein wolltest! Der Inhalt dieses Handelns, der sich oft als ein Ersatzstück eines Wunsches nach Männlichkeit qualifiziert, ist durch Erfahrungen des Kindes oder durch die Art seiner Organminderwertigkeit als richtunggebendes Ziel vorausbestimmt, erleidet aber durch die besonderen Umstände seiner neurotisch gewerteten Erlebnisse spezielle Abänderungen, die als Formenwandel erkannt werden müssen.
Die Organminderwertigkeit bestimmt durch die sie begleitenden psychischen Unlusterscheinungen die Richtung der Begehrungsvorstellungen und leitet dergestalt im psychischen Überbau die Kompensationsvorgänge ein. Auch hier sehen wir die Sicherungstendenz am Werk (*Adler,* »Studie« l. c.) und meist in der zweckdienlichen Weise, daß sie mit einem Sicherungskoeffizienten arbeitet und so zu Überkompensation Anlaß gibt. (*J. Reich,* Kunst und Auge, Öst. Rundschau 1909.) In der Entwickelung etwa des Stotterers Demosthenes zum größten Redner Griechenlands, von Clara Schumann, die hörstumm war, zu einer vollendeten Musikerin, des kurzsichtigen *G. Freytag,* vieler Dichter und Maler mit Augenanomalien zu visuellen Talenten und der vielen Musiker mit Gehöranomalien sehen wir, wie sich die kompensatorische Sicherungstendenz auf dem Wege vermehrter Aufmerksamkeit, verstärkten Trainings und erworbener Kunstfertigkeit durchsetzt. Ebenso auch in jedem schwächlichen Kind, das ein Held sein will, in dem plumpen, schilddrüsenschwachen Knaben, der ein Schnelläufer und später immer der erste zu werden versucht.
Aber die Richtung der Sicherungstendenz muß sich, um zielgerecht zu werden, an Beispiele anlehnen. Und da bietet sich *der Mann* dem Persönlichkeitsgefühl des Kindes viel auffälliger an als die Frau. Ja es ist, als ob ein weibliches Beispiel nur nach anfänglichem Kampf nachgeahmt werden könnte, und zwar nur dann, wenn es nach der Richtung des gering-

15 Die Diagnose der Simulation kann nur unter Vergleich der Vorgeschichte des Beschuldigten, die frei sein müßte von der neurotischen Furcht vor der Entscheidung, mit der aktuellen Situation gestellt werden, wobei noch in Betracht kommt, daß auch der Neurotiker simulieren kann. Die Kriegsneurose (Tremor, Astasie, Abasie, Mutismus usw.) hat die psychologisch schlecht orientierten Neurologen vor eine unlösbare Aufgabe gestellt. In ihrer Unsicherheit griffen sie zu einer Fiktion, diagnostizierten Neurose, behandelten aber, *als ob* es sich um Simulation handelte. So kamen die elektrische Folter und ähnliche sadistische Übungen zu ihrer traurigen Berühmtheit. Siehe ›Kriegsneurose‹. In: *Praxis und Theorie der Individualpsychologie,* l. c.

sten Kraftausmaßes im Empfinden des Kindes die Herrschaft zu sichern imstande ist.
So war es, wie recht häufig in Fällen von Migräne, auch bei unserer Patientin. Ihre Mutter litt an Migräne. Zahlreiche Autoren hoben den Umstand hervor, daß man so oft eine »Vererbung« der Migräne von der Mutter konstatieren könne. Wir müssen den Gedanken an eine Vererbung der Migräne in gleicher Weise fallen lassen wie den einer organischen Bedingtheit oder Vererbung bei Neurosen und Psychosen[16]. Ich habe das Wesen dieser Frage schon einmal (Neurotische Disposition, s. Heilen und Bilden, l. c.) an dem Falle eines siebenjährigen Mädchens klargelegt und habe mich vorher oft überzeugt, daß dem Migräneanfall ein Gefühl der Unsicherheit und Verkürztheit vorausgeht, und daß der Anfall dazu dient, meist nach der Art der Mutter, das ganze Haus in den eigenen Dienst zu stellen. Es leiden der Mann, der Vater, die Geschwister nicht weniger darunter als der Patient. Und so ist die Migräne in die Reihe der neurotischen Erkrankungen zu setzen, die dazu dienen, die Vorherrschaft im Hause, in der Familie zu sichern. Daß diese Vorherrschaft männlich gemeint ist, oft auf den Wunsch, ein Mann zu sein, zu reduzieren ist, ergibt sich aus der weiteren Analyse. Aber eine kurze Erwägung betreffs der zur Zeit der Periode auftretenden Migräne lehrt uns auch in diesem Falle die Unzufriedenheit mit der weiblichen Rolle verstehen. Zusammenhänge mit Epilepsie, Ischias, Trigeminusneuralgie habe ich öfters kennen gelernt. In meinen Fällen stellte sich regelmäßig heraus, daß die letztgenannten Erkrankungen oft psychogen waren und entstanden, als stärkere Sicherungen nötig wurden. Statt der Vererbung ist demnach die neurotische Familienluft zu setzen, die das Kind frühzeitig vergiftet. Neurosen, Kopfschmerz, Migräne, Trigeminusneuralgie und gewisse epileptische Anfälle fand ich oft innherhalb einer psychischen Situation, in der ein Zornanfall hätte erwartet werden können.
Unserer Patientin blieb als Einflußsphäre bloß der Vater übrig, den sie wohl ganz gewonnen hatte, dessen Eroberung aber ihr eigenes Ziel nie ganz decken konnte, so daß sich, wie in der Neurose gewöhnlich, ein »Noch, noch mehr!« nachweisen ließ, das den Besitz des Vaters beweisender festlegen wollte. Die Mutter litt an Migräne, und die Zeit ihrer Anfälle war wie gewöhnlich bei Migränekranken auch die Zeit ihrer Alleinherrschaft. Also tat unsere Patientin, die bereits den Wert der Krankheit begriffen hatte, so, als ob sie auch an Migräne

16 Die Individualpsychologie leugnet die *Vererbung von Neurosen und Psychosen*. Die von ihr erwiesenen Tatsachen der ererbten Organminderwertigkeit und deren seelische Folgen, das Minderwertigkeitsgefühl, bedeuten keinen Zwang, keine Verpflichtung zur Neurose, wohl aber in unserer Machtkultur eine ungeheuere *Verlockung und Verführung zur seelischen Erkrankung.*

litte[17]. Und es gelang ihr, was auch dem Urmenschen, dem Wilden gelang, als er sich einen Götzen schuf, der ihn dann mit Schaudern erfüllte: eine Schöpfung, die selbstgeschaffene Migräne. Die Endabsicht, diese Fiktion einer Allüberlegenheit, verselbständigte sich, so daß sie Schmerz und Trauer erwecken konnte, sobald Patientin ihrer bedurfte. Die schauspielerische Leistung gelang so sehr, daß Patientin die Fiktion um ihres tendenziösen Wertes willen nicht mehr durchschaute. Ja sie gewann durch sie ein Gefühl der Überlegenheit und Sicherheit gegenüber ihrem Manne wie vorher gegenüber dem Vater, wenn diese Sicherheit gelegentlich in die Brüche ging. Das war die *Lichtseite* ihres Leidens, die sie nie genoß, während sie und ihre Angehörigen immer nur mit der *Schattenseite* beschäftigt schienen. Die männliche Einfühlung in der Ehe war also auf Beherrschung des Mannes und Steigerung seiner Folgsamkeit gerichtet. Da es dabei immer ein »Noch« gab, mußten weitere Ersatzstücke herbeigeholt werden. Und die wichtigste dieser Ersatzbildungen war, *weiterhin keine Kinder zu gebären*. Es war, wie in vielen dieser Fälle (einen hab ich in der »Männlichen Einstellung weiblicher Neurotiker«, in »Praxis und Theorie« l. c. beschrieben), im Hause ein Gemeinplatz geworden, daß eine Frau, die an solchen Kopfschmerzen litt, kein zweites Kind haben durfte. Schlaflosigkeit, Unmöglichkeit des Einschlafens nach zufälliger Störung, Hinweis auf Schwierigkeiten der Wohnung, Schutzmaßregeln und Verzärtelung des einzigen Kindes vervollständigten die Sicherung[18].

Daß diese Erscheinungen bloß ein neues Gesicht für den alten Wunsch der Manngleichheit waren, bewies schon ihr erster Traum:

»Ich befand mit mit Mama am Bahnhof. Wir wollten den kranken Papa besuchen. Ich fürchtete, den Zug zu versäumen. Da tauchte plötzlich der Papa auf. Dann war ich in einem Uhrengeschäft und wollte mir einen Ersatz für meine verloren gegangene Uhr kaufen.«

Der Mutter, die von ihr ungemein verehrt wird, fühlt sie sich überlegen. Ebenso dem Vater, der ihr alles zu Willen tut. Der Vater ist vor einiger Zeit gestorben. Kurz nach seinem Tode bekam sie einen ihrer schrecklichen Migräneanfälle. Im Traume lebt er wieder auf, und seine Person bedeutet für sie

17 In der Arbeit ›Über neurotische Disposition‹. In: *Heilen und Bilden*, l. c., habe ich hervorgehoben, was auch an dieser Stelle gesagt werden muß, daß eine ursprüngliche organische Minderwertigkeit die Auswahl des Symptoms *protegiert*. In der Neurose kommt dieser Mechanismus als Krankheitsbereitschaft in den Besitz der Psyche; bei Migräne besteht eine besondere Ansprechbarkeit der Gefäße durch Affekte, analog dem *Errötungszwang*. Es scheint, daß in den anderen Anfällen durch Affekte ausgelöste Zirkulationsstörungen (Anschwellungen von Venen?) das Krankheitssymptom auslösen.

18 Moll hat später unabhängig von mir die gleichen Tatsachen festgestellt.

eine Erhöhung ihres Persönlichkeitsgefühls [19]. Sie ist seit jeher *ungeduldig,* fürchtet immer zu spät zu kommen. Ihr Bruder ist früher wie sie gekommen, ist ein Mann geworden. Sie muß sich beeilen – »mit einem Sprunge machts der Mann, mit hundert Sprüngen machts die Frau« –, wenn sie bis zur Höhe des männlichen Persönlichkeitsgefühls gelangen will. Am Vortage des Traumes eilte sie ins Konzert und war durch die Mutter aufgehalten worden. Die Frauen verspäten sich häufig, sie will es nicht.

Die Wirklichkeit erinnert sie daran, daß sie doch wie die Mama eine Frau ist. Dieser Gedanke liegt in dem Bild des Zusammenseins mit der Mutter am Bahnhof. Ihr kämpferischer Affekt, der identisch ist mit ihrem männlichen Protest, richtet sich gegen den Mann, gegen den Vater. In der weiteren Folge der Analyse tritt oft der entwertende Gedanke zutage, die Frau sei stärker, lebenskräftiger und gesünder als der Mann. Dazu kommt als weiterer Anreiz zum Kampfe, daß »der Vater (der Mann) plötzlich auftaucht«. Während also Patientin fürchtet, den Zug zu versäumen, *zurückzubleiben,* einem andern gegenüber – aus dem Zusammenhang zu ergänzen: dem Manne gegenüber – zu unterliegen, merkt sie mit immer zunehmender Erfahrung, daß der Mann vorne, oben ist. Die Verwendung eines räumlichen Bildes, einer abstrakten Raumvorstellung, um das Gefühl der Zurückgesetztheit zu illustrieren, ist in der Neurose (siehe »Syphilidophobie« in »Praxis und Theorie« l. c.) wegen seiner Eignung, durch fiktive, abstrakte Gegensätzlichkeit – *Nichts oder Alles!* – die Kampfstellung vorzubereiten, im weitesten Ausmaße vorzufinden. Ebenso ist es ein vielgeübter unbewußter Kunstgriff in der Malerei – weil vorwiegend von Männern geübt –, oft die Macht der Frau, ebenso die Furcht vor ihr durch die räumliche Höherstellung zum Ausdruck zu bringen. Auch in den religiösen und kosmogonischen Phantasien drängt sich die Vorstellung einer Überlegenheit oft in dieser räumlichen Verlegung nach oben durch. »Das ewig Weibliche zieht uns hinan.« – Daß in dem Traume unserer Patientin *das räumlich gegensätzliche Schema nach der Analogie »Mann-Weib« durchschlägt,* findet sich auch in dem *Nebeneinander* der Patientin und der Mutter – »mit der Mutter« – angedeutet.

Dieser erste Traum der Patientin in der Behandlung beginnt also mit Erwägungen über die *Rolle des Mannes und der Frau.* Man darf es niemals unterlassen, auch wenn die Überzeugung des Psychotherapeuten bezüglich der Bedeutung dieses Problems für die Neurose felsenfest ist, vorurteilslos die Fortsetzung in Betracht zu ziehen, und neue bestätigende Daten

19 Ich habe öfters eine ähnliche Bedeutung in »Träumen von Verstorbenen« nachweisen können. Die Spitze richtet sich gegen die Gegenwart.

abzuwarten und zu vergleichen. Die weiteren Erklärungen der Patientin betrafen eine Uhrkette, die *durch die Schuld ihres Mannes* in Verlust geraten war. An den Verlust einer Uhr kann sie sich nicht erinnern. Über die Bedeutung der im Traum an Stelle der Kette gesetzten Uhr befragt, antwortet Patientin affektvoll, aber scheinbar »vorbeiredend«, nicht der Verlust der Kette, sondern eines an dieser befindlichen *Anhängsels* habe sie betrübt. – Um kurz zu sein, die an einer Damenkette herabhängende Uhr ist identisch mit dem verloren gegangenen Anhängsel, um welches Patientin trauert und für das sie nach einem *Ersatz* sucht.
Der Traum begann mit einer bildlichen, in räumliche Darstellung gebrachten Gegenüberstellung von minderwertiger Weiblichkeit und mehrwertiger Männlichkeit und schließt folgerichtig mit einem Ausdruck des Strebens nach einem »Ersatz« für die verloren gegangene Männlichkeit. In dieser konstruierten fiktiven Leitlinie mußten auch der Charakter, die Affektreaktion, die Bereitschaften und die neurotischen Symptome liegen, wie sich auch in der Folge zeigte. Die Charakterzüge der *Herrschsucht*, der *Ungeduld*, *Unzufriedenheit*, des *Trotzes* und der *Verschlossenheit* ergaben sich demnach wie alle anderen als sekundäre Hilfslinien, die in Abhängigkeit von der leitenden Fiktion zur Erreichung einer männlichen Höhe standen. Weitere Gedankengänge zeigte ihr tendenziöses Hervorheben des verstorbenen Vaters, wodurch sie ihre Trauer künstlich verstärkte und verlängerte, was als starker Griff gegen die Umgebung fühlbar wurde.

V Grausamkeit, Gewissen, Perversion und Neurose

Der Befund *grausamer Charakterzüge* in allerfrühester Kindheit läßt sich in der Analyse von Neurosen und Psychosen ungemein häufig erheben. Man tut freilich unrecht, an die Lebensäußerungen der ersten zwei Jahre unseren moralischen Maßstab anzulegen und Kraftleistungen solcher Kinder, die wirklich noch jenseits von Gut und Böse stehen, bereits als sadistisch oder roh einzureihen, wie es oft zu geschehen pflegt, wenn Eltern oder Erzieher aus der Vorgeschichte von Psychopathen erzählen. Denn psychisch, oder in unserem Falle *neurotisch, werden diese Äußerungen erst, wenn sie einem bestimmten Zwecke dienen* und dazu unter Abstraktion und mit vorausblickender Tendenz konstruiert werden, wenn sie einem *Bezugsystem* angehören. Daß sie sich immer aus Möglichkeiten und Fähigkeiten des Erlebens aufbauen, berechtigt natürlich nicht zur Annahme eines konstitutionellen Faktors.

In der Tat findet man den Charakterzug der Grausamkeit immer nur als kompensatorischen Überbau bei Kindern, die auch sonst durch ihr Minderwertigkeitsgefühl zu frühzeitigem und überstürztem Ausbau ihres Persönlichkeitsideals gedrängt werden. Begleitende Züge *von Trotz, Jähzorn, sexueller Frühreife, Ehrgeiz, Neid, Habsucht, Bosheit und Schadenfreude,* wie sie regelmäßig von der leitenden Fiktion erzwungen werden und die Kampf- und Affektbereitschaften formieren und mobilisieren helfen, geben das bunt wechselnde *Bild des schwer erziehbaren Kindes.* Sehr oft findet man als Ausgangspunkt ein weiblich gewertetes Gefühl von Weichheit und die Tendenz, Empfindungen der Hingabe in rohen und grausamen Akten zu ersticken. *Gefühlsscheu,* Abneigung gegen Zärtlichkeiten, gegen Gratulationen, Kondolationen, gegen das Grüßen zeigen uns die Versuche, das Gemeinschaftsgefühl zu sprengen.

Die *Herrschsucht* solcher Kinder tritt in der Familie und im Spiel, zumeist auch im Gang, in der Haltung und im Blick deutlich hervor. Im Spiel und in den frühesten Gedanken über die Wahl eines Berufes dringt ihr grausamer Zug *oft verschleiert* durch und läßt sie Henker, Fleischhauer, Polizisten, Totengräber, Wilde, aber auch Kutscher, »weil sie die Pferde«, Lehrer, »weil sie die Kinder schlagen können«, Ärzte, »weil diese schneiden können«, Soldaten, »weil sie schießen können«, Richter usw., als Idealfiguren aufstellen[1]. Auch das Forscherinteresse mengt sich häufig drein, und das Quälen von kleinen und größeren Tieren und Kindern, Erwägungen und Phantasien über mögliche Unglücksfälle, die oft die nächsten Angehörigen betreffen könnten, das Interesse für Leichenzüge und Friedhöfe, für sadistische Erzählungen, die das Gruseln erzeugen, nehmen, wie zur Übung, ihren Anfang.

Der nächste Zweck dieser aufgepeitschten Grausamkeit ist, die stets gegenwärtigen, gleichzeitigen Möglichkeiten der Schwäche, des Mitleids, der Liebe, weil sie zur männlichen Leitlinie in Gegensatz stehen, nicht auftauchen und wirksam werden zu lassen. Die allgemeine Verbreitung dieses Hanges, männlich zu sein, der zur Überlegenheit über die anderen führen soll, erweist sich nirgends so deutlich wie an der »unschuldigen« Schadenfreude; beim Nervösen kann dies allerdings überaus stark betont werden und auf die unsinnigste Art zur Erhöhung des Persönlichkeitsgefühls verwendet werden. *Larochefoucauld* spricht es in seiner neckischen Weise aus, »daß es im Unglück unserer Freunde etwas gäbe, was uns nicht ganz unangenehm sei«, ein Ausspruch, der den scharfsichtigen *Swift* mit großer Begeisterung erfüllte.

1 A. Adler, ›Aggressionstrieb‹. In: *Heilen und Bilden,* l. c.

Ich hörte einen Patienten laut auflachen, als er von dem Erdbeben in Messina unterrichtet wurde. Er litt an starken masochistischen Anwandlungen. Zwangslachen tritt oft auf, wenn der Patient sich einem überlegenen Menschen gegenübersieht, einem Lehrer etwa oder einem Vorgesetzten, der mehr als die gewohnte Höflichkeit beansprucht. Man findet bei solchen Patienten eine ausgesprochene Neigung, andere zu beherrschen oder zu quälen, zuweilen sadistische Phantasien, bis man entdeckt, daß sich der Lachzwang, die Herrschsucht und der Sadismus über dem schwachen Punkt des Minderwertigkeitsgefühls aufbauen, um ihn zu kompensieren. – Pyromanie, die Freude an Feuerbränden und der kaum unterdrückbare Zwang, im Theater, in der Kirche an ein Feuer zu denken oder »Feuer« zu schreien, scheint nach manchen Ergebnissen unserer Beobachtung auf die Minderwertigkeit der empfindlichen Blase und lichtempfindlicher Augen, respektive auf Vorbereitungen zu deren Kompensation zurückweisen. Vor allem freilich liegt es auf der Linie der Vorbereitung, sich im Leben durch herostratische Leistungen bemerkbar, aber unmöglich zu machen.

Doch dieser Leitlinie der männlichen Grausamkeit drohen in unserer Kultur mit ihren ethischen Imperativen große Gefahren und Unfälle, so daß sie nur gedeckt, sehr häufig nur in der Phantasie beschritten werden kann. Meist kommen Ausbiegungen und Umwege zustande, bei deren Betretung der sadistische Zug vollends oder großenteils verloren gegangen scheint. Da gelingt es dem Nervösen, durch Milde und Weichherzigkeit sich die gleiche Überlegenheit über den Schwachen zu sichern, oder er operiert auf der neuen Linie so geschickt, daß er neuerdings eine Aggression herstellt, um andere zu beherrschen und zu quälen. Er wird zum *Gnadenspender.* Häufig findet man bei Zwangsneurosen, daß sie ihre verstärkte herrschsüchtige Leitlinie verlassen zu haben scheinen und nun zu *Bußübungen und sichernden Maßnahmen* gekommen sind, die ganz den gleichen Charakter des Zwanges tragen und auf der Umgebung nicht weniger lasten als die früheren Affektbereitschaften der Patienten, die dem Patienten ermöglichen, seine Lebensfragen ungelöst zu lassen, in gleicher Weise demnach geeignet sind, den zitternden Ehrgeiz des Nervösen, *der ihn lähmt,* und sein Lampenfieber ersichtlich zu machen[2]. In den großen Anfällen der sogenannten »Affektepilepsie«, der Hysterie, der Trigeminusneuralgie, der Migräne usw. biegt die Herrschsucht auf den neurotischen Weg der Anfallsbereitschaft um, aber die Machtlosigkeit der Umgebung und ihr Leiden tritt nicht weniger, eher mehr zutage als bei offener

2 Siehe ›Zur Zwangsneurose‹. In: *Praxis und Theorie der Individualpsychologie,* l. c.

Wut und Feindseligkeit, die sich meist in den Intervallen in der früheren offeneren Weise betätigt. Eine Neigung für Antivivisektion, Vegetarianismus, Tierschutz, Wohltätigkeit zeichnet oft diese guten Kenner fremden Leidens aus, sie »können keine Gans bluten sehen, klatschen aber in die Hände, wenn ihr Gegner bankrott von der Börse geht«. Ihr Hang zum Sektierertum stammt aus einem feindseligen, antisozialen Zug und ebenso die heftige Bestreitung fremder Geltung, die sie oft vornehmen, bevor sie ein Urteil haben. Toleranz ist ihnen fremd, sofern sie sie nicht selbst schreiend einfordern.

Wenn ich hier Züge zeichne, die allenthalben anzutreffen sind – sie sind demungeachtet Züge der überall verbreiteten Nervosität und Zeichen einer tiefgegründeten Unsicherheit. Sie sind keineswegs in der menschlichen Natur gelegen, sind vielmehr Formen des mißratenen männlichen Protests, der die Sicherung des Persönlichkeitsgefühls durchführen soll. Scheitert er auf einer Hauptlinie, so werden die *neurotischen Umwege* beschritten und der »Ausbruch« der Neurose oder Psychose erfolgt durch den Formenwandel und durch die Intensitätssteigerung der leitenden Fiktion.

Auch die »angeborene« *Kriminalität* des Kindes und des Verbrechers, wie sie *Lombroso* und *Ferrero* behauptet haben, muß ich leugnen. Hier liegt nichts anderes vor als Formen des durch das Minderwertigkeitsgefühl gesteigerten Aggressionstriebes, der sich der Leitlinie auf der unnützlichen Seite des Lebens bedient, sobald die Hoffnung geschwunden scheint, auf der nützlichen Seite den Helden zu spielen. Dabei wird durch Training das Gebot der Gemeinschaft durchbrochen. Der Umschlag in die deutlich sichtbare Neurose erfolgt durch stärkeren Rückzug. Wo die prinzipielle Furcht vor der Entscheidung ausbleibt, eine Frühfrucht der sichernden Neurose, und wo sich eine starke Entwertungstendenz gegen Leben, Ehre und Gut des Nächsten erhebt, entsteht das *Verbrechen* [3].

In der entwickelten Neurose aber findet man oft Erinnerungsspuren der Grausamkeit und der Kriminalität, ebenso wie die der Sexualität tendenziös übertrieben, falsch gruppiert und festgehalten. *Durch die Imagination eines übertriebenen Gewissens und übertriebener Schuldgefühle* wird der männliche Protest von der geradlinigen Aggression abgedrängt und auf konstruierte Bahnen der Weichherzigkeit gelenkt. Nur am Affekt, der zeitweise losbricht, in der Analyse des Anfalls, an gelegentlich hervortretenden Charakterzügen, wie so häufig bei Ausbruch einer Psychose und am *Endziel* der neurotischen

3 Siehe auch A. Jassny, ›Das Weib als Verbrecher‹. In: *Archiv für Kriminalpsychologie*, 1911, H. 19; ›Verwahrloste Kinder‹. In: *Praxis und Theorie der Individualpsychologie*; und A. Adler, ›Neurose und Verbrechen‹. In: *Zeitschr. f. Individualpsychologie*, Bd. IV, 1926.

Umwege und der aus der Richtung gedrängten Charakterzüge, an der Tatsache der Aufrichtung einer Herrschaft trotz aller Unterwerfung, der Quälerei anderer durch Selbstquälerei, und an den Beimengungen gelegentlich auftauchender, ursprünglicher und geradliniger Aggressionen merkt man, daß das alte überspannte Ziel besteht und nur ein Formenwandel der Fiktion die Richtung des Strebens auf andere, zuweilen scheinbar entgegengesetzte Wege gelenkt hat.

So können nach einer durchaus aggressiven Periode, *in der Ahnung oder durch das Erleiden einer Niederlage*, habsüchtige, brutale, gewalttätige Züge des Psychopathen durch die Errichtung *einer fiktiven Instanz, des Gewissens*, besser oder sogar allzu aufdringlich an die allgemeinen Leitbilder der Moral herangebracht werden, ebenso wie ja auch aus dem Minderwertigkeitsgefühl heraus die Linien des egozentrischen, bösen Wollens beschritten wurden. »So bin ich denn gewillt, ein Bösewicht zu werden« – in dieser und ähnlicher Weise gestaltet sich, nur unmerklich und unbewußt, der fiktive Lebensplan vieler Neurotiker, bis ein Blick in den Abgrund den von jähem Schwindel Erfaßten von den gefährlichen Stellen reißt und ihn zu stärkerer Sicherung zwingt als unbedingt nötig wäre. Das *Gewissen* baut sich unter dem Druck der Sicherungstendenz aus den einfacheren Formen des Voraussehens und der Selbsteinschätzung auf, wird mit dem Zeichen der Macht ausgestattet und *zur Gottheit erhoben*, – damit der Nervöse Richtungslinien scheinbar im Einklang mit dem Gemeinschaftsgefühl verfolgen kann, damit er sich leichter zurechtfindet in der Unsicherheit des Geschehens, damit *er den sichernden Zweifel habe* unter den Griffen und Kampfesweisen, zu denen ihn sein Wille zur Macht leitet. Immer aber lockt den Nervösen die Unfruchtbarkeit der Gewissensbisse, der Reue, der Trauer, weil ihr trügerischer Schein ihn hebt und zu veredeln und verschönern trachtet; gleichzeitig enthebt er ihn der Lösung der wirklichen Lebensprobleme. »Gewissensbisse sind unanständig!« *(Nietzsche.)* Es ist immer verdächtig, wenn einer in überspitztem Edelsinn weit über die Linie der Norm hinausschwärmt. Unser Urteil ist dann darauf hingewiesen festzustellen, ob allgemein Nützliches dabei geschieht oder versäumt wird. –

Aber, um besser die Griffe ansetzen zu können, bringt der Nervöse selbst diese Umbildung von Charakterzügen zustande. So, wenn er in der Furcht vor dem sexuellen Partner in neurotischer Perspektive ihm egoistische, grausame, hinterhältige Charakterzüge ganz allgemein und prinzipiell, sich edle zuschreibt. Er wird dann gerne aus seinen Erinnerungen und Regungen jene hervorsuchen und übertreiben, die den eigenen Charakter als herzlich, milde und offen bestätigen. Er wird auch des Beweises wegen öfters so handeln, als ob seine Tugenden die Realität des Angeborenen und Unvergänglichen hätten.

Eine wichtige Frage muß noch berührt werden. Fast alle unsere nervösen Patienten kommen im Stadium der Tugend zu uns, das heißt nach der Niederlage. Wir müssen demnach darauf gefaßt sein, ihr Überlegenheitsstreben weniger in geradlinigen Charakterzügen und Affektbereitschaften als in den neurotischen Umbiegungen, verstärkten Sicherungen und in der Analyse ihrer Träume und neurotischen Symptome mühsam zu entdecken. Es wird sich erweisen, daß das kindliche fiktive Leitbild nur stärker wirksam geworden ist, und für die zuletzt genannten Fälle, daß die neurotischen Symptome mit stärkerer Wucht *zur Entwertung anderer* führen als die früheren Leitlinien der Grausamkeit und Quälsucht. Denn alle diese Linien sind gespannt zwischen der ursprünglichen Unsicherheit des konstitutionell oder subjektiv Minderwertigen und seiner unerreichbaren fiktiven Persönlichkeitsidee. Wie weit auch der Sadismus, Perversionen, Sexuallibido oder der männliche Protest und die konstruktiven Linien des Charakters in die Tage der Kindheit zurückreichen, sie sind immer aufgebaut nach einem Lebensplan und zeigen sich von ihm abhängig. Die Erschließung des Sadismus aus den neurotischen Bereitschaften und listigen Heimlichkeiten, aus dem Unbewußten, ist etwa einer Zurückführung der Neurose in ein früheres Stadium, in die Zeit vor der Niederlage gleichzusetzen. *Freuds* wissenschaftliche Leistung, so bedeutend und folgenschwer sie auch war für das Verständnis der Neurose, gab kein richtiges Bild von der neurotischen Psyche, beschäftigte sich wie die Gedanken des Nervösen zu sehr mit dem für die Struktur Nebensächlichen. Die neurotischen Bereitschaften der Affektsteigerungen, die Züge der übertriebenen Aggression, der Überempfindlichkeit und der geradlinigen kompensierenden Charaktereigenschaften bedürfen einer *Erlösung aus ihrer irrtümlichen Überspannung,* nicht einer Rechtfertigung durch Hinweis auf »angeborene Triebkomponenten«. Ebenso die zuweilen frühzeitig konstruierten neurotischen Perversionsneigungen, die der allgemeinen Furcht vor Entscheidungen durch eine scheinbare Kompromißbildung, in Wirklichkeit durch Ausschaltung der gefürchteten normalen Lösung der Liebesfragen zu Hilfe kommen wollen. Deshalb ist die Aufhebung des irrtümlich gesteigerten Minderwertigkeitsgefühls und der daraus resultierenden Entwertungstendenz – dieser beiden wichtigen Pole jeder neurotischen Einstellung – durch die Einsicht und Überlegenheit des Patienten anzustreben. Denn *sie* sind, wie ihre sexuellen Analogien und Erscheinungsformen (Sadismus, Masochismus, Fetischismus, Homosexualität, Inzestphantasie, scheinbare Steigerung oder Abschwächung des Sexualtriebs), zum Fundament der Neurose, nicht der menschlichen Psyche geworden[4].

VI Oben–Unten — Berufswahl — Mondsucht — Gegensätzlichkeit des Denkens — Erhöhung der Persönlichkeit durch Entwertung anderer — Eifersucht — Neurotische Hilfeleistung — Autorität — Denken in Gegensätzen und männlicher Protest — Zögernde Attitude und Ehe — Die Attitude nach aufwärts als Symbol des Lebens — Masturbationszwang — Nervöser Wissensdrang

Die Abstraktion der Begriffe »*Oben–Unten*« spielt in der Kulturentwickelung der Menschen offenbar eine ungeheure Rolle, die wahrscheinlich schon an den Beginn des aufrechten Ganges der Menschheit anknüpft. Da jedes Kind dieses Geschehnis in der Entwickelungsreihe wiederholt, wenn es sich vom Boden aufrichtet, die Erziehung auch aus allgemeinen hygienischen Grundsätzen stark nachhilft, ihm das »Unten sein«, das Haften und Kriechen am Boden zu verleiden, ja zu *verekeln*, so mag diese höhere Entwickelung im Kindesalter nicht wenig dazu beitragen, das »Oben« höher zu werten. Ein sicherer Hinweis ist in dem Benehmen kleiner Kinder zu finden, die sich *trotzig* zu Boden werfen, sich dabei auch wohl *schmutzig* machen wollen, um sich den Eltern gegenüber zur Geltung zu bringen, dabei aber verraten, daß ihnen der Begriff des »Untenseins« als Fiktion des Verbotenen Schmutzigen, Sündhaften aufkeimt. In dieser *psychischen Geste* kleiner Kinder ist wohl auch das Vorbild für spätere, stark überbaute neurotische Züge, insbesondere des *pseudomasochistischen Gebarens* zu erblicken.
Weitere Eindrücke, wie man sie auch aus kultur- und religionspsychologischen Erkenntnissen reichlich gewinnen kann, dürften dem Eindruck der Himmelskörper entnommen sein. Wie das Kind, so kamen auch die Urvölker dazu, die Sonne, den Tag, die Freude, die Erhebung, das »Obensein« einander gleichgesetzt zu fühlen, während sie das »Unten« mit der Sünde, dem Tode, dem Schmutze, der Krankheit, der Nacht recht häufig in Verbindung brachten. Die Gegensätzlichkeit des »Oben–Unten« in den modernen Religionssystemen ist nicht minder deutlich bei den Alten zu finden. Einer Arbeit

4 Siehe A. Adler im *Handbuch der normalen und pathologischen Physiologie.* Berlin 1926, die Artikel ›Homosexualität‹, ›Sadismus‹ etc.

von *K. Th. Preuß* über »die Feuergötter als Ausgangspunkt zum Verständnis der mexikanischen Religion« (Mitteilungen der Anthropologischen Gesellschaft in Wien 1903) entnehmen wir die besondere Ausprägung dieses Gegensatzes und der Verbindung von »Unten–Oben«. Der Feuergott ist zugleich *Gott der Toten*, die mit ihm am *Ort des Herabsteigens* wohnen. Als Bilder des »Oben–Unten«, d. h. des Herabstürzens ins Totenreich galten umgestürzte Gefäße, hinabstürzende Menschen, und in diesem räumlichen Gegensatz faßte man Gedanken von erhaltender und zerstörender oder schreckender Tätigkeit[1].

Des weiteren wirken als ausgestaltend auf den Raumbegriff des »Oben–Unten« Empfindungen und Eindrücke aus der Kindheit, die den Gegensatz noch verschärfen. Das *Fallen*, nach unten Fallen, ist schmerzhaft, schimpflich, unehrenhaft, zuweilen strafbar. Nicht selten ist es die Folge einer *Unachtsamkeit*, Ungeschicklichkeit, geringer Vorsicht oder der Anlaß, bei dem man ausgelacht wurde. Deshalb werden auch diese Empfindungen als warnende Erinnerung dauernd aufgenommen, so daß »Untensein« als prägnanter Ausdruck des »Gefallenseins«, der Unachtsamkeit, der Ungeschicklichkeit, der Niederlage empfunden werden kann, nicht ohne den Protest auszulösen oder zumindest anzuregen, der sich gegen das hinzutretende Gefühl der Minderwertigkeit richtet.

Man findet ferner in dieser Kategorie des »Unten–Oben«, von denen bei jedem antithetisch das andere mitgedacht wird, bei Normalen und Neurotikern Gedankengänge beigemischt, die einen Gegensatz von Sieg und Niederlage, von Triumph und Minderwertigkeit ausdrücken. Im einzelnen tauchen in der Analyse Erinnerungsspuren vom Reiten auf, vom Schwimmen, vom Fliegen, vom Bergbesteigen, vom Hinausklettern und vom Stiegensteigen, als deren Gegensätze sich das Tragen eines Reiters, Alpdruck, Untergehen im Wasser, Herabfallen, Herabstürzen, Hemmung in einer Auf- oder Vorwärtsbewegung zeigen. Je abstrakter und bildhafter die Erinnerung wird, im Traum, in der Halluzination, in einzelnen neurotischen Symptomen, um so deutlicher sind Übergänge wahrzunehmen, die einen männlich–weiblichen Einschlag zeigen; dabei wird das männliche Prinzip, oft nur in der Auffassung einer stärkeren Kraft, als das »Oben« das weibliche als das »Unten« dargestellt. Daß Raufereien und ihre Ergebnisse diese Wertung unterstützen, ist leicht zu erkennen.

In den für das Leben *vorbereitenden Spielen* der Kinder (*Karl Groos*) ist dieser Zug nach »Oben« als ein Ringen nach Überlegenheit regelmäßig zu finden. Ebenso in den kindlichen

1 Für viele wertvolle historische Hinweise zu meiner Arbeit bin ich Herrn Professor Dr. D. Oppenheim besonders verpflichtet.

Gedanken über künftige Berufe[2]. Bei fortschreitender psychischer Entwickelung findet man regelmäßig die bremsende Wirkung der Realität, so daß die Abstraktion des »Oben« sich irgendwie konkret einzukleiden versucht. Dabei ist ungemein häufig die *Vorsicht* nach Art der Höhenangst am Werke und wendet den Wunsch Dachdecker zu sein zur Berufswahl eines Baumeisters, macht aus dem Aviatiker einen Konstrukteur von Flugmaschinen, aus dem Wunsch kleiner Mädchen, wie der Vater zu werden, den erfüllbaren, als Mutter zu herrschen.

Sicherungstendenz und männlicher Protest nützen die sich ergebenden Leitlinien des »Oben sein Wollens« aufs Äußerste aus. Unter dem Drucke dieser Fiktion ist der Neurotiker bald zu männlicher *Entschlossenheit*, zu Kampf und Streit, zu hastigem Drängen, bald wieder zu vorsichtigem, zögerndem, zweifelndem Tun genötigt. Er ist ununterbrochen in die Lage gebracht, die Rechnung seines Lebens anzusetzen, und das auch in Fällen, die sich der Aufmerksamkeit des anderen noch entziehen. Ja er muß Situationen herauswittern, festhalten, aufbauschen oder arrangieren, deren Wert uns doch allzu gering erscheint. Verfolgen wir dieses Gebaren im einzelnen.

Ein klein gewachsenes 25jähriges Mädchen stellt sich mit der Klage über häufigen Kopfschmerz, Affektausbrüche, Arbeits- und Lebensunlust vor. Spuren der Rachitis sind allenthalben wahrzunehmen. Die Kindheitsgeschichte deckt ein ungeheures Minderwertigkeitsgefühl auf, das insbesondere wegen der Bevorzugung eines jüngeren Bruders durch die Mutter und durch dessen intellektuelle Überlegenheit in fortwährender Spannung erhalten wurde. Der sehnlichste, unbewußte Wunsch dieser Patientin war immer gewesen, groß, sehr klug *und ein Mann zu sein.* Die vorbereitenden Attituden zur Erreichung dieses männlichen Persönlichkeitsideals nahm sie, soweit sie konnte, aus dem Vorbild des Vaters. Wo ihr als kleinem, dummen Mädchen diese Möglichkeit fehlte, hat sie durch Affektbereitschaften *des Jähzorns und der Wut*, durch Simulation von Dummheit, Ungeschicklichkeit und Krankheit, nicht zuletzt durch das Arrangement von Faulheit ihren Angehörigen gegenüber, insbesondere im Trotze gegen die Mutter ihr imaginiertes Persönlichkeitsgefühl gesichert. Ich übergehe die von ihr konstruierten Linien der Männlichkeit, der Bosheit und des Trotzes, will auch nicht ihren flammenden Ehrgeiz, noch ihren Hang zur Lüge und Prahlerei auseinandersetzen, sondern ich werde mich begnügen zu zeigen, wie in der Sucht »Oben zu sein« alle diese Züge vereint sind und der Entwertungstendenz dienen. Zu diesem Zwecke will ich an einen

2 Siehe Kramer, ›Berufsphantasien‹. In: *Heilen und Bilden*, l. c.

ihrer Träume anknüpfen, der einen bescheidenen Hinweis auf die Psychologie der »Mondsucht« enthält. Der Traum lautet: »Ich bin mondsüchtig geworden und bin allen Leuten auf den Kopf gestiegen.«

Patientin hat vor einigen Tagen von Lunatikern sprechen gehört. In ihren Erklärungsversuchen zu diesem Traumbild taucht eine Reihe ehrgeiziger Gedanken auf, die unter anderem auch in ein Bild der Vorherrschaft über ihren zukünftigen Mann gekleidet sind. Von früher her erinnert sie sich an Traumbilder, die sie auf einem Manne [3] wie auf einem Pferde reitend darstellen. Ich habe nie einen veritablen Mondsüchtigen behandelt. Aber in Ansätzen findet man dieses neurotische Symptom gelegentlich angedeutet. Es erweist sich, ebenso wie der Flugtraum, der Traum vom Treppensteigen usw. als der dynamische Ausdruck des »Obenseinwollens« der männlichen Aggression gleichwertig. Bei einem Patienten, der einen stark masochistischen Einschlag zeigte, fand ich angestrengte Versuche, während seines Schlafens mit den Beinen voraus an der Wand, zur Decke des Zimmers hinauf zu gelangen. Die Deutung ergab, daß der Patient sich aus einer als weiblich und masochistisch gewerteten phantasierten oder realen Situation durch Umkehrung zum männlichen Protest wandte, gleichzeitig diesem durch sein Streben nach »Oben« in einem symbolischen Modus dicendi Ausdruck gab.

Der zweite Gedanke des Traumes: »ich bin allen Leuten auf den Kopf gestiegen« – ergibt den gleichen Sinn. Patientin verwendet hier eine geläufige Redensart, um auszudrücken, daß sie allen *überlegen* sei. Ihr Trachten nach Oben ist nur dialektisch, in einer *Antithese* zu verstehen, wie sich ja überhaupt das Denken des unsicheren Neurotikers immer in scharf gegensätzlicher Richtung, in einem »Entweder–oder« bewegt, wie in einer nach dem Schema des Gegensatzes von Männlich–Weiblich gefaßten Abstraktion. Die zahllosen Mittelwege gelten nicht, weil die beiden neurotischen Pole, das Minderwertigkeitsgefühl auf der einen, das überspannte Persönlichkeitsgefühl auf der anderen Seite – unter der verstärkten Sicherungstendenz nur die gegensätzlichsten Werte zur Apperzeption gelangen lassen [4].

Der Gedankengang dieses Traumes läßt uns die neurotischen

3 Das Bild: eine Frau auf dem Manne reitend, findet sich direkt oder in Verkleidungen häufig als Sujet der Malerei. Ich erinnere an Burgkmair, Hans Baldung Grien, Dürer und die mehrfachen Abbildungen, welche Kampaspa, die Geliebte Alexanders, auf Aristoteles reitend zeigen.

4 Daß auch die tastenden, in Unsicherheit begonnenen Anfänge der Philosophie dieses gegensätzliche Denken hypostasiert haben, wurde bereits hervorgehoben. Karl Joël spricht von diesem Problem in der ›Geschichte der Zahlprinzipien in der griechischen Philosophie‹ (*Zeitschr. f. Philosophie u. philos. Kritik*, Bd. 97) und hebt dort hervor: »*Der eigentliche Urgrund der Antithetik ist die instinktive, eigensinnige Denkstarre, die nur Absoluta kennen will.*« In der Neurose

Bereitschaften der Patientin erraten. In der Tat ist ihr männlicher Protest, ihre Neigung zur Herabsetzung anderer, ihr Ehrgeiz, ihre Empfindlichkeit, Trotz, Unnachgiebigkeit, Eigensinn auffällig genug. Die psychische Bedeutung ihres Kopfschmerzes lugt aus diesem Traum hervor. Die bisherige Analyse ergab nämlich, daß das Symptom immer im Falle des Gefühls einer Herabsetzung, einer Verkürztheit, einer »Verweiblichung« eintrat – mit den Worten des Traumes gesprochen: wenn man ihr »auf den Kopf stieg«. In den Phasen des Kopfschmerzes, wo man Wut erwarten könnte, also durch die Konstruktion dieser »Schmerzbereitschaft« mit folgender Schmerzhalluzination war sie der Herrschaft aller, insbesondere der Mutter, entrückt, konnte ihr Persönlichkeitsgefühl ähnlich, nur stärker steigern, wie durch Trotz, Faulheit und Eigensinn, kurz: war den andern »auf den Kopf gestiegen«.
Bei Kindern ist dieser Hang nach oben unverkennbar und deckt sich vielfach mit dem Wunsche groß zu sein. Sie wollen in die Höhe gehoben werden, klettern mit Vorliebe auf Sessel, Tische und Kasten und verbinden mit diesem Streben meist die Idee, sich als unfolgsam, mutig, männlich zu zeigen. Wie nahe daran die Tendenz der Entwertung anderer grenzt, geht aus ihrer Freude hervor, wenn sie »an Größe« nunmehr den Erwachsenen übertroffen haben. Die Steigerung des Aggressionstriebes zeigt sich bei frühzeitig neurotischen Kindern oft deutlich in dieser Schaustellung. So kommt es gelegentlich vor, daß kindliche Patienten im Ordinationszimmer des Arztes unablässig auf Stühle, Bänke und Tische steigen und so ihre Geringschätzung und mangelhafte Vorbereitung für die Gemeinschaft an den Tag legen.
Die Gefahr des Fallens, der Unfälle bei diesem Streben nach Oben, sowie die landläufige Erziehung zur Feigheit zwingen die meisten dieser Kinder zu einem Formenwandel ihrer Leitlinie oder zu neurotischen Umwegen, wobei sich die Furcht vor der Höhe, die Höhenangst wie ein Memento meist in symbolischer Weise vor Unternehmungen und Wagnisse aller Art stellt und so eine fertige Bereitschaft begründet, die wie eine *Bremsvorrichtung* wirkt und den Patienten jedesmal auf seinem Weg stecken bleiben läßt. Fälle von *Platzangst* drücken auf diese Weise zuweilen ihre Furcht vor dem Herabsteigen von ihrer Höhe aus und schielen dabei auf ihre Größe. – Zuweilen geht die Sucht nach der Höhe zum größten Teil in Tendenzen zur Herabsetzung anderer über. In übertragener Form äußert sich diese Tieferstellung anderer in der Schmähsucht, insbesondere aber in der neurotischen *Eifersucht und*

erhält sich diese Antithetik (»Aut Caesar aut nihil«), weil der Nervöse in seinem verstärkten Minderwertigkeitsgefühl nur die stärksten Bestätigungen seines Wertes anerkennen will.

im Eifersuchtswahn. – Eine weitere, interessante Art der Herabsetzung fand ich bei Nervösen *in ihrer Fürsorge, in ihrem ängstlichen Gehaben und in ihren Befürchtungen um das Schicksal anderer Personen.* Sie benehmen sich, als wären andere unfähig, ohne ihre Hilfe für sich zu sorgen. Sie geben immer Ratschläge, wollen alles selbst zu Ende bringen, finden immer neue Gefahren und ruhen nicht, bis sich der andere kopfscheu und entmutigt ihren Händen anvertraut. Nervöse Eltern richten dadurch viel Schaden an, auch in der Liebe und in der Ehe kommen auf diese Weise viele Reibungen zustande. Was sie damit anstreben, ist die *Gesetzgebung für den andern.* Einer meiner Patienten, der zweimal in seiner Kindheit überfahren wurde, verband sein beschädigtes Persönlichkeitsgefühl mit dieser Erinnerung und führte jedesmal, wenn er Begleitung hatte, den anderen am Arme ängstlich über die Straße, als ob er ihm die Fähigkeit ohne Hilfe hinüberzukommen nicht zutraute. Viele haben Sorgen, wenn ihre Angehörigen die Wagenbahn benützen, schwimmen, oder Kahn fahren, geben ununterbrochen den Kindermädchen Weisungen, setzen auch ihre Entwertungstendenz mit übertriebener Kritik und mit Zurechtweisungen fort. In der Schule, im Amt wird man bei nervösen Lehrern und Vorgesetzten diese nörgelnden Herabsetzungen immer finden. Bei Ausübung der Psychotherapie ist es ein Hauptterfordernis, ähnliche Bereitschaften auszuschalten, auch wenn der Patient sie provoziert. Es läuft diese Forderung auf den *Verzicht drückender Autorität* hinaus. Wer die Überempfindlichkeit der Nervösen kennen gelernt hat, wird wissen, wie leicht sie sich herabgesetzt fühlen. Einer meiner Patienten, der an Hysteroepilepsie litt und immer sich gebärdete, als wolle er sich völlig unterordnen, fiel einmal vor meiner Türe in Bewußtlosigkeit. In solchen »Zufällen« ist deutlich die Tendenz der Entwertung zu erkennen. Noch im Dämmerzustand sprach er mich als »Lehrer« an und stammelte, er werde einen Brief bringen. Nach dem Anfall bestätigte er mir, er sei diesmal ungern gekommen. Die Analyse ergab, daß er mich – was aus der Situation heraus jederzeit möglich war – zum Lehrer gemacht hatte, um durch einen Selbstbetrug die nötige *Kampfdistanz* zu gewinnen, handeln zu können, als ob er wie in der Schule zum Kommen verpflichtet wäre und eine briefliche Entschuldigung bringen müßte. Nachdem er sich gefühlsmäßig in diese Situation der Minderwertigkeit versetzt hatte, konnte er die daraus abgeleiteten, kompensierenden Bereitschaften spielen lassen, um mich zu erschrecken[5]. –

5 Wie die im Zeitalter des Sozialismus eintretende Veränderung, *Sinken der Autorität,* unser ganzes Leben, insbes. Erziehung und Schule, verändern muß, soll anderswo gesagt werden.

Ein zwanzigjähriges Mädchen leidet an der Zwangsvorstellung, in keiner Trambahn fahren zu können, denn es tauche immer, wenn sie *aufsteige*, der Gedanke auf, zur selben Zeit könne ein Mann *absteigen* und unter die Räder geraten. Die Auflösung ergab, daß diese Zwangsneurose den männlichen Protest der Patientin im Bilde des »Obenseins« darstellt, welchem entsprechend der Mann nach »Unten« kommen, herabgesetzt werden müßte, den Schaden tragen solle, den er der Frau zufügt[6]. Dazu baut die verstärkte Sicherungstendenz noch den *Vorbau der Angst*, die der Furcht vor dem Manne weiter genügen soll: auch dann, wenn ihre Überlegenheit gesichert wäre, könnte sie sich zur Ehe noch nicht entschließen, denn ihr zukünftiger Mann würde es recht schlecht bei ihr haben. Und schließlich verhindert sie durch die neurotischen Schwierigkeiten ihren Eintritt in die Frauenrolle. – Man versteht von diesem Punkte aus das oft unbegreifliche Streben mancher neurotischer Mädchen und Frauen, ihrem Partner die größten Opfer und schwersten Prüfungen zuzumuten, soferne sie dadurch zu einer Erhöhung ihres Persönlichkeitsgefühls, zum Scheine der Manngleichheit zu gelangen hoffen. Eine Patientin verhinderte den (weiblichen) Anschluß an die Gesellschaft durch den *Zwangsgedanken*, die müsse vor andern den (männlichen) Hahnenschrei ausstoßen.

Das Denken in schroffen Gegensätzen ist also allein schon ein Zeichen der Unsicherheit und hält sich an den einzig »realen Gegensatz«, den zwischen Mann und Frau. Damit ist auch schon ein Werturteil gegeben, das unmerklich in jede »Antithetik« hineinfließt, weil diese immer nach dem Bilde der Zerlegung des Hermaphroditen in eine männliche und weibliche Hälfte vorgenommen wird. *Plato* hat dieser Idee vielleicht am reinsten Ausdruck gegeben. Und die menschliche Anschauung hat sich bis *Kant* nicht aus den Fängen ihrer selbstgeschaffenen Fiktion befreien können. An die Gegensätzlichkeit der Geschlechter aber und an die damit verbundene Höherwertung des männlichen Prinzips klammert sich das neurotisch disponierte Kind, um seiner Unsicherheit zu entgehen, und um Richtungslinien für seine leitende Persönlichkeitsidee zu finden. So kommt es, daß diese leitende Fiktion ein männliches Aussehen erhält, und daß *bei allem Erleben und Streben des Nervösen der männliche Protest als ordnendes und treibendes Prinzip durchdringt.* Im obigen Symbol des räumlichen Gegensatzes von »Oben–Unten« läßt sich der Gegensatz der Geschlechter vorzüglich ausdrücken. Und so wird verständlich, daß in jeder unserer psychologischen Ana-

6 Laura Marholm führt folgendes Gedicht an:
»Die Frau, das ist ein Rosenstock,
Kommt her, frißt auf der Ziegenbock.«

lysen dieser Ausdruck eines scharf gegensätzlichen Schemas irgendwie hervortreten muß. Ob dabei aus den Realien der frühen Kindheit und ihren Eindrücken, aus Beobachtungen des Sexualverkehrs bei Menschen oder Tieren Verstärkungen geholt werden, ist eine offene Frage.

Das »Obenseinwollen« der nervösen Frau ist durch ihr männliches Leitbild erzwungen und stellt den Versuch einer Identifizierung mit dem Manne vor. Die Aufdringlichkeit und »Denkstarre«, mit der dies, wenn auch auf neurotischen Umwegen, geschieht, bezeugt die ursprüngliche Unsicherheit und Furcht, man werde, einmal »unten«, herabgesetzt, weiblich, »nur« eine Frau sein. So kommt die transzendentale Persönlichkeitsidee zu ihrer beherrschenden Macht, weil sie die Kompensation, die Beruhigung des Minderwertigkeitsgefühls für später, »im Jenseits« in Aussicht stellt. »Ich will oben, ich will ein Mann sein«, spricht dann jede Geste, »weil ich fürchte, als Frau unterdrückt und mißbraucht zu werden«, »weil nur der Mann sein Machtgefühl genießt«. Damit wird der *Ehrgeiz, der Neid* usw. verstärkt, und ein ungemein geschärftes Mißtrauen wendet sich frühzeitig gegen jede Möglichkeit einer Verkürzung. Bei wirklichen Herabsetzungen aber flammt der männliche Protest auf und führt bei geringfügigen, oft nichtigen Anlässen schon zu den bekannten, unangenehmen Reibungen der Nervösen mit ihrer Umgebung, zu denen prinzipielle *Rechthaberei und Gerechtigkeitsliebe* der eigensinnige *Scharfsinn und der Scharfblick des Nervösen* die Bereitschaften und Griffe bilden, das vorgeschobene Angriffsorgan, um dem Machtgefühl zu einer Bestätigung zu verhelfen. Dabei wird man niemals, insbesondere in Zeiten größerer Unsicherheit, das *»Suchen nach Unten«* vermissen, den verschärften Blick für erlittene Demütigungen und Kränkungen, Verkürzungen und Zurücksetzungen, ferner Arrangements von Depression, Angst, Reue, Schuldgefühlen und Gewissensbissen. Nun werden stärkere Sicherungen angebracht, neue neurotische Symptome und Umwege konstruiert, die neurotischen Charakterzüge werden prinzipieller und abstrakter, und das entwickelte Bild der Neurose tritt hervor[7]. Damit ist die Revolte zur Er-

7 Während der Niederschrift fand ich einen mit großer intuitiver Kraft geschilderten Typus dieser Art Menschen, bei denen das »Obenseinwollen« besonders kraß hervortritt in Alfred Bergers Hofrat Eysenhardt (siehe *Praxis und Theorie*, l. c.), dessen Lektüre ich allen Psychotherapeuten empfehlen möchte. Man wird in dieser Schilderung den ganzen von uns gezeichneten Typus von einem Dichter geschaut wiederfinden. Der allzu starke Elan des Vaters, das Minderwertigkeitsgefühl des Knaben mit dem kompensatorischen männlichen Protest, Steigerung des Sexualbegehrens, des Willens zur Macht, Vorbereitung zum Vatermord, Fetischismus, richterliche Laufbahn, verstärkte Sicherungen bei einer Niederlage, Konstruktion von Reue, Gewissensbisse, Halluzinationen und Zwangsvorstellungen als rachsüchtige Verwerfungen des staatlichen Autoritätsgedankens, *Verlust eines Zahnes* und verstärkte Furcht vor der Frau als Ursache eines weiter gesteigerten männlichen Protestes und damit abermals das Arrangement gesteigerten Sexualbegehrens — alles eindrucksvoll und durch-

ziehung eines höheren Persönlichkeitsgefühls richtig angezettelt; die Einleitung dazu bildet das Kranksein selbst und die Krankheitsbereitschaft, die in irgendwelcher Weise der Umgebung gegenüber als Machtmittel ausgenützt wird. –
Eine 21jährige Patientin kommt wegen schwerer Depression, Schlaflosigkeit und Zwangsgedanken, *daß sie sterben müsse,* in Behandlung. Es erweist sich, daß sie von Kindheit an neurotische Charakterzüge gehabt hat. Die Zwangsneurose brach aus, als es mit einer Beziehung zu einem Manne, der sie heiraten sollte, ernst wurde. Diese typische pathogene Situation bringt das neurotische »Nein« zutage, und während Patientin ihre Vorbereitungen zur Ehe trifft, mit ihrem Jawort nicht zögert, arrangiert sie die Neurose und benimmt sich so, *als ob* sie nicht heiraten wollte. In allen diesen überaus häufigen Fällen ist der nächste Schritt *ein Junktim,* das also lautet: Wenn ich gesund werde, meine Zustände verliere usw. (bei Männern oft: wenn ich potent werde), so werde ich heiraten. Durch dieses Junktim, das einem Schwanken, einem Zweifel, einer besonderen Vorsicht gleichwertig ist, entschlägt sich der Patient aller Verantwortlichkeit, hat den Riegel bis auf weiteres heimlich vorgeschoben, kann aber so tun, als ob er ganz gerne die Tür öffnen wollte. Die Züge des Mißtrauens, der Rechthaberei, Herrschsucht und des »Obenseinwollens« treten in der Analyse deutlich hervor, und man kann leicht wahrnehmen, daß die Furcht, dem Partner nicht gewachsen zu sein, und die mangelnde Vorbereitung zur Gemeinschaft, die Bedrohung des Überlegenheitsgefühls in der Liebe oder Ehe, den heimlichen Rückzug verlangen und das neurotische Symptom konstruieren. Nicht selten findet man eine tendenziöse Wertung der eigenen Sexualität, von der ohne Beweis oder durch Zuhilfenahme von Erinnerungen, wie sie jedem zu Gebote stehen, oder auch durch Inszenierung von unbewußten Fälschungen der Eindruck gesucht wird, daß sie zu gering oder zu groß, pervers sei, so daß man keine Ehe riskieren könne. *Herder* hat bei einer Sammlung von Brautliedern die auffällige Tatsache vermerkt, daß sie alle traurigen Inhalts seien.
Die weiteren Mitteilungen der Patientin gingen dahin zu erklären, sie könne nichts unternehmen, da bei allem der Gedanke auftauche, es sei ohnehin unnütz, da doch alle sterben müssen. Wie man sieht ein unsinniger Gedanke, der gleichzeitig sinnreich und soweit in den Vordergrund geschoben ist, daß er den Ablauf des Lebens stört, vor allem aber *Zeit und Entwicklung als Faktor* aufhebt und *bei der Gelegenheit* der Patientin den Eintritt in die Ehe unmöglich macht. Die

sichtig, eine Schilderung des neurotischen Umweges, die an Bilder Dostojewskys (siehe ›Dostojewsky‹. In: *Praxis und Theorie der Individualpsychologie,* l. c.) erinnert und keiner weiteren Erklärung bedarf.

Überzeugung, daß Patientin nur gezwungen zum Arzt gekommen war, eine Heilung gar nicht anstrebte, *vielmehr bloß den Beweis der Unheilbarkeit verlangte*, ergab sich demnach von selbst. Einer ihrer Träume zeigt vieles aus dieser Konstellation. Er lautete:

»Es kommt ein Arzt zu mir, der mir sagt, ich möge, wenn mir Gedanken über das Sterben kommen, springen und singen. Dann würden die Gedanken verschwinden. Dann wird ein Kind (zögernd) – ein größeres – gebracht. Es hat Schmerzen und weint. Es bekommt eine Medizin, damit es sich beruhigt und einschläft.«

Der Arzt im Traume hat sie einmal behandelt, als sie als Kind an Scharlach erkrankt war. Im Traume spricht er in Worten, die sie während ihrer gegenwärtigen Erkrankung von ihren Angehörigen und von Ärzten immer wieder gehört hat. Er gibt ihr Ratschläge wie einem Kinde, die alle nichts nützen. Diese Gedanken zielen auf mich und drücken die Erwartung aus, auch meine Mittel würden nichts nützen. Selbstverständlich ist dieser Traum in einer Nacht geträumt, in der sie geschlafen hat – zum erstenmale nach einer längeren Periode der Schlaflosigkeit. *Da Patientin darin einen teilweisen Erfolg meiner Behandlung sieht, reagiert sie mit stärkerer Aggression:* auch meine Mittel taugen nichts. Denn: alle müssen sterben! Die zweite Szene ist die Umschreibung einer Geburt. Die zögernde Hervorhebung der »Größe« des Kindes zeigt, wo die Gedanken der Träumerin weilen: bei einem kleinen Kind, bei einem Neugeborenen. Der Ausdruck: ein Kind wird gebracht (ergänze: zur Welt) ist der Vorstellung vom Gebären entnommen und deckt diese *in der skizzenhaften Darstellung des Traums.* Der Traum zeigt ferner die Situation, die die Patientin vorausahnt, in die sie sich hineingelebt hat: ein schreiendes Kind! Und ich sollte dem Arzte folgen? Etwa springen und singen? Mit anderen Worten drückt hier die Patientin aus: ich kann nicht schlafen, weil ich an das Gebären mit seinen Schmerzen denke. Gebären, Schmerzen, Sterben, darin sieht sie *ihr sicheres Schicksal, deshalb denkt sie an das Sterben, um nicht gebären zu müssen. Sie schielt an der Hauptsache vorbei.*

Die übertriebene Sicherung gegen das Gebären ist ein Formen- und Intensitätswandel ihrer männlichen Fiktion. Sie betritt, um sich vor der weiblichen Rolle, die sie als Niederlage empfindet, zu sichern, den neurotischen Umweg, fixiert unter antizipierender Tendenz den Gedanken an das Gebären und Sterben als Memento und will selbst lieber ein Kind sein, ein Pulver bekommen als psychotherapeutisch geheilt zu werden. Denn ihre Heilung bedeutet die Einordnung in die weibliche Rolle. Nun wendet sich der Kampf in verschärfter Tendenz gegen den Arzt, der die Schlaflosigkeit heilen will. *Sie muß ihm überlegen bleiben, muß ihn Unsinn reden lassen und ihm diktieren, daß er sie so behandle, wie sie als Kind – mit einem Medikament – behandelt wurde.* Die Zwangsneurose stellt ihre sichernde *Privatphilosophie* von der Eitelkeit alles Seins als Schutz vor der Frauenrolle vor.

Man gewinnt bei unserer Art der Neurosenpsychologie immer den Eindruck, daß die neurotische Gebärde, die eben in Sicht kommt, präzise *auf das Finale*, auf den fiktiven Endzweck gerichtet ist, etwa wie wenn man auf einem Film des Kinematographen eine der mittleren Aufnahmen untersucht. Die Aufgabe besteht nun darin, diese Gebärde, eben die Symptome, Bereitschaften und Charakterzüge zu erkennen und ihr Ziel begreifen zu lernen. In jeder neurotischen Attitude liegt der Anfang und das Ziel andeutungsweise verborgen [8]. Diese Feststellung ist das *Fundament der individual-psychologischen Methode* und deckt sich mit unseren übrigen Befunden. Man wird deshalb in der Analyse eines Symptoms oder eines Traumes jedesmal das »Unten«, – die Empfindung der Minderwertigkeit – und des »Oben« – fiktiven Endziels – in Spuren wiederfinden, in der Art einer nach aufwärts gerichteten psychischen Attitude, in einem stark gegensätzlich gefaßten Bild im neurotischen Umweg, der als solcher die Tendenz charakterisiert, gegen Widerstände durch Kunstgriffe aufzukommen. Häufig sind die Phänomene *auseinandergelegt*, so daß im Wechsel und Schwanken der psychischen Erscheinungen bald das »Unten« bald das »Oben« zutage tritt. – Oft ist dieses »Oben sein wollen« stark bildlich ausgedrückt, insbesondere in Träumen, aber auch in Symptomen, setzt sich symbolisch als Wettlauf, als Aufflug, als Bergbesteigung, als Treppenbesteigung, als Auftauchen im Wasser usw. durch, während das »Unten« durch Fallen, durch Kerkermauern, durch Hemmungen, Versäumen eines Zuges usw., kurz durch eine Bewegung nach abwärts dargestellt wird. Ich will hier über die Träume eines Patienten berichten, der aus Erinnerungen an Schwäche und an auffälliges weibliches Verhalten *für seine männliche Zukunft fürchtete.* Ein Traum aus seiner frühen Kindheit, der ihn lange mit Schrecken erfüllte, zeigte ihm das Bild, wie er von einem Stier verfolgt wurde. Als Bauernsohn verstand er frühzeitig, daß dieser männliche Verfolger einen Wettlauf gegen eine Kuh, die Patient selbst vorstellte, aufnahm. Als er in die Schule gehen sollte, richtete er seine

8 Mit Recht hebt Bergson das Gleiche von jeder Bewegung hervor. Bei genügendem Wissen und ausreichender Erfahrung kann man in jedem psychischen Phänomen Vergangenheit, Gegenwart, Zukunft, aber auch das erstrebte Finale herausfinden. Und so darf jedes psychische Phänomen, auch jeder Charakterzug gleich dem minderwertigen körperlichen Organ *als Symbol des individuellen Lebens* aufgefaßt werden, als individueller Versuch des Aufstiegs.

Schritte geradewegs auf die Mädchenschule und mußte unter Anwendung von Gewalt in die Knabenschule gebracht werden. Sein Leben faßte er unbewußt als Wettlauf auf, zu dem er unausgesetzt Vorbereitungen traf. Als er sich um ein Mädchen bewarb, stach ihn ein Freund aus. Er war eben gemäß seiner Neurose vor der Entscheidung zurückgewichen. Als er vor einer Heirat stand, fürchtete er die Überlegenheit seiner zukünftigen Frau, verfiel in Zwangsmasturbation, hatte gehäufte Pollutionen und bekam einen Tremor, der ihn bei seinen Arbeiten und an der Vorrückung im Amte störte. Natürlich stellte er *das Junktim* auf, nur dann zu heiraten, wenn er gesund würde, ein Gedanke, der klug und berechtigt erscheint, dem Patienten aber gestattete, *wie hinter einem Schleier* heimlich gegen die Heirat zu operieren, von der er ein Mißlingen und eine Herabsetzung seines Persönlichkeitsgefühls angeblich wegen der höheren Bildung seiner Braut befürchtete. Der Tremor stellte dabei den vorausgefühlten Beginn einer Paralyse vor, die er wegen masturbatorischer Exzesse befürchtete. Nachdem er sich in dieser Art gesichert hatte, bedurfte er noch der Bestätigung seines unheilbaren Leidens, und so stellte er sich den Ärzten weinend vor. Unsere Besprechungen ergaben mir das Bild eines rastlos ehrgeizigen Menschen, der immer die anderen herabsetzen wollte, aber vor einer ernsthaften Entscheidung zurückschreckte. Auch Liebesbeziehungen waren bei ihm in der Hauptsache Mittel, um den Beweis seiner überlegenen Männlichkeit zu erlangen. So stürmisch er sich auch um ein Mädchen bewerben konnte, in dem Augenblick, als es ihm entgegenkam, verlor es jeden Reiz für ihn, da sein Machtstreben den Boden verlor und bedroht erschien. Außerdem knüpfte er, als er der Verlobung näherkam, andere aussichtslose Beziehungen an oder gestaltete sie aussichtslos, lief so seinen Körben nach, um sich durch die Empfindung seiner Einflußlosigkeit auch seiner zukünftigen Braut gegenüber als minderwertig einschätzen zu können und Halt zu machen. Daraus gewann er dann immer wieder neuen Antrieb, gegen die scheinbar gewünschte Heirat heimlich zu operieren. Einer seiner Träume lautete:

»Ich bin bei meinem alten Freunde und spreche mit ihm über einen gemeinsamen Bekannten. Er sagt, was hat der von seinem Gelde, er hat doch nichts gelernt.«

Auch der alte Freund, der unseren Patienten bei einem Mädchen ausgestochen hatte, ist in der Unterrealschule durchgefallen und hat das Studium aufgegeben. Patient ist ihm *überlegen*, denn er hat die Technik absolviert. Er bekennt sich zu der sublimen Lehre: Wissen ist mehr als Geld – insbesondere da dieses Bekenntnis seiner Fiktion, oben zu sein, zustatten kommt und ihn tröstet. Der gemeinsame Bekannte steht hier statt des von beiden umworbenen reichen Mädchens. Der Wettlauf beginnt abermals. Unser Patient wird von seinem Rivalen als Sieger erklärt. –

Ein zweiter Traum aus dieser Nacht macht dies deutlicher. Patient träumt, *»als ob* er ein Mädchen aus dem niederen Volke zu Fall gebracht und entehrt hätte«. Die Fiktion dieses Traumes besagt noch um eine Nuance deutlicher, daß er »oben« sei. Das früher umworbene Mädchen ist hier im Sinne des Patienten herabgesetzt, verarmt und erkennt in ihm ihren Herrn. – Der Mangel des Kameradschafts- und Gemeinschaftsgefühls ist in diesem Falle des Wettläufers ganz besonders deutlich, ebenso das Überwiegen der Machtpolitik. –

Ganz kurz will ich an dieser Stelle erwähnen, daß die *Vielheit von Träumen* in einer Nacht sich daraus erklärt, daß *mehrfache Versuche des Vorausdenkens,* der probeweisen Lösung eines Problems unternommen wurden. Es stellt sich dabei regelmäßig heraus, daß – wie bei Nervösen leicht begreiflich – *ein einziger* Weg zur leitenden Persönlichkeitsidee ihrer Vorsicht nicht genügt. Der Traum wird dann unter dem Einfluß der weitergehenden Sicherungstendenz noch abstrakter, bildlicher, und man hat dann nach der Deutung aller Träume einer Nacht mehrere psychische Attituden, aus deren Vergleich die Dynamik und das Ziel der Neurose um vieles deutlicher werden. Im obigen Fall unterwirft sich der Rivale im ersten Traum, und der Reichtum des Mädchens, ihre Macht, wird bezüglich der Geltung entwertet. Der zweite Traum hat dem Mädchen auch diese Macht genommen, sie in die weibliche Situation, *»nach unten«* gebracht, und dies unter weitgehender Abstraktion, so daß dem in Betracht kommenden Mädchen nichts Persönliches mehr, bloß ihre untergeordnete Rolle geblieben ist. – Patient äußert übrigens mehrfach Gedanken, daß für ihn nur ein ungebildetes Mädchen vom Lande tauge, der gegenüber er stets die herrschende Person sei. Auch das Mädchen, das er zur Braut wählen will, schreckt ihn wegen ihrer Intelligenz. Dies ist der Zug vieler Neurotiker, der sie immer *unter* ihrem sozialen Niveau wählen läßt, und so kommen Gedanken und Tatsachen zustande, wie die, eine Prostituierte, ein kleines Mädchen zur Liebe oder Ehe zu wählen usw. In allen ähnlichen Fällen wird man die Entwertungstendenz gegenüber der Partnerin beobachten können, die unter Konstruktion von *Mißtrauen, Eifersucht, Herrschsucht, ethischen Prinzipien und Forderungen* die Herabsetzung der Frau einleiten soll. Das Minderwertigkeitsgefühl hindert dermaßen den Ausbau des Gemeinschaftsgefühls.

Ein weiterer Traum zeigt den Wettlauf recht drastisch. »Ich bin mit dem Zug gefahren und sah beim Fenster hinaus, ob der Hund noch mitläuft. Ich dachte, er habe sich zu Tode gelaufen, sei unter die Räder gekommen. Es war mir leid um ihn. Dabei fiel mir ein, daß ich jetzt einen anderen Hund hätte, der aber plump ist.« Mit seinem alten Freund und Rivalen ist er oft um die Wette Rad gefahren und blieb meistens zurück. Jetzt, wo sein Freund sozial schlechter gestellt ist wie er, »kann ihm der Freund nachlaufen«, wie man in Wien sagt, wenn man sich seiner Überlegenheit brüstet. Die Verwandlung in einen Hund ist ein Produkt der Entwertungstendenz und ziemlich häufig. Bei einem Falle von Dementia praecox beobachtete ich, daß der Kranke allen Hunden die Namen bedeutender weiblicher Personen gab. Der Hund stellt auch seine zukünftige Braut vor, die ihm ja auch den Vorrang streitig macht. Ihr Tod würde ihn von seiner Furcht befreien, ebenso wäre er frei, wenn sie einem zweiten Bewerber, wie sein Mißtrauen im öfters zuflüstert, Gehör schenkte, wenn sie unter die Räder käme. *Wenn dieser Fall eingetreten wäre, täte es ihm leid.* »Edel bin ich auch!« Im Traume setzt er dieses Ereignis als geschehen und antizipiert seine Trauer. Der »plumpe Hund« ist ein Mädchen, die ihn durch ihr Entgegenkommen um diese Zeit degustiert hatte, mit der er auch fertig geworden ist.

Seine Abneigung gegen Personen, die ihm »über« sind, ist grenzenlos und prinzipiell. Eines Nachts träumte er: »Unser Gesangverein gab ein Konzert. Der Platz des Dirigenten war leer.« Der Verein, dem er angehörte, mußte einmal ohne den Dirigenten singen, weil dieser den Zug versäumt hatte. Diese Situation scheint ihm die geeignetste: wir brauchen keinen Dirigenten! Solcherart ist die gewohnheitsmäßige Gebärde in allen Situationen, in denen nicht er der Dirigent ist. –

Wie bei männlichen Nervösen entspringt auch bei weiblichen der *Masturbationszwang* der Tendenz, einer Entscheidung auszuweichen, der geschlechtlichen Gemeinschaft zu entgehen und dadurch »oben« zu bleiben. In den Masturbationsphantasien der Mädchen findet man das Weib oft in der Rolle des Mannes. Bei Männern dient die Masturbation 1. dem Beweise, daß man allein bleiben könne, ohne Frau, 2. zum Vorwand und zur Verhinderung des Sexualverkehrs, den man wegen der Überlegenheit der Frau fürchtet. Sie ist also der Sicherungstendenz entsprungen. Recht häufig drückt sich in der Masturbationsphantasie das einseitige, gegensätzliche Prinzip des Neurotikers: *Sieg oder Niederlage,* in sadistischen oder masochistischen Bildern aus. – Bringt die Situation die Notwendigkeit stärkerer Sicherungen herbei, so tritt Impotenz oder die entwickelte Neurose auf, nicht etwa als Folge des Verzichts auf die Masturbation oder infolge des Autoerotismus, sondern als verstärkte Sicherung. – Nicht die allgemein übliche Masturbation der Jugendlichen ist das Problem, sondern das Ver-

harren bei ihr; die Individualpsychologie zeigt uns in der Masturbation die Erotik des Isolierten, des Gesellschaftsfeindlichen.
Unter den vorbereitenden Handlungen und neurotischen Bereitschaften, die der Sicherung nach »Oben« dienen sollen, nehmen die *Neugierde, der Forschertrieb, die Neigung alles sehen zu wollen, der »Voyeurtrieb«* der Autoren eine hervorragende Stellung ein. Diese Regungen sind immer der Beweis einer primären Unsicherheit, zu deren Kompensation die Richtungslinien des Forschers entworfen werden. Sie dienen besonders in der entwickelten Neurose sekundär den Zwecken der Verzögerung, dem Plane der Entscheidung auszuweichen und werden im Leben, speziell in der Erotik recht häufig aus einem Mittel in einen Zweck verwandelt, auf den sich alle Regungen der Psyche beziehen. Forschen, die Wahrheit suchen, sich in allem zurechtfinden wollen, die bekannte neurotische Gründlichkeit – dies sind dann die Züge, die das Persönlichkeitsgefühl aufbauen und heben oder behüten müssen. Bei Kindern findet man öfters unausgesetztes Lesen als Ehrgeizbefriedigung und zugleich als Ausbiegung vor den ernsteren Forderungen der Schule. Eine weitere Verwendung liegt dann in der gleichzeitig durch die Störung der Hausordnung gesetzten Trotzattitude gegenüber den Eltern.

VII Pünktlichkeit — Der Erste sein wollen — Homosexualität und Perversion als Symbol — Schamhaftigkeit und Exhibition — Treue und Untreue — Eifersucht — Konfliktsneurose

Eine bei Nervösen häufige Erscheinung betrifft ihre prinzipielle Haltung in der Frage der *Pünktlichkeit.* Gemäß unseren Auseinandersetzungen über die nervöse Pedanterie ist die Erwartung berechtigt, man werde unter den Patienten ziemlich viele pünktliche Menschen treffen. Es ist in der Tat so. Man kann aber dabei leicht die Beobachtung machen, daß gerade diese Patienten mit dem Gedanken spielen, wie es wäre, wenn sie den andern warten ließen, ein Gedankengang, der den *Gegensatz zum anderen* andeutet. Immerhin bleibt in dieser Attitude der Pünktlichkeit soviel Aggression übrig, daß diese Patienten mit großer Schärfe von allen *die gleiche Pünktlichkeit* fordern, infolgedessen oft in die Lage kommen, ihre Griffe und neurotischen Anfallsbereitschaften bei der Unpünktlichkeit anderer zu aktivieren. – In anderen Fällen findet man, daß der Stolz es gebietet, regelmäßig *zu spät* zu kommen, was dann, wenn andere warten müssen, unter einer Flut von mehr weniger haltbaren Entschuldigungen als Erhöhung des neurotischen

Persönlichkeitsgefühls empfunden wird. Dieses »Zuspätkommen« eignet sich ganz besonders dazu, die Furcht vor Entscheidungen zu ersetzen. Die Gesellschaftsfähigkeit wird in erster Linie bedroht, und ebenso sind Berufspflichten sowie Beziehungen zu Freunden und geliebten Personen bald wieder ausgeschaltet. Ermahnungen sind gänzlich fruchtlos, denn die trotzige Attitude erfaßt sie nur als Bestärkungen in ihrem Verharren. Der Nervöse kann mit seinem ewigen Zuspätkommen die Situation beherrschen und seine Angehörigen vor ein unlösbares Problem stellen. Die Auswahl dieser Charakterlinie erfolgt oft nach einer gesuchten Analogie: »weil ich auch unter meinen Geschwistern zu spät, als der Zweite, als der Letzte zur Welt gekommen bin«, »weil ich nicht später gekommen bin, an Stelle eines jüngeren Bruders, einer Schwester«! – Man sieht, wie durch ein neurotisches Junktim – Minderwertigkeitsgefühl und Geburtenabfolge der Geschwister [1] – eine breite, dauernde Operationsbasis zum Kampfe um die Überlegenheit geschaffen wird. – Patienten, die überall zu früh kommen, zeigen auch sonst immer den Charakterzug der *Ungeduld.* In einem Gefühl der Verkürztheit fürchten sie immer wieder neue Verluste und sichern sich, indem sie fest an ihren »schlechten Stern« glauben. Auch bei diesen Nervösen findet man oft als Gegenspieler einen älteren Bruder, mit dem sie wie in einem Wettlauf begriffen sind, eine analogische Fiktion, keineswegs aber die ursächliche Veranlassung zu ihrem Verhalten.

Auch *fiktive Erstgeburtsrechte* werden für später geborene Kinder oft ein Antrieb zur Erhöhung ihrer Persönlichkeitsidee, wie überhaupt nach meiner Erfahrung zweit- und später geborene Kinder den größeren Ehrgeiz zeigen. Ausgenommen sind jene Erstgeborenen, die frühzeitig ausersehen sind den Vater zu ersetzen, wie man es bei Majoratsherren und orthodoxen Judenfamilien findet, oder dort, wo der Vater durch seinen Leichtsinn versagt und die Hoffnung auf den ältesten Sohn fällt. Sonst tritt in ihrem neurotischen Gehaben oft als bildliche Analogie die Geschichte von Jakob und Esau hervor, als Hinweis, daß es darum geht, *der Erste zu sein.* Ihre Vorbereitungen und Bereitschaften werden immer darauf hinzielen, keinen gelten zu lassen, *jede Beziehung mit den neurotischen Mitteln der Liebe und des Hasses so umzugestalten, daß ihre Überlegenheit zutage kommt.* Die Entwertungstendenz geht oft über alle Grenzen. Auch dieser Typus schreckt nicht davor zurück, sich zu schädigen, wenn er nur den ande-

1 Siehe: Die Geburtenabfolge von Geschwistern in ihren psychischen Wirkungen: ›Individualpsychologische Erziehung‹. In: *Praxis und Theorie der Individualpsychologie,* l. c.; und Aline Furtmüller, ›Kampf der Geschwister‹. In: *Heilen und Bilden,* l. c.

ren damit treffen kann. – Im Formenwandel der Leitlinie kommt es oft zu Anschauungen wie der Cäsars: Lieber im Dorfe der Erste als in Rom der Zweite – lieber bei der Mutter, beim Vater die Herrscherrolle spielen, als sich einem ungewissen Los in der Ehe auszusetzen, lieber nichts zu tun, als auf Originalität verzichten usw. – Vorgesetzten, Lehrern, Ärzten gegenüber regen sich häufig Haßgedanken. Sie sind meist Spielverderber in der Gesellschaft, sobald ihre Überlegenheit nicht deutlich hervortritt, und sie brechen jede Freundschafts- und Liebesbeziehung nach kurzer Zeit ab, wenn sich der andere nicht willenlos unterordnet. Sehr häufig ist ihr Benehmen gleich anfangs brüsk und feindselig, denn sie stehen schon im Kampf, bevor der andere es ahnt. Sie können es nicht vertragen, wenn jemand vor ihnen steht oder geht, und weichen jeder Schulprüfung aus, weil ihnen die Überlegenheit des Prüfers, eines Autors unerträglich ist. Daß alle diese Erscheinungen auf das Familienmilieu letzter Linie hinzielen können, oft in die unbewußte Absicht münden, die Familie müsse für sie sorgen, ist ein weiterer Schritt zur Erweisung der Bedeutung und Wichtigkeit der Persönlichkeitsidee dieser Patienten. Zuweilen betreiben sie ihre Neurose, wie andere Erbschleicherei betreiben.

Häufig versteckt sich zugleich in dem neurotischen Bestreben eines männlichen Patienten, der erste bei der Frau sein zu wollen – sei es, daß er ihr Vorleben mit Eifersucht und Mißtrauen durchstöbert und sich stets hintergangen glaubt, sei es, daß er angespannt darüber wacht, ob die Frau einen anderen vorziehen *könnte* – die *Furcht vor der Frau* als Ausdruck des Gefühls einer unvollkommenen Männlichkeit. Nur Sicherheit will der Nervöse dann in diesem Punkte haben und geht darin zuweilen soweit, der Frau allerlei Prüfungen aufzuerlegen. Bei der nunmehr entbrennenden Eifersucht ergeben sich die Griffe von selbst, mittelst deren die Frau herabgesetzt wird, und das Persönlichkeitsgefühl des eifersüchtigen Nervösen hebt sich dadurch so deutlich, daß er oft nicht imstande ist, sich von der mit Recht oder Unrecht Beschuldigten zu trennen. Letztere Tatsache, die man öfters beobachten kann, hängt ganz an der männlichen Leitidee des Patienten. Er kann den Gedanken nicht ertragen, *daß man ihn verlassen könne,* und konstruiert nun die Tatsachen dergestalt um, daß er von der Liebe, vom Mitleid, von der Furcht, von einem Unglück, das die Frau oder die Kinder treffen könnte, gehindert wird, den letzten Schritt zu tun.

Vielfach baut sich der Drang, der Erste sein zu wollen, allen zu imponieren, auf einem Minderwertigkeitsgefühl auf, das sich auf die Kleinheit der Gestalt mit scheinbarem Recht oder Unrecht bezieht. In der entwickelten Neurose bricht der Patient, mehr weniger entfernt von der Gelegenheit, wo er sich beweisen sollte, durch Arrangement eines neurotischen Symptoms ab. Als ein häufiges Symptom dieser Art konnte ich *Zwangserröten* beobachten.

In schwächerer Ausprägung findet sich die Tendenz, der Erste sein zu wollen, als allgemein menschlicher Charakterzug, und zugleich mit ihm finden wir auch regelmäßig kämpferische Neigungen bei allen Menschen. Der Wettlauf im Leben beginnt eben schon in der frühesten Kindheit und schafft sich seine psychischen Organe und sichernden Charakterzüge. So findet man oft bei Kindern als hervorragenden Charakterzug, daß sie als die ersten essen, trinken wollen, daß sie gerne voraus laufen, um früher als andere an Ort und Stelle zu sein. Nicht selten treiben sie um das fünfte Lebensjahr das Spiel, mit jedem Wagen um die Wette zu laufen, und viele Kinderspiele danken der Idee des Wettlaufes ihren Ursprung. Manche Menschen behalten diese Neigung zeitlebens in Form einer unbewußten Geste, müssen in Gesellschaft immer an der Spitze gehen oder verdoppeln ihre Schritte, wenn ihnen auf der Gasse jemand vorauseilen will. Im übertragenen Sinne macht sich dieselbe Tendenz darin auffällig, daß ihr Träger Heroenkultus treiben, wobei der tiefere Sinn, selbst Heros, Achilles, Alexander, Hannibal, Caesar, Napoleon, Archimedes zu sein, *nebenbei* zutage kommt, so zugleich die leitende Fiktion als auch das ursprüngliche Minderwertigkeitsgefühl verratend. Auch die Gottähnlichkeit tritt als werbende Fiktion auf und zeigt sich zuweilen im Märchen, in der Phantasie und in der Psychose. Wir haben hervorgehoben, daß bei diesem Stand der Bereitschaften und Charakterzüge alle Bande der Freundschaft, der Liebe bedroht sind, und wenn die stärkere Unsicherheit es verlangt, so drängt sie den Patienten in den Zweifel, läßt ihn Schreckpopanze oder Idealgestalten aufstellen, durch die er sich dauernd vor der Wirklichkeit sichert. Eine Karikatur Caesars sucht er nun die Mutter, die kleine Stadt, die kleinen Verhältnisse, wandert zuweilen *ruhelos* von einer Wohnstätte zur anderen, als ob die äußeren Verhältnisse an seiner Zerrissenheit die Schuld hätten. Oft richtet sich in dieser entwickelten Neurose der Sexualtrieb der Patienten auf Kinder, niedrig stehende Personen, Dirnen; homosexuelle, perverse oder masturbatorische Neigungen werden konstruiert und festgehalten, weil der Patient auf diese Weise die Situation leichter zu beherrschen hofft. Denn die Furcht vor der Frau läßt eine natürliche Liebesbeziehung so wenig zu, daß der Nervöse, um seiner befürchteten Niederlage auszuweichen, durch Einfühlung auch zum Ausweg der Ejaculatio praecox, der Pollutionen, des Aspermatismus und der Impotenz gelangt.

Ähnlich ergeht es den nervösen Frauen von diesem Typus, bei denen häufig die Rivalität in der Gesellschaft, mit Freundinnen in der großen Stadt, mit Schwestern, mit der Tochter und Schwiegertochter heimlich wühlt, zu neurotischen Sicherungen zwingt und so krankmachend wirkt. Bei männlichen Nervösen führt zuweilen die gesellschaftliche Stellung zur Entwickelung der Neurose, sobald der Vorrang im Geschäft, in der Wissenschaft, im Genießen bei den drei Typen mit größerem Minderwertigkeitsgefühl in Frage kommt und bestritten wird.
Wo das Minderwertigkeitsgefühl des jüngeren Kindes das fiktive Leitziel nach dem Erstgeborenen oder Frühgeborenen formt, sind es die mannigfachsten wirklichen und angeblichen Güter, die das Begehren und den Neid des jüngeren Kindes aufstacheln. Fast immer werden dem Pädagogen feindliche Züge auffallen, wie Neid wegen der Größe des älteren Bruders usw. Daß es sich bei diesen Urteilen um fiktive Werte handelt, ergab sich mir auch gelegentlich der psychotherapeutischen Behandlung zweier Brüder, von denen jeder den anderen wegen der größeren Genitalien in der Kindheit beneidet hatte. Ebenso wird eine wirkliche oder in der Natur der Sache gelegene Bevorzugung des älteren Bruders zum Angriffspunkt genommen. Daß er ins Theater, auf Reisen mitgenommen wird, daß er erfahrener im Sexualproblem ist, sich sexuell betätigt, daß er von Mädchen und vom weiblichen Dienstpersonal bevorzugt wird, daß es seine abgetragenen Kleider erhält, kann das jüngere Kind bei vorliegendem Minderwertigkeitsgefühl mit unendlicher Bitterkeit erfüllen. Denn diese wehmütige, zuweilen hoffnungslose Stimmung ist bei unseren Patienten oft durch frühzeitige Empfindungen von Organminderwertigkeit bedeutsam vorbereitet und kann unglaublich hohe Grade erreichen. Zuweilen erscheint dem Kinde der Wettkampf aussichtslos. Es biegt seine männliche Tendenz *nach der pseudomasochistischen*[2] *Seite* um und will nunmehr sein männliches Leitziel erreichen, indem es seine Krankheits- und Schwächeempfindungen stark unterstreicht, sich maßlos beugt und unterwirft, in der Hoffnung, so den Schutz der Eltern und Stärkeren, die Herrschaft über sie und damit die ersehnte Sicherung im Leben zu gewinnen. Ich sah Fälle, wo lang andauernde Katarrhe in der Kindheit (*Czerny's* exsudative Diathese) durch fortgesetztes Räuspern und Schnauben unterhalten wurden und zu Nieskrämpfen und Asthma führten (siehe *Strümpells* Asthmatheorie), wobei gleichzeitig weibliche Fiktionen von Schwangerschaft und Kastration in Verbindung mit übertriebe-

2 Nach unserer Auffassung ist jede Inversion und Perversion gleichnisweise und symbolisch, sozusagen der Rest, welcher bleibt, wenn einer die Norm der Sexualität bis zu einem gewissen Grade *ausschaltet.* Zum Pseudomasochismus siehe ›Die psychische Behandlung der Trigeminusneuralgie‹. In: *Praxis und Theorie der Individualpsychologie,* l. c.

nen analen Empfindlichkeiten einen symbolisch zu verstehenden homosexuellen Einschlag bewirkten. In einem dieser Fälle war die fiktive weibliche Einstellung so weit gegangen, daß der Patient im Formenwandel seiner Leitlinie zur Identifizierung mit der jüngeren Schwester kam. Und da die Mutter eine auffällige Neigung zeigte, immer zu spät zu kommen, nahm er diese Wahrnehmung und seinen Wunsch an Stelle der später geborenen Schwester zu sein, zum Leitmotiv, um überall im Leben, auch bei mir in der Behandlung regelmäßig zu spät zu kommen, eine Erscheinung, die nicht bei ihrer Aufdeckung, sondern erst nach eingetretener Heilung schwand[3]. Bei diesen weiblichen Einstellungen wird der männliche Protest durch einen Umweg über die weiblichen Linien erstrebt, wird durch Tagesphantasien, Reizbarkeit, Rechthaberei, Unzufriedenheit regelmäßig flankiert und ist in der Regel durch die Furcht vor der Prüfung, vor Entscheidungen, vor dem geschlechtlichen Partner auf Abwege gedrängt, so daß perverse Regungen, sadistische und masochistische Phantasien, Zwangsonanie und Pollutionen häufig zu finden sind. Die initialen Organminderwertigkeitserscheinungen können verschwunden oder als Rest noch vorhanden sein. Kleinheit und Anomalien der äußeren Genitalien sind zuweilen nachzuweisen, werden aber in der Regel nur angenommen und verstärken die Furcht, dem geschlechtlichen Partner nicht zu imponieren. Diese Gefühlslage führt oft zu Eifersüchteleien, Quälsucht und sadistischen Neigungen, die den Beweis der Potenz, des Geliebtwerdens durchsetzen wollen.

Oft ist der Stolz des Patienten so groß, daß er selbst seiner Eifersucht nicht gewahr wird. Gemäß unserer Anschauung ergibt sich als Lösung dieser psychischen Konstellation, daß der männliche Protest neben anderen Wirkungen auch die *Verdrängung der Eifersucht* herbeiführt, um das Persönlichkeitsgefühl nicht sinken zu lassen. Die Konsequenz dieser Verdrängung ist gering, höchstens daß Patient in unklare Situationen gerät. Im allgemeinen aber handelt er so, *als ob er eifersüchtig wäre,* und dies oft mit solcher Deutlichkeit, daß es jeder weiß, nur der Patient es nicht wahrnimmt. Zuweilen allerdings maskiert sich diese Eifersucht als Depression, Kopfschmerz, Flucht in die Einsamkeit usw.

Ich will noch den Traum eines Patienten folgen lassen, der wegen Depression und Gesellschaftsangst in meine Behandlung kam, weil er in der vom Patienten vorgenommenen teilweisen Deutung viele der eben beschriebenen Punkte aus dem Wettlauf eines Neurotikers mit seinem älteren Bruder aufweist.

3 Weil sie noch zur Verzögerung der Heilung brauchbar war.

»Es war mir, als ob ich mit meinem Bruder Josef eine Wette abgeschlossen hätte, früher an einem bestimmten, im Traume nicht gekennzeichneten Orte zu sein als er.«

»Ich sah mich nun plötzlich in einem dreiräderigen kleinen Automobil auf der Landstraße und bemühte mich, mittelst einer kleinen schlüsselähnlichen Handhabe, die ich nur zwischen Daumen und Zeigefinger nehmen konnte, das Auto so gut als möglich zu lenken. Ich fuhr sehr unsicher und fühlte mich unbehaglich. Auch auf Seitenwege kam ich, auf denen ich nicht weiter konnte. Die Leute, denen ich begegnete, staunten und lachten. Ich sah mit veranlaßt, das Auto auf den Rücken zu nehmen und wieder auf die Landstraße zurückzukehren. Dort fuhr ich in derselben Weise weiter.« –

»Plötzlich sah ich mich mit meinem dreiräderigen Vehikel in einem Zimmer eines Wirtshauses, das mir wohl bekannt war und auf einem nahen Berge meines Heimatortes liegt. Mein Auto schob ich jetzt in eine Ecke und bekümmerte mich nicht mehr um dasselbe. – In demselben Lokal war mein Bruder schon vor mir angekommen; außerdem saß dort eine mir gut bekannte, stark verschuldete Familie, bestehend aus Herrn und Frau M. und deren beiden Töchtern. Ich und mein Bruder bekümmerten uns nicht um sie. Da kam Herr M. an unseren Tisch, sprach mit uns, und schließlich begaben wir uns mit ihm an den Tisch der Familie, was mir aber nicht angenehm war.«

»Der Gedanke einer Wette ist in meinen Gesprächen mit meinem Bruder aufgetaucht. Er gab mir den Rat, mich nicht frühzeitig an jenes leichtsinnige Mädchen zu binden, das ich heiraten wollte, und erzählte mir aus seinem Leben, welch schlimme Folgen dies für einen aufstrebenden Mann haben kann. Ich sah dies ein und versprach, in seinem Sinne handeln zu wollen. Er nahm solche Versprechungen immer sehr ungläubig auf. Dies reizte mich zu einer Wette. In früheren Jahren, als ich noch nichts von dem wußte, was er tief in seinem Innern mit sich trug, da erschien er mir als ein Vorbild, und ich wetteiferte, in bezug auf Charakter, Denkungsart, Auftreten so zu werden wie er. Jetzt sehe ich, daß ich in vielem nicht so sein darf wie er, um nicht auf ebensolche Wege zu kommen.«

»Mit einem Auto kann man sein Ziel früher erreichen als zu Fuß. Dieses Auto jedoch stellt offenbar das Weib dar, an das ich mich gekettet hatte. Ein dreiräderiges Auto ist unvollkommener als das vierräderige, es fehlt ihm etwas. Ebenso ist es beim Weib. Der Mann ist vollkommen. Dazu der Gegensatz: die kleine Handhabe. Ich habe schon in früher Jugend bei Mädchen nach etwas gesucht. Es war mit etwas unklar an ihnen. Öfters hat es uns unter eine Brücke gezogen, und doch wußten wir nicht, was wir über uns durch die Ritzen zu sehen erwarteten. In jener Zeit – ich konnte fünf Jahre alt gewesen sein – hatte ich von den geschlechtlichen Vorgängen nicht die leiseste Ahnung (›unsicher‹), und war auch keiner geschlechtlichen Verirrung anheimgefallen. Ich kann mich aber erinnern, daß mich in jener Zeit schon etwas zu Mädchen hinzog. – ›Die kleine Handhabe am Auto‹ deutet zugleich darauf hin, daß ich auch dem Weibe gegenüber eine zu kleine oder gar keine Handhabe besaß, weshalb das Mädchen mir überlegen werden mußte.« –

»Mit meinem Auto, d. h. durch das Weib kam ich auf Seitenwege, die ich gar nicht gehen konnte, und die mich dem Ziele, das ich erreichen wollte, meinem Weg zur Höhe, nicht näher brachten.«

»Ich nahm das Auto auf den Rücken, das Weib war auf diese Weise mehr denn je über mir und eine Last.«

»Das Wirtshaus, in dem ich mich endlich mit meinem Bruder wiederfand, steht auf dem Gipfel eines Berges; es deutet dies auf mein heißes Verlangen hin, einmal Großes im Leben zu erreichen, wie ich es von meinem Bruder erwartet hatte.«

»Daß ich mit einer stark verschuldeten Familie zusammentraf, deutet darauf hin, daß ich mir schon oft übertriebene Gedanken darüber gemacht, wieviel eigentlich das Weib dem Manne kostet, und daß das Weib nur zu oft Ursache der Verschuldung ist.«

»Es ist mir klar, daß auch Gedankengänge an die Masturbation (Seitenwege, Verschuldung) in den Traum hineinspielen, ebenso der fälschliche Zusammenhang von Masturbation und Verkümmerung der Genitalien. Letzterer schrieb ich die Unsicherheit meiner Braut gegenüber zu, zu deren Entfernung (in die Ecke) ich, ohne es zu wissen, alle Anstalten traf. Mein Depressionszustand gilt dem gleichen Ziel, frei von der Frau meine Überlegenheit im Leben zu erweisen.« –

In unserer *Physiognomik der Seele,* als welche wir die Charakterlehre zusammenfassen, haben wir des öfteren schon von jenen scharf hervorspringenden, prinzipiellen Zügen gesprochen, die wie ein aufdringlicher Beweis der Männlichkeit das Persönlichkeitsgefühl stützen und heben sollen, als wäre eine Deklassierung, die Offenbarung einer weiblichen Rolle zu befürchten. So zeigt uns die übertriebene *Schamhaftigkeit* mancher Nervöser, Männer, die keine öffentliche Bedürfnisanstalt aufsuchen können, an »Harnstottern« bei Anwesenheit anderer leiden, sich durch Zwangserröten oder Angst und Herzklopfen jeder Gesellschaft entziehen, den aufgepeitschten männlichen Ehrgeiz, der sich gegen das ursprüngliche Minderwertigkeitsgefühl stützt. Der männliche Protest dieser im innersten Kern unsicheren Patienten treibt sie zu diesem Arrangement, dessen

Grenzen in das der Schüchternheit und Ungeschicklichkeit übergehen; oder es kommt zu einem Zusammenwirken dieser und anderer Züge, die sich auch gelegentlich vertreten können. Häufig findet man bei nervösen Personen beiderlei Geschlechts eine Unfähigkeit, angesichts anderer Personen den oft dringlichen Weg zum Klosett zu nehmen. Die größere Schamhaftigkeit weiblicher Personen, insbesondere nervöser, in allen Beziehungen des Lebens stammt aus dieser, aus der frühen Kindheit übernommenen Furcht, es könnte die Aufmerksamkeit auf ihr Geschlecht gelenkt werden. Ich habe mich oft davon überzeugt, daß die Leistungen von Mädchen und Frauen unter diesem mehr weniger unbewußten Eindruck erheblich leiden, ja daß oft der Fortschritt in der geistigen Entwickelung – genau so wie bei männlichen Patienten, die sich unmännlich fühlen – die Anknüpfung von gesellschaftlichen, beruflichen und Liebesbeziehungen prompt gehemmt werden, sobald der Patient in eine »weibliche« oder untergeordnete Situation gerät oder diese Erwartung bei anderen voraussetzt.

Unser Ergebnis wird in keiner Beziehung berührt, wenn *als scheinbare Quelle* der Aggressionshemmung offene oder »verdrängte« Sexualerregungen zutage treten. Sie sind nämlich gleichfalls arrangiert, haben den Zweck, die Furcht vor dem Partner zu steigern und den im Lebensplan vorbestimmten Rückzug mit Sicherheit eintreten zu lassen, sind also auch Akte der Vorsicht. Auf diese Vorsicht aber hat es der Nervöse schon in seiner Kindheit angelegt, und in ihr spiegelt sich als Leitlinie der sichernden Schamhaftigkeit das Schamgefühl und die Prüderie der Kultur. Man kann von der übertriebenen Schamhaftigkeit aus der Vorgeschichte der Patientinnen erfahren, auch zuweilen von denen, die sonst ein bubenhaftes Wesen zeigten, und man kann bei nervösen Kindern beobachten, wie sie ängstlich jede Entblößung vermeiden und alle Anwesenden aus dem Zimmer schicken, auch wohl die Türen versperren, wenn sie sich entkleiden müssen. Dieses Verhalten wird man öfters auch bei Knaben wahrnehmen, die unter Mädchen aufwachsen. Der männliche Protest der letzteren äußert sich in diesen Fällen in absichtlicher und unabsichtlicher Herabsetzung des Knaben, bis dieser zur Verheimlichung seiner Männlichkeit gelangt oder sie als abnorm empfindet. Für die Entwickelung der Neurose hat dieser Kunstgriff der Feigheit eine folgenschwere Bedeutung. Er ist gleichwertig etwaigen späteren Kastrationsgedanken und -wünschen des Neurotikers, Wünschen, ein Weib zu sein, sobald ihm die Furcht vor der Frau aktuell erscheint, oder sobald er vor einer Entscheidung fliehen will. Und ist doch ursprünglich aus dem Zwange einer übermännlichen Fiktion erwachsen, was man leicht aus den begleitenden, oft überdauernden Charakterzügen der übertriebenen Herrschsucht, des brennenden Ehrgeizes, der Sehnsucht, alles haben zu wollen, überall der Erste zu sein, aus den Affektbereitschaften des Jähzorns und der Wut, aus der Entwertungstendenz und aus der übergroßen Vorsicht ersehen kann!

Ist demnach die nervöse Schamhaftigkeit dem heimlichen Versuche gleichzusetzen, den Mann spielen zu wollen, so tritt dieses »Rollenbewußtsein« (*Groos*) bei dem scheinbar gegensätzlichen Charakterzug der nervösen *Schamlosigkeit* deutlicher hervor. In Wirklichkeit erweist sich diese letztere Linie als Verstärkung und Fortsetzung der ersteren, als aufdringliche Erinnerung an die Umgebung, daß man ein Mann sei. Die leitende Idee, welche die Bereitschaft oder die Gewohnheit der *exhibitionistischen Gebärden* zeitigt, damit gleichzeitig oft verletzende, taktlose Aufdringlichkeit gegenüber der Umgebung, verrät im einzelnen den starken männlichen Einschlag. So, wenn bei nervösen Knaben oder Männern der sexuelle Exhibitionismus durchbricht oder sich gewohnheitsmäßig in bestimmten Toilettefehlern äußert. In allen ähnlichen Fällen findet man den Glauben an die Macht des Phallus ganz wie in den antiken Religionskulten als männliches Machtbewußtsein konstruiert und auf diese Art das Persönlichkeitsgefühl gesichert. Auch narzissistische Züge sind regelmäßig beigemengt, wie fast regelmäßig, wenn durch ein stärkeres Minderwertigkeitsgefühl das Interesse mehr der eigenen Person sich zuwendet, so daß in diesen Fällen die *Attitude der Sieghaftigkeit*, begleitet von Koketterie, von Unfähigkeit an eine Absage zu glauben dem Beobachter besonders ins Auge fällt. – Bei schamlosen Mädchen tritt dieser Zug als ungewöhnlich noch deutlicher hervor. In Worten, in der Kleidung, im Betragen, zuweilen nur in Kleinigkeiten, zuweilen zotenhaft oder in Form der Koprologie demonstrieren sie ihre schlechte Einfügung, ihre Unzufriedenheit mit der weiblichen Rolle. Die Operationsbasis ergibt sich für beide Geschlechter dann in der Weise, daß jedes vom anderen die Anerkennung oder eine übertriebene Duldung verlangt. In der Analyse solcher neurotischer Mädchen, zuweilen nur in ihren Träumen und Symptomen findet man die kindliche Erwartung einer *Verwandlung ins männliche Geschlecht*, sonst durchgängig als versuchten Ersatz den Willen zur Macht, den Wunsch oben zu sein. Treffen zwei Personen dieser Art zusammen, was auffallend häufig geschieht, so ergibt sich nicht selten, daß die verstärkte männliche Leitlinie des einen nach Art eines Wunders, eines Talismans auf die andere Person *vorläufig* wirkt, weil auch in *ihrem* Leitziel der Wunderglaube an die Männlichkeit und an ihre Zauberkraft enthalten ist. So wird oft beiden die Erfüllung eines Schicksals, das zufällig scheint, durch die inhärente Kraft ihrer Persönlichkeitsidee aber gegeben ist. – Öfters findet man schamloses Gebaren bei nervösen Mädchen als *Antizipation ihrer fiktiven Erwartung;* sie benehmen sich so, *als ob sie ein Knabe, ein Mann wären,* zeigen sich nackt oder erleben in nervösen Symptomen, Träumen und Phantasien ihre männliche Wiederkunft. Vielfach beobachtet man bei solchen Patienten den Versuch, die Zaubermacht des Phallus unter Formenwandlung der Fiktion anderen Körperteilen, z. B. den eigenen Händen, Füßen, Brüsten zuzuteilen, die so ins Männliche gerückt als Fetische in besondere Gunst genommen werden und eine narzissistische Verehrung genießen, wie oft auch das Genitale oder der ganze Körper. Dieser Fetischismus überträgt sich fast regelmäßig auf die Kleidungsstücke und macht einen großen Teil der Zauberkraft der Mode aus, von der wir demnach annehmen müssen, daß sie wie der Fetischismus selbst als Ersatz einer verloren geglaubten, immer wieder zu suchenden Männlichkeit mit ihrer größeren Einflußsphäre anzusehen ist.

Ebenso wie die Schamlosigkeit ist die prinzipielle neurotische *Untreue* mancher kranken Patientinnen nach dem übertrieben apperzipierten männlichen Ebenbild gemacht. Sie deutet uns einen der Wege an, die durch das männliche Endziel erzwungen werden, ist wie viele der neurotischen Charakterzüge oft nur ideell, Stimmungs- oder Weltanschauungssache, oder reicht nur bis zu jener Grenze, wo die Realität der weiblichen Rolle beginnt. Viel häufiger findet man als Sicherung in der Furcht vor dem Manne die Tugend der *Treue.* Phantasien von Untreue, zuweilen bis zu halluzinatorischer Stärke oder in Träumen, ergeben sich manchmal bei starker wirklicher oder angenommener Unterdrückung durch den Mann, in der Weise von Rachegedanken oder um größere Sicherungen in der eigenen Sphäre, auch durch Heranziehung und stärkere Unterwerfung des Mannes durchzuführen. Prostitutionsphantasien [4] deuten in diesen Fällen die neurotische, übertreibende Perspektive auf die Kraft des Sexualtriebs an und dienen dem gleichen Zweck der Sicherung. Überhaupt ist bei Patientinnen, die leicht von ihrer Sexualität sprechen, die Vermutung gerechtfertigt, daß sie mit großer Übertreibung ihren Schreckpopanz ausmalen. Die Wirklichkeit spricht immer zu ihren Gunsten. Bei Mädchen findet man manchmal die heilige Überzeugung ihrer Untreue ganz im Vordergrund. Man darf daraus schließen, daß ihnen auch ein einziger Mann zu viel wäre, daß sie sich vor der Liebe, besonders aber vor der Ehe schützen wollen: »denn zu welchem Ende müßte meine Leidenschaft

4 Siehe ›Psychologie der Prostitution‹ In: *Praxis und Theorie der Individualpsychologie,* l. c.

mich führen?« Auch die tatsächliche Untreue mancher männlicher und weiblicher Neurotiker führt oft auf die Furcht *vor dem einen Partner* zurück, dessen Überlegenheit sie fürchten. Das Verständnis der begleitenden Symptome, Angst vor dem Alleinsein, Platzangst, Gesellschaftsangst usw., unsoziales Verhalten, Fixierung von Kinderfehlern, die Krankheit selbst, die Entwertung des anderen Geschlechts geben immer weitere Handhaben, den fiktiven männlichen Zweck dieser Charakterzüge zu erkennen. Oft gibt verschmähte Liebe das Gefühl der Herabsetzung der Persönlichkeit in dem Maße, daß Haß, Gleichgültigkeit oder Untreue als männlicher Protest zustande kommen. *Eheliche Untreue finde ich immer als Racheakt.* –
An dieser Stelle sind noch einige Beobachtungen nachzutragen, wie ich sie bei nervösen *Eifersüchtigen* machen konnte. Immer gilt es der Suche nach Beweisen des eigenen Einflusses auf den Partner, und jede halbwegs taugliche Situation wird zum Experiment ausgenützt. Die Unersättlichkeit, mit der der Nervöse dann seinen Partner prüft, weist deutlich auf sein dürftiges Selbstvertrauen, auf seine geringe Selbsteinschätzung, auf seine Unsicherheit hin, so daß leicht zu erkennen ist, wie seine eifersüchtigen Bestrebungen dazu dienen, sich mehr in Erinnerung zu bringen, mehr Aufmerksamkeit auf sich zu lenken und so sein Persönlichkeitsgefühl zu sichern. Man wird in jedem Falle das alte Gefühl der Verkürztheit und Zurückgesetztheit, oft bei den nichtigsten Anlässen, wieder aufleben sehen, mit der alten kindlichen Attitude, alles haben, den Beweis seiner Überlegenheit von dem Partner erlangen zu wollen. Ein Blick, ein Gespräch in Gesellschaft, ein Dankeswort für eine Hilfeleistung, Sympathiebezeugungen gegen ein Bild, gegen einen Autor, gegen einen Verwandten, selbst ein schonungsvolles Verhalten gegen Dienstboten kann zum Anlaß der Operation genommen werden. Man hat in schwereren Fällen den deutlichen Eindruck, als ob der Eifersüchtige nicht zur Ruhe kommen könnte, weil er sich wegen seiner Mängel ein ruhiges Glück nicht zutraut. Nun entwickelt sich die Neurose, indem sie durch Arrangement von Anfällen den Partner an sich zu fesseln sucht, sein Mitleid erregen will oder aber eine Strafe und ein Gesetz für den Partner bedeuten soll. Kopfschmerzen, Weinkrämpfe, Schwächezustände, Lähmungen, Angstanfälle und Depression, Versinken in Schweigen usw. haben den gleichen Wert wie der Verfall in Alkoholismus, in Masturbation, Perversion oder Liederlichkeit. Die Linien des Mißtrauens und Zweifels – oft an der Legitimität der Kinder – treten stärker hervor, Wutausbrüche und Beschimpfungen, Pauschalverdächtigungen gegen das ganze andere Geschlecht sind regelmäßige Erscheinungen und weisen auf die zweite Seite der Eifersucht, als einer Vorbereitung

zur *Herabsetzung des andern* hin. Oft hindert der Stolz das Bewußtwerden der Eifersucht. Das Gebaren bleibt das gleiche. Steigerungen sind nicht selten dadurch bedingt, daß der andere Teil mit unbewußter Genugtuung der Hilflosigkeit des Eifersüchtigen gegenübersteht, sein Überlegenheitsgefühl dadurch begründet und deshalb nicht den richtigen Ton, die zweckmäßige Gebärde findet, den Ausbau der Eifersucht wenigstens einzuschränken. Eifersucht gegen die Kinder führt oft zu schweren Erziehungsfehlern. Die Bedrohung des Wunderglaubens an die eigene Zaubermacht durch Geburten oder durch das Altern läßt bei Disponierten fast regelmäßig eifersüchtige Regungen stärker hervortreten.

Als *»Konfliktsneurose«* möchte ich häufig vorkommende Krankheitsfälle benennen, die, der Zwangsneurose verwandt, dadurch auffällig werden, daß ihre Träger fast ununterbrochen mit ihrer Umgebung in Zank und Streit geraten. Um diese Kampfsituation aufrecht erhalten zu können, greifen sie gelegentlich zu allerlei Verdachtsgründen, schuldigen auf Grund allgemein gehaltener, phrasenreicher ethischer Formeln die anderen an, wittern leicht Beziehungen und geheime Pläne, so daß die Verwandtschaft mit der Paranoia nicht von der Hand zu weisen ist. In ihrem Drang nach Konflikten und in ehrgeiziger Rechthaberei lassen sie es zuweilen auch die Unverletzlichkeit der Logik entgelten, so daß sie durch ihr »Gefasel« und durch unsinniges Verhalten in die Nähe der Hebephrenen gerückt werden. Ihr Los ist erschütternd. Immer findet man als Ursache ein feiges Zurückweichen vor ihren wirklichen Lebensfragen. Dadurch wird ihr Hang zu Konflikten gespeist, weil sie durch diese präokkupiert, abgelenkt und von ihren Aufgaben enthoben werden. Versäumt man die individual-psychologische Behandlung, so bleibt der Fall unbehandelbar und ungeheilt und verspielt sein Leben als Dementia praecox, Hebephrenie oder Paranoia. – Diese Art von »Unheilbarkeit« muß dann noch dazu dienen, die unheilvolle Diagnose und den therapeutischen Nihilismus zu stützen und zu rechtfertigen. –

VIII Furcht vor dem Partner — Das Ideal in der Neurose — Schlaflosigkeit und Schlafzwang — Neurotischer Vergleich von Mann und Frau — Formen der Furcht vor der Frau

In diesem Ringen der Nervösen um die Erfüllung des Leitzieles der Überlegenheit kann es niemals ausbleiben, wie wir hervorgehoben haben, daß sich die Furcht vor der Entscheidung als *Furcht vor dem anderen Geschlecht*, dem Prüfstein der eigenen Kraft, dem Erfüller der leitenden Idee in hervorragender Weise kundgibt. Die Vorbereitungen für den Kampf um die Überlegenheit werden von Mädchen und Knaben in der Familie, im Spiel, in der Ansammlung von Erfahrungen aller Art, in der Phantasie, in Tagträumen, im Miterleben von wirklichen Ereignissen und Dichtungen so frühzeitig, so reichlich und so einheitlich getroffen, daß in der Zeit der Pubertät sichere günstige oder ungünstige Bereitschaften für die Liebe und Ehe bestehen und dadurch allein die Auswahl und die Richtung der Erotik in engen Grenzen vorbestimmt ist. Nun überlege man, welcher Art die Vorausbestimmung des Liebesobjektes bei Nervösen sein mag! Da ist die Herrschsucht, die Überempfindlichkeit, der Ehrgeiz, die Unzufriedenheit, der Egoismus, die Ungeduld und alle die beschriebenen nervösen, prinzipiellen Charakterstücke, die sichernden Bereitschaften des Mißtrauens, der Vorsicht, der Eifersucht, die Entwertungstendenz, die überall nach Fehlern sucht, die neurotischen Abbiegungen und Umwege, die zuerst die eigene Hörigkeit anstreben, um von dieser Basis aus ihre Überlegenheit zu erweisen oder zu flüchten. Das neurotische Junktim mengt sich ein und verlangt zur Liebe noch eine schwer oder gar nicht zu erfüllende Eigenschaft, oder der Partner soll (*Plato* und viele neuere Sexualpsychologen) »das Fehlende ergänzen«, was nichts anderes heißt, als er soll die von dem Suchenden kompensatorisch konstruierte Persönlichkeitsidee erfüllen oder vorstellen [1]. Auch das normale Kind erwartet von der Zukunft und insbesondere von seiner Liebeswahl die Erfüllung seiner Ideale. Aber zur gegebenen Zeit ist es imstande, nachdem es sich von seiner Idee als Mittel hat treiben lassen, von ihr zur Wirklichkeit abzuspringen und mit dieser zu rechnen. Anders der Neurotiker. Er kann seine neurotische Perspektive aus eigener Kraft nicht verändern, seine starr gewordenen Prinzipien nicht aus dem Spiele lassen, seinen Charakterzügen nicht gebieten. An seinen Lebensstil gekettet bringt er die alten Vorurteile und Voreingenommenheiten auch in die Liebesbeziehungen und handelt so, als ob sie ihm nicht Realität, Kameradschaft und Gemeinschaft, sondern die Sicherung seiner Idee, den Triumph seines überspannten Überlegenheitsideals gewährleisten müßten. Und bald ist die Enttäuschung da. Denn sie wird von dem Nervösen als Vorwand, als Sicherung gegen die herabsetzende Distanzwirkung seines fiktiven Finales eingeleitet und protegiert. Sie gibt die geeignete Basis ab, um den Kampf gegen den Partner weiterzuführen, jede Gelegenheit zu seiner Erniedrigung wahrzunehen. Und dies

1 Von Jung als Gattenimago nunmehr beschrieben, aber zu sehr als allgemeines Prinzip hingestellt.

waren doch die nächsten Ziele der alten neurotischen Bereitschaftsstellungen.
Unbewußt schwebt die Furcht vor dem geschlechtlichen Partner in der Seele des wachsenden Neurotikers, als ahnte er für diese kommende Zeit das Ende seiner Fiktion und damit die Vernichtung seines Persönlichkeitsgefühls, des Leitsterns seiner Unsicherheit im Chaos des Lebens. Er *stellt Ideale auf, um die Wirklichkeit zu entwerten.* Er schraubt sein Persönlichkeitsgefühl oft in narzissistischer Weise so hoch als möglich, um jeden Partner klein erscheinen zu lassen. Er umgibt sich mit der Mauer des krassesten Egoismus, um den Beweis seiner Untauglichkeit sich und anderen zu liefern. Er arrangiert in neurotischer Weise Zweifel, Unsicherheit, Ungeschicklichkeit, hält alte Kinderfehler aufrecht, konstruiert neue Mängel, *um nicht anzukommen.* Und er erdichtet Schwäche, Unterwürfigkeit, masochistische Regungen, um Vorwände zu gewinnen und *um sich zu erschrecken.* Die Macht des Sexualtriebs wird ihm zur »überwertigen Idee« *(Wernicke),* weil er sie braucht, *und er empfindet sein eigenes Sexualverlangen als die Überlegenheit des anderen Geschlechtes.* Der Nervöse ist zur Liebe unfähig, nicht weil er seine Sexualität verdrängt hat, sondern weil seine starren Bereitschaften an der Linie seiner Fiktion, *an den Linien zur Macht und nicht zur Gemeinschaft liegen.* Die nervösen Karikaturen des Don Juan, der Messalina sind trotz ihrer Sexualität Neurotiker. Die Invertierten aber und Perversen sind bereits der ihnen drohenden Klippe ausgewichen und versuchen nur mehr aus der Not eine – Tugend zu machen. Und wo scheinbar der Inzestgedanke eine Hemmung des Liebeslebens bewirkt, konnten wir zeigen, daß er eine sichere Zuflucht des vor der Entscheidung bangen Nervösen bedeutet, den sichernden asexuellen Weg zur Mutter oder zum Vater, eingekleidet in ein sexuelles Gleichnis.
Besser gelingt die Flucht vor dem Partner, insbesondere die Flucht vor der Frau den nervös disponierten Menschen, die frühzeitig den Weg in einen Beruf, in eine künstlerische Betätigung gefunden haben. Wohl kann sie mitten in ihrer Arbeit die Furcht vor der Entscheidung, vor der Zukunft, vor dem Leben, vor dem Tode ereilen, wenn ihnen eine Niederlage droht. *Oft aber findet der Nervöse in befriedigender Arbeit das Mittel, sein Selbstgefühl zu sichern,* oder seine Begabung gibt ihm im Formenwandel der Fiktion Gelegenheit, in der Kunst nach der Palme des Sieges zu ringen. Nicht selten schlägt dann als Motiv und Inhalt seines Schaffens durch, was ihn in die sichernden Gefilde seiner Kunst getrieben hat: die Macht des Weibes, die Furcht vor der Frau.
In dieser Richtung liegt der großartige, wirkende Zauber, der

aus vielen Mythen, aus Schöpfungen der Kunst und Philosophie zu uns spricht: die Schuld der Frau – das banale cherchez la femme – an allem großen Unheil. Bizarr malt sich der Gedanke bei *Baudelaire:* »Ich kann mir eine Schönheit ohne ein damit verbundenes Unglück gar nicht vorstellen«, mystisch und erhaben im Evamythos, dessen Spuren in der Poesie nie vergangen sind. Die Iliade baut sich auf dieser Grundlage auf, ebenso 1001 Nacht, und wenn wir näher zusehen, jede große und kleine künstlerische Leistung. Was ist ihr leitender Gedanke? Nichts kleineres als einen Standpunkt zu gewinnen in der Unsicherheit des Lebens, im Kampfe mit der Liebe, im Beben vor der Frau. Δός τεου στῶ!
Die Frau als Sphinx, als Dämon, als Vampir, als Hexe, als männermordendes Scheusal, als Gnadenspenderin – in diesen Bildern spiegelt sich der durch den männlichen Protest aufgepeitschte Sexualtrieb, die in der Karikatur der Frau, in zotenhaften galligen Ergüssen, in Anekdoten und Schwänken, in herabsetzenden Vergleichen ihr Gegenstück haben. Ebenso drängt das nervöse spießbürgerliche Mannesbewußtsein und die Gier nach Überlegenheit zu gefesteten Überzeugungen, deren Entwertungstendenz dahin geht, der Frau die Gleichberechtigung, zuweilen auch die Daseinsberechtigung abzusprechen.
Eine andere Richtung von Gedankengängen Nervöser führt in der Sicherung vor der Frau konsequenterweise auch *abseits von der Gegenwart und vom Leben. Schopenhauer* kam auf diesem Wege – die Vorbereitungen stammen aus seiner feindlichen Beziehung zur Mutter – *zur Verneinung des Lebens,* der Gegenwart, aller Zeiten. Etwas weniger folgerichtig und methodisch flüchten viele der Patienten in der Furcht vor der Frau, aber ewig lüstern nach der Erfüllung ihrer Fiktion, in Phantasien und Träume, mit denen sie die Zukunft umspinnen. Jeder Nervöse zeigt diesen Zug, will die Zukunft erforschen und erhellen, um sich rechtzeitig zu sichern. *Seine vorsichtig-ängstliche Erwartung gibt den Grundton künftiger Ereignisse:* grau, düster, voll Gefahren. Denn so müssen sie ihm erscheinen, um als drohender Antrieb wirksam zu werden. Nun kann er, die größte Gefahr im Auge behaltend, die Linien seiner Charakterzüge und Bereitschaften haarscharf ausziehen, um sich zu sichern. Jetzt glaubt er den Weg zu seinem Leitziel gefunden zu haben, und er läßt statt des Ehrgeizes, statt der Sehnsucht nach Sieg und Triumph, nach Ansehen, Erhebung, Macht und Bewunderung oder neben ihnen seine neurotischen Symptome und Anfälle wirken. Er empfindet unter dem Zwang seiner Leitlinie *als Gabe der Prophetie,* was nüchterne Menschen in ihrem Vorausdenken und in ihrer Berechnung der Wirklichkeit besitzen. Aber mit den neuro-

tischen Bestrebungen des Vorausdenkens berührt die Aufmerksamkeit Probleme und reiht sie nach der starren, gegensätzlichen Apperzeption des Nervösen ein, die eine Niederlage als Tod, als Minderwertigkeit, als Weiblichkeit und den Sieg als Unsterblichkeit, Höherwertigkeit, männlichen Triumph wertet, während die hundert anderen Möglichkeiten des Lebens in abstrahierender, antithetischer Weise ausgelöscht sind. Ebenso ist damit der Weg zur Antizipation künftiger Schrekken und Triumphe sowie zur halluzinatorischen Verstärkung zwecks Sicherung beschritten. Die Psychosen zeigen diesen Weg in klarerer Weise, die Melancholie und die Manie als Antizipationen des reinen »Unten oder Oben«, die Dementia praecox, Paranoia und Zyklothymie in ihren Ausbiegungen vor den Tatsachen des Lebens.

Anerkennung und Ausbau der Charakterlinien in prinzipieller Weise erfolgen nun unter Rücksichtnahme auf das Endziel. Die Verschärfungen von Geiz und Sparsamkeit sollen vor erniedrigender Not, Pedanterie vor Schwierigkeiten, ethische Charakterzüge vor Schande, alle gleichzeitig vor Liebesbeziehungen, Heirat oder Unterwerfung unter den Partner sichern und die Möglichkeit des Angriffs auf ihn, den bereitstehenden Anlaß zu seiner Entwertung liefern. – *Das Junktim als ausschließendes Prinzip* erfreut sich der größten Wertschätzung, wird zum Inventar vergöttlichter Moral oder der höchsten Lebensweisheit. Die Unsicherheit unserer sozialen Zustände, ethische Gesichtspunkte und Schwierigkeiten der Kindererziehung geben den willkommenen Anlaß, die Grenzen der Lebenshaltung ängstlich vorausblickend so eng als möglich zu ziehen, und die Dunkelheit und in Wahrheit geringe Eignung des Erblichkeitsproblems wird in gleicher Weise vorgeschoben, um allein bleiben zu können. Viele flüchten in die Religion, geben ihr gegenwärtiges Leben preis, peitschen ihre moralischen und asketischen Gefühle auf, um des Glücks, des Triumphes »dort drüben« teilhaftig zu werden, hienieden aber bereits bei *Gott* zu sein. Die asexuelle Rolle ist also arrangiert, und alles wird Mittel zur Erreichung des Persönlichkeitsideals, was sich durch die Situation und durch die neurotische Perspektive auf das Leben und seine Erfahrungen für sie ergibt. – Zuweilen wird die Sicherung gegenüber dem anderen dadurch erzielt, daß die Befriedigung in der Liebesbeziehung ausbleibt und die Enttäuschung mächtig anwächst. Arrangements, bei denen der Patient deutlich nachhilft, um Argumente gegen den anderen zu finden.

Es ist nur eine andere Seite der Furcht vor dem Konkurrenten, wenn der Patient gegen den Psychotherapeuten seine Bereitschaften spielen läßt. Die nervöse Patientin bekämpft in dem Arzt auf ihre Weise gleichzeitig den Mann und sucht sich seinem – oft in einem sexuellen Bild als dem schreckendsten apperzipierten – männlichen Einfluß zu entziehen. Der männliche Nervöse versucht heimlich die als männlich apperzipierte Überlegenheit des Psychotherapeuten, auch diese zuweilen in einem sexuellen Bild erfaßt, zu untergraben. Und beide wehren sich in der Behandlung, wie sie sich immer gewehrt haben, wenn sie fremden Einfluß zulassen, ins Leben hinein sollten oder vor Entscheidungen gestellt wurden.

Zuweilen findet man Patienten, die vor dem Partner in die Vergangenheit flüchten. Ihr Interesse für Antiken, Heraldik, tote Sprachen usw. wird dadurch sehr gesteigert und oft leistungsfähig. Letzteres bleibt bei solchen Nervösen aus, die ihre Aufmerksamkeit vor allem auf Friedhöfe, Todesanzeigen und Leichenbegängnisse richten.

Oben erwähnte ich das Motiv der Furcht vor der Frau als stärksten Antrieb zur Phantasie und zum Künstlertum. Hier eine Stelle aus *Grillparzers* Selbstbiographie, die manches aus unserer Darstellung beleuchtet:

»Wie jeder wohbeschaffene Mensch fühlte ich mich von der schöneren Hälfte der Menschheit angezogen, *war mit mir aber viel zu wenig zufrieden*, um zu glauben, tiefe Eindrücke in kurzer Zeit hervorbringen zu können. War es aber die vage Vorstellung von Poesie und Dichter, oder selbst das Schwerflüssige meines Wesens, das, wenn es nicht abstößt, gerade aus Widerspruchsgeist anzieht; ich fand micht tief verwickelt, während ich noch glaubte in der ersten Annäherung zu sein. Das gab nun Glück und Unglück in der nächsten Nähe, obwohl letzteres in verstärktem Maße, da mein eigentliches Streben doch immer dahin ging, mich in jenem unbetrübten Zustande zu erhalten, der meiner eigentlichen Göttin, der Kunst, die Annäherung nicht erschwerte oder wohl gar unmöglich machte.«

Es entspricht nur dieser Grundstimmung, die den Künstler wie den Neurotiker gleichermaßen beseelt, wenn sie beide, in Rücksicht auf die Unsicherheit ihres Triumphes, die Anziehung, die von der Frau erfolgt, als bedrohlich, als gefährlich, als Zwang betrachten und ihre eigene Liebesempfindung als Hörigkeit und Unterwerfung. Wobei die dürftigen Realien dieser Beziehungen von mir keineswegs geleugnet werden. Für eine noch so nüchterne Untersuchung besteht in der Liebe eine gegenseitige Anpassung, Unterwerfung – wenn man will. Diese aber also einseitig herauszufühlen, sie als bedeutsam zu empfinden und darüber sich der genußvollen Hingabe zu entschlagen, zeugt in eindeutiger Weise von dem unerbittlichen Geltungsdrange der Betroffenen, den wir als neurotische Überkompensation ihres neurotischen Minderwertigkeitsgefühls oftmals nachgewiesen haben. Passende Bereitschaften auszubilden, verbietet das Leitziel oder gestattet sie nur in der Form einer maßlosen, masochistischen Übertreibung, die selbst wieder zur Sicherung und Geltung verwendet wird. Der Mangel des Gemeinschaftsgefühls verhindert die Fähigkeit der Hingabe, und was den einzig sicheren Ankerplatz von Liebe und Ehe schafft, die Kameradschaftlichkeit.

Zuweilen sucht der Geltungsdrang, *sobald die eigene Sexualspannung als Übermacht des Partners* empfunden wird, andere Wege; es erfolgen Wünsche und Versuche, sich dieser Macht durch Übersättigung, durch Orgien zu entziehen. Selbst Kastrationswünsche und -absichten, im gleichen Mechanismus asketische und Bußübungen, Flagellationen usw. tauchen auf, gefördert von der unerbittlichen Sicherungstendenz, um vor dem Dämon Liebe Ruhe zu gewinnen. Nicht anders lassen sich starke, immer wiederkehrende Perversionen, insbesondere masochistische Äußerungen verstehen, die ein Ausdruck sind für die Nötigung, sich selbst von der unheimlichen Stärke des Partners im einzelnen zu überzeugen, um diese Überzeugung von der Stärke des anderen und von der eigenen Schwäche als Schreckpopanz im ganzen aufstellen zu können, gleichzeitig aber den Partner zum Instrument masochistischer Leistungen zu machen. Das reale Ergebnis aus diesen Grenzberichtigungen des Nervösen ist eine starke Abweichung von der normalen Linie, die zu allermeist gefürchtet wird. Die arrangierte Selbsterniedrigung setzt aber den stärkeren Reiz für den männlichen Protest und steigert ihn im Sinne des fiktiven Endziels. »Nacht muß es sein, wo Friedlands Sterne strahlen.« Nun gehen seine Versuche nach diesen Umwegen wieder entlang der neurotischen Leitlinie, zeigen sadistische Einschläge, großen Reinlichkeitsfanatismus, wo etwa Gedanken oder Tatsachen der Wut gegen die Geschlechtszugehörigkeit und gegen den Partner vorliegen. Oder der Patient begnügt sich, im Kampfe gegen das Urteil der anderen, gegen das Gesetz, durch Aufwand einer oft unerhörten Logik *den Schein der Berechtigung* für seine neurotischen Umwege zu erwecken, so daß auf diese Weise seine Überlegenheit wieder zur Geltung kommt. So auch bei der Argumentation der Homosexuellen, die in gleicher Weise ihrer Furcht vor dem anderen Geschlecht die neurotische Abbiegung von der Norm verdanken[2].

Das zu wahrende Prestige wird stets eindringlich in den Vordergrund geschoben, bis die aufklärende Analyse zu jenem Punkte gelangt, wo in den Erinnerungen des Mannes die neurotisch gruppierten Gedanken zutage treten, seine Minderwertigkeit werde ihn am Siege über die Frau hindern. Sehr oft

2 A. Adler, *Das Problem der Homosexualität,* l. c.

findet man im Lebensstil Eintragungen aus der frühesten Kindheit, Entthronung durch nachfolgende Geschwister. In den Erinnerungen weiblicher Patienten vertritt die gleiche Stelle das Gefühl der Inferiorität, der neurotische Schrecken vor der Erniedrigung in der weiblichen Rolle. An diese wiedereröffneten Gedankengänge, die aus den frühesten Jahren der Kindheit stammten, sieht man unmittelbar *Größenideen* angeschlossen, oft in der Maske des Narzissismus, Sadismus und Exhibitionismus, zielend nach den stärksten Bestätigungen einer fiktiven Überlegenheit. – Man kann sie leicht als vorbereitende Versuche zur Kompensation des Minderwertigkeitsgefühls verstehen, wie sie der Zwang der leitenden Fiktion erzeugt, als sekundäre neurotische Bildungen, welche besagen: »ich will ein voller Mann, der Sieger sein!« Über den Formenwandel dieser Idee, bei Mädchen oft in der Bereitschaftsstellung: ich will über allen Frauen sein, nahezu schon ein höheres Wesen! – wurde bereits des öfteren gesprochen.

Einige dieser Zusammenhänge kann ich an folgendem Falle einer Patientin zur Darstellung bringen. Ein 19jähriges Mädchen kam in Behandlung wegen Depression, Suizidgedanken, Schlaflosigkeit und Arbeitsunfähigkeit. Sie war Zeichnerin (Kompensation der Myopie) geworden, um einen Beruf zu haben. Außer einer Andeutung von Tuberkulose und Myopie ergaben sich keine körperlichen Symptome. Die Angehörigen schilderten sie als ein früher trotziges Kind, das aus Hang zur Selbständigkeit aus dem Hause fortdrängte. Die Mutter und der einzige ältere Bruder waren an Lungentuberkulose gestorben.

Die Anfänge der Behandlung erwiesen sich als schwierig, weil die Patientin teilnahmslos vor mir saß und keine meiner Fragen beantwortete. Nur gelegentlich äußerte sie eine verneinende Gebärde oder antwortete mit: Nein.

Ich gehe vorsichtig daran, ihre *Entwertungstendenz gegen die Welt, identisch mit ihrer Gleichgültigkeit*, klar zu machen, zeige ihr, wie ihr beharrliches Schweigen, ihr Negativismus, ihr Nein in dieser auch gegen mich gerichteten Tendenz zu finden ist. Dann komme ich darauf zu sprechen, daß ihr Benehmen auf eine Unzufriedenheit mit ihrer Mädchenrolle hinweise, gegen die sie sich auf diese Art sichern wolle. Dabei bekomme ich stets ein Nein zu hören, was ich als erwartet und gegen den Mann gerichtet hinstelle. Der Beginn ihrer Depression fiel in die Zeit ihres Aufenthalts in einem Badeort. Ich behauptete nun mit Bestimmtheit, daß sich dort etwas zugetragen haben müsse, das dieses Nein ausgelöst habe, d. h. daß ihr ihre Mädchenrolle brüsk vor Augen geführt wurde. Darauf erzählt sie, sie sei vor mehr als einem Jahre in einem anderen Kurort gewesen, habe dort die Bekanntschaft eines jungen Mannes gemacht, der ihr gefallen habe, wobei es zu einleitenden Zärtlichkeiten und Küssen gekommen sei. Eines Abends wäre der junge Mann *wie verrückt* über sie hergefallen und habe sie unzüchtig berühren wollen. Da sei sie eilig davon und sofort abgereist. Ich mache sie darauf aufmerksam, daß sie – wie übrigens verständlich – in dem Moment ausgerissen sei, als der junge Mann durch sein Vorgehen sie deutlich in die weibliche Position drängen wollte und knüpfte die weitere Bemerkung daran, sie müsse in diesem Sommer ein ähnliches Abenteuer erlebt haben. Patientin erzählte mir hierauf, daß ein Kurgast, den sie kurze Zeit vorher kennen gelernt hatte, sich in gleicher Weise wie der junge Mann benommen habe. Hierauf sei sie wie im vorigen Jahre sofort abgereist.

Die »Wiederkehr des Gleichen« bringt uns zuerst auf den Gedanken, daß Patientin dabei wohl gehörig die Hand im Spiele hatte, daß sie beide Male arrangierend nachgeholfen habe, um im gleichen Moment abzubrechen. Dazu liefert uns die Patientin eine wertvolle Unterstützung mit der Bemerkung, daß die ausgetauschten Küsse sie keineswegs irritiert hätten. Ich zeige ihr, daß sie soweit mitgeht, bis ihre weibliche Rolle ihrer eigenen Schätzung nach in Frage kommt. Ihre anfängliche Courage sei als Eroberungsidee im Einklang mit ihrem männlichen Ziel.

In diesem Stadium verschwindet die Schlaflosigkeit. Sie teilt mir diese immerhin auffällige Besserung mit der herabsetzenden Bemerkung mit, jetzt möchte sie Tag und Nacht schlafen. Wer mit mir die gereizte Aggression der Patientin in der psychotherapeutischen Kur, die sich gegen den überlegenen Arzt kehrt, kennen gelernt und so seine Sinne für die Ausdrucksweise des Neurotikers geschärft hat, wird die Äußerung der Patientin nicht mißverstehen. Diese Äußerung zeigt deutlich, daß sie den Erfolg der Kur erkannt hat, daß sie aber mit leichter Retouche bemüht ist, diesen Erfolg und damit mich zu entwerten. Sie macht mich unter der Blume aufmerksam, daß bloß ein Übel durch ein anderes ersetzt wurde.

Bei näherer Erkundigung gibt Patientin an, sie habe während ihrer vierwöchigen Schlaflosigkeit des Nachts stets daran gedacht, wie doch das ganze Leben wertlos sei. Wir verstehen, daß sie nicht bloß daran gedacht, sondern *vor allem daran gearbeitet hat*. Jetzt, wo ihr der männliche Feind in der Gestalt des Arztes gegenübertritt, der der gleichen Wertung unterworfen wird wie der Mann überhaupt, der ihre Sicherungstendenz entlarvt und damit die Sicherung durch das Wachen untergräbt, der sie wieder ins Leben hineinführen soll, sucht sie ihn, zum Schlafe gedrängt, durch ein Übermaß des Schlafens klein zu machen.

Die *nervöse Schlaflosigkeit*[3] ist ein symbolischer Versuch, der Wehrlosigkeit (auch des Schlafes) zu entrinnen und auf Sicherungen gegen ein Unterliegen zu sinnen. Es ist die sinnvollste Attitude des Kämpfers: *auf Wache zu sein!* Der Traum ist eine andere Art dieses Versuches, ein Kompromiß gleichsam, da er die Wehrlosigkeit im Schlafe, damit das Gefühl der Minderwertigkeit überhaupt mit einem Selbstbetrug beantwortet, der nach dem individuellen Ziel gerichtet ist[4]. Der Traum, dies ist der Inhalt meiner Beobachtungen, drängt stets auf Sicherung und hat demnach die Funktion des Vorausdenkens. Daß er dies mit den Mitteln der Erfahrung bewerkstelligt, ist leicht zu verstehen, und so kommen in den Trauminhalt und in die Traumgedanken jene Erfahrungsniederschläge, die *Freud* zu seiner heuristisch wertvollen, sonst aber unvollkommenen und einseitigen Traumtheorie veranlaßt haben. Von anderen späteren Traumtheorien ist nur die *Maeders* meinen Anschauungen näher gekommen.

Nach langem Zögern, und auf die Neinbedeutung dieses Zögerns aufmerksam gemacht, bringt Patientin einige Tage später folgenden Traum:

»Ich bin vor dem ›Steinhof‹ (Wiens große Irrenanstalt). Doch husche ich rasch vorbei, da ich eine dunkle Gestalt drinnen sehe.«

Um alle künstlichen Beeinflussungen der Patientin, insbesondere bei der Traumdeutung zu vermeiden, sehe ich von allen Erklärungen meiner Traumtheorie ab und verweise bloß darauf, daß der Traum Gedankengänge wiedergäbe, die verraten, wie sich der Patient gegen den von ihm empfundenen Zustand in einem gegenwärtigen Problem, der ihn an seine Wehrlosigkeit dem Leben gegenüber erinnere, durch Vorausdenken in der Richtung seines Lebensstiles zu sichern suche. In Fällen, wie dem obigen, die vor allem dazu drängen, die Furcht vor der weiblichen Rolle zu besprechen, weise ich auch darauf hin, wie der Schlaf als Wille zum Mitspielen in der Gesellschaft empfunden werden könne, weil er zur Mitarbeit nötig ist, daher bei Spielverderben ausgeschaltet werden muß.

Die Redensart »in Morpheus Armen liegen« – die häufigen Empfindungen des Gelähmtseins, des Gedrücktwerdens, die Analyse des Nachtmars, der Trud usw., ferner die von mir in allen Träumen nachgewiesenen Linien des Minderwertigkeitsgefühls, von denen der Traum sich zum Gefühl der Überlegenheit erhebt –, was von *Freud* in einer kritischen Bemer-

3 Siehe A. Adler, ›Über Schlaflosigkeit‹. In: *Praxis und Theorie der Individualpsychologie*, l. c.

4 Siehe A. Adler, ›Zum Problem des Traumes‹. In: *Internat. Zeitschr. f. Indiv.-Psychologie*, V. Jahrg. 1927.

kung sonderbarerweise als Bisexualität im Traume mißverstanden wird –, wo also der Vorgang des bannenden Schlafes eine individuelle Gefühlsassoziation einer Hingabe wachruft, weisen mit Sicherheit auf die Tatsache hin, daß jeder Traum ein Fortschreiten von der »weiblichen« zur »männlichen« Linie aufweisen müsse. Daß nicht jeder Traum geeignet ist, den Anfänger von der Richtigkeit meiner Auffassung zu überzeugen, habe ich selbst hervorgehoben. Es liegt dies daran, daß oft nur ein Teil der Wendung zum sieghaften Finale, Ausgangs- oder Endpunkt, zur Darstellung kommt, daß ferner in einer Skizze – und als solche haben wir den Traum anzusehen – der Sinn und die Bedeutung von Gedankenspuren und Andeutungen oft nachzuholen, zu ergänzen sind, was dem Geübten nie schwerfallen kann. Auch darüber belehre ich den Patienten, daß er sich zum Traum wie zu einer Gemäldeskizze zu verhalten habe, deren einzelne Punkte er je nach dem Eindruck, den er von ihnen erhält, auszuführen habe.
Nach diesen Erörterungen führt die intelligente Patientin selbständig aus:
»Steinhof heißt: *verrückt.* Dieser Gedanke bedeutet also: ich stehe knapp vor dem Verrücktwerden. Aber ich husche ja davon! Da fällt mir ein, daß Sie mir immer sagen, ich laufe vor meiner Mädchenrolle davon. Demnach wäre ›Verrücktwerden‹ und ›Mädchenrolle‹ ein und dasselbe!«
Ich leite sie nun an, hier zwangsweise einen Sinn hineinzubringen, und benütze die mir bekannte Rivalität der Patientin dazu, ihren Eifer aufzustacheln, wenn sich Schwierigkeiten herausstellen, indem ich etwa hinwerfe: »Man könnte sich wohl darunter etwas vorstellen!«
Patientin: »Vielleicht, daß es verrückt wäre eine Mädchenrolle zu spielen?«
Ich: »Das wäre demnach eine Antwort auf eine Frage. Wie müßte aber die Frage gelautet haben?«
Patientin: »Sie sagten mir gestern, ich dürfe mich nicht vor meiner Mädchenrolle fürchten.«
Ich: »Also eine *gegen mich* gerichtete Antwort, damit, entsprechend unseren Gesprächen, ein Kampf gegen eine Änderung ihrer Methode. Und die schwarze Gestalt?«
Patientin: »Vielleicht der Tod?«
Ich: »Versuchen Sie nun auch den Tod in den Zusammenhang einzufügen.«
Der Patientin gelang dies nur schwer, obwohl es ganz deutlich ist, daß sie, um nur genug stark aufzutragen, ihre Flucht aus der Weiblichkeit mit der Furcht vor dem Tode motiviert [5]. Der Zusammenhang von Sexualität und Tod kommt in der

5 Man beachte, wie der Traum seine Argumente tendenziös »aus der Luft greift«, um den Träumer zu betrügen.

Philosophie und Dichtung häufig zur Sprache. Die Analysen Nervöser weisen oft diesen Zusammenhang im Sinne eines affektverstärkenden »Junktims« auf.

Als Sinn des Traumes ergibt sich die nun gegen den Arzt gerichtete, aus den Phantasien der Patientin zu verstehende Bereitschaft: Es wäre verrückt, sich einem Manne unterzuordnen – gleichbedeutend mit tot. Sie hat sich nach ihrer Wertung aber bereits untergeordnet, dadurch, daß sie seit der Behandlung schläft. Dieser Traum revoltiert also gegen den Schlaf, und ihre herabsetzende Bemerkung, sie möchte jetzt Tag und Nacht schlafen, also wieder der ihre weibliche Rolle heischenden Gemeinschaft entfliehen, ist von der gleichen Tendenz getragen. Damit entpuppte sich die neurotische Bereitschaftsstellung dieser Patientin gegenüber der Möglichkeit, daß ein Mann auf sie Einfluß gewinnen könnte, und es erweist sich, daß die Patientin so handelte und träumte, *als ob sei um ihr Leitziel wüßte*[6].

Diese prinzipielle Bereitschaft, ihre Entwertungstendenz, ihre Lüsternheit nach Siegen über die Männer und ihre neurotische Sicherungstendenz, die mit den Schrecken des Todes und des Wahnsinns im Hintergrund droht, hatten auch durch Verstärkung zum Zweck erhöhter Sicherung die Entwickelung der Neurose veranlaßt. Die Patientin wird durch die gewaltsame Hemmung ihrer Frauenrolle lebensunfähig, weicht auf die unnützliche neurotische Seite aus. – Die neurotische Apperzeptionsweise, *die ein Junktim zwischen Liebe und Wahnsinn und Tod hervorzaubert*, hat etwas vom Goldklang der Poesie. Wie fest sie in den Gedanken der Patientin sitzt, geht aus ihrer anfänglichen Erzählung hervor: der junge Mann war wie »verrückt« über sie hergefallen.

Oft findet man in der Vorgeschichte von männlichen Nervösen, daß sie unter dem Einfluß einer starken Frau, Mutter, Erzieherin, Schwester gestanden sind, die also trotz ihrer weiblichen Rolle oder neben dieser eine männliche spielten, »oben waren«, und denen die Umgebung die Anerkennung, bisweilen die Mißbilligung nicht versagte, in dem Hinweis, sie wären eigentlich Männer. Auch dieser Umstand trägt manchmal zur Verstärkung der Unsicherheit des disponierten Knaben bei, der durch das Verstehen der Sexualunterschiede zur Überzeugung seiner Männlichkeit zu kommen sucht. Solche Kinder sind schon *mit der Mutter »nicht fertig geworden«*. Ein Spezialfall der Sicherung durch Wissen, *die sexuelle Neugierde*, drängt sie dazu, ihre geschlechtliche Überlegenheit immer wieder durch den Augenschein zu bestätigen, ein Bedürfnis, das um so näher an die männliche Leitlinie gerückt ist, als es

6 Richard Wagners geniale Intuition im Gesang der Erda: »Mein Schlaf ist Träumen, mein Träumen Sinnen, mein Sinnen Walten des Wissens«.

gleichzeitig aus der Vorbereitung für die Zukunft geschöpft ist, sicheres Wissen und ausgiebige Kenntnis des weiblichen Körpers zu erwerben. Die neurotische Unsicherheit haftet als Vorwand und Begründung der Furcht vor der Frau oft bis über die Ehe hinaus dem Nervösen an, so daß man oft äußern hört, der weibliche Körper, der Zustand der Virginität, die Legitimität der Kinder, die Vaterschaft seien wie die ganze Frau rätselhaft. Zuweilen gesellt sich zur Befriedigung über den Anblick des weiblichen Körpers bei disponierten Kindern das unheimliche Gefühl einer Gefahr, als ob dem Knaben unklare Gedanken aufstiegen, daß sein ferneres Leben, sein Sieg und seine Niederlage davon abhingen, wie er mit der Sexualfrage fertig würde. Dabei bringt es die Natur der Dinge oft mit sich, daß für das Kind die Besichtigung nur in einer Stellung möglich wird, wenn die Frau sich oberhalb des Knaben befindet. Auch dieser kleine Umstand findet sich, wie ich wiederholt gezeigt habe, als bildliche Darstellung der weiblichen Überlegenheit in den Phantasien der vor dem Weib erschreckten Nervösen. *Ganghofer* und *Stendhal* berichten gleichermaßen in ihrer Kindheitsgeschichte von diesem schreckenden Erlebnis, das dauernde Spuren zurückgelassen haben soll. Der Schrecken war vielmehr schon Sicherung des verletzten männlichen Prestiges, und die erregende Szene blieb ein bildlich zu verstehendes Memento für die Vorsicht gegenüber der Macht der Frau.

Oft greift an diesem Punkte, wo die Überlegenheit der Frau sich drohend darstellt, die Entwertungstendenz ein und *führt zum Vergleich männlicher und weiblicher Vorzüge und Mängel.* Die bildlich-abstrakte Darstellung der Inferiorität der Frau greift gerne in Träumen und Phantasien, im Witz und in der Wissenschaft zum Ausdrucksmittel verloren gegangener Glieder oder vermehrter Höhlungen. Einer meiner Patienten, der an Vertigo litt, träumte, als ihm einst seine Frau eine heftige Szene machte, folgenden Traum, der die Herabsetzung *der ihm überlegenen Frau* summarisch und prinzipiell bewerkstelligt:

»Es tauchte das Bild eines Birkenstammes auf. An einer Stelle befand sich ein Astauge mit rundlicher Verschwellung. Es war dort ein Ast abgefallen und ich hatte die Empfindung, als ob das ein weibliches Genital wäre.«

Ähnliche Träume haben ich und andere schon berichtet. Mir aber ergab sich als der Sinn solcher Träume die bildlich zu verstehende Frage nach dem Geschlechtsunterschied, die in kindlicher Weise dahin beantwortet wird, das Mädchen ist ein Knabe, dem die Männlichkeit verloren gegangen war. Der obige Traum fügt sich in die psychische Situation des Träumers ein, indem er den Sinn ergibt, ich bin ein Mann, dem die

Männlichkeit abhanden kam, der schwach und krank ist, der in Gefahr ist, nach unten zu kommen, zu fallen. Jetzt hat er die Operationsbasis, er sieht sich verkürzt und holt Atem, um wieder das Übergewicht zu bekommen. Nun setzen im wachen Zustande als *männlicher Protest Herrschsucht, Zornausbrüche und Akte der Untreue ein.* Im Traum war also nur der Ausgangspunkt, das Gefühl der Unmännlichkeit, zur Darstellung gekommen.

Ich will dabei erwähnen, daß man von Nervösen sehr oft hört, daß sich in Momenten persönlicher Gefahr, oder wenn ihnen eine Niederlage droht, eine *Verkürzung und Zusammenziehung des Genitales* bemerkbar macht, zuweilen auch ein schmerzliches Gefühl, das mit ungeheurer Kraft auf eine Beendigung dieser Situation drängt[7]. Am häufigsten findet sich diese Erscheinung bei der Höhenangst, bei der Furcht zu fallen. Die Verkürzung des Genitals im Bade ruft bei Nervösen fast regelmäßig eine Reaktion in der Richtung einer Verstimmung, zuweilen mit Kopfdruck nach sich.

Daß die *Homosexualität* als Neigung und als Handlung der Furcht vor dem gegengeschlechtlichen Partner entspringt, wurde bereits hervorgehoben. Dazu soll noch kurz erwähnt werden, wie die Wertschätzung des gleichgeschlechtlichen Partners den pervertierten Nervösen *im Werte mitsteigen läßt.* In der Neurose findet man die Homosexualität, auch wenn sie ausgeübt wird, immer nur als Symbol, durch welches die eigene Überlegenheit außer Frage gestellt werden soll durch Ausschaltung einer Schwierigkeit – der Frau. Dieser Mechanismus ist dem des religiösen Wahnes ähnlich, bei dem auch die *Gottesnähe eine Erhebung* bedeutet.

Eine der Formen, in die sich die Furcht vor der Frau besonders gerne verkleidet, stellt die *Syphilidophobie* dar. Der Gedankengang solcher Phobiker (*Adler*, Syphilidophobie, in »Theorie und Praxis« l. c.) ist gewöhnlich folgender: sie fürchten aus irgendwelchen *Minderwertigkeitsgefühlen,* für die sie allerlei Gründe parat haben, zuweilen auch ohne bewußte Motivierung, daß sie der Frau gegenüber keine herrschende Rolle spielen werden. Dabei kommen sie auf dem Wege fortschreitender Entwertung der Frau zu mißtrauischen Gedankengängen, durch welche sie sich vor Liebesbeziehungen sichern. Bald ist die Frau ein Rätsel, bald ein verbrecherisches Wesen, stets auf Putz und Ausgaben bedacht und sexuell nie zu be-

7 Zuweilen reicht dieses »Druckgefühl« bis zum Abdomen in die Brust- und Herzgegend oder tritt ausschließlich an diesen Stellen auf. Zuweilen folgen Pollutionen oder Erektionen als reaktives Symbol des männlichen Endzweckes. Der häufige Genitaltypus reagiert leichter als andere auf Furcht und Schrecken mit Genitalerregungen, wie der Blasentypus mit Erregungen der Blase, der Darmtypus mit solchen des Verdauungstraktes. Ausgeprägte Genitaltypen können schließlich in jeder Erregung einen sexuellen Beiklang spüren, so daß ihnen leicht die »sexuelle Grundlage der Psyche« zu einem Dogma wird.

friedigen. Immer drängen sich Vermutungen ein, das Mädchen wolle nur die Versorgung, habe es darauf angelegt, den Mann zu kapern, sei listig und verschlagen und stets zum Bösen gewandt. Diese Gedankengänge sind universell und finden sich zu allen Zeiten. Sie tauchen in den erhabensten und niedrigsten Kunstschöpfungen auf, treiben im Sinnen und Trachten der Weisesten und Toren ihr Spiel und schaffen beim Manne wie bei der Gesellschaft eine stete Bereitschaft, die *mißtrauische und vorsichtige* Züge entwickelt, um immer in Fühlung mit dem Feind zu bleiben und seine tückischen Angriffe rechtzeitig abzuwehren. Man irrt, wenn man meint, daß nur der Mann *Mißtrauen* gegen den geschlechtlichen Partner hegt. Die gleichen Züge finden sich bei der Frau, oft weniger deutlich, wenn Fiktionen von der eigenen Stärke dem Zweifel an der eigenen Wertigkeit steuern, aber um so heftiger auflodernd, wenn das Gefühl der Herabsetzung übermächtig wird. In dieser Haltung zeigt sich der Mangel des Zusammengehörigkeitsgefühls, der Verwachsenheit mit den Menschen besonders häufig.
In den Disputationen frommer Gelehrter des Mittelalters tauchten Fragen auf, ob das Weib eine Seele habe, ob es überhaupt ein Mensch sei, und die allgemeine Ergriffenheit von dem gleichen Gedanken loderte empor in den wahnsinnigen Hexenverbrennungen der darauffolgenden Jahrhunderte, bei denen sich Regierung, Kirche und das verblendete Volk die Hände boten. Diese gehässigen, wie auch die liebenswürdigeren Entwertungen der Frau, die sich in christlichen, jüdischen und mohammedanischen Religionsgebräuchen und Formeln wiederfinden, brechen unwiderstehlich aus der Seele des fürchtenden, unsicheren Mannes hervor und erfüllen die Gedankenwelt des Neurotikers so vollständig, daß man *die Entwertungstendenz des Partners* als hervorspringendsten Charakterzug in der neurotischen Psyche wiederfindet. Nun sind die vorgeschobenen Posten zur Sicherung des machtheischenden Persönlichkeitsgefühls festgelegt, und das eigenartige Spiel der neurotischen Charakterzüge beginnt. Fortwährendes Prüfen, Abtasten, Unterwerfenwollen, eine Sucht, Fehler zu finden und den Partner herabzuwürdigen setzen nun ein, immer begünstigt durch die einseitig gerichtete Aufmerksamkeit und das tendenziöse Interesse, mit dem Feind in Fühlung zu bleiben, einer Überrumpelung vorzubeugen. Solange diese Entwertungstendenz mit ihren peripheren Ausläufern, *Mißtrauen, Furcht, Eifersucht, Negativismus, Herrschsucht* besteht, kann von einer Heilung der Neurose nicht die Rede sein. Große, vielfach anerkannte Leistungen der Kunst und Literatur danken dieser Tendenz, wie wir gesehen haben, ihren Ursprung. Von der »Lysistrata« zu den »Kreuzelschreibern« führt die

gleiche Linie wie von der Gorgo Medusa zu der Syphilisfratze, die vor *Lenaus* oder *Ganghofers* Augen aufstieg. Die Leitlinie, die in *Tolstois* Kreutzersonate den Grundton angibt und die Herabsetzung der Frau anstrebt, war schon in den Knabenjahren sichtbar, als er seine künftige Braut aus dem Fenster stieß, war im Alter noch kräftig, als er aus dem Hause flüchtete und in die Ferne sterben ging. Zur Syphilidophobie wird diese alte Leitlinie durch Formenwandel, die im Mythus vom *Giftmädchen* [8] im Altertum, im Mittelalter und im Beginn der Neuzeit in der Furcht vor Hexen, Dämonen, Vampiren und Nixen sich gestaltete. *Poggio* erzählte von einem Kleriker, der ein Mädchen vergewaltigte. Das Mädchen verwandelte sich in den Teufel und verschwand mit Gestank.

Alle diese Gedankengänge, wie sie ähnlich im Traum und in der Psyche des Neurotikers wiederkehren, zeigen den vorbauenden, in seiner Männlichkeit unsicheren Mann, der sich ebenso durch Aufstellung von Schreckgespenstern vor dem wirklichen Leben zu sichern trachtet, *als er sich in Verehrung eines unerreichbaren Ideals vor diesem selben Leben zurückzieht.*

Die häufig scherzhafte Note in solcher Haltung zu den Frauen ist durchaus bedeutunsglos in Hinsicht auf unsere Auffassung. Sie zeigt vielmehr den Versuch, sich keiner Übertreibung schuldig zu machen, das Dekorum zu wahren und sich vor Lächerlichkeit durch die Geste des Witzes zu sichern. Ähnlich bei *Gogol*, dessen starke Sicherungstendenzen im feinsten Geäder seiner Dichtungen fühlbar werden. Im »Jahrmarkt von Sorotschinsk« läßt er eine Person reden: »Himmel Herrgott, warum bestrafst du uns arme Sünder so? Es gibt doch schon genug *Unrat*, mußtest du auch noch die Weiber in die Welt setzen?« In den »Toten Seelen« dieses großen Dichters, der zeitlebens neurotisch war, an Zwangsmasturbation gelitten hat und im Irrenhaus starb, läßt er seinen Helden beim Anblick eines jungen Mädchens überlegen:

»*Ein herrliches Weibchen!* Was aber das Beste an ihr ist – das Beste an ihr ist, daß sie soeben aus einem Institut oder Pensionat entlassen zu sein scheint, und daß sie noch nichts spezifisch Weibliches an sich hat, nichts von jenen Zügen, die das ganze Geschlecht verunzieren. Jetzt ist sie noch das reine Kind, alles an ihr ist schlicht und einfach; sie spricht, wie ihr ums Herz ist und lacht, wenn ihr darnach zumute ist. Es läßt sich alles aus ihr machen; sie kann ein herrliches Geschöpf, aber ebenso gut auch ein verkrüppeltes Wesen werden – und so wird es wohl auch kommen, wenn sich erst die Tanten und Mamas an ihre Erziehung machen. Die werden sie in einem

8 Wilhelm Hertz, ›Die Sage vom Giftmädchen‹. In: *Abh. d. bayer. Akademie d. Wissenschaften.* 1897.

Jahre mit ihrem Weiberkram vollpfropfen, daß ihr eigener Vater sie nicht wiedererkennen wird. Sie wird ein aufgeblasenes und affektiertes Wesen annehmen, wird sich nach auswendig gelernten Regeln drehen, wenden und knicksen, sich den Kopf darüber zerbrechen, *was* sie, mit *wem* sie und *wieviel* sie sprechen, wie sie ihren Kavalier anblicken muß usw., wird fortwährend in der größten Angst schweben, ob sie nur kein überflüssiges Wort gesagt hat, schließlich gar nicht mehr wissen, was sie zu tun hat, und wie eine große Lüge durchs Lebens wandeln. *Pfui Teufel!* – Übrigens wüßte ich gern, wie sie eigentlich ist!«

IX Selbstvorwürfe, Selbstquälerei, Bußfertigkeit und Askese — Flagellation — Neurosen bei Kindern — Selbstmord und Selbstmordideen

Unter den Formen des neurotischen Gebarens zwecks Sicherung der Überlegenheitsfiktion treten in auffälliger Stärke die Regungen der *Selbstverwünschung, der Selbstvorwürfe, der Selbstquälerei und des Selbstmordes hervor.* Unser Befremden darüber wird freilich abgeschwächt, sobald wir sehen, daß das ganze Arrangement der Neurose diesem Zug der Selbstquälerei folgt, daß die Neurose ein selbstquälerischer Kunstgriff ist, der bezweckt, das Persönlichkeitsgefühl zu heben und die nähere Umgebung zu drücken. Und in der Tat stammen die ersten Regungen des gegen die eigene Person gerichteten Aggressionstriebes[1] beim Kinde aus einer Situation, in der das Kind durch Krankheit, Tod, Schande und allerlei konstruierte Mängel den Eltern Schmerz bereiten oder sich besser in Erinnerung bringen will. Dieser Zug charakterisiert schon das disponierte Kind, welches aus den Erinnerungen seiner Organminderwertigkeitserscheinungen und aus deren Bedeutung für die Hebung seines Persönlichkeitsgefühls, für die Steigerung der elterlichen Zärtlichkeit und des Interesses Bereitschaften gebildet hat. Die entwickelte Neurose baut letztere aus und leitet ihre Aktivierung durch die Verstärkung der Fiktion ein, sobald es die wachsende Unsicherheit gebietet. Es ist bekannt, wie starke Aggravationen dabei mitspielen, der halluzinatorische Charakter, die antizipatorische Kraft, die Einfühlung des Nervösen hilft mit, und die Situation des Anfalls und der Gesundheitsstörung mit ihrem Übergewicht über die Umgebung ist gegeben. So paradox es auf den ersten Blick erscheint, der Nervöse ist erst ruhig, wenn er seinen An-

1 A. Adler, ›Der Aggressionstrieb‹. In: *Heilen und Bilden*, l. c.

fall hinter sich hat. *Janet* hat schon auf diese Tatsache hingewiesen. Ich kann als Grund nur hinzufügen, *weil er dann durch die Krankheitslegitimation die Sicherung seiner Überlegenheit, wenn auch nur auf kurze Zeit, gewonnen hat.*

Der Charakterzug, alle anderen übertreffen zu wollen, mischt sich auch in das Gefühl, dem der Nervöse regelmäßig Ausdruck verleiht: als ob er an Schmerzen, an Heldentum alle überträfe. Diese Überzeugung aber braucht er, weil sie ihm die Operationsbasis abgeben muß, um sich den anderen gegenüber zu *fühlen*, um Forderungen abzulehnen, einer Entscheidung auszuweichen oder um anzugreifen. So kommt es auch, daß Anfälle, Schmerzen oder eine Krankheit herbeigewünscht werden, wenn es die Situation fordert; zuweilen steht auch der Wunsch oder Gedanke oder die Furcht statt des Anfalles, wenn sie als Erinnerung schon die Umgebung schrecken. Für die Eigenpsyche des Patienten genügt es zuweilen, wie mir eine Patientin sagte, wenn eine Phantasie gebildet wird, *wie es auch oft im Traum geschieht,* nach welcher der Nervöse durch die Handlungen eines anderen Schmerzen erleidet. Dies erzeugt die Empfindung der Unterdrückung oder Mißhandlung, weckt die Sicherungstendenz und leitet den männlichen Protest ein. Gleichzeitig genügt dieser Zug der neurotischen, grenzenlosen Eitelkeit. Die ganze Welt, die Menschen, das Gewitter, alle Unglücksfälle, alle Männer, alle Frauen haben *nur die einzige Tendenz, den Patienten zu bedrohen.* Hier sieht man die Linie, die deutlicher im paranoischen Zustandsbild hervortritt.

Über die Bedeutung der Schuldgefühle, des Gewissens und der Selbstvorwürfe als einer Konstruktion sichernder Fiktionen und fruchtloser, zeitraubender *Präokkupationen* wurde bereits gesprochen. Nicht selten findet man *in der Psychologie der Masturbation beigemengte Züge von Buße oder einer Schädigungsabsicht,* diese gleich einer trotzigen Revolte gegen die Eltern oder gegen das Leben gerichtet, jene als billigen Vorwand oder scheinheiligen Akt einer Erotik des Einzelgängers.

Durch Buße einen anderen zu schädigen ist einer der feinsten Kunstgriffe des Nervösen, wenn er sich z. B. in Selbstverwünschungen ergeht. *Suizidideen lassen den gleichen Mechanismus erkennen,* was ganz deutlich bei gemeinsamen Selbstmorden hervortritt. *Auch in der Melancholie finden sich verwandte Züge.* –

Als einer meiner Patienten wegen Impotenz von einem Arzte Kühlsonden bekam, hatte er den Wunsch, »der Arzt soll mich verletzen«.

Als er vor zwei Jahren große geschäftliche Verluste hatte, wollte er einen Selbstmord begehen, obwohl er noch immer ein reicher Mann blieb.

Die Triebfeder dieser Verwünschungen *(s. Shylok)* ist der neurotische Geiz. Die Analyse ergibt eine vollkommene Erklärung.

Um sich vor Ausgaben für Mädchen zu sichern, verwünscht er sich auch, wenn er ärztliche Kosten zu tragen hat. Dies sicherlich von einem halbbewußten Gefühl begleitet, daß seine Wünsche nicht unbedingt in Erfüllung zu gehen brauchen. Insbesondere verflucht er seinen Leichtsinn – denn dies ist der Sinn seiner Selbstvorwürfe und Verwünschungen –, wenn er größere Zahlungen geleistet hat oder leisten soll. Dann wird ihm jede kleine Ausgabe zur Qual, damit er sich vor Ausgaben in einer Ehe sichert. Angstanfälle vor Einkäufen sind häufig.

Er fürchtete den Zauber der Sexualität. Sogar die Schwester könnte er, wie er mit böser Absicht und Übertreibung hervorhebt, ins Unglück stürzen. Oder die Tochter seiner Schwester, die beide bei ihm wohnen. Gleichzeitig mußte er wohl die Bedeutung seiner Selbstverwünschung recht gering veranschlagen, vielleicht sogar das Gegenteil erwarten; dies geht aus der Unsumme seiner Sicherungsmaßnahmen hervor, unter denen die Selbstverwünschungen nur eine kleine Rolle spielten. Weit mehr sicherte er sich durch das Arrangement der Impotenz.

Selbstverkleinerung und Selbstquälerei konstruiert der Patient ähnlich wie Hypochondrie – um sich das Gefühl der eigenen Minderwertigkeit vor Augen zu halten, sich für zu schwach, zu klein, unwürdig zu empfinden. Sie treten als Abhaltungen auf, und stehen derart fast an Stelle des *Zweifels, der immer die Stelle eines deutlichen Nein vertritt.* Nervöse Mädchen, die sich vor dem Manne fürchten, eine weibliche Rolle nicht spielen wollen, grübeln fortwährend über ihre Behaarung, über Muttermäler nach und befürchten, ihre Kinder könnten einmal ebenso mißgestaltet sein. Oft waren sie unschöne Kinder oder haben gegenüber einem bevorzugten Bruder als Mädchen häufig Zurücksetzungen erfahren. Bei einer Patientin mit Zwangsneurose entpuppte sich ihr Zwangsdenken an das Größerwerden der Hautporen als deutlicher Wink gegen eine Entscheidung für die Frauenrolle und als Präokkupation.

Eine andere Form der Selbstquälerei stellt sich als Tendenz zur *Bußfertigkeit* dar. Man kann sie schlicht als Sicherungstendenz erkennen, wenn man versteht, daß diese Patienten ebensowenig wie jene mit den verwandten Empfindungen der Reue an dem Vergangenen etwas ändern oder bessern wollen. Ihre tiefere Absicht ist wie die der Zwangsneurose: Zeitvertrödelung, Privilegien und – Befriedigung der Eitelkeit. »Edel, fromm bin ich auch!« So fand sich unter anderem bei einer

Patientin Depression und tätige Bußfertigkeit, so oft sie ein starkes Glücksgefühl hatte und sich allen andern überlegen glaubte. *Ihre Büßerstimmung zeigte ihr den Vorrang an,* den sie vor anderen genoß. Einer meiner Patienten erlitt in jeder behaglichen Situation eine herbe Verstimmung durch die Vision eines längst verstorbenen Freundes. Es erwies sich, daß dieser in einer Zeit der Rivalität mit meinem Patienten elend zugrunde gegangen war. Mein Patient war Sieger geblieben. Das Bild des verstorbenen Freundes (Bankos Geist!) und *die anknüpfende Depression zeigten sich als gleichwertig einer Genugtuung über den Sieg.* Letztere hatte nur eine dem Gemeinschaftsgefühl genehmere Form angenommen. In der Literatur wird ein ähnlicher Vorgang fälschlich als »Verdrängung« angesprochen, offenbar weil der Patient sich anders auszudrücken beliebt als dem Psychologen genehm ist. Ein tieferes Verständnis ergibt sich auch dann noch nicht, wenn man in einer wissenschaftlich scheinenden Bestrebung die Redensart von verdrängter »libido« einsetzt. Erst die künstlerische Einfühlung in die Haltung des »Patienten« zu seinen Lebensaufgaben läßt erkennen, daß er sich, *bewußt oder unbewußt,* wohl anders ausdrückt als andere, aber doch so, daß sein Persönlichkeitsgefühl (man kann auch Ichgefühl sagen), steigt, wenn auch unter namhaften Kosten. Die Frage nach dem Grunde der teilweisen *Unbewußtheit* erklärt sich einerseits aus der Rivalität der kritischen Instanzen des Gemeinschaftsgefühls. Abgesehen von der Psychose ist es ein schweres Stück sich als den Glücklichsten, Bedeutendsten, Ersten aufzuspielen. Andererseits muß ich aber doch bemerken, daß, obwohl jeder etwas von dieser Don Quijoterie in sich trägt, sie auch den spitzfindigsten Analytikern unbekannt geblieben ist, also auch bei ihnen im Unbewußten liegt. Fälle von *Platzangst* zeigen ebenso wie solche von Waschzwang, Angstneurose usw., wie sich die Angst oder der Zwang als Ausdrucksmittel, als Beweis der Einzigartigkeit durchsetzt. *»Wie kann man ein solches Juwel, wie ich es bin, solchen Gefahren, Schwierigkeiten aussetzen?«* Gelegentlich findet man in der Platzangst als Kompensation die Tendenz als derjenige zu erscheinen, den das ganze Haus stützen muß. –

Das Symptom der Bußfertigkeit zielt klar auf die Zukunft, und dies ebensowohl, wenn es sich als persönliche Regung in individueller Form und Handlung, als wenn es sich gesellschaftlich in religiösen Verrichtungen kundgibt. Wie bei allen Sicherungstendenzen ist auch durch sie keineswegs ausgeschlossen, daß neuerlich schlechte Handlungen und Gedanken zutage treten, sie soll vielmehr als einschränkende Warnung wirksam werden und als tiefinnerlicher *Beweis für die wertvolle Gesinnung des Handelnden.* Nicht zuletzt liegt der Antrieb zur Bußfertigkeit in diesem Sichaufsichselbstbesinnen und in der *Hervorhebung* innerer Werte, wobei immer der Gegensatz zu anderen gedacht ist, so sehr, daß zuweilen die Bußfertigkeit und Reue eine stark gegensätzliche, trotzige, eitle, kämpferische, feindselige Note aufweist. Der epidemische Charakter von Bußübungen insbesondere entbehrt fast nie dieses auffälligen Prunkens, man überbietet sich im Schreien, Weinen, in Selbstquälereien und in der Zerknirschung.

Die Möglichkeit also, sich durch büßerische Veranstaltungen wie Fasten und Beten, in Sack und Asche zu gehen usw., ein Gefühl der Überlegenheit zu sichern, wird leicht einen Anreiz für schwächere Seelen abgeben, sobald sie geneigt sind, fromm und gut, religiös und erhaben zu identifizieren. Und die Askese wird zur Erhebung führen, wenn sie als Triumph empfunden wird. Daß es dabei nur auf die willkürliche Wertung ankommt, bei der häufig der Gegensatz zu sonst überlegenen Personen als Ausgangspunkt genommen wird, zeigt sich auch beim Widerpart des Gottesfürchtigen, beim Atheisten, streitbaren Freigeist und Bilderstürmer, die in gleicher Weise ihre Überlegenheit zu dokumentieren suchen. In diesem Sinne ist die Äußerung *Lichtenbergs* zu verstehen, dort, wo er anmerkt, wie selten die Leute seien, die nach den Satzungen ihrer Religion leben, und wie häufig, die für ihre Religion streiten und kämpfen. Der Umschlag vom stürmischen Freigeist zum Orthodoxen ist nicht selten, ebenso von der Sinnenlust zur Askese. Beide sind nicht so weit von einander entfernt als man glaubt. *Pascal:* »an Gott zweifeln heißt an Gott glauben!«

Neben der Sicherungstendenz in der Bußfertigkeit spielt der männliche Protest als Wegweiser eine nicht zu unterschätzende Rolle. Wir sind aber noch genötigt, ihr Baumaterial, die in der Psyche gelegenen Möglichkeiten ins Auge zu fassen, deren sie sich bedient, um Ausdruck zu werden. Es ist keine Frage, daß *Unterwerfungshandlungen und -gedanken* dabei zutage treten, masochistische, in unserem Sinne weiblich gewertete Elemente der menschlichen Psyche. Wie unverträglich diese mit dem Menschheitsbewußtsein sind, und wie sie stets eine Korrektur in der Richtung des männlichen Protestes erfordern, daß sie also pseudomasochistische Erscheinungen sind, geht daraus hervor, daß diese Unterwerfung mit einem *Aufschwung, mit einer Erhöhung* verbunden ist. Die Kraftlinie geht also auch in diesem Falle von unten nach oben, denn der Bußfertige fühlt sich erhoben oder gereinigt, *er spricht mit seinem Gotte, er steht ihm näher als andere, als sonst.* Und es erwartet ihn *»die Freude im Himmelreich«*, eine Erfüllung seiner Leitlinie.

Eine meiner Patientinnen »strafte sich« nach dem Tode ihrer

72jährigen Mutter, mit der sie zeitlebens in Hader gelebt, und der sie mit Recht Vorwürfe machen durfte, durch heftige Reuegefühle wegen lieblosen Benehmens und durch Schlaflosigkeit. Ihre Reuegefühle trugen den Charakter der Zwangsgedanken und Zwangshandlungen. Die Analyse ergab, daß sie ihre *moralische Überlegenheit einer Schwester gegenüber* beweisen wollte. Die Schwester war verheiratet, meine Patientin stand in Versuchung, eine »sie erniedrigende« Liaison mit einem verheirateten Manne einzugehen. Dadurch wäre sie nach ihrer Auffassung der Schwester gegenüber gesunken. Gelegentlich des Todes ihrer Mutter führte das Streben nach Überlegenheit eine Situation herbei, die sie wieder nach oben brachte – die stärkere Ergriffenheit durch das traurige Ereignis und die Beendigung ihrer Liaison.

In der Kulturgeschichte wie in der Neurose artet die Bußfertigkeit nicht selten bis zur Geißelung, Flagellation aus. Aus *Rousseaus* Bekenntnissen und aus privaten Mitteilungen gesunder und neurotischer Personen, ebenso auch aus guten Kinderbeobachtungen[2] wissen wir, daß Schläge und ängstliche Erregung bei manchen Personen imstande sind, sexuelle Erregungen hervorzurufen. Dies das reale Moment, somatisch faßbar, das im Naturell solcher Individuen vorzufinden ist, und das auch die Auswahl der Buße leitet. Mir gaben Patienten an, daß sie die Schläge auf das Gesäß in der Kindheit angenehm empfanden, wenngleich ihnen das Geschlagenwerden fürchterlich war. Im späteren Leben der Neurotiker ist die Flagellation analog der Masturbation und allen anderen Perversionen ein sichtbarer Ausdruck der *Furcht vor dem sexuellen Partner.* Folgende Mitteilung verdanke ich einer Patientin, die wegen heftiger Migräne in meine Behandlung kam: sie hatte einige Jahre vor der Kur Tagesphantasien, in denen sie von einem Manne, der mit ihr verheiratet war aber nicht ihrem wirklichen Gatten glich, bei einem Ehebruch ertappt und gezüchtigt wurde. Als Fortsetzung dieser Phantasie folgte eine heftige Selbstgeißelung, bis sie erschöpft zusammenbrach. Diese Geißelung führte starke sexuelle Emotionen herbei. In der Analyse stellte sich heraus, daß die Frau ihren Mann – in neurotischer Weise – haßte und in diesem Hasse gerne zu einem Ehebruch geschritten wäre, um ihn zu erniedrigen. Nun war sie zu alt geworden, um in der Liebe Geltung zu finden – früher hinderte sie der männliche Protest. Kurz bevor sie an die Flagellation dachte, spielte sie mit Ehebruchsphantasien, nicht ohne sich vor einer Verwirklichung zu sichern. Die Entdeckung durch den Mann, die Prügel und die autoerotische Befriedigung stammen aus der antizipierenden Sicherungsten-

2 Siehe Asnaourow, *Sadismus in der Kultur.* München.

denz und sind ein Spiel der Phantasie; letztere betont besonders stark die Furcht vor dem Mann. Die Ersetzung ihres Gatten durch einen anderen ist Wirkung der Entwertungstendenz und gleichwertig ihren Ehebruchswünschen: ihr Gatte soll erniedrigt werden, ein anderer wäre besser. Fortsetzend desavouiert sie diese gelegentliche Annahme durch den Ehebruch gegen den anderen. Mit dem Schwinden der Jahre hörte die Flagellation auf. Aber die Entwertungstendenz richtete sich heftiger gegen ihren Mann und gegen alle Menschen. Sie bekam Migräne, wenn sie befürchtete, ihre herrschende Rolle irgend jemandem gegenüber einzubüßen. Und ihre Erkrankung ermöglichte ihr eine völlige Zurückziehung aus der Gesellschaft. Innerhalb der Familie wurde sie durch ihr Leiden unumschränkte Herrin. Die Ärzte der Residenz aber hat sie in großer Zahl herabgesetzt, indem sie trotz aller Mittel an der Migräne weiterlitt. Selbst Morphium versagte, was ich bezüglich der perversen Reaktion dieses Mittels in anderen Fällen zu beachten empfehle. Daß sie auch meiner Kur die größten Hindernisse in den Weg stellte und mich bei allem offenen, überschwenglichen Lob durch Beibehaltung der Schmerzen lange bloßzustellen versuchte, bemerke ich nebenbei als Beitrag zur Beendigung der Kur. Die Patienten werden erst gesund, wenn sie auch dieses Motiv zur Festhaltung an ihrer Krankheit, den Arzt herabzusetzen, verstehen.

Nebenbei will ich noch darauf hinweisen, daß nach meinen Erfahrungen der »religiöse Wahnsinn«, die Phantasien und Halluzinationen von Gott, Himmel und Heiligen, damit auch das Gefühl der Zerknirschung dahin zu verstehen sind, daß sie die kindischen Größenideen dieser Patienten sowie ihre Überlegenheit über die Umgebung, ihre Gottnähe auszudrükken versuchen. Oft knüpft sich ein feindliches Gefühl gegen die Umgebung daran, so, wenn sich ein Katatoniker von Gott befehlen läßt, dem Wärter eine Ohrfeige zu geben oder einen Nachttisch umzuwerfen, oder wenn er seine jüdische Verwandtschaft zur Taufe zu zwingen versucht. Der »Aufschwung« beim Manischen, die Größenideen bei Dementia praecox sind Parallelerscheinungen und weisen auf das vergrabene Gefühl der Erniedrigung hin, das nach Überkompensation im Wahn verlangt [3]. –

In der ärztlichen Praxis stößt man häufig auf Kinder, die den Weg der *Aggravation und Simulation* betreten, um sich einer Bedrückung durch die Eltern zu entziehen. Wie nahe diese Erscheinungen an *Lügenhaftigkeit* grenzen, ohne sich mit ihr ganz zu decken, leuchtet ohne weiteres ein. Auffällig ist aber

3 Poul Bjerre (*Zur Radikalbehandlung der chronischen Paranoia.* Wien u. Leipzig 1912) hat als erster in überzeugender Weise die Bedeutung von männlichem Protest und Sicherungstendenz in der Psychose ausführlich geschildert. Siehe auch ›Melancholie und Paranoia‹. In: *Theorie und Praxis,* l. c.

dabei das deutliche Hervortreten organischer Minderwertigkeitszeichen, das Vordringen der neurotischen Charakterbildung, des ungebändigten Trieblebens infolge Mangels des Gemeinsinns, somit der neurotischen Disposition. Als Beispiel seien drei Fälle von Beobachtungen bei neurotischen Kindern mitgeteilt.

Ein siebenjähriges Mädchen kommt wegen anfallsweise auftretender Magenschmerzen und Übelkeiten in die Behandlung. Wir finden ein zartes, schwächlich gebautes Kind mit Struma cystica, adenoiden Vegetationen und vergrößerten Tonsillen. Die Stimme hat einen rauhen Beiklang. Auf Befragen gibt die Mutter an, daß das Kind öfters an Katarrhen mit Husten leidet, die sich auffallend in die Länge ziehen, ebenso an protrahierten Dyspepsien. Ihr jetziges Leiden hält seit 1/2 Jahr an, ohne daß je ein organisches Leiden nachweisbar wäre. Dabei ist der Appetit und Stuhl immer normal. Das Kind zeigt große Genäschigkeit. Die Magenschmerzen hätten sich eingestellt, seit das Kind in der Schule sei. Ihr Fortgang in den Lehrgegenständen sei ein ausgezeichneter, die Lehrerin habe aber wiederholt ihrer Verwunderung über den *auffälligen Ehrgeiz* des Kindes Ausdruck gegeben. Gegen Ermahnungen sei es sehr *empfindlich* und fühle sich der um 3 1/2 Jahre jüngeren Schwester gegenüber stets zurückgesetzt. Was der Mutter besonders auffiel, war eine bedeutende *Verlängerung der Klitoris,* eine der Genitalanomalien, auf deren Bedeutung als Minderwertigkeitszeichen ich aufmerksam gemacht habe, und die später unabhängig von mir von *Bartel* und *Kyrle,* später von *Tandler, Groß* und *Kretschmer* gefunden und als charakteristisch hervorgehoben wurden. Die Haut ist allenthalben überempfindlich, und das *Kitzelgefühl* an den disponierten Stellen auffallend erhöht. Das Kind verlangt oft gekitzelt zu werden, *was als Zeichen eines ungezähmten Triebverlangens wichtig ist.* Seine *Ängstlichkeit* übersteigt das normale Maß. Als weiteres organisches Minderwertigkeitszeichen ist auch eine hervorstechende *Schiefstellung der Schneidezähne* anzusehen, die auf Minderwertigkeit des Magen-Darmtraktes hinweist. *Der Rachenreflex ist deutlich erhöht.*

Man gewinnt aus diesem Ensemble von Erscheinungen den Eindruck, daß auch die Reflextätigkeit des Magen-Darmtraktes erhöht ist. In der Tat hat das Kind in den ersten drei Jahren häufig erbrochen. Die zahlreichen Dyspepsien weisen gleichfalls auf die Minderwertigkeit des Ernährungstraktes hin. Vor einem Jahre stellte sich anschließend an ein Ekzem des Afters – Ende des minderwertigen Darmtraktes – ein mehrere Monate anhaltendes Jucken im After ein, das von dem Hausarzte unter suggestiver Behandlung mit Zuhilfenahme einer indifferenten Salbe geheilt wurde.

Der schmerzhafte Druck im Magen erwies sich als ein psychischer Reflex, der jedesmal eintrat, wenn das Kind in der Schule oder im Haus eine Herabsetzung befürchtete[4]. Der Endzweck dieses auf dem Boden der Organminderwertigkeit vorgebildeten, nunmehr benützten, d. h. neurotisch gewordenen Reflexes lag in dem Bestreben, einer Strafe vorzubeugen und das Interesse der etwas barschen Mutter, die das jüngere Mädchen bevorzugte, auf sich zu lenken. Zur Fixierung und zur offensichtlichen Aggravation kam es offenbar nach inneren Wahrnehmungen dieser erhöhten Reflextätigkeit, sobald das Kind nach einer brauchbaren Leitidee ausschaute, um sein Persönlichkeitsgefühl zu erhöhen. Die Anfälle verschwanden nach kurzer Zeit, nachdem ich dem Kinde den Zusammenhang klar gemacht hatte. Ein Traum nach einem dieser Anfälle deutet in die oben geschilderte Richtung. Sie träumte: *»Meine Freundin war unten. Dann spielten wir miteinander.«*

Ihre Freundin war bevorzugte Rivalin in der Schule. Es setzte oft Kämpfe mit ihr ab, ohne daß es zu Handgreiflichkeiten kam. Sie wohnte ein Stockwerk höher, und der gemeinsame Spielplatz war stets die Wohnung unserer Patientin. Aber die Ausdrucksweise in der Traumerzählung war auffallend genug. Als ich das intelligente Kind fragte, ob man denn sage: »die Freundin war unten«, wenn die Erzählerin mit ihr spielte, besserte es sofort aus: »sie war bei mir«. Nehmen wir aber an, daß die Ausdrucksweise richtig und der Akzent auf dem »unten« ruht, dann verbirgt sich dahinter der Gedanke, daß die Rivalin *wie in einem Kampfe* unserer ehrgeizigen Patientin unterlegen war. »Die Freundin war unten« heißt demnach: »ich war oben«, eine Auffassung, durch die man dem ehrgeizigen Standpunkt der Redenden erst gerecht wird. Auch das »Dann« zeigt in die gleiche Richtung. Es bekommt erst seinen Sinn, wenn wir in den beiden Traumbildern ein zeitliches Intervall gelten lassen, etwa: *zuerst muß ich der Freundin überlegen sein, dann will ich mit ihr spielen.*

Die Bestätigung unserer Auffassung liefert die Vorgeschichte des Anfalles, der dem Traume vorausging. Die Spiele der beiden Mädchen waren in der Regel »Vater und Mutter spielen« oder »Doktor spielen«. Bei ersterem Spiel war es zwischen den beiden Mädchen zu einem Streit gekommen, wer den »Vater« spielen sollte, bis der Vater schlichtend eingriff und unserer Patientin tadelnd vorhielt, daß die Freundin immer die nachgiebigere, sie selbst immer *unnachgiebig* sei,

4 R. Stern hat ähnliche Erscheinungen, von denen in diesem Buche mehrmals die Rede war, als »präaktive Spannungen« beschrieben. Aus meinen Darlegungen geht hervor, daß es sich um die planvolle, wenn auch unbewußte Verwendung der Reflexerregbarkeit minderwertiger Organsysteme (*Studie über Minderwertigkeit von Organen,* l. c.) handelt, um »intelligent gewordene Reflexe«. Aerophagie spielt dabei oft eine große Rolle.

was auch der Wahrheit entsprach. Die Freundin bekam hierauf die »Vaterrolle«. Als sich die Familie kurz nachher zum Abendbrot an den Tisch begab, stellte sich der Anfall bei dem Kinde ein. Sie aß nichts und wurde zu Bett gebracht, und zwar ins Schlafzimmer der Eltern, wo sonst ihre andere Rivalin schlief, die kleine Schwester. Der Traum setzt nun in der im Anfall gegebenen Tendenz fort, die Patientin reißt die männliche Rolle an sich und gibt uns damit den Wink, wie sie ihre Geltungssucht und die Männlichkeit gleichstellt. Die Darstellung des Weiblichen als der Unterliegenden in dem Worte »unten« verstärkt diese Auffassung ganz besonders. Sie schlief bis zur Ankunft ihrer jüngeren Schwester im Schlafzimmer der Eltern und auch späterhin, wenn irgendein Unwohlsein bei ihr eintrat. Die der Mutter gegenüber angedeutete Vermutung blieb unwidersprochen, hatte aber sein Gutes, insofern die beiden Kinder dauernd das Schlafzimmer räumen mußten. – Die Charaktereigenschaften des Kindes aber sehen wir auch hier wieder in der Richtung des männlichen Protestes wirksam, als weit vorgeschobene Vorposten, die jede Analogie, jedes symbolische Erleiden eines Schicksals, Herabsetzung, Verminderung des Persönlichkeitsgefühls von ferne schon abzuwehren hatten und sichernd vor kommendem Unheil wirken sollten. Die spätere, gute Entwickelung des Kindes wurde nur einmal durch einen Kameradschaftsdiebstahl aus Gründen der Genäschigkeit (siehe die *ungezähmte Triebhaftigkeit* oben) gestört. – Einige Zeit später erkrankte der Vater an Manie, als er sich durch seine Brüder stark *verkürzt* glaubte. Wer die auch in »gesunden Zeiten« stets vorhandene *Eitelkeit von Manikern* endlich erkennen will, wird verstehen, daß die Familienluft dieses Mädchens reichlich vergiftet war.

Eine ähnliche Affektion ist das den Ärzten wohlbekannte *Schulerbrechen* und Erbrechen bei Tisch oder kurz nach dem Essen, das in seinem psychischen Aufbau der obigen Erkrankung gleicht, indem es einen unbewußten oder unbewußt gewordenen Kunstgriff darstellt, wie man einer drohenden Herabsetzung entgeht, sich Geltung verschafft und Entscheidungen ausweicht. – Stärkere Grade dieser auf Nahrungsverweigerung hinzielenden kämpferischen Haltung findet man im »nervösen Hungerstreik« von Mädchen, die um die erste Rolle ringen.

Ein 13jähriger Junge zeichnet sich durch eine auffällige *Indolenz* seit drei Jahren aus, die ihn trotz seiner unbestreitbaren Intelligenz am Fortkommen in der Schule hinderte. Seit einigen Monaten zeigt sich bei ihm ein *weinerliches Wesen,* das besonders zutage tritt, wenn man ihn aus irgendwelchen Gründen ermahnt. Vater und Mutter sind wohl seit jeher etwas zu scharf mit ihm ins Gericht gegangen, aber soweit ich Erkundigungen einziehen konnte, galten ihre Ermahnungen zumeist seiner Langsamkeit beim Essen und Ankleiden und insbesondere seinem allzueifrigen Bücherlesen[5]. In der letzten Zeit war es soweit gekommen, daß der Knabe jedesmal zu weinen begann, wenn man ihn an irgend etwas erinnerte, oder sobald man ihn drängte. Die Folge dieses Zustandes war wohl eine vorsichtigere Haltung der Eltern, doch glaubten sie bei der Lässigkeit des Knaben sich nicht aller Ermahnungen entschlagen zu können.

Eine Frage nach dem letzten Auftreten seines Weinens ergab, daß er ermahnt wurde, sich rascher zur Schule zu begeben, als er schon eine halbe Stunde voll *Eitelkeit* vor dem Spiegel bemüht war, die aufwärts strebenden Haare mit der Bürste glatt zu bürsten. Die Analyse ergab, daß er sich auf bösen Wegen sah und sich durch sorgfältige Maßnahmen vor peinlichen Herabsetzungen *sichern* wollte. Er machte sich schwere Vorwürfe wegen knabenhafter sexueller Ausschreitungen, die er im Verein mit anderen Knaben und Mädchen begangen hatte. Vor allem fürchtete er die Entdeckung durch seine Eltern, und diese Furcht hatte sich ungeheuer gesteigert, als er eines Nachts im Schlafe *nachtwandelnd* ins Dienstbotenzimmer geraten war und zu seiner Verwunderung des Morgens im leeren Bett der Köchin erwachte. Dieses *Nachtwandeln* erfolgte, wie alle anderen Fälle, die ich ergründen konnte, im Protest gegen ein Gefühl der Herabsetzung. Tags vorher war er nämlich wegen schlechten Fortkommens aus der Mittelschule genommen und in die Bürgerschule gebracht worden. Der Eindruck dieser Szene, der Gedanke, daß er im Schlafe verraten könnte, was ihn und seine Freunde beschäftigte, war bei ihm, der im Schlafe wie alle Nachtwandler zu sprechen pflegte, ein so ungeheurer, daß er zu starken Sicherungen schritt. Diese betrafen in erster Linie Äußerlichkeiten, durch die er guten Eindruck zu machen hoffte, und sein weinerliches Wesen, dazu bestimmt, sich die Eltern vom Halse zu halten. In diesem Fall sehen wir den schüchternen Beginn einer *Zwangshandlung*. Sein Aufsuchen des Dienstbotenzimmers war gleich einer lebendigen Anklage: »ich bin hier wie ein Dienstbote«.

In der Tat gewannen in der Sicherungstendenz asketische Neigungen als Formen der Selbstquälerei bei dem Knaben Raum, und seine *Eßunlust* war darauf berechnet, nach Analogie des Begriffs der »Enthaltsamkeit« den hervorbrechenden sexuellen Gelüsten Einhalt zu tun. Der ohnehin schwächliche Junge kam herab, so daß die Eltern einzugreifen gezwungen

5 Letzteres öfter ein Anzeichen von Unsicherheit der Schule gegenüber. Deutlicher sprechen für dieses Schulschwänzen, Verwahrlosung und Vagabundage. Siehe A. Adler, ›Wo soll der Kampf gegen die Verwahrlosung einsetzen?‹ In: *Soziale Praxis*. Wien 1921.

waren. Dabei trafen sie auf seine mühsam erworbene Sicherungstendenz. Da führte *die psychomotorische Vertrautheit mit den elterlichen Angriffen* zur Sicherung durch das Weinen, wobei seine Geltung sich wieder hob, wie übrigens auch durch die Bemühungen der Eltern, ihn zum Essen zu bringen.

Seine eifriges *Bücherlesen* war ursprünglich gleichfalls der Sicherungstendenz entsprungen. Die Unsicherheit, die ihn in der Pubertät erfaßt hatte, zwang ihn, Trost, Belehrung und *sichernde Furcht vor Erkrankungen* aus dem Lexikon zu holen. Er zeigte in den einschlägigen Problemen eine unglaubliche Belesenheit. Einmal auf dem Wege, Sicherung aus den Büchern zu schöpfen, übertrieb er diesen Hang, insbesondere weil auch die älteren Geschwister, denen er nacheiferte, auffallend viel Lektüre betrieben, dann auch, weil er damit den Eltern, seinen Unterdrückern zuwiderhandelte, und drittens, weil er auf diesem Wege wieder seinen ursprünglichen männlichen Protest befriedigen konnte, den Helden seiner Bücher in Gefahren und Kampf folgen zu können, was in der Wahl seiner Lektüre auch zum Ausdruck kam: er las mit Vorliebe *Karl May*. Der Sinn seines Nachtwandelns ergab sich als die Darstellung seiner Verstimmung gegen die Eltern, denen er auch sonst den Vorwurf machte, »daß sie ihn wie einen Dienstboten behandelten«. Ähnliche Leistungen wie bei dienenden Personen habe ich bei *Hebephrenen* beobachtet, wenn sie ihre Unfähigkeit zu höheren Leistungen demonstrieren wollten oder gleichermaßen drückend und demonstrativ auf ein Gefühl der Zurückgesetztheit reagierten.

Der dritte Fall betrifft eine durch psychische Bedingungen protrahierte Pertussis bei einem 11jährigen Knaben, der um diese Zeit noch an *Enuresis* litt. Es war ein ungebärdiges, jähzorniges Kind, das stets seinen Vater an sich fesseln wollte, wie dies oder ähnliches immer der Enuresis zugrunde liegt, während es seine Stiefmutter als die grausame Verfolgerin hinzustellen versuchte. Das empfängliche Gemüt des Vaters zeigte sich in einer übergroßen Besorgnis während der Keuchhustenanfälle. Als eines Morgens die Mutter dem Knaben wieder wegen seines Bettnässens Vorwürfe machte, sprang der Knabe lachend und wie von Sinnen aus dem Bett und lief unbekleidet im Zimmer umher, bis der besorgte Vater unter unwilligen Bemerkungen gegen die Mutter den hastig atmenden Knaben zu Bett brachte. Ein heftiger Hustenanfall, der dem schon geschwundenen Keuchhusten glich, schloß diese Szene ab und verursachte einen heftigen Streit zwischen den Eheleuten. Als der Knabe abends wieder das Bett aufsuchte, sprang er erregt auf und galoppierte im Bett hin und her, wobei sein Atem keuchend ging. Die Deutung des Anfalls lag auf der Hand. Der Knabe wollte abermals einen Vorwurf gegen die Mutter provozieren und den Vater auf seine Seite ziehen. Eine suggestive Behandlung und Aufdeckung des Anfallzweckes brachte die Erledigung dieser Anfälle, die Pseudo-Pertussis zog sich aber noch ein weiteres halbes Jahr in die Länge. Einige Jahre später – eine Behandlung des Knaben war nicht erfolgt – erfuhr ich von einem größeren Diebstahl dieses Jungen.

Analoge Mechanismen wie die bisher beschriebenen liegen der Idee des *Selbstmordes* zugrunde. Die Tat selbst scheitert zumeist an der Erkenntnis des inneren Widerspruches dieser Art des Protestes gegen verpflichtete Personen. Der psychische Umschlag erfolgt im Gedanken an den Tod, an das Nichtsein, an das *herabsetzende Gefühl* zu Staub zu werden, seine Persönlichkeit ganz zu verlieren. Wo sich Hemmungen religiöser Natur einschieben, sind sie wohl nur die Hülle, ein Zurückheben, als ob diese Handlung mit Strafe belegt wäre. *Hamlet,* bis auf unsere Zeit als Leitbild des an seiner Männlichkeit Zweifelnden, des psychischen Hermaphroditen, der sich durch sicherndes Vorausdenken die Hemmungen gegen seinen männlichen Protest selbstbewußt stellt, der sich aber gegen seine weibliche Linie aufbäumt, nicht ohne dem dialektischen Umschlag auf der männlichen Linie des Mordes auszuweichen, schützt sich vor Selbstmord durch Heraufbeschwörung jener Träume, »die in *dem* Schlafe kommen *mögen,* wenn unser irdisch Teil wir abgeschüttelt«. In der Friedhofsszene zeigt sich sein wahres Entsetzen, weil Yorriks Schädel nicht *mehr* gilt als die der anderen [6].

Ich habe seit längerer Zeit die Anschauung vertreten, daß der Selbstmord eine der stärksten Formen des Protestes, eine erledigende Sicherung vor Herabsetzung und eine Rache am Leben darstellt. Die mir zugänglichen Fälle, zumeist von Selbstmordversuchen, haben stets in ihrer Psyche die neurotische Struktur erkennen lassen. Zeichen von Organminderwertigkeit, Gefühle von Unsicherheit und Minderwertigkeit aus der Kindheit, ein als allzu weiblich empfundener psychischer Einschlag, und der darauf antwortende, überspannte männliche Protest fanden sich in gleicher Anordnung wie bei jedem Neurotiker. Das nähere oder entferntere Beispiel gibt häufig die Richtung. Der mächtigste psychische Halt stammt *aus den häufigen Todesgedanken der Kindheit* als dem Ausdruck einer Unzufriedenheit, die in spielerischer, noch mehr in vorbildlicher und vorbereitender Art, *in dem sie unter der Wirkung der Persönlichkeitsidee die psychische Physiognomik*

6 Der Sinn der Hamlettragödie scheint bis heute verborgen geblieben zu sein. Es ist wie in vielen Dramen Shakespeares das Tasten nach der Grenzlinie des erlaubten und unerlaubten Mordes in unserer Kultur. Die Hamletdeuter, die immer wieder nur die Unentschlossenheit des Helden hervorheben, möchte ich fragen, ob sie sich leichter zum Mord an ihrem Oheim entschlössen als Hamlet.

formen, eine stete Bereitschaft für den Selbstmord herstellen. Man findet in der Vorgeschichte der Selbstmordkandidaten die gleichen Neigungen, durch Krankheit Einfluß zu gewinnen, sich durch Ausspinnen von Todesgedanken und Träumereien über die hervorbrechende Trauer der Angehörigen in einer Situation der Herabsetzung, bei Gefühlen verschmähter Liebe Befriedigung zu verschaffen. Und die Idee wird zur Tat in einer gleichen Situation der Verminderung des Persönlichkeitsgefühls, sobald diese Einbuße zu stärkerer Entwertung des Lebens führt und imstande ist, den dialektischen Umschlag der männlichen Selbstmordidee in eine neuerliche Entwertung übergehen zu lassen. Somit müssen wir jenen Autoren recht geben, die im Selbstmord einen der Wahnbildung verwandten Vorgang erblicken. Meine und *Bartel's* Hinweise auf Organminderwertigkeiten, besonders auch auf Minderwertigkeiten des Sexualapparates, stehen in gutem Einklang.

In der Neurose ist die Wahrscheinlichkeit einer Korrektur stärker, wenn sie auch nicht immer ein Hindernis des Selbstmordes ist. Es scheint, daß die meist jahrelange Vertiefung des Neurotikers in das Selbstmordproblem selbst ein Zeichen und zugleich Mitursache der Korrektur ist. Und in der Tat sind Gedanken und Träume des Nervösen voll von *Todesideen*[7]. Hier der entsprechende Traum eines Neurotikers, der wegen *Stotterns und psychischer Impotenz* in Behandlung stand, in der Nacht, nachdem er vergebens auf einen Brief seiner Braut gewartet hatte:

»Mir war, als ob ich gestorben wäre. Meine Angehörigen standen um den Sarg herum und gebärdeten sich ganz verzweifelt.«

Patient erinnert sich, in der Kindheit öfters den Gedanken gehabt zu haben, daß er sterben möchte, weil die Eltern den jüngeren Bruder vorzogen. Seit jeher verfolgte ihn der Gedanke, daß er wegen einer *Hydrokele und anderer Genitalanomalien* minderwertig sei, keine Kinder haben werde. Später suchte er sich durch *Herabsetzung der Frauen und großes Mißtrauen gegen sie* vor Unglück in der Ehe zu schützen. In Wirklichkeit fühlte er sich zu schwach und hatte Furcht vor der Frau. Sowie er die Prüfung auf sein Persönlichkeitsgefühl in der Ehe fürchtete, wich er kraft seiner motorisch gewordenen Einstellung allen Entscheidungen aus. Seine Impotenz trat ein, als er von seiner Braut das Jawort bekam, als Vorwand, als ein Kunstgriff, diese Ehe hinauszuschieben. Im Traume spiegelt sich, entsprechend seiner kindlichen Situation, der Gedanke, daß die Braut einen andern lieber haben könnte. Daran knüpft sich der Versuch einer Lösung, wie er

7 Später von Freud anerkannt, aber mißverstanden. Der Todeswunsch ist der gesuchte Ausgleich nur bei Menschen mit größerem Minderwertigkeitsgefühl.

ihre ganze Liebe auf sich lenken und doch die Heiratsmöglichkeit ausschalten könnte, wie beim Arrangement seiner Impotenz. Er gelangte aber nur bis zu einer Lösung, die ihm seine persönliche Bedeutung in der Verzweiflung der Angehörigen zeigt.

X Familiensinn des Nervösen — Trotz und Gehorsam — Schweigsamkeit und Geschwätzigkeit — Die Umkehrungstendenz — Ersatz eines Charakterzugs durch Sicherungen, Maßnahmen, Beruf und Ideal

In diesem Abschnitt will ich noch auf eine Reihe von Charakterzügen der Nervösen hinweisen, wie man sie öfters im Vordergrund der psychologischen Betrachtungen findet, ohne daß durch sie mehr wie das äußere Bild der Neurose beeinflußt wird. Sie helfen bloß die *neurotische Individualität* aufbauen, geben aber gerade dadurch der speziellen Neurose eine bestimmte Richtung oder fordern ein bestimmtes Schicksal im Zusammenstoß mit der Umgebung heraus. So kann es geschehen, daß der *Familiensinn* des Neurotikers in besonders aufdringlicher Weise hervortritt, daß die Familienforschung oder Rassenforschung einen Teil des neurotischen Sinnes erfüllt, die tiefer liegenden Züge eines neurotischen, oft haltlosen Ahnenstolzes verdeckt, und daß so in gleicher Weise wie etwa durch Forschung nach Krankheitsheredität der sozialen Leistung von Liebes- und Ehebeziehungen entgegengearbeitet wird. Dies gelingt auch leicht durch Arrangement von Verliebtheit in einzelne oder alle Familienmitglieder; demnach kommt diese Verliebtheit unter dem Zwange der leitenden Fiktion und ihres inneren Widerspruchs, aus dem sich die Furcht vor der Entscheidung vor dem geschlechtlichen Partner ergibt, zustande. Die Bereitschaft gilt dann der Herrschaft innerhalb der Familie, zu welchem Zwecke zuerst die Familienbande als heilig erklärt werden. – *Der Zerfall mit der Familie* liegt beim Nervösen angrenzend an die Steigerung des Familiensinns, sobald die Sicherungstendenz noch weiter vorschreitet und der Beweise bedarf, daß man sich nicht einmal auf Blutsverwandte verlassen darf. *Menschenhaß* als abstrakte Richtungslinie des Charakters und Flucht in die Einsamkeit sind nicht seltene Erscheinungen, und treten in den Psychosen deutlicher hervor[1]. – Häufig geht die Bindung von Nervösen

1 Ganz allgemein findet man die Bindung des Nervösen an seine Familie stärker als sonst. Der Kreis der Gemeinschaft schreckt ihn immer wieder in den Kreis der Familie zurück. Hier holt er sich dann, was er sich im großen Kreis nicht zutraut: die Überlegenheit. Wo immer im Kreis der Gesellschaft man den Nervösen antrifft, zeigen seine Bewegungen eine rückläufige Tendenz gegen die Familie hin.

an ihre väterliche Familie weiter, auch wenn sie in einer Ehe leben. »Zuhause« heißt dann bei ihnen nicht ihr eigenes Heim, sondern das der Eltern. Viele träumen immer vom letzteren in einer Art, die deutlich den Vorzug des Elternhauses beweist und eine Spitze gegen den Gatten enthält, mindestens so, daß er im Bilde fehlt. Einen gleichen Angriff stellt die übermäßige, krankhaft übertriebene Trauer um einen Blutsverwandten dar. Auch der Stolz auf die eigene Abstammung dient gut dem Kampfe gegen den Gatten. Zuweilen hält die Bindung an, weil der Patient noch seinen Kampf gegen die Eltern nicht zu Ende gekämpft hat und weiter um seine Parität oder sein Vorrecht ringt. Meist freilich findet man den Familiensinn mit obiger Tendenz, um den eigenen Wirkungskreis durch Ausschaltung der Gemeinschaft einzuschränken, sobald ein Prestigeverlust droht und zu schmerzlich empfunden würde. In einem dieser Fälle fand ich bei einem überaus ehrgeizigen Mädchen den stärksten Anschluß an die Familie unter folgenden, sich einander ablösenden Zwangsgedanken: Häßlichkeit der Ohren, der Zähne, der Haare, später: als homosexuell, und nach der Lektüre psychoanalytischer Zeitungsartikel: als inzestuös zu gelten. Jede Berührung mit anderen Personen war durch Zwangserröten und Furcht vor Entdeckung ausgeschlossen.
Die Unterordnung der Charakterzüge unter die leitende Fiktion läßt sich besonders gut an den gegensätzlichen Zügen von *Trotz und Gehorsam*[2] einsehen, die einzeln oder in verschiedenem Maße gemengt zum Kolorit der nervösen Psyche viel beitragen. Die Einsicht in den dermaßen errungenen Aufbau dieser Charakterzüge, die aus neutralen, realen Eindrücken der vorneurotischen Zeit abstrahiert, neurotisch gruppiert und zu Richtungslinien verarbeitet werden, kann uns über die Entstehung, den Sinn und Zweck des Charakters belehren. *Die Idee vom angeborenen Charakter fällt restlos in sich zusammen,* da das reale Substrat zur psychischen Charakterbildung, und was immer von ihm angeboren ist, unter dem Zug der leitenden Idee sich solange umformt, bis ihr genüge getan ist. Trotz sowie Gehorsam sind dann nichts als psychische Attituden, die uns den Sprung aus der unsicheren Vergangenheit in die schützende Zukunft verraten, wie andere Charakterzüge auch. – Von diesem Standpunkt aus zeigt sich das *Verständnis des »Willens«* gebunden an die Tatsache, daß er sich erschöpft in dem Kompensationsbestreben gegenüber einem Gefühl der Minderwertigkeit. Die dem Menschen *als ein Denkfehler* anhaftende Apperzeption: männlich–weiblich läßt deshalb den Willen als männlich erscheinen.

2 A. Adler, ›Trotz und Gehorsam‹. In: *Heilen und Bilden,* l. c.

Die Schüchternheit als Attitude der Furcht vor der Entscheidung ist bei Nervösen öfters vom Charakterzug der *Schweigsamkeit* begleitet. Die Verwendbarkeit dieser Bereitschaftsstellung ist beispielsweise auch darin gelegen, daß sie wie eine Isolierung wirkt und der Umgebung die Angriffsflächen entzieht. Auch als Spielverderber zeigt der schweigsame Nervöse zuweilen seine Überlegenheit und herabsetzende Tendenz. Oder er arrangiert durch die Wortkargheit und durch den Mangel an Einfällen den Beweis, daß er den andern, besonders wenn sie in der Mehrzahl sind, nicht gewachsen sei, insbesondere zur Liebe und Ehe nicht tauge. – In der Aufgreifung und Verstärkung des fiktiven Gegensatzes, in der *Geschwätzigkeit*, habe ich zuweilen das Suchen nach einem Beweis und das Bekenntnis gefunden, als ob der Patient kein Geheimnis bewahren könnte, jedenfalls aber in den Vordergrund gelangen möchte. Eine andere Form des Angriffs und der Entwertung findet man in der vorlauten, ungeduldigen Art manches Nervösen, jedem in die Rede zu fallen. Die Absicht wird oft dadurch deutlicher, wenn er jede Bemerkung mit einem »Nein« oder »Aber« oder »Im Gegenteil« einleitet. In allen Fällen dringt die Absicht durch, die Distanz zum andern zu vergrößern, nicht zu verringern, sich über ihn zu erheben.

Ein Charakterzug, dem die Neurose viel von ihrer Schärfe und Bedeutung verdankt, der sich immer vorfindet und mit dem Trotz und dem Negativismus zu den stärksten Ausdrucksmitteln des männlichen Protestes gehört, besteht in der Tendenz, *alles anders, alles umgekehrt zu wollen.* Dieser Zug findet sich in der Kompensationsbestrebung ebenso wie in der Neigung zu neurotischen Kunstgriffen, er liegt in der Rechthaberei und in der neurotischen Entwertungstendenz und zeigt eine ungeheure Verwendbarkeit zum Angriff gegen die Umgebung. Er ist das Gegenstück zu dem oft konservativen, pedantischen Wesen des Nervösen, erlaubt ihm aber gleicherweise seine Herrschsucht zu betätigen. Im Kern des Protestes, wenn dieser prinzipiell und nach neurotischer Gegensätzlichkeit konstruiert ist, findet man das Streben nach Veränderung und Umkehrung. »Der Volksmund erklärt als das Wesen aller weiblichen Dialektik: das immer anders Wollen«, berichtet *E. Fuchs* in der »Frau in der Karikatur«. In Kleidung, Sitte, Haltung und Bewegung dringt immer auch, meist unter Vorwänden, etwas von dieser Bizarrerie durch. Eine meiner Patientinnen dreht sich häufig im Schlafe derart um, daß sie verkehrt liegend erwachte. Sie versuchte auch im wachen Zustande alles verkehrt zu machen. Eines ihrer Lieblingswörter war: »Umgekehrt!« als Einwurf gegen Meinungen anderer. Den Wunsch, oben zu sein, zu reiten, die Hosen anzuhaben, findet

man bei Patientinnen dieser Art ungemein deutlich zum Ausdruck gebracht. In der psycho-therapeutischen Behandlung währt dieser Zug von Anfang bis zu Ende, kann, wie bei Katatonikern der Negativismus, stets vorausgesetzt werden und erstreckt sich auf die nichtigsten Dinge. Sehr häufig kommen diese neurotischen Widerspruchstendenzen in der Form zum Vorschein, der Arzt möge zu ihnen, nicht sie zum Arzte kommen, ferner in der negativistischen Neigung, die Behandlungsstunden prinzipiell zu verändern, anders anzusetzen. Man hüte sich im allgemeinen vor günstigen Voraussagungen bei der Behandlung der Nervösen, vor Terminfestsetzungen usw., auch wenn man ganz sicher zu sein glaubt. Bei starker Umkehrungstendenz würde man jedesmal zu Schanden.
Das Oben wird zum Unten, das Rechts zum Links, das Vorne zum Hinten zu machen versucht, weil die leitende Fiktion »Umkehrungen« verlangt, oder die Verwandlungen aus dem »Weiblichen« ins »Männliche«. Worte, Schrift (Spiegelschrift), das moralische, das sexuelle Verhalten, das Träumen (in Gegensätzen und in umgekehrter Reihenfolge), das Denken werden spielerisch, zugleich aber angriffsweise umgekehrt. Der hier angewendete Kunstgriff, sich männlich zu gebärden, hat meist etwas von zerstörender Wut an sich.
Die Verwendung dieses »Umgekehrt« im Aberglauben, etwa das Schicksal zu foppen durch die Erwartung des Gegenteils dessen, was man gerne möchte, ein häufiger Zug bei Nervösen, der ihre ganze Unsicherheit und Vorsicht aufzeigt, führt uns wieder zur neurotischen *Vorsicht* zurück und läßt die große Bedeutung und die ungeheure Tragweite derselben im Seelenleben der Nervösen erkennen [3].
Um diesen Kern der Vorsicht herum können sich je nach der Toleranz des Leitbildes oder entsprechend der Situation Züge von *Wahrhaftigkeit, ebenso von Lügenhaftigkeit* gruppieren, die immer das Streben nach Überlegenheit, das eine Mal in geradliniger Weise, das andere Mal auf einem Umweg zum Ausdruck bringen. Nahe verwandt sind ihnen Züge von *Verstellung und Offenheit,* von denen der erste Charakter deutlich das Gefühl der Verkürztheit, des Untenseins zum Ausgangspunkt nimmt. Stark antizipierende Sicherungstendenz zeigt der Charakterzug der *Wehleidigkeit und Schmerzempfindlichkeit,* der deutlich der Umgebung, aber auch dem Patienten zu Gemüte führt, wie er von allen Lebenslagen nur jene wählen kann, die schmerzfrei zu ertragen wäre. Es versteht sich, daß die Antizipation von Geburtsschmerzen oft in die Konstruktion dieser Richtungslinie hineinspielt. Unverkennbare Ausdrucksbewegungen einer Geburtssituation sah ich bei

3 Siehe auch A. Adler, ›Syphilidophobie‹. In: *Praxis und Theorie,* l. c.

einer Patientin im Dämmerzustande einer *Laktopsychose.* Sie wiesen mit Deutlichkeit auf den Standpunkt der Patientin hin, den sie seit Jahren einnahm: nicht gebären zu müssen – und waren gegen ein zweites Kind gerichtet.

Den Anstrengungen der Vorsicht verwandt sind die in diesem Buche oft hervorgehobenen Erscheinungen des *Zweifels,* des *Schwankens* und der *Unentschlossenheit* der Nervösen. Sie stellen sich immer ein, wenn die Realität derart auf die leitende Fiktion einwirkt, daß in letzterer immer Widersprüche auftauchen – wenn die Gefahr einer Niederlage, eines Prestigeverlustes durch Eingreifen der Wirklichkeit droht. Dem Nervösen bleiben dann im allgemeinen drei Wege übrig, die von der Stärke des fiktiven Leitzieles abhängen, so daß die entwickelte Neurose ein entsprechendes Aussehen gewinnt. Der eine Weg ist die Stabilisierung des Zweifels und Schwankens als Operationsbasis, wie man es als ein verkapptes Haltmachen am deutlichsten bei Neurasthenikern, in der Zweifelsucht, in der Psychasthenie findet. Dabei kommt es zu einem vollkommenen oder teilweisen Operationsstillstand. Der zweite Weg führt zur Psychose, indem *unter Konstruktion eines Wahrheitsgefühls* [4] und *Aufgabe der Logik* die Fiktion hypostasiert, vergöttlicht wird [5]. Der dritte Weg führt zum Formenwandel der Fiktion und zur Setzung einer Distanz gegenüber den Lebensaufgaben *unter Arrangement von Angst, Schwäche, Schmerzen* usw., kurz auf neurotischem Umwege unter Benützung neurotischer Mittel zur Überlegenheit.

Die reife Kunst des Individualpsychologen wird sich auch darin zeigen, daß er die Phänomene der Neurose und Psychose, aber auch des »normalen« Lebens *in ihrer steten Gegensätzlichkeit und gesellschaftlich* begreift. Er wird in der herausfordernden Haltung des Eigendünkels die lächerliche Scham des Schwächlings mitempfinden, im Trotz und in der Grausamkeit die Überwinder von Gehorsam und Weichheit, in der prunkenden, auf enge Gesetze pochenden Männlichkeit das Grauen vor dem Unterliegen und im Machtrausch und in seinen Krämpfen die Furcht vor der Niederlage. Und sie alle wird er vom Standpunkt des Gemeinschaftsgefühls prüfen, ähnlich wie das Seelenleben des Menschen (nach einem schönen Wort *Jerusalems*) mit der Frage Joabs an die Erscheinungen des Lebens herantritt: »gehörst du zu uns oder gehörst du zu unseren Feinden?«

Man darf vom Nervösen nie erwarten, daß er auf der Linie wandle: »deine Rede sei ja-ja, nein-nein, alles andere ist von

4 Kanabich, ›Zur Pathologie der intellektuellen Emotionen‹ (In: *Psychotherapie.* N. Wirubof, [Hrsg.] Moskau 1911) ist dieser Auffassung nahe gekommen.

5 Da in der Psychose die Aktion auf der nützlichen Seite zur Lösung der drei Lebensprobleme (Gesellschaft, Beschäftigung, Liebe) nahezu völlig aufgegeben wird, ist das, was übrig bleibt an Aktivität, »unlogisch«.

Übel«. In der starren Gegensätzlichkeit seines Tuns und Denkens, die den stärkeren Kampf um Geltung zum Ausdruck bringt, hat solche Schlichtheit keinen Platz. Ohne die Einheit seines Machtstrebens zu stören, wird je nach der Konjunktur bald das Unten, bald das Oben in der Gegensatzlinie an Farbe gewinnen. Oder ein Charakterzug wird ganz oder teilweise *»im Unbewußten«* liegen, je nachdem es die Einheit der Persönlichkeit erfordert. *Aber auch dort, wo er bewußt ist, ist er im Sinne der Individualpsychologie unbewußt,* da der Patient, unschuldig-schuldig, sein Auge vor den Konsequenzen verschließt, vor der Drosselung des Gemeinschaftsgefühls. Man wird deshalb auch oft in die Lage kommen, Erscheinungen anzutreffen, die sich nicht als solche in das landläufige Schema der Charakterzüge einordnen lassen, die erst im Zusammenhang ihre Herkunft verraten. Wenn ich drei Vorhängeschlösser vor meine vergitterte Türe anlege, Schußwaffen, Hunde und ein Polizeiorgan im Zimmer halte und wohlgemut versichere, ich sei nicht ängstlich – so ist das richtig und unrichtig zugleich. Meine Angst steckt in den Vorhängeschlössern. Wir haben gesehen, daß in der Depression, in der Angst vor Krankheiten, vor Tod, vor weiten Plätzen eine ungeheure Selbstüberschätzung stecken kann, in der Vorliebe für das Elternhaus eine Feindseligkeit gegen den Gatten, in einer Berufswahl ein Charakterzug, im Zuspätkommen, im Stottern die Furcht vor Entscheidung usw. – Die menschliche Seele kann nur ein Querkopf ganz in ein wissenschaftliches Lehrgebäude einfangen wollen. Vollends Individualpsychologie ist eine *künstlerische Leistung.*

Schluß

Unsere Betrachtung hat ergeben, daß sich die Charakterzüge, ihre prinzipielle Darstellung im Leben des Menschen, nach der Art von Richtungslinien für das Denken, Fühlen, Wollen und Handeln als Kunstgriffe der menschlichen Psyche darstellen, die eine schärfere Ausprägung erfahren, sobald die Person aus der Phase der Unsicherheit zur Erfüllung ihrer fiktiven leitenden Idee gelangen will. Das Material zur Bildung der Charakterzüge ist im Psychischen allenthalben vorhanden und seine angeborene Verschiedenheit verschwindet gegenüber der einheitlichen Wirkung der leitenden Fiktion. Ziel und Richtung, der fiktive Zweck der Charakterzüge ist an den ursprünglichen, geradlinigen kämpferisch-aggressiven Linien am besten zu erkennen. Not und Schwierigkeiten des Lebens zwingen zu Verwandlungen des Charakters, wobei nur solche

Konstruktionen Billigung finden, die mit der Persönlichkeitsidee im Einklang stehen. So kommen die vorsichtigeren, zögernden, von der geraden Linie abbiegenden Charakterzüge zustande, deren Verfolgung gleichwohl ihre Abhängigkeit von der leitenden Fiktion abgibt.

Die Neurose und die Psychose sind Kompensationsversuche, konstruktive Leistungen der Psyche, die sich aus der verstärkten und zu hoch angesetzten Leitidee des Kindes mit stärkerem Minderwertigkeitsgefühl ergeben. Die Unsicherheit dieser Kinder im Hinblick auf die Zukunft und auf ihren Erfolg im Leben zwingt sie zu stärkeren Anstrengungen und Sicherungen in ihrem fiktiven Lebensplan und zu Ausbiegungen vor den Fragen des Lebens. Je fixierter und starrer ihr Leitbild, ihr individueller kategorischer Imperativ ist, um so dogmatischer und prinzipieller ziehen sie die Leitlinien ihres Lebens. Je voraussichtiger sie dabei werden, desto weiter spinnen sie bis über ihre Person in die Zukunft hinaus Gedankenfäden und organisieren an deren peripherem Ende, wo der Zusammenstoß mit der Außenwelt erfolgen soll, als Vorposten ihrer psychischen Bereitschaften die notwendigen Charakterzüge. Mit seiner ungeheuren Feinfühligkeit heftet sich der prinzipielle, nervöse Charakterzug an die Wirklichkeit, um sie dem Persönlichkeitsideal gemäß zu verändern oder zu unterwerfen. *Droht die Niederlage, so treten die neurotischen Bereitschaften und Symptome in Kraft* und hemmen den Fortschritt der Handlung.

Die dürftige Bedeutung des angeborenen Substrats zur Charakterbildung geht auch daraus hervor, daß die leitende Fiktion nur die brauchbaren psychischen Elemente sammelt und einheitlich gruppiert, nur jene Fähigkeiten und Erinnerungen, deren *Begabung für das Finale* sich herausstellt. In der neurotischen Umordnung der Psyche schaltet die leitende Fiktion unumschränkt und nützt die Erfahrungen nach ihrer Eignung aus, als *ob die Psyche ruhendes, reales Material wäre.* Dann erst, wenn die neurotische Perspektive wirksam ist, wenn die neurotischen Charaktere und Bereitschaften fertig sind, der Weg zum Leitideal gesichert ist, erkennen wir die Person als nervös. Denn deutlicher als die normale Psyche lehrt uns die nervöse: *»Durch das große Sein, das uns umgibt und weit in uns hineinreicht, zieht sich ein großes Werden, das dem vollendeten Sein zustrebt.« (Hildebrand)*[6]

So finden wir den Charakter als eine durch das Leitbild zur Verwendung gelangte »intelligente Schablone«, deren sich die Sicherungstendenz bedient, ebenso wie die Affekt- und neurotischen Krankheitsbereitschaften. Den Sinn dieser Schablo-

6 [Rudolf Hildebrand *Gedanken über Gott, die Welt und das Ich: ein Vermächtnis.* Hg. v. G. Berlitt. Jena 1910, S. 102.]

nen erfassen, ihn aus ihrem genetischen, und in unserer Auffassung analogischen Aufbau zu verstehen, ihn *als ein Symbol des Lebensplanes, als ein Gleichnis* zu begreifen, ist die Aufgabe der vergleichenden Individualpsychologie. Denn durch die Zerlegung des Charakters, in welchem sich immer die Linie des Aufschwungs zum leitenden Ideal verfolgen läßt, erleben wir in einen Punkt zusammengedrängt: Vorgeschichte, Gegenwart, Zukunft und beabsichtigtes Finale zugleich.

Man wird immer bei Nervösen finden, daß sie ihre sichernden Schablonen mit Kraft festhalten. Die Gegenwehr wird noch verstärkt, wenn der Patient in der Loslösung von seinen Schablonen sowie in der durch einen anderen beeinflußten Richtungsänderung seines Lebensplanes seine Niederlage, ein Untensein, eine Entmannung vorausempfindet. Der nächste Schritt in der psychotherapeutischen Kur wird demnach sein müssen: auch dieses streng gegensätzliche Verhalten, den Widerstand des Patienten gegen den Arzt, als die alte neurotische Schablone, als übertriebenen männlichen Protest zu entlarven und das neurotische Vorurteil aufzuheben.

Somit dürfen wir als ein letztes Ergebnis, gleichsam unseren Ausgangspunkt beleuchtend, an diese Stelle setzen: *das Schicksal minderwertiger Organe und neurotischer Phänomene ist Symbol von gestaltenden Kräften, die einen selbstgesetzten Lebensplan mit erhöhten Anstrengungen und Kunstgriffen zu erfüllen trachten.*

Eines dieser Schicksale ist die *Psychoneurose, eine dem Gemeinschaftsgefühl und der Anpassung widersprechende Gangart, ein Weg der Unversöhntheit und Mutlosigkeit,* der die volle Lebensfähigkeit aufhebt. *Die Psychoneurose ist durch die Eitelkeit erzwungen und hat den Endzweck, einen Menschen vor dem Zusammenprall mit seinen Lebensaufgaben, mit der Wirklichkeit, zu sichern, ihn davor zu bewahren, daß sich das düstere Geheimnis seiner Minderwertigkeit enthüllt.*

Durch diese grundlegende Erkenntnis erst ist die *Einheit der Neurose und Psychose* festgestellt.

Unsere Individualpsychologie, im tiefsten Sinne *»Positionspsychologie«* im Gegensatze zu allen Dispositionspsychologien, hat die Bedeutung der Konstitution für das Seelenleben als einer *Verführung* aufgedeckt. Keine *»Dispositionspsychologie«* kann sie ersetzen, weil sie die Bindungen zwischen Organminderwertigkeit und Seelenleben durch das *Minderwertigkeitsgefühl* übersieht oder – stillschweigend voraussetzt. Wie die Verzärtelung und Lieblosigkeit zu gleichen Minderwertigkeitsgefühlen im Lebensstil der Kinder Anlaß gibt, wurde hinlänglich gezeigt.

Angeführte Schriften des Verfassers

Heilen und Bilden. Grundlagen der Erziehungskunst für Ärzte und Pädagogen herausgegeben von Dr. Alfred Adler und Dr. Carl Furtmüller. Zweite Auflage redigiert von Dr. Erwin Wexberg. München 1922 [Frankfurt a. M. 1973 – Fischer Taschenbuch Bd. 6220].

Praxis und Theorie der Individualpsychologie. 3. Aufl. München 1927 [Frankfurt a. M. 1974 – Fischer Taschenbuch Bd. 6236].

Studie über Minderwertigkeit von Organen. München 1927. [Unveränderter reprografischer Nachdruck. Darmstadt 1965.]

Menschenkenntnis. 2. Aufl. Leipzig 1926 [Frankfurt a. M. 1966 – Fischer Taschenbuch Bd. 6080].

Das Problem der Homosexualität. München 1917.

›Myelodysplasie oder Organminderwertigkeit?‹ In: *Wiener med. Wochenschrift* 1909.

Namen- und Sachregister

Bitte umblättern:

auf den nächsten Seiten informieren wir Sie über weitere interessante Fischer Taschenbücher.

Arthur Janov

Anatomie der Neurose
Die wissenschaftliche Grundlegung der Urschrei-Therapie.
269 Seiten, Broschur
Fischer Taschenbuch Band 6322

Das befreite Kind
Grundsätze einer primärtherapeutischen Erziehung.
333 Seiten, Broschur
Fischer Taschenbuch Band 6345

Revolution der Psyche
Anwendungen und Erfolge der Primärtherapie.
294 Seiten, Broschur

Der Urschrei
Ein neuer Weg der Psychotherapie.
476 Seiten, Broschur
Fischer Taschenbuch Band 6286

S. Fischer

Fischer Taschenbuch Verlag